东北农业大学 现代农业发展研究中心
科　技　部 中国科学技术交流中心

G20国家
农业科技创新能力发展报告
（2001—2016）

Report on National Agricultural Science, Technology and Innovation Capability Development of the Group of Twenty（G20）（2001—2016）

郭翔宇　赵新力　王　丹 等 著

科 学 出 版 社
北　京

内 容 简 介

本书从系统的角度研究农业科技创新过程，基于国家农业科技创新系统理论框架推导国家农业科技创新能力的形成路径，提炼国家农业科技创新能力构成要素，构建国家农业科技创新能力评价指标体系及数学模型。通过对 2001~2016 年 G20 国家农业科技创新能力进行综合评价与比较分析，深刻揭示 G20 各国农业科技创新能力的发展水平、变化特征及内在动因，力求让读者了解和掌握 G20 国家农业科技创新系统绩效水平，为各国政府明确各自的科技竞争优势和薄弱环节、完善农业科技政策，以及促进农业科技创新领域学习合作提供有价值的理论指导和实践对策。

本书可作为从事农业科技创新管理和研究人员的参考书。

图书在版编目（CIP）数据

G20 国家农业科技创新能力发展报告：2001—2016 / 郭翔宇等著. —北京：科学出版社，2019.3

ISBN 978-7-03-058807-4

Ⅰ. ①G… Ⅱ. ①郭… Ⅲ. ①农业技术-技术革新-研究报告-世界-2001-2016 Ⅳ. ①F313.3

中国版本图书馆 CIP 数据核字（2018）第 212366 号

责任编辑：李　莉 / 责任校对：陶　璇
责任印制：吴兆东 / 封面设计：无极书装

科 学 出 版 社 出版
北京东黄城根北街 16 号
邮政编码：100717
http://www.sciencep.com
北京建宏印刷有限公司 印刷
科学出版社发行　各地新华书店经销

*

2019 年 3 月第　一　版　开本：720 × 1000　B5
2019 年 3 月第一次印刷　印张：26 1/4
字数：550 000

定价：198.00 元

（如有印装质量问题，我社负责调换）

谨以此书

献给东北农业大学

建校七十周年

前　言

当前，世界经济处于深度调整和再平衡阶段，经济复苏高度脆弱、增长动力不足，农业被各国普遍视为提振经济、应对困难、稳定民生的重要基础和保障。农业科学技术通过渗透于生产力三要素的物化形式，使诸要素的综合效能得到有效发挥，促进了农村生产力持续发展。因此，为确保国家粮食安全、实现农业增效和农民增收、突破环境资源约束、促进农业可持续发展，世界各国应充分发挥科技创新对现代农业重要引领的作用。

科技创新能力是推动农业可持续发展的重要动力，而采取何种政策措施以有效提升国家农业科技创新能力（national agricultural science，technology and innovation capabilities，NASTIC），是当前国家农业管理中亟待解决的重要问题。科学合理的国家农业科技创新能力评价有助于全面掌握各国科技创新能力发展水平和国家间的能力差异，挖掘农业科技创新能力的制约和促进因素，为国家农业科技创新宏观调控与管理提供重要依据。国家创新能力评价研究已经经历了几十年的时间，很多世界知名学者和机构构建了各具特色的评价指标体系，从科技创新的不同角度揭示了国家创新能力的内涵。例如，Porter 和 Stern 发表于 1999 年国际竞争力会议的国家创新能力指数，经济合作与发展组织提出的“科学技术和工业记分牌”，欧盟的“创新记分牌”，世界知识产权组织、康奈尔大学和英士国际商学院联合发布的“全球创新指数”，彭博社的“彭博创新指数”，世界经济论坛的《全球竞争力报告》，中国社会科学院和福建师范大学的《世界创新竞争力发展报告》，以及中国科学技术发展战略研究院每年发布的《国家创新指数报告》，等等。然而，现有关于国家农业科技创新能力的研究非常有限。首先，对国家农业科技创新的内涵缺乏明确的界定，国家农业科技创新作为多个行为主体参与和多重环节构成的复杂系统过程，与其他行业科技创新相比的特殊性，简单的线性分析方法难以全面透彻地理解这一过程。其次，国家农业科技创新系统是国家农业科技创新活动的组织和运行载体，系统结构的复杂性决定了能力形成与提升机理的复杂性，而现有研究尚缺少针对国家农业科技创新能力形成路径的研究，对国家农业科技创新能力构成要素及交互关系分析不足。最后，现有关于农业科技创新能力评价的实证研究主要集中在某一国家的多个省域之间，或一省域内各地市之间的农业科技创新力的比较，针对不同经济发展水平国家间的比较研究基本处于空白。

1999 年 9 月 25 日成立的 G20，是发达国家与新兴市场国家进行国际对话与合作的重要平台。G20 拥有全球约 2/3 的人口，国内生产总值（gross domestic product，GDP）占全球 90%，贸易占全球 80%，在国际货币基金组织和世界银行所占的股权份额约 65%，其在全球经济活动中具有举足轻重的地位。与此同时，G20 各国农业资源丰富，农业人口众多，粮食供应量占到全球供应总量的 80%，在世界农业领域具有十分重要的地位。近年来，在全球气候变暖、自然灾害频发、土地与水等资源环境约束加剧，以及全球人口增加等现状下，“G20 农业”面临诸多挑战。作为全球经济发展重要的“火车头”，G20 各国政府高度重视科技创新引领农业可持续发展的问题，2016 年 6 月在中国陕西西安召开的 G20 农业部长会议就是围绕“农业创新与可持续发展”主题展开的深入讨论，并且自此实现 G20 农业部长会议机制化。

为了适应国际农业现代化发展和应对新一轮农业科技革命的需要，从 2016 年开始，东北农业大学和中国科学技术交流中心联合开展国家农业科技创新能力研究，东北农业大学现代农业发展研究中心具体负责《G20 国家农业科技创新能力发展报告（2001—2016）》的研究工作。本书在充分借鉴国内外研究者的相关研究成果的基础上，紧密跟踪技术经济学、农业经济学、管理学、统计学、系统科学等多学科的前沿研究动态，深入分析 2001~2016 年世界主要国家农业科技创新能力的发展水平、变化特征及内在动因。本书重点关注 G20 中的 19 个国家（注：欧盟作为一个联合体，其主要成员国家已在 G20 内，因此不纳入评价范围）的农业科技创新能力发展，根据本课题组构建的国家农业科技创新能力评价指标体系及数学模型，对 2001~2016 年的 G20 国家农业科技创新能力进行全面、深入、科学的评价和比较分析，力求为读者了解和掌握 G20 国家农业科技创新系统绩效发展水平，为各国政府明确各自内部的竞争优势和薄弱环节、完善农业科技政策，以及促进 G20 国家在农业科技创新领域学习合作提供有价值的理论指导和实践对策。

本书共分三篇：第一篇为 2001~2016 年 G20 国家农业科技创新能力评价与分析总报告。总报告根据本课题组所构建的由 1 个一级指标、3 个二级指标、15 个三级指标和 44 个四级指标组成的评价指标体系和数学模型，综合评价分析 2001~2016 年 G20 国家农业科技创新能力的发展水平及其变化态势。依据评价期内国家农业科技创新能力的变化特征及发展趋势，提出增强国家农业科技创新能力的政策建议，为 G20 国家加快提升农业科技创新能力提供有价值的决策分析依据。第二篇为 2001~2016 年 G20 国家农业科技创新能力评价与分析分报告，即分国别对 G20 国家农业科技创新能力进行评价分析。介绍各国农业发展概况，并对 2001~2016 年各国农业科技创新能力进行全面深入的评价分析，深刻揭示各国农业科技创新能力的特点及其相对差异性，明确各自内部的竞争优势和薄弱环节，挖掘各国农业科技创新能力的提升路径。第三篇为理论与方法，详细阐述国家农业科技创新的基本理论及国家农业科技创新能力评价体系的构建。

本书得到文化名家暨“四个一批”人才工程项目和黑龙江省重点培育智库支持，是中国博士后科学基金项目“国家农业科技创新系统自组织演化机制研究”（项目编号：2017M621239）和国家社会科学基金《“一带一路”倡议实施中的科技创新开放合作重点与难点研究》（项目编号：18BGJ075）的阶段性成果。2016 年 6 月以来，东北农业大学副校长、世界生产力科学院院士郭翔宇教授带领其研究团队开展对本书的研究和撰写工作。中国科学技术交流中心正局级副主任、国际欧亚科学院院士赵新力研究员对本书的研究工作给予了积极指导和大力支持。参加本书研究和撰写的作者还包括王丹、杜旭、腾云、胡月、钱佰慧、张静、刘从敏、PO Bunnika、马宗文、姜天瑞等。课题组认真研读、梳理大量国内外相关研究文献和著作，综合开展问卷调查和现场访谈，在借鉴国内外先进经验和相关研究成果的基础上，从系统的角度界定国家农业科技创新内涵和特征，确定国家农业科技创新系统结构，明确国家农业科技创新能力形成路径及构成要素，并由此构建国家农业科技创新能力评价体系。基于采集到的最新的指标数据，对 2001~2016 年 G20 国家农业科技创新能力进行系统评价分析。本书的指标数据类型多样、数据量大、数据源庞杂，因此，数据收集、整理和分析工作艰巨而繁重。全体研究人员放弃节假日休息时间，每天坚持工作十多个小时，以科学严谨、求真务实的态度分工协作，先后经过多次大的修改和会审，数易书稿。

本项研究同时得到了浙江大学黄祖辉教授，黑龙江八一农垦大学冷志杰教授，东北农业大学胡胜德教授、张梅教授、颜华教授、余志刚博士、王颜齐博士的大力支持。科学出版社高质高效地完成本书的编辑出版工作。特此，向有关单位的领导、专家学者和工作人员表示由衷的感谢！本书还直接或间接引用、参考了其他学者的相关研究文献，在此对这些文献的作者表示诚挚的谢意！

国家农业科技创新能力评价是一项涉及范围广、内容复杂的系统工程。受到知识和经验有限、数据资料不足等主客观因素的制约，不妥之处在所难免，敬请读者赐教。未来，我们愿与关注农业科技创新问题的各国政府机构、世界各相关领域的科研机构和专家学者一道，继续深化国家农业科技创新能力的理论和方法研究，共同为科技创新支撑引领现代农业发展提供可靠的分析依据和决策借鉴。

笔　者

2018 年 9 月

目　　录

第一篇　总　报　告

第二篇　分　报　告

第三篇　理论与方法

第一篇　总　报　告

第一章　G20 国家农业科技创新能力总体评价分析

第一节　G20 国家农业科技创新能力评价结果

根据国家农业科技创新能力评价指标体系和数学模型，本节对 2001~2016 年 G20 国家农业科技创新能力总体评价结果进行综合比较和分析。表 1-1 列出了评价期内 G20 国家农业科技创新能力得分、排名及其变化情况。

一、G20 国家农业科技创新能力排名变化情况

2016 年 G20 国家农业科技创新能力评价指数处于第一方阵（1~5 位）的依次为美国、澳大利亚、英国、日本和加拿大；排在第二方阵（6~10 位）的依次为德国、法国、韩国、意大利和中国；处于第三方阵（11~15 位）的依次为巴西、阿根廷、南非、俄罗斯和墨西哥；处于第四方阵（16~19 位）的依次为土耳其、印度、印度尼西亚、沙特阿拉伯。

2001 年 G20 国家农业科技创新能力评价指数处于第一方阵（1~5 位）的依次为美国、澳大利亚、英国、日本和加拿大；排在第二方阵（6~10 位）的依次为法国、德国、韩国、意大利和南非；处于第三方阵（11~15 位）的依次为中国、俄罗斯、巴西、墨西哥和阿根廷；处于第四方阵（16~19 位）的依次为土耳其、印度、沙特阿拉伯和印度尼西亚。

表1-1　2001~2016年G20国家农业科技创新能力评价指数比较表

项目 \ 国家		阿根廷	澳大利亚	巴西	加拿大	中国	法国	德国	印度	印度尼西亚	意大利	日本	韩国	墨西哥	俄罗斯	沙特阿拉伯	南非	土耳其	英国	美国	最高分	最低分	平均分	标准差
综合变化	得分	5.97	−4.52	5.78	−2.00	5.95	−3.75	−2.70	2.96	6.19	0.92	−1.25	4.46	0.89	1.61	2.03	−1.85	1.59	−1.34	−3.68	6.19	−4.52	0.91	3.50
	排名	3	0	2	0	1	−1	1	0	1	0	0	0	−1	−2	−1	−3	0	0	0	—	—	—	—
2001年	得分	28.31	66.85	29.45	59.44	30.30	59.21	58.73	24.85	20.14	46.40	59.80	48.73	28.92	30.02	23.37	36.00	27.11	59.91	77.04	77.04	20.14	42.87	17.15
	排名	15	2	13	5	11	6	7	17	19	9	4	8	14	12	18	10	16	3	1	—	—	—	—
2002年	得分	29.40	67.39	31.38	59.39	31.13	56.36	59.59	26.87	21.23	47.07	57.16	50.18	30.40	29.98	24.11	33.83	23.58	57.55	72.77	72.77	21.23	42.60	16.26
	排名	15	2	11	4	12	7	3	16	19	9	6	8	13	14	17	10	18	5	1	—	—	—	—
2003年	得分	26.99	63.72	32.88	59.38	31.32	61.95	59.96	23.73	22.03	47.01	62.32	49.56	30.92	30.04	24.45	36.68	28.19	63.21	73.78	73.78	22.03	43.58	16.78
	排名	16	2	11	7	12	5	6	18	19	9	4	8	13	14	17	10	15	3	1	—	—	—	—
2004年	得分	30.56	65.25	33.50	60.47	32.15	56.08	58.95	27.82	23.13	46.42	57.56	50.59	32.11	28.72	25.44	36.43	27.31	61.21	75.65	75.65	23.13	43.65	15.90
	排名	14	2	11	4	12	7	5	16	19	9	6	8	13	15	18	10	17	3	1	—	—	—	—
2005年	得分	27.88	68.57	31.67	60.24	31.25	60.80	63.20	24.25	21.27	48.89	57.34	50.39	30.56	27.43	24.17	34.53	25.58	59.67	74.10	74.10	21.27	43.25	17.26
	排名	14	2	11	5	12	4	3	17	19	9	7	8	13	15	18	10	16	6	1	—	—	—	—
2006年	得分	33.09	68.81	33.20	61.51	32.24	57.92	56.50	26.48	21.94	48.34	59.30	50.19	29.90	28.20	25.31	36.72	27.89	61.67	73.99	73.99	21.94	43.85	16.31
	排名	12	2	11	4	13	6	7	17	19	9	5	8	14	15	18	10	16	3	1	—	—	—	—
2007年	得分	32.65	66.88	36.39	64.26	36.04	60.60	57.05	30.01	25.26	45.41	57.93	54.43	31.97	31.55	26.03	35.75	28.75	58.62	74.46	74.46	25.26	44.95	15.44
	排名	13	2	10	3	11	4	7	16	19	9	6	8	14	15	18	12	17	5	1	—	—	—	—
2008年	得分	32.36	61.53	34.19	60.34	32.72	57.59	59.71	26.20	23.62	44.14	58.48	53.23	28.43	29.58	24.39	36.09	25.38	56.37	71.40	71.40	23.62	42.93	15.42
	排名	13	2	11	3	12	6	4	16	19	9	5	8	15	14	18	10	17	7	1	—	—	—	—
2009年	得分	31.93	64.47	35.52	61.25	33.06	57.97	60.83	24.52	21.26	44.67	58.53	50.95	26.83	29.89	23.62	40.04	25.55	58.31	73.12	73.12	21.26	43.28	16.22
	排名	13	2	11	3	12	7	4	17	19	9	5	8	15	14	18	10	16	6	1	—	—	—	—
2010年	得分	27.95	66.15	36.52	59.51	34.80	59.84	59.38	25.52	24.74	46.77	58.89	53.29	28.69	29.78	26.17	36.89	27.45	56.95	74.22	74.22	24.74	43.87	15.90
	排名	15	2	11	4	12	3	5	18	19	9	6	8	14	13	17	10	16	7	1	—	—	—	—

续表

项目	国家	阿根廷	澳大利亚	巴西	加拿大	中国	法国	德国	印度	印度尼西亚	意大利	日本	韩国	墨西哥	俄罗斯	沙特阿拉伯	南非	土耳其	英国	美国	最高分	最低分	平均分	标准差
2011年	得分	35.06	63.34	37.57	58.85	33.61	57.29	55.35	25.47	23.04	45.61	58.91	51.45	29.46	25.38	28.41	36.74	27.04	58.56	72.20	72.20	23.04	43.33	15.10
	排名	12	2	10	4	13	6	7	17	19	9	3	8	14	18	15	11	16	5	1	—	—	—	—
2012年	得分	31.74	63.43	38.60	59.10	33.83	58.76	55.59	26.98	24.42	45.94	59.82	53.41	29.63	30.87	27.65	36.73	29.62	61.88	70.00	70.00	24.42	44.11	14.79
	排名	13	2	10	5	12	6	7	18	19	9	4	8	15	14	17	11	16	3	1	—	—	—	—
2013年	得分	28.98	65.14	37.66	59.08	35.08	56.86	59.02	27.96	27.24	45.49	61.63	53.95	32.48	29.25	26.98	37.61	30.74	57.77	70.54	70.54	26.98	44.39	14.71
	排名	16	2	10	4	12	7	5	17	18	9	3	8	13	15	19	11	14	6	1	—	—	—	—
2014年	得分	31.42	60.70	36.89	59.77	33.13	54.19	57.65	25.09	24.44	43.68	59.91	52.41	27.80	29.56	23.25	35.37	28.78	56.48	74.40	74.40	23.25	42.89	15.34
	排名	13	2	10	4	12	7	5	17	18	9	3	8	16	14	19	11	15	6	1	—	—	—	—
2015年	得分	30.59	62.20	35.44	57.45	34.64	59.00	56.03	25.54	25.11	46.16	59.78	53.93	29.83	30.68	24.44	36.80	27.16	61.12	72.89	72.89	24.44	43.62	15.38
	排名	14	2	11	6	12	5	7	17	18	9	4	8	15	13	19	10	16	3	1	—	—	—	—
2016年	得分	34.29	62.33	35.23	57.44	36.25	55.46	56.03	27.81	26.32	47.33	58.56	53.20	29.81	31.63	25.41	34.16	28.70	58.57	73.36	73.36	25.41	43.78	14.53
	排名	12	2	11	5	10	7	6	17	18	9	4	8	15	14	19	13	16	3	1	—	—	—	—

注：数据因四舍五入存在偏差

如图 1-1 所示，2001 年和 2016 年相比，国家农业科技创新能力评价指数排位上升的有 5 个国家，分别为德国、中国、巴西、阿根廷、印度尼西亚；9 个国家的排位没有变化，分别为美国、澳大利亚、英国、日本、加拿大、韩国、意大利、土耳其、印度；排位下降的有 5 个国家，分别为法国、南非、俄罗斯、墨西哥、沙特阿拉伯。2 个国家的农业科技创新能力评价指数所处方阵发生较大幅度的变动，上升幅度较大的国家为中国，由第三方阵上升到第二方阵；下降幅度较大的国家为南非，由第二方阵下降到第三方阵。

二、G20 国家农业科技创新能力得分变化情况

对比 2001~2016 年 G20 国家农业科技创新能力评价指数的得分变化情况可知（图 1-2），尽管 G20 国家农业科技创新能力在个别年份会出现波动，但整体水平呈现微弱上升趋势，平均增长了 0.91 分。其中，有 11 个国家（阿根廷、巴西、中国、印度、印度尼西亚、意大利、韩国、墨西哥、俄罗斯、沙特阿拉伯、土耳其）农业科技创新能力评价指数得分上升，平均增长了 3.49 分，有 8 个国家（澳大利亚、加拿大、法国、德国、日本、南非、英国、美国）农业科技创新能力评价指数得分有所下降，平均下降了 2.64 分。

三、G20 国家农业科技创新能力方阵变化情况

表 1-2 和图 1-3 列出了 2001~2016 年 G20 中各方阵的国家农业科技创新能力评价指数的平均得分情况。从图 1-3 中可以看出，第一方阵和第二方阵的平均得分呈现波动下降趋势，分别下降 2.56 分和 0.17 分；第三方阵的平均得分呈现稳步上升趋势，上升 3.62 分；第四方阵的平均得分呈现波动上升趋势，上升 3.19 分。

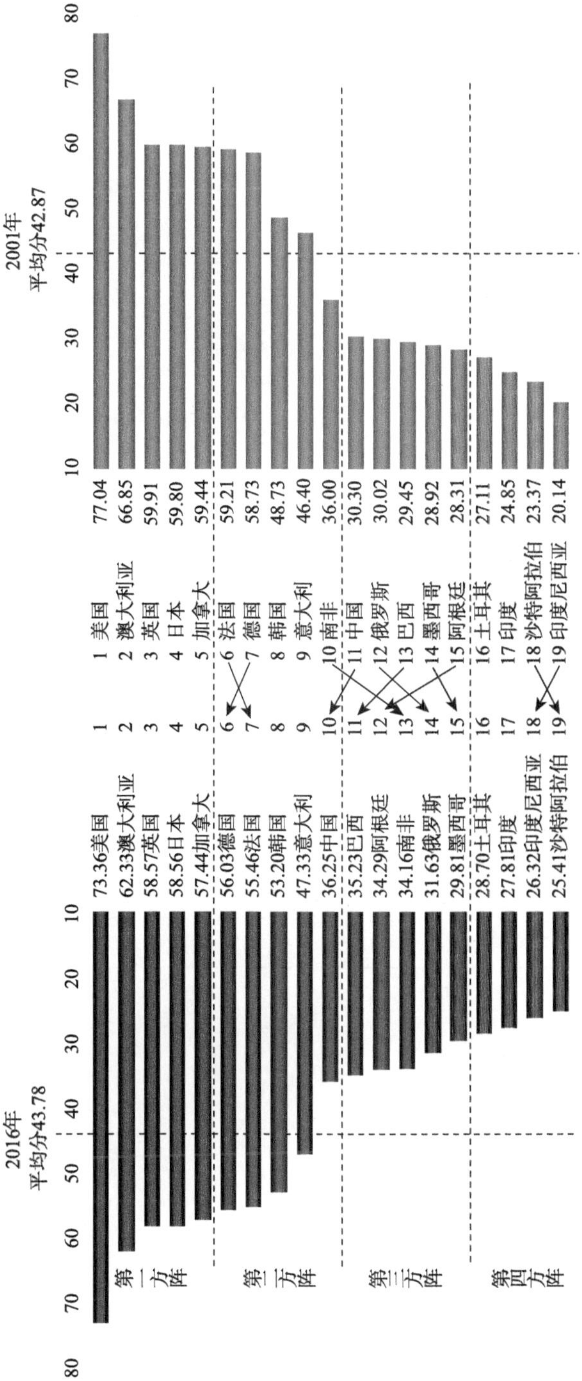

图1-1　2001年和2016年G20国家农业科技创新能力得分及排名情况

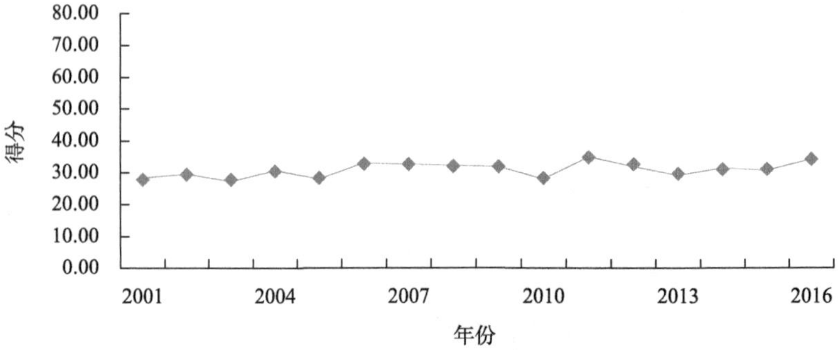

（a）阿根廷

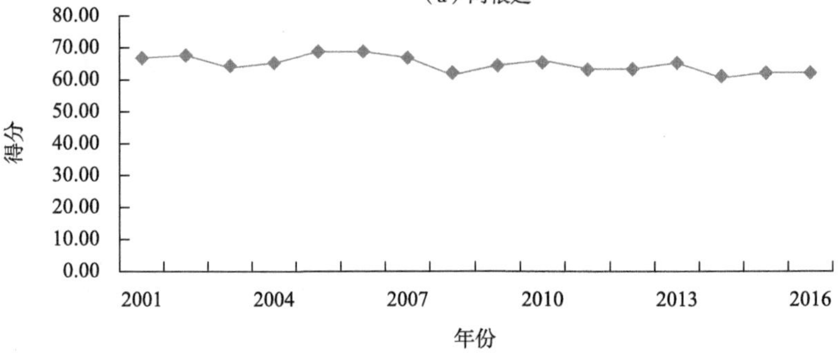

（b）澳大利亚

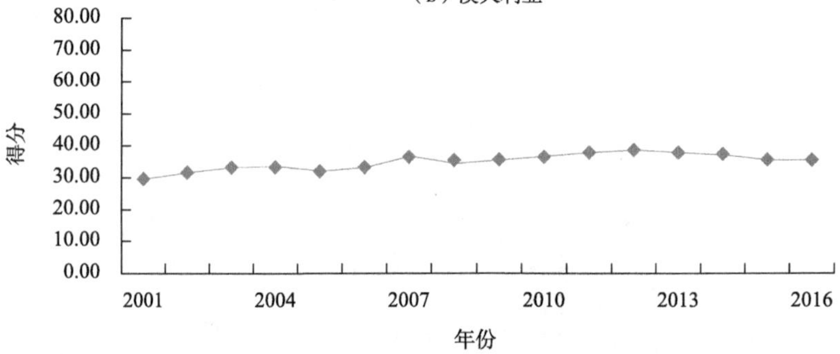

（c）巴西

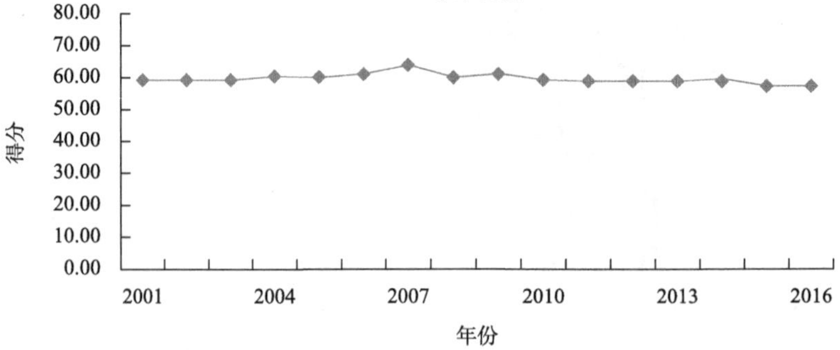

（d）加拿大

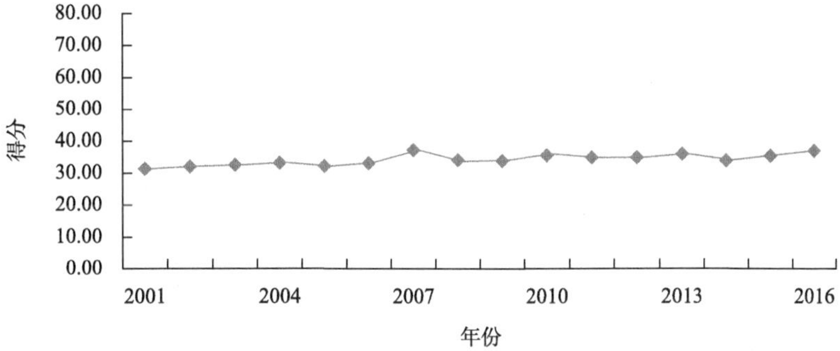

（e）中国

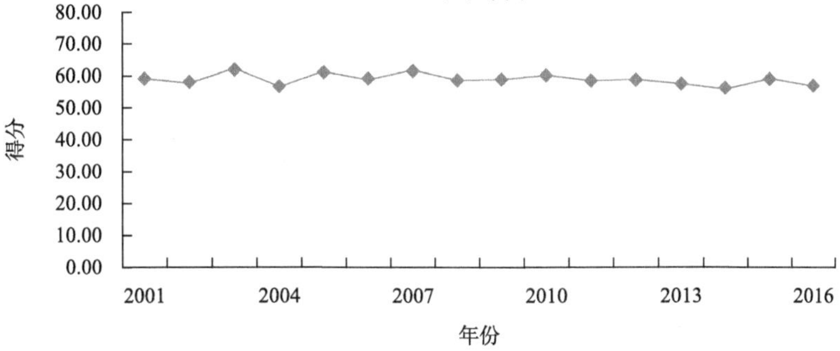

（f）法国

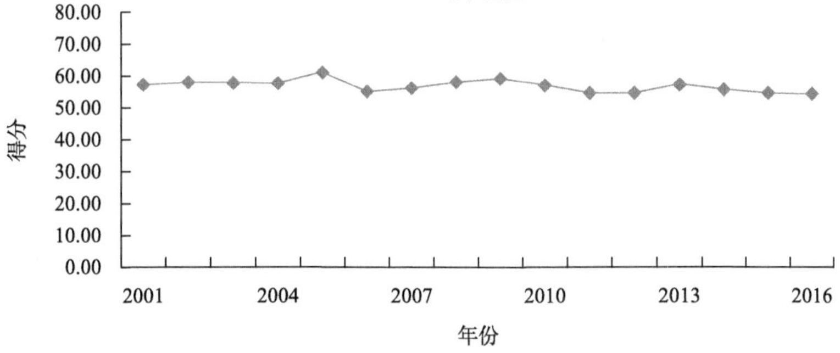

（g）德国

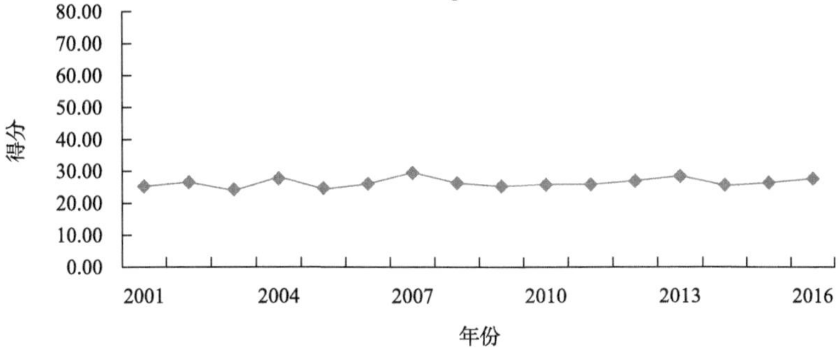

（h）印度

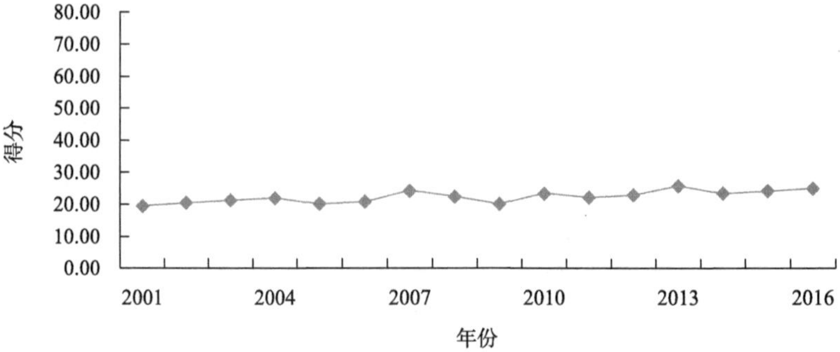

（i）印度尼西亚

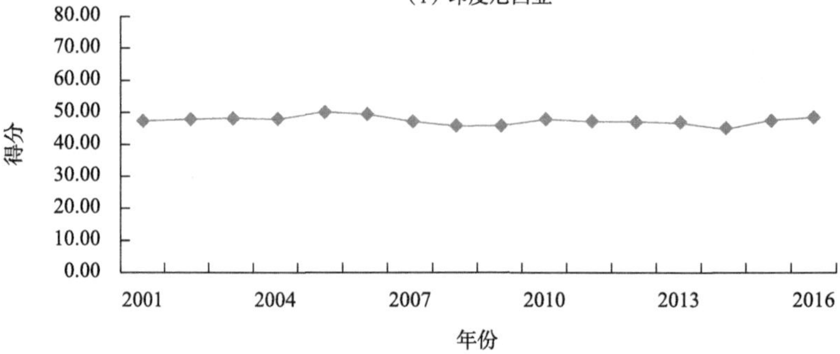

（j）意大利

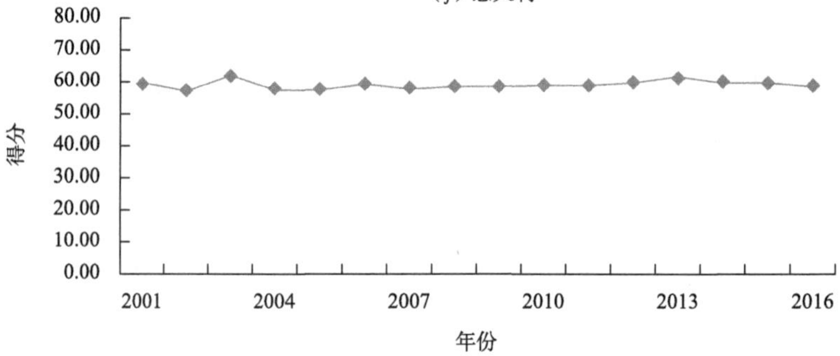

（k）日本

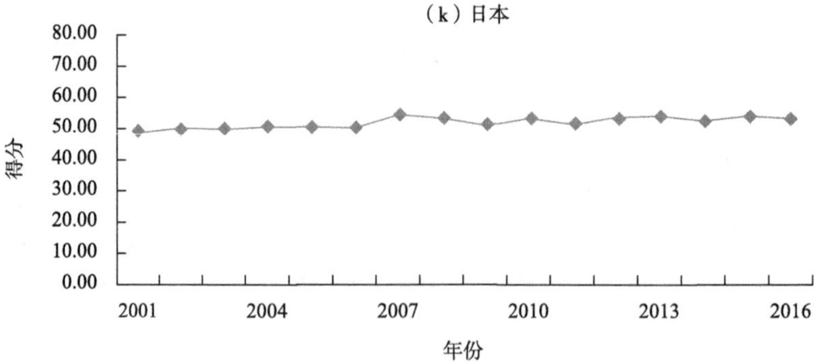

（l）韩国

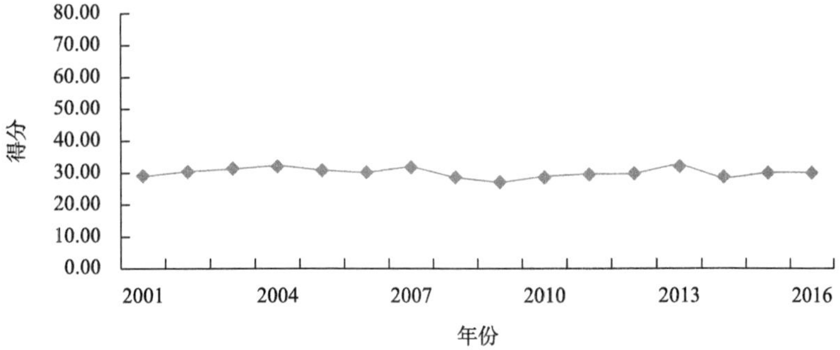

（m）墨西哥

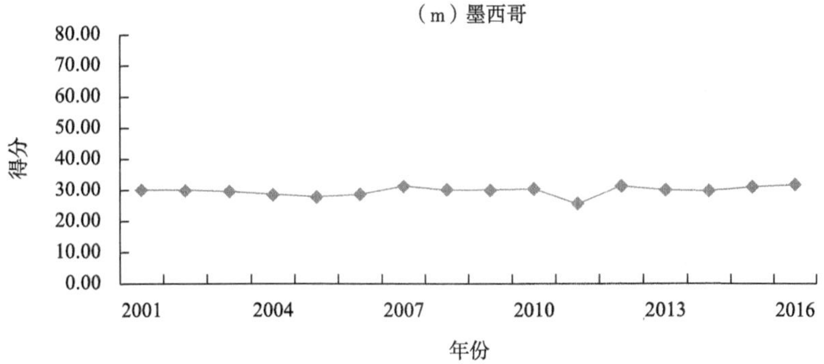

（n）俄罗斯

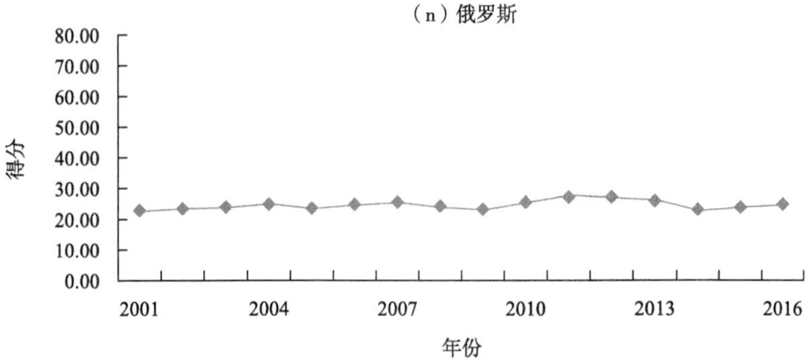

（o）沙特阿拉伯

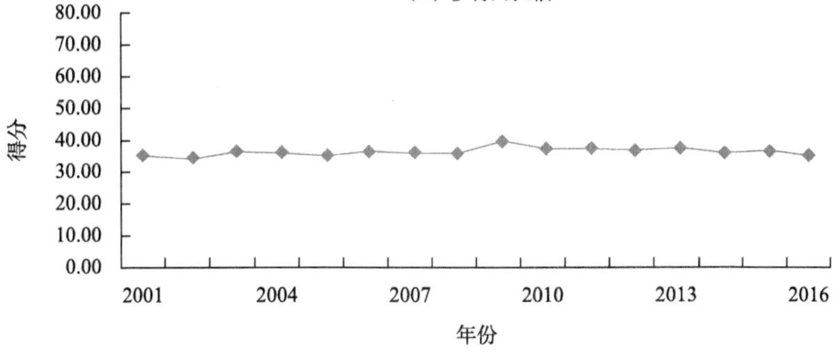

（p）南非

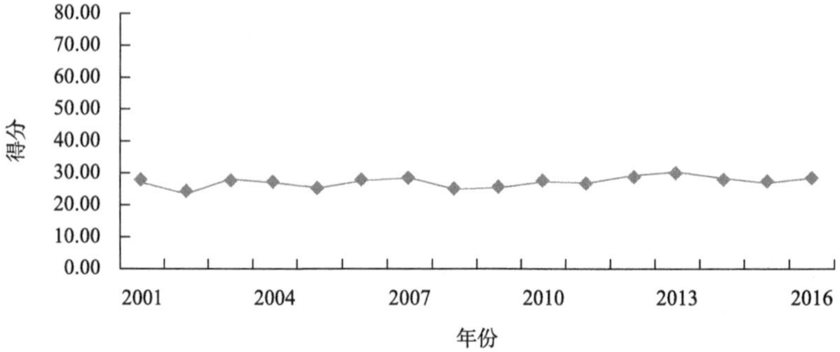

（q）土耳其

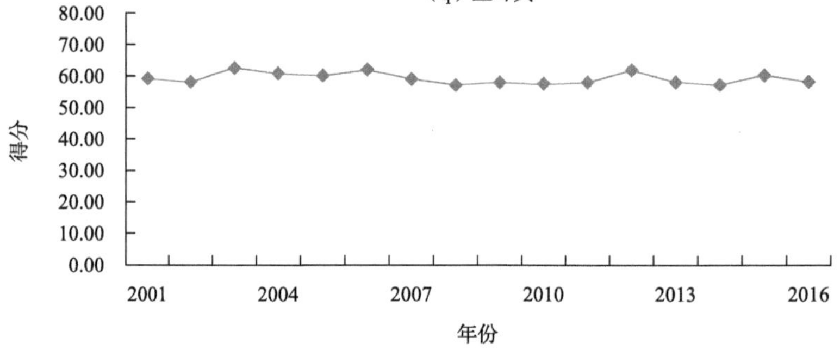

（r）英国

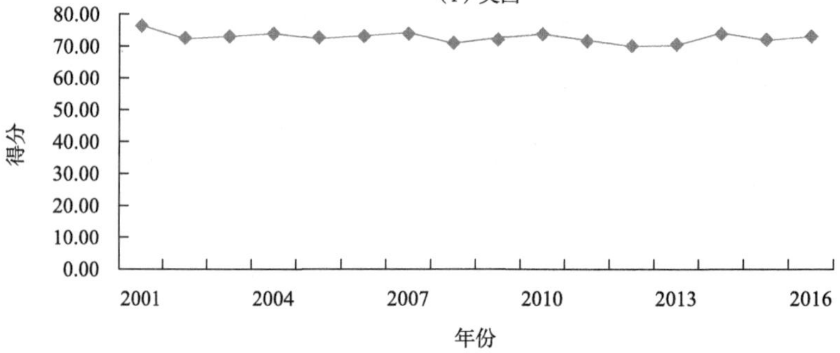

（s）美国

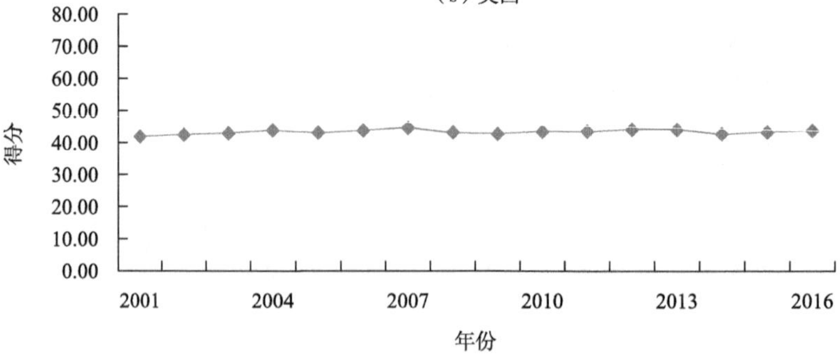

（t）平均分

图 1-2　2001~2016 年 G20 国家农业科技创新能力得分变化情况

表 1-2 2001~2016 年 G20 国家农业科技创新能力方阵平均得分变化情况

项目方阵	2016 年	2011 年	2006 年	2001 年	综合变化
第一方阵	62.05	62.37	65.06	64.61	−2.56
第二方阵	49.65	49.45	49.93	49.82	−0.17
第三方阵	33.02	32.66	31.32	29.40	3.62
第四方阵	27.06	25.23	25.40	23.87	3.19

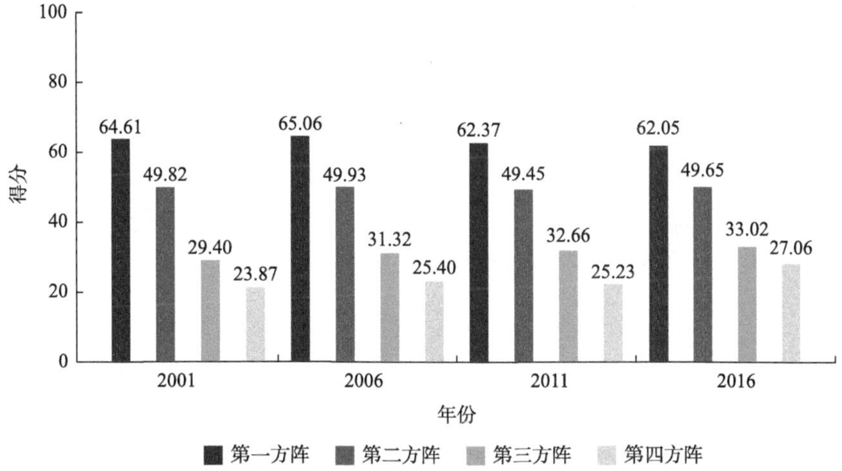

图 1-3 2001~2016 年 G20 国家农业科技创新能力方阵平均得分变化情况

从表 1-2 中可以看出，2001 年，第一方阵与第二方阵的平均分相差较大，两者相差 14.79 分，得分比为 1.30：1；第二方阵与第三方阵的平均得分相差也较大，两者相差 20.42 分，得分比为 1.69：1；第三方阵与第四方阵的平均得分相差不大，两者相差 5.53 分，得分比为 1.23：1；第一方阵与第四方阵的平均得分相差很大，两者相差 40.74 分，得分比为 2.71：1。

2006 年，第一方阵与第二方阵的平均分相差较大，两者相差 15.13 分，得分比为 1.30：1；第二方阵与第三方阵的平均得分相差也较大，两者相差 18.61 分，得分比为 1.59：1；第三方阵与第四方阵的平均得分相差不大，两者相差 5.92 分，得分比为 1.23：1；第一方阵与第四方阵的平均得分相差很大，两者相差 39.66 分，得分比为 2.56：1。

2011 年，第一方阵与第二方阵的平均分相差较大，两者相差 12.92 分，得分比为 1.26：1；第二方阵与第三方阵的平均得分相差也较大，两者相差 16.79 分，得分比为 1.51：1；第三方阵与第四方阵的平均得分相差不大，两者相差 7.43 分，得分比为 1.29∶1；第一方阵与第四方阵的平均得分相差很大，两者相差 37.14 分，得分比为 2.47∶1。

2016 年，第一方阵与第二方阵的平均分相差较大，两者相差 12.40 分，得分比为 1.25∶1；第二方阵与第三方阵的平均得分相差也较大，两者相差 16.63 分，得分比为 1.50∶1；第三方阵与第四方阵的平均得分相差不大，两者相差 5.96 分，得分比为 1.22∶1；第一方阵与第四方阵的平均得分相差很大，两者相差 34.99 分，得分比为 2.29∶1。

四、G20 国家农业科技创新能力要素得分及贡献率

为了更好地分析各二级指标对一级指标创新能力贡献作用，我们将各二级指标的得分与其权重相乘，折算为反映在一级指标上的得分，然后除以一级指标的总得分，则可得到各二级指标的贡献率。这样可以更加直观地看出每个二级指标对一级指标贡献的大小，如图 1-4 和图 1-5 所示。

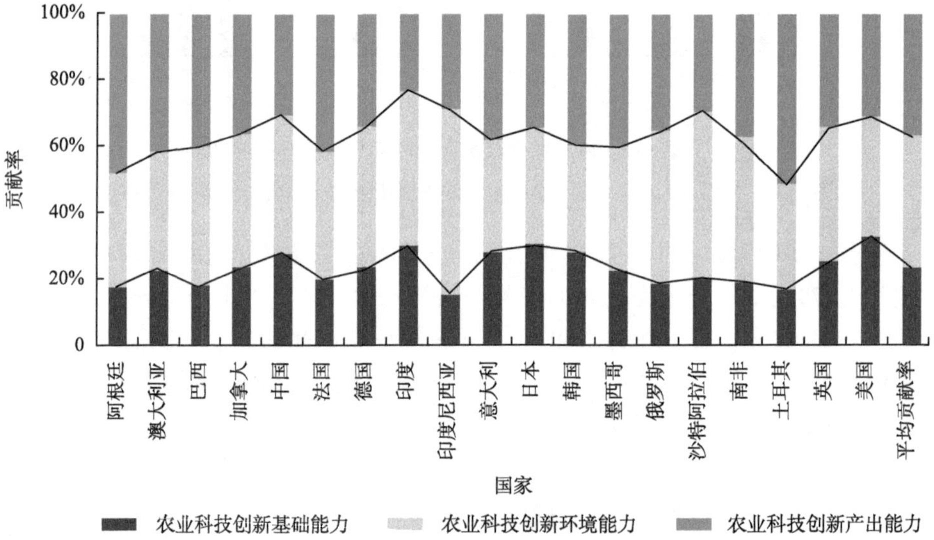

图 1-4　2001 年 G20 国家农业科技创新能力要素贡献率

由图 1-4 可见，2001 年，农业科技创新环境能力（national agricultural science, technology and innovation environment capabilities，NASTIEC）对农业科技创新能力的贡献率最高，平均贡献率为 40.01%；农业科技创新产出能力（national agricultural science，technology and innovation output capabilities，NASTIOC）的贡献率其次，平均贡献率为 36.56%；农业科技创新基础能力（national agricultural

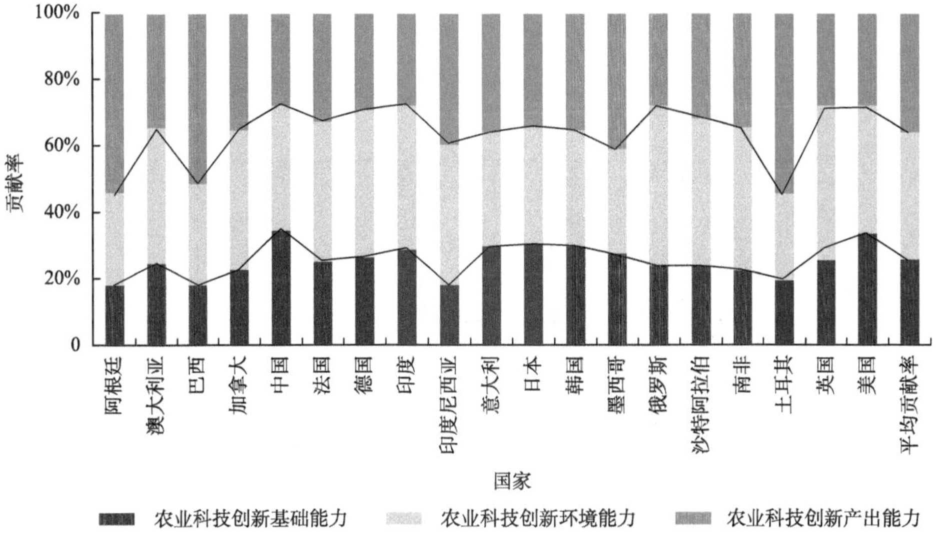

图 1-5　2016 年 G20 国家农业科技创新能力要素贡献率

science，technology and innovation foundation capabilities，NASTIFC）的贡献率最低，平均贡献率为 23.43%。

由图 1-5 可见，2016 年，农业科技创新环境能力对农业科技创新能力的贡献率最高，平均贡献率为 38.03%；农业科技创新产出能力的贡献率其次，平均贡献率为 36.43%；农业科技创新基础能力的贡献率最低，平均贡献率为 25.54%。

各国的二级指标贡献率略有差别，因此，各国在提升农业科技创新能力的过程中，需要关注对提升农业科技创新能力贡献较大的指标，在保持现有优势的基础上努力扩大优势；同时，对于暂时贡献率较低的指标也应给予持续且充足的关注，加大工作力度，尽快补短板，提高其贡献率，使各指标齐头并进。

第二节　G20 国家农业科技创新基础能力评价结果

根据国家农业科技创新能力评价指标体系和数学模型，本节对 2001 年和 2016 年 G20 国家农业科技创新基础能力评价结果进行比较和分析。表 1-3 列出了评价期内 G20 国家农业科技创新基础能力及其下属六项三级指标的评价结果。

表 1-3　2001 年和 2016 年 G20 国家农业科技创新基础能力评价指数比较表

国家＼项目		2016 年							2001 年							综合变化
		农业科技创新基础能力	经济水平	基础设施	研究基础	人力资源	资金投入	合作基础	农业科技创新基础能力	经济水平	基础设施	研究基础	人力资源	资金投入	合作基础	
美国	得分	73.74	91.77	42.95	100.00	49.91	57.82	100.00	76.04	93.78	41.00	100.00	72.98	48.51	100.00	−2.30
	排名	1	1	7	1	10	1	1	1	1	7	1	4	1	1	0
日本	得分	52.85	28.13	87.29	5.88	80.87	31.60	83.33	55.46	54.15	80.05	5.88	83.84	17.70	91.17	−2.61
	排名	2	9	1	6	1	10	3	2	2	1	3	2	14	2	0
英国	得分	51.04	54.10	44.64	2.94	56.12	54.01	94.44	46.07	53.18	43.33	5.57	61.59	31.66	81.05	4.97
	排名	3	2	6	10	8	2	2	3	3	5	5	7	5	4	0
韩国	得分	47.64	26.03	73.25	0.00	69.46	49.02	68.06	41.36	16.52	66.09	0.00	63.16	21.20	81.20	6.28
	排名	4	10	2	12	3	4	8	7	9	2	10	6	12	3	3
澳大利亚	得分	46.03	48.91	33.96	16.67	73.41	43.53	59.72	45.55	30.68	37.12	2.63	93.87	46.77	62.20	0.48
	排名	5	4	10	3	2	6	11	4	8	9	8	1	2	10	−1
德国	得分	44.18	46.68	48.42	10.05	62.34	36.46	61.11	42.18	45.32	48.69	5.88	72.54	25.42	55.22	2.00
	排名	6	5	5	5	4	9	10	6	5	3	3	5	8	11	0
意大利	得分	42.02	37.78	56.34	4.17	56.40	26.60	70.83	39.41	39.19	45.54	2.63	54.42	29.40	65.29	2.61
	排名	7	6	3	7	6	13	5	8	6	4	8	9	6	7	1
法国	得分	41.47	51.00	48.65	17.16	58.76	38.54	34.72	36.05	49.77	42.30	11.46	55.77	25.42	31.58	5.42
	排名	8	3	4	2	5	7	14	9	4	6	2	8	8	14	1
加拿大	得分	38.96	33.88	36.95	4.17	54.40	30.74	73.61	42.86	32.23	39.65	5.26	75.25	24.96	79.82	−3.90
	排名	9	7	9	7	9	11	4	5	7	8	6	3	10	5	−4
中国	得分	37.78	29.54	29.93	12.50	32.89	52.39	69.44	25.35	4.27	11.39	0.00	25.60	43.39	67.43	12.43
	排名	10	8	12	4	13	3	6	10	15	14	10	16	3	6	0
墨西哥	得分	24.31	6.43	23.34	2.94	29.70	30.66	52.78	19.96	8.40	8.72	2.94	34.59	15.47	49.67	4.35
	排名	11	16	16	10	16	12	12	13	10	15	7	13	15	12	2

续表

国家	项目	2016年							2001年							综合变化
		农业科技创新基础能力	经济水平	基础设施	研究基础	人力资源	资金投入	合作基础	农业科技创新基础能力	经济水平	基础设施	研究基础	人力资源	资金投入	合作基础	
印度	得分	24.10	3.91	37.80	0.00	13.77	19.67	69.44	22.61	1.28	28.20	0.00	8.97	34.78	20.51	1.49
	排名	12	18	8	12	18	16	6	11	18	10	10	19	4	9	−1
南非	得分	23.27	4.36	27.90	0.00	3.09	37.59	66.67	20.86	3.94	17.73	0.00	13.12	27.00	63.39	2.41
	排名	13	17	13	12	19	8	9	12	16	12	10	18	7	8	−1
俄罗斯	得分	22.60	10.14	26.08	0.00	32.86	23.49	43.06	16.87	2.75	7.67	0.00	42.52	9.99	38.27	5.73
	排名	14	15	15	12	14	14	13	14	17	16	10	11	16	13	0
巴西	得分	19.47	11.72	12.60	4.17	32.83	44.39	11.11	15.96	6.58	5.32	0.00	39.32	24.33	20.18	3.51
	排名	15	12	19	7	15	5	18	15	14	19	10	12	11	17	0
阿根廷	得分	18.48	11.55	18.91	0.00	56.38	21.27	2.78	15.20	8.23	6.08	0.00	52.80	20.25	3.85	3.28
	排名	16	13	18	12	7	15	19	16	11	18	10	10	13	19	0
沙特阿拉伯	得分	18.16	13.09	27.14	0.00	38.65	6.44	23.61	14.43	7.87	15.61	0.00	34.17	3.79	25.17	3.73
	排名	17	11	14	12	12	19	16	17	12	13	10	14	19	15	0
土耳其	得分	16.76	10.40	30.35	0.00	40.14	7.17	12.50	13.78	6.94	18.95	0.00	31.34	9.08	16.38	2.98
	排名	18	14	11	12	11	18	17	18	13	11	10	15	17	18	0
印度尼西亚	得分	14.03	2.29	20.47	0.00	18.77	7.91	34.72	9.30	0.69	7.38	0.00	20.72	6.50	20.51	4.73
	排名	19	19	17	12	17	17	14	19	19	17	10	17	18	16	0
最高分	—	73.74	91.77	87.29	100	80.87	57.82	100.00	76.04	93.78	80.05	100.00	93.87	48.51	100.00	12.43
最低分	—	14.03	2.29	12.60	0.00	3.09	6.44	2.78	9.30	0.69	5.32	0.00	8.97	3.79	3.85	−3.90
平均分	—	34.57	27.46	38.26	9.51	45.30	32.59	54.31	31.54	24.51	30.04	7.49	49.29	24.51	51.20	3.03
标准差	—	15.64	22.76	18.26	22.02	20.31	15.31	27.31	17.13	24.91	21.11	22.02	23.62	12.52	27.97	—

一、G20 国家农业科技创新基础能力排名变化情况

2016 年 G20 国家农业科技创新基础能力评价指数处于第一方阵（1~5 位）的

依次为美国、日本、英国、韩国、澳大利亚；排在第二方阵（6~10 位）的依次为德国、意大利、法国、加拿大、中国；处于第三方阵（11~15 位）的依次为墨西哥、印度、南非、俄罗斯、巴西；处于第四方阵（16~19 位）的依次为阿根廷、沙特阿拉伯、土耳其、印度尼西亚。

2001 年 G20 国家农业科技创新基础能力评价指数处于第一方阵（1~5 位）的依次为美国、日本、英国、澳大利亚、加拿大；排在第二方阵（6~10 位）的依次为德国、韩国、意大利、法国、中国；处于第三方阵（11~15 位）的依次为印度、南非、墨西哥、俄罗斯、巴西；处于第四方阵（16~19 位）的依次为阿根廷、沙特阿拉伯、土耳其、印度尼西亚。

如图 1-6 所示，2016 年与 2001 年相比，国家农业科技创新基础能力评价指数排位上升的有 4 个国家，分别为韩国、意大利、法国、墨西哥；11 个国家的排位没有变化，分别为美国、日本、英国、德国、中国、俄罗斯、巴西、阿根廷、沙特阿拉伯、土耳其、印度尼西亚；排位下降的有 4 个国家，分别为澳大利亚、加拿大、印度、南非。2 个国家的农业科技创新基础能力评价指数所处方阵发生较大幅度的变动，上升幅度较大的国家为韩国，由第二方阵上升到第一方阵；下降幅度较大的国家为加拿大，由第一方阵下降到第二方阵。

二级指标国家农业科技创新基础能力的变化是其下属三级指标的综合变化作用的结果，表 1-3 列出了国家农业科技创新基础能力下属 6 项三级指标的变化情况。相对来说，经济水平、研究基础和合作基础对国家农业科技创新基础能力排位变化的影响较大，各国农业科技创新基础能力的差异主要表现在这些指标上。

二、G20 国家农业科技创新基础能力得分变化情况

对比 2001~2016 年 G20 国家农业科技创新基础能力评价指数的得分变化可知（图 1-6），2016 年，G20 国家农业科技创新基础能力的最高得分为 73.74 分，比 2001 年下降 2.3 分；2016 年，最低得分为 14.03 分，比 2001 年提高 4.73 分。G20 国家农业科技创新基础能力的整体水平呈现上升趋势，平均增长 3.03 分。其中，有 16 个国家（英国、韩国、澳大利亚、德国、意大利、法国、中国、墨西哥、印度、南非、俄罗斯、巴西、阿根廷、沙特阿拉伯、土耳其、印度尼西亚）农业科技创新基础能力评价指数得分上升，平均增长约 4.15 分，其余 3 个国家（美国、日本、加拿大）农业科技创新基础能力评价指数得分有所下降，平均下降 2.94 分。

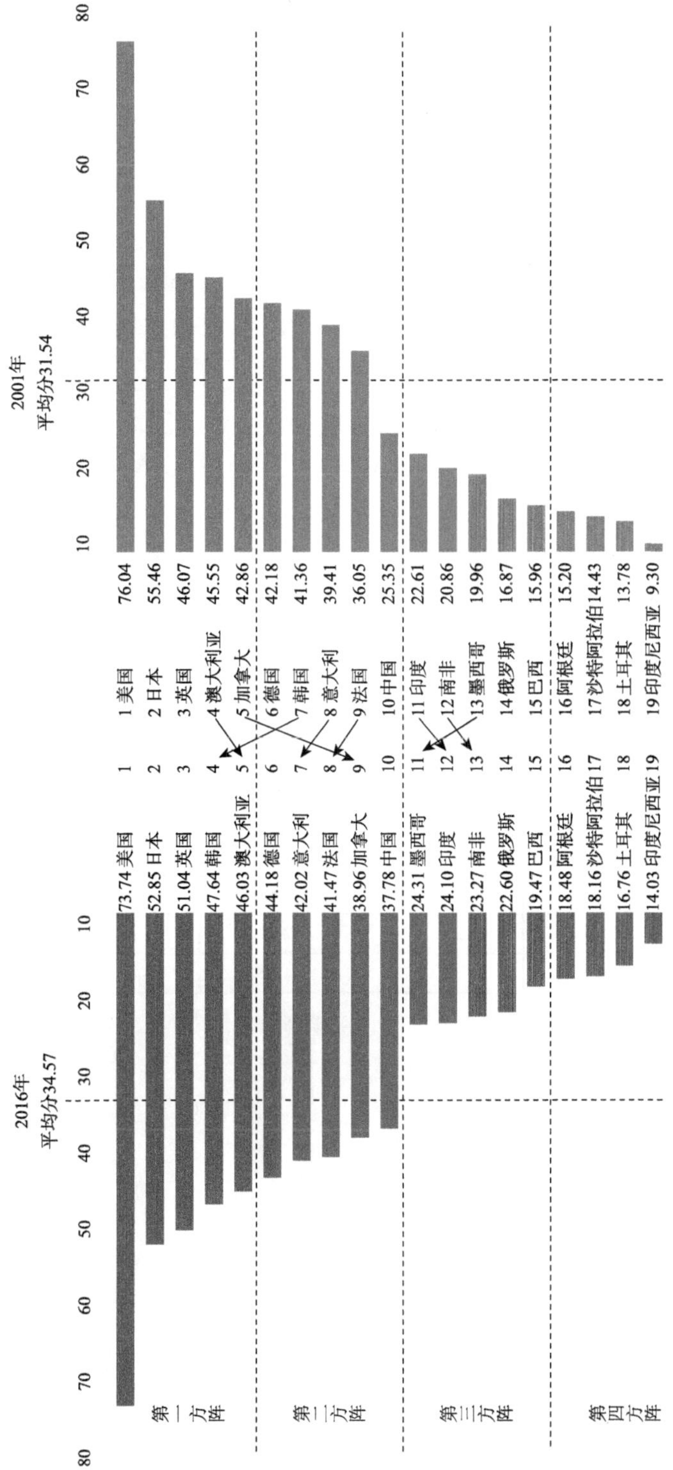

图1-6　2001年和2016年G20国家农业科技创新基础能力得分及排名情况

反映在三级指标上，基础设施的平均得分增长最多，上升 8.22 分；其次是资金投入、合作基础、经济水平、研究基础，分别上升 8.08 分、3.11 分、2.95 分和 2.02 分，人力资源的平均得分下降 3.99 分。基础设施、资金投入等得分上升指标是促使国家农业科技创新基础能力提高的主要因素。

从 2001 年和 2016 年的情况来看，除中国均位列第 10 名以外，前 10 名的其他 9 个国家均为发达国家。这说明发达国家已打下坚实的农业科技创新基础。发展中国家的农业科技创新基础能力普遍较低，没有一个国家的得分超过 40 分，与发达国家的差距非常大。2016 年，排第 19 位的印度尼西亚仅有 14.03 分，仅是排在第 1 位的美国的 19.03%。

三、G20 国家农业科技创新基础能力方阵变化情况

表 1-4 和图 1-7 列出了 2001~2016 年 G20 中各方阵的国家农业科技创新基础能力评价指数的平均得分情况。从图 1-7 中可以看出，四个方阵的平均得分均呈现波动上升趋势。第二方阵的平均得分上升幅度最大，上升了 4.01 分；第四方阵上升了 3.68 分，第三方阵上升了 3.50 分；而第一方阵的上升幅度最小，只上升了 1.06 分。

表 1-4　2001~2016 年 G20 国家农业科技创新基础能力方阵平均得分变化情况

方阵 \ 项目	2016 年	2011 年	2006 年	2001 年	综合变化
第一方阵	54.26	54.68	56.00	53.20	1.06
第二方阵	40.88	40.76	41.62	36.87	4.01
第三方阵	22.75	23.00	22.79	19.25	3.50
第四方阵	16.86	17.27	14.86	13.18	3.68

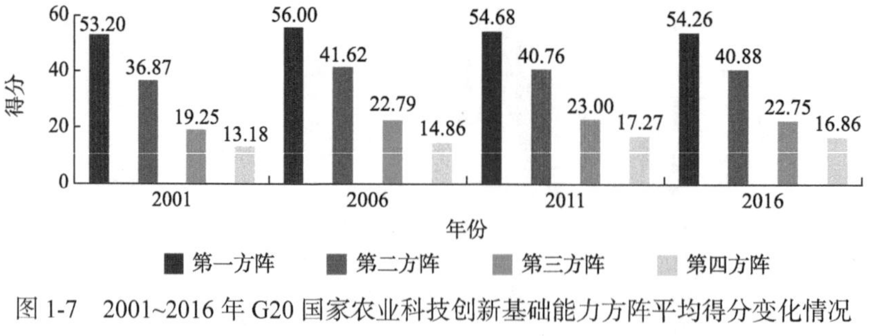

图 1-7　2001~2016 年 G20 国家农业科技创新基础能力方阵平均得分变化情况

2016 年，第一方阵与第二方阵的平均得分相差较大，两者相差 13.38 分，得分比为 1.33 : 1；第二方阵与第三方阵的平均得分相差较大，两者相差 18.13 分，

得分比为 1.80∶1；第三方阵与第四方阵的平均得分相差不大，两者相差 5.89 分，得分比为 1.35∶1；第一方阵与第四方阵的差距则非常大，两者相差 37.40 分，得分比达到 3.22∶1。

第三节　G20 国家农业科技创新环境能力评价结果

根据国家农业科技创新能力评价指标体系和数学模型，本节对 2001~2016 年 G20 国家农业科技创新环境能力评价结果进行比较和分析。表 1-5 列出了评价期内 G20 国家农业科技创新环境能力及其下属 5 项三级指标的评价结果。

表 1-5　2001 年和 2016 年 G20 国家农业科技创新环境能力评价指数比较表

国家	项目	2016 年						2001 年						综合变化
		农业科技创新环境能力	文化环境	政策环境	商业环境	教育环境	生态可持续环境	农业科技创新环境能力	文化环境	政策环境	商业环境	教育环境	生态可持续环境	
美国	得分	83.08	93.33	70.04	88.89	93.78	69.37	82.94	100.00	58.09	92.00	97.33	67.28	0.14
	排名	1	1	3	1	5	6	1	1	6	1	2	5	0
澳大利亚	得分	74.83	65.83	93.94	50.78	96.22	67.35	72.20	65.35	84.72	58.69	87.50	64.71	2.63
	排名	2	8	1	5	2	7	3	7	1	5	6	7	1
德国	得分	74.26	76.67	68.63	44.42	97.33	84.25	74.17	84.06	58.20	58.32	91.03	79.26	0.09
	排名	3	4	4	7	1	1	2	2	5	6	4	1	−1
英国	得分	74.00	64.17	68.17	62.60	94.44	80.63	71.94	70.47	60.10	65.12	90.92	73.08	2.06
	排名	4	9	5	2	4	2	4	6	4	2	5	3	0
加拿大	得分	72.71	68.33	79.14	53.04	96.22	66.83	71.17	70.61	63.86	63.57	91.77	66.03	1.54
	排名	5	7	2	4	2	8	5	5	3	3	3	6	0
法国	得分	70.15	77.50	55.09	55.21	84.44	78.50	68.21	76.02	50.31	60.61	86.65	67.48	1.94
	排名	6	3	6	3	6	4	6	4	7	4	7	4	0

续表

国家	项目	2016 年						2001 年						综合变化
		农业科技创新环境能力	文化环境	政策环境	商业环境	教育环境	生态可持续环境	农业科技创新环境能力	文化环境	政策环境	商业环境	教育环境	生态可持续环境	
日本	得分	62.15	87.50	48.73	37.45	80.67	56.41	62.75	78.66	45.15	50.01	97.44	42.50	−0.60
	排名	7	2	8	9	7	15	7	3	8	7	1	17	0
韩国	得分	55.00	71.67	36.65	47.72	61.11	57.85	47.49	56.87	37.01	38.88	67.74	36.93	7.51
	排名	8	5	11	6	10	14	8	9	13	9	8	18	0
意大利	得分	48.24	41.67	35.92	30.00	70.00	62.64	46.80	49.12	39.66	32.00	58.87	54.36	1.44
	排名	9	12	12	11	8	9	9	11	12	10	9	14	0
俄罗斯	得分	44.88	51.67	5.59	35.34	62.22	69.60	41.84	54.82	23.88	17.11	48.72	64.67	3.04
	排名	10	10	19	10	9	5	11	10	17	19	11	8	1
南非	得分	43.00	21.67	50.08	43.74	20.00	79.53	45.11	11.11	69.78	43.78	24.40	76.48	−2.11
	排名	11	14	7	8	18	3	10	17	2	8	14	2	−1
中国	得分	40.12	70.00	39.78	20.35	43.75	26.72	37.85	60.23	41.33	29.56	22.24	35.86	2.27
	排名	12	6	10	15	12	19	12	8	11	12	17	19	0
印度	得分	35.79	45.83	29.86	14.19	37.78	51.27	34.75	29.82	28.11	20.53	42.09	53.16	1.04
	排名	13	11	15	18	13	18	15	13	15	18	12	15	2
印度尼西亚	得分	33.56	7.50	33.22	19.14	46.48	61.45	33.75	0.00	31.70	20.71	52.37	63.98	−0.19
	排名	14	17	13	16	11	11	16	19	14	17	10	10	2
沙特阿拉伯	得分	33.53	6.67	41.86	27.07	30.44	61.60	35.21	13.89	44.64	29.12	23.82	64.56	−1.68
	排名	15	18	9	13	15	10	14	16	9	14	15	9	−1
巴西	得分	32.07	31.67	32.02	22.82	17.62	56.21	36.89	29.97	44.42	29.16	28.06	52.82	−4.82
	排名	16	13	14	14	19	16	13	12	10	13	13	16	−3
墨西哥	得分	28.40	10.00	16.65	30.96	25.59	58.78	32.00	19.15	27.26	30.10	21.30	62.17	−3.60
	排名	17	16	17	12	16	12	17	14	16	11	18	11	0
阿根廷	得分	28.09	20.00	17.82	9.16	35.59	57.90	29.14	19.01	22.65	22.48	23.29	58.29	−1.05
	排名	18	15	16	19	14	13	18	15	18	16	16	13	0
土耳其	得分	21.85	6.67	9.93	18.62	21.43	52.59	25.49	11.11	11.69	25.68	19.53	59.46	−3.64
	排名	19	18	18	17	17	17	19	17	19	15	19	12	0

续表

国家 \ 项目		2016年						2001年						综合变化
		农业科技创新环境能力	文化环境	政策环境	商业环境	教育环境	生态可持续环境	农业科技创新环境能力	文化环境	政策环境	商业环境	教育环境	生态可持续环境	
最高分	—	83.08	93.33	93.94	88.89	97.33	84.25	82.94	100.00	84.72	92.00	97.44	79.26	7.51
最低分	—	21.85	6.67	5.59	9.16	17.62	26.72	25.49	0.00	11.69	17.11	19.53	35.86	−4.82
平均分	—	50.30	48.33	43.85	37.45	58.69	63.13	49.98	47.38	44.35	41.44	56.58	60.16	0.32
标准差	—	19.12	28.70	23.45	19.13	28.95	12.81	17.90	28.87	17.89	19.70	29.95	11.69	—

注：数据因四舍五入存在偏差

一、国家农业科技创新环境能力排名变化情况

2016年G20国家农业科技创新环境能力评价指数处于第一方阵（1~5位）的依次为美国、澳大利亚、德国、英国、加拿大；处于第二方阵（6~10位）的依次为法国、日本、韩国、意大利、俄罗斯；处于第三方阵（11~15位）的依次为南非、中国、印度、印度尼西亚、沙特阿拉伯；处于第四方阵（16~19位）的依次为巴西、墨西哥、阿根廷、土耳其。

2001年G20国家农业科技创新环境能力评价指数处于第一方阵（1~5位）的依次为美国、德国、澳大利亚、英国、加拿大；处于第二方阵（6~10位）的依次为法国、日本、韩国、意大利、南非；处于第三方阵（11~15位）的依次为俄罗斯、中国、巴西、沙特阿拉伯、印度；处于第四方阵（16~19位）的依次为印度尼西亚、墨西哥、阿根廷、土耳其。

如图1-8所示，2016年与2001年相比，国家农业科技创新环境能力评价指数排位上升的有4个国家，分别为澳大利亚、俄罗斯、印度、印度尼西亚；11个国家的排位没有变化，分别为美国、英国、加拿大、法国、日本、韩国、意大利、中国、墨西哥、阿根廷、土耳其；排位下降的有4个国家，分别为德国、南非、沙特阿拉伯、巴西。有2个国家的农业科技创新环境能力评价指数所处方阵发生较大幅度的变动，上升幅度较大的2个国家分别为俄罗斯和印度尼西亚，俄罗斯由第三方阵上升到第二方阵，印度尼西亚由第四方阵上升到第三方阵；下降幅度较大的2个国家分别为南非和巴西，南非由第二方阵下降到第三方阵，巴西由第三方阵下降到第四方阵。

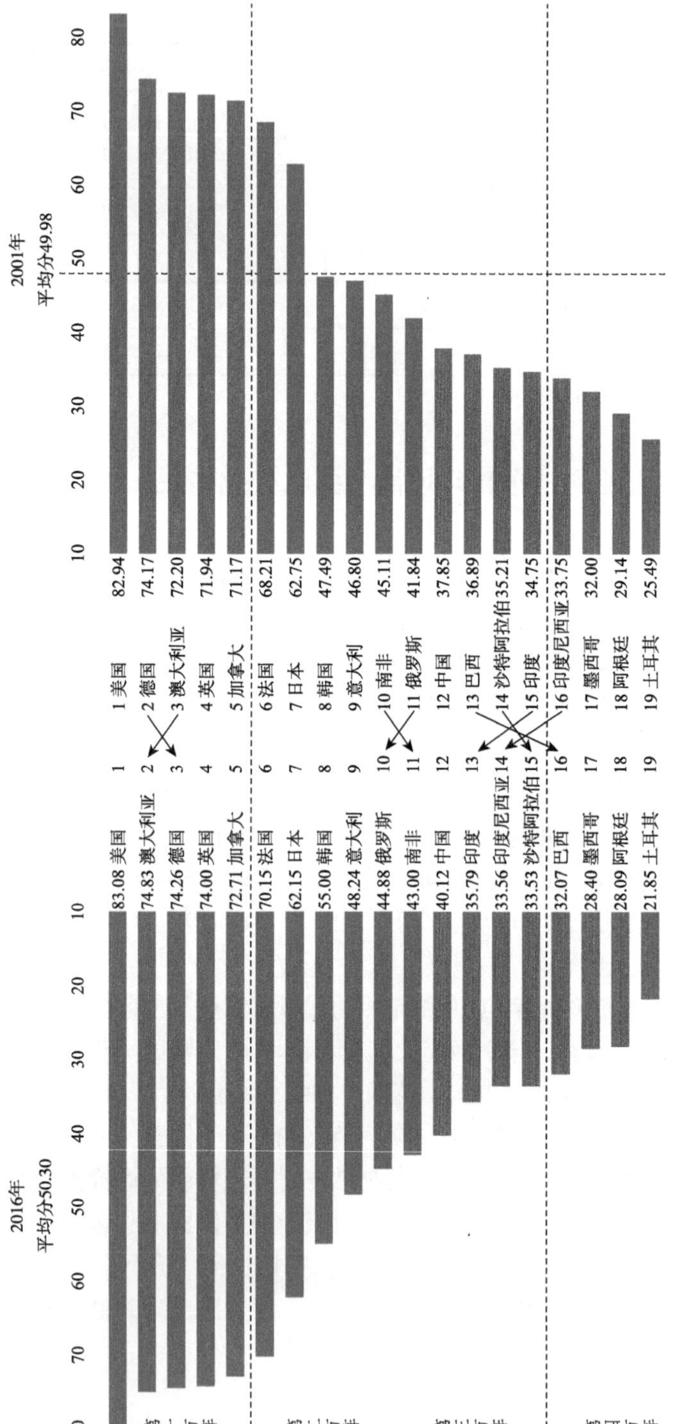

图1-8　2001年和2016年G20国家农业科技创新环境能力得分及排名情况

二级指标国家农业科技创新环境能力的变化是其下属三级指标的综合变化作用的结果，表1-5列出了国家农业科技创新环境能力下属5项三级指标的变化情况。相对来说，文化环境、政策环境和教育环境对国家农业科技创新环境能力排位变化的影响较大，各国农业科技创新环境能力的差异主要表现在上述指标上。

二、国家农业科技创新环境能力得分变化情况

对比2001~2016年G20国家农业科技创新环境能力评价指数的得分变化可知，2016年，G20国家农业科技创新环境能力的最高得分为83.08分，比2001年上升0.14分；最低得分为21.85分，比2001年下降3.64分。G20国家农业科技创新环境能力的整体水平呈现上升趋势，平均增长0.32分。其中，有11个国家（美国、澳大利亚、德国、英国、加拿大、法国、韩国、意大利、俄罗斯、中国、印度）农业科技创新环境能力评价指数得分上升，平均增长2.15分，8个国家（日本、南非、印度尼西亚、沙特阿拉伯、巴西、墨西哥、阿根廷、土耳其）农业科技创新环境能力评价指数得分有所下降，平均下降2.21分。

反映在三级指标上，生态可持续环境平均得分增长最多，上升2.97分；其次是教育环境和文化环境，分别上升2.11分和0.95分；商业环境和政策环境平均得分分别下降3.99分和0.50分。教育环境、生态可持续环境等得分上升指标是促使国家农业科技创新环境能力提高的主要因素。

从2001年和2016年的情况来看，除南非（2001年）和俄罗斯（2016年）分列第10名外，前10名的其他9个国家均为发达国家，中国保持第12名未变，这说明发达国家具有良好的农业科技创新环境。发展中国家的农业科技创新环境能力普遍较低，得分均低于50分，与发达国家的差距较大。2016年，排第19位的土耳其仅有21.85分，仅是排在第1位的美国的26.30%。

三、国家农业科技创新环境能力方阵变化情况

表1-6和图1-9分别列出了2001~2016年G20中各方阵的国家农业科技创新环境能力评价指数的平均得分情况。从图1-9中可以看出，第一方阵与第二方阵的平均得分呈现波动上升趋势；第三方阵的平均得分呈现波动下降趋势；第四方阵的平均得分呈现下降趋势。第一方阵的平均得分上升幅度较大，上升了1.30分；第二方阵上升幅度最大，上升了2.01分；第三方阵下降了0.10分；而第四方阵的下降幅度最大，下降了2.50分。

表 1-6　2001~2016 年 G20 国家农业科技创新环境能力方阵平均得分变化情况

方阵 \ 项目	2016 年	2011 年	2006 年	2001 年	综合变化
第一方阵	75.78	74.23	74.54	74.48	1.30
第二方阵	56.08	56.54	54.51	54.07	2.01
第三方阵	37.20	37.74	36.67	37.30	−0.10
第四方阵	27.60	28.06	29.92	30.10	−2.50

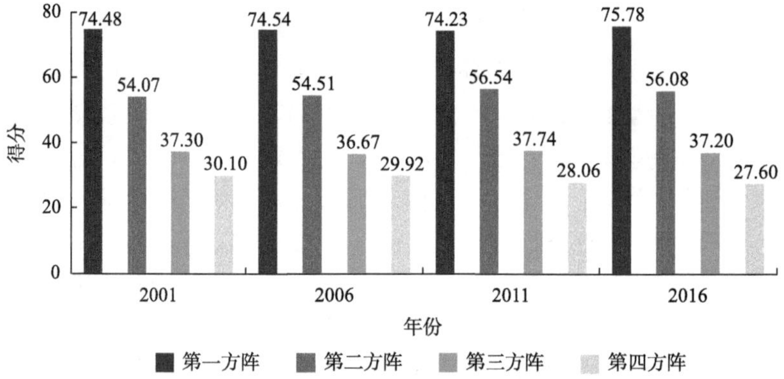

图 1-9　2001~2016 年 G20 国家农业科技创新环境能力方阵平均得分变化情况

2016 年，第一方阵与第二方阵的平均得分相差较大，两者相差 19.70 分，得分比为 1.35∶1；第二方阵与第三方阵的平均得分相差较大，两者相差 18.88 分，得分比为 1.51∶1；第三方阵与第四方阵的平均得分相差不大，两者相差 9.60 分，得分比为 1.35∶1；第一方阵与第四方阵的差距则非常大，两者相差 48.18 分，得分比达到 2.75∶1。

第四节　G20 国家农业科技创新产出能力评价结果

根据国家农业科技创新能力评价指标体系和数学模型，本节对 2001~2016 年 G20 国家农业科技创新产出能力评价结果进行比较和分析。表 1-7 列出了评价期内 G20 国家农业科技创新产出能力及其下属四项三级指标的评价结果。

表 1-7　2001 年和 2016 年 G20 国家农业科技创新产出能力评价指数比较表

国家	项目	2016年					2001年					综合变化
		农业科技创新产出能力	科技成果	生产力水平	经济效益	农村生活水平	农业科技创新产出能力	科技成果	生产力水平	经济效益	农村生活水平	
澳大利亚	得分	66.11	74.81	31.35	58.29	100.00	82.80	96.31	61.71	73.21	100.00	−16.69
	排名	1	1	17	9	1	1	1	8	4	1	0
美国	得分	63.26	20.81	71.40	60.85	100.00	72.14	28.33	71.36	88.86	100 .00	−8.88
	排名	2	6	1	6	1	3	5	4	1	1	1
日本	得分	60.66	74.42	47.30	20.93	100.00	61.20	54.43	74.28	16.08	100.00	−0.53
	排名	3	2	10	19	1	6	2	3	19	1	3
加拿大	得分	60.65	23.56	56.30	62.75	100.00	64.28	17.34	58.22	81.57	100.00	−3.63
	排名	4	5	3	5	1	4	8	9	2	1	0
韩国	得分	56.95	47.06	43.63	37.11	100.00	57.34	19.44	64.04	45.90	100.00	−0.39
	排名	5	3	11	14	1	8	7	7	15	1	3
阿根廷	得分	56.29	25.98	43.62	88.18	67.39	40.60	13.64	31.01	50.35	67.39	15.70
	排名	6	4	12	1	13	12	9	11	12	13	6
法国	得分	54.77	16.20	67.15	35.72	100.00	73.38	53.60	89.70	50.23	100.00	−18.62
	排名	7	7	2	16	1	2	3	1	13	1	−5
巴西	得分	54.15	10.85	52.24	85.13	68.36	35.50	2.87	8.71	62.05	68.36	18.65
	排名	8	10	6	2	12	13	13	19	6	12	5
意大利	得分	51.71	4.68	42.34	59.82	100.00	53.00	10.60	65.32	36.08	100.00	−1.29
	排名	9	12	14	8	1	9	10	6	17	1	0
英国	得分	50.67	11.31	50.03	41.34	100.00	61.73	24.27	80.94	41.71	100.00	−11.06
	排名	10	9	8	13	1	5	6	2	16	1	−5
德国	得分	49.65	14.94	51.67	32.01	100.00	59.84	41.39	70.78	27.19	100.00	−10.19
	排名	11	8	7	17	1	7	4	5	18	1	−4
土耳其	得分	47.51	3.55	36.03	75.84	74.61	42.06	0.35	26.76	66.53	74.61	5.44
	排名	12	13	16	3	10	10	15	13	5	10	−2

续表

国家	项目	2016年 农业科技创新产出能力	2016年 科技成果	2016年 生产力水平	2016年 经济效益	2016年 农村生活水平	2001年 农业科技创新产出能力	2001年 科技成果	2001年 生产力水平	2001年 经济效益	2001年 农村生活水平	综合变化
墨西哥	得分	36.73	2.41	27.25	50.90	66.37	34.81	0.30	21.11	51.45	66.37	1.93
	排名	13	16	18	11	14	14	16	15	11	14	1
南非	得分	36.20	3.14	42.73	29.12	69.80	42.03	5.36	31.42	61.57	69.80	−5.84
	排名	14	15	13	18	11	11	12	10	7	11	−3
印度尼西亚	得分	31.38	0.03	54.17	71.34	0.00	17.35	0.03	14.89	54.49	0.00	14.03
	排名	15	19	4	4	18	18	19	18	9	18	3
中国	得分	30.83	2.00	53.52	36.27	31.54	27.70	0.24	26.77	52.23	31.54	3.14
	排名	16	17	5	15	15	16	17	12	10	15	0
俄罗斯	得分	27.39	7.37	22.67	60.24	19.29	31.34	8.74	15.97	81.38	19.29	−3.95
	排名	17	11	19	7	16	15	11	17	3	16	−2
沙特阿拉伯	得分	24.53	3.30	47.52	47.30	0.00	20.48	1.22	25.58	55.13	0.00	4.05
	排名	18	14	9	12	18	17	14	14	8	18	−1
印度	得分	23.55	0.10	38.78	54.86	0.47	17.19	0.05	18.74	49.51	0.47	6.36
	排名	19	18	15	10	17	19	18	16	14	17	0
最高分	—	66.11	74.81	71.40	88.18	100.00	82.80	96.31	89.70	88.86	100.00	18.65
最低分	—	23.55	0.03	22.67	20.93	0.00	17.19	0.03	8.71	16.08	0.00	−18.62
平均分	—	46.47	18.24	46.30	53.05	68.31	47.09	19.92	45.12	55.03	68.31	−0.62
标准差	—	13.58	22.41	11.94	18.44	37.54	19.32	24.89	25.63	17.93	37.54	—

注：数据因四舍五入存在偏差

一、国家农业科技创新产出能力排名变化情况

2016 年 G20 国家农业科技创新产出能力评价指数处于第一方阵（1~5 位）的依次为澳大利亚、美国、日本、加拿大、韩国；处于第二方阵（6~10 位）的依次为阿根廷、法国、巴西、意大利、英国；处于第三方阵（11~15 位）的依次为德国、

土耳其、墨西哥、南非、印度尼西亚；处于第四方阵（16~19 位）的依次为中国、俄罗斯、沙特阿拉伯、印度。

2001 年 G20 国家农业科技创新产出能力评价指数处于第一方阵（1~5 位）的依次为澳大利亚、法国、美国、加拿大、英国；处于第二方阵（6~10 位）的依次为日本、德国、韩国、意大利、土耳其；处于第三方阵（11~15 位）的依次为南非、阿根廷、巴西、墨西哥、俄罗斯；处于第四方阵（16~19 位）的依次为中国、沙特阿拉伯、印度尼西亚、印度。

如图 1-10 所示，2016 年与 2001 年相比，国家农业科技创新产出能力评价指数排位上升的有 7 个国家，分别为美国、日本、韩国、阿根廷、巴西、墨西哥、印度尼西亚；5 个国家的排位没有变化，分别为澳大利亚、加拿大、意大利、中国、印度；排位下降的有 7 个国家，分别为法国、英国、德国、土耳其、南非、俄罗斯、沙特阿拉伯。10 个国家的农业科技创新产出能力评价指数所处方阵发生较大幅度的变动，上升幅度较大的 5 个国家为日本、韩国、阿根廷、巴西、印度尼西亚，其中，日本、韩国由第二方阵上升到第一方阵，阿根廷和巴西由第三方阵上升到第二方阵，印度尼西亚由第四方阵上升到第三方阵；下降幅度较大的 5 个国家为法国、英国、德国、土耳其、俄罗斯，其中，法国和英国由第一方阵下降到第二方阵，德国和土耳其由第二方阵下降到第三方阵，俄罗斯由第三方阵下降到第四方阵。

二级指标国家农业科技创新产出能力的变化是其下属三级指标的综合变化作用的结果，表 1-7 列出了国家农业科技创新产出能力下属四项三级指标的变化情况。相对来说，科技成果和农村生活水平对国家农业科技创新产出能力排位变化的影响较大，各国农业科技创新产出能力的差异主要表现在上述指标上。

二、国家农业科技创新产出能力得分变化情况

对比 2001~2016 年 G20 国家农业科技创新产出能力评价指数的得分变化可知，2016 年，G20 国家农业科技创新产出能力的最高得分为 66.11 分，比 2001 年降低 16.69 分；最低得分为 23.55 分，比 2001 年提高 6.36 分。G20 国家农业科技创新产出能力的整体水平呈现下降趋势，平均下降 0.62 分。其中，有 8 个国家（阿根廷、巴西、土耳其、墨西哥、印度尼西亚、中国、沙特阿拉伯、印度）农业科技创新产出能力评价指数得分上升，平均增长 8.66 分；11 个国家（澳大利亚、美国、日本、加拿大、韩国、法国、意大利、英国、德国、南非、俄罗斯）农业科技创新产出能力评价指数得分下降，平均下降 7.37 分。

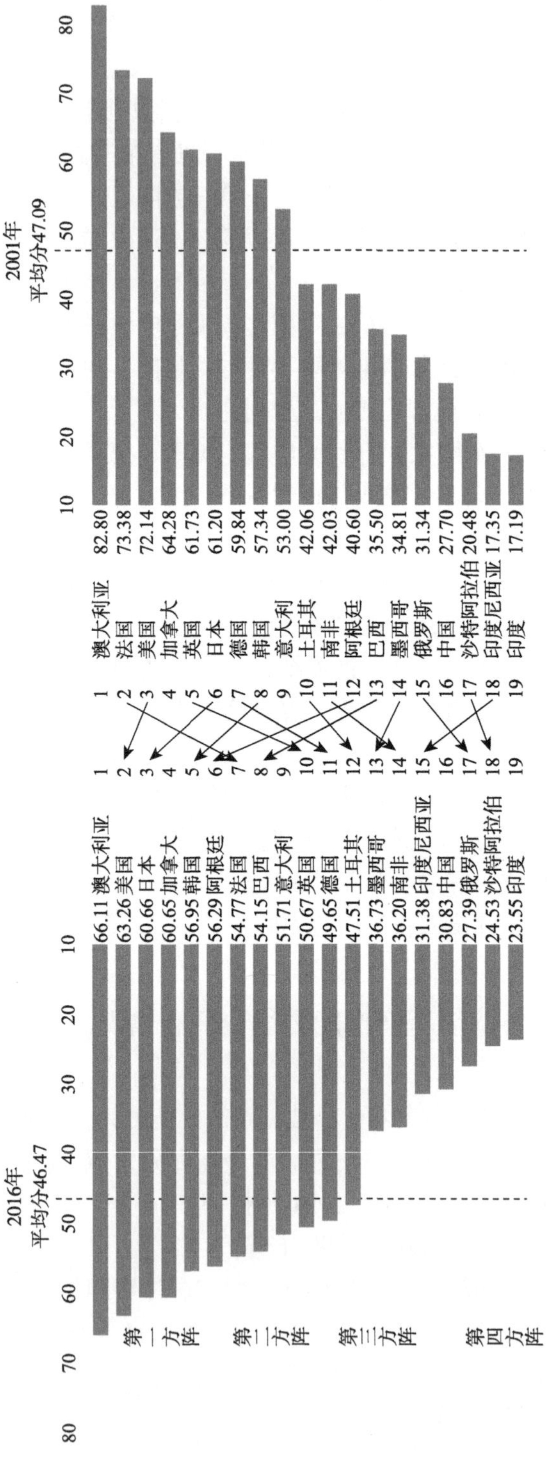

图1-10　2001年和2016年G20国家农业科技创新产出能力得分及排名情况

反映在三级指标上，生产力水平的平均得分增长最多，上升 1.18 分；科技成果和经济效益得分分别下降 1.68 分和 1.97 分。科技成果和经济效益等得分下降是导致国家农业科技创新产出能力下降的主要因素。

从 2001 年和 2016 年的情况来看，仍然是发达国家占据优势地位。但值得一提的是，阿根廷和巴西的农业科技创新产出能力提升显著，阿根廷从 2001 年的第 12 名跃居至 2016 年的第 6 名，巴西从 2001 年的第 13 名升至 2016 年的第 8 名，中国则保持第 12 名未变。发展中国家的创新产出能力较低，与发达国家的差距非常大。2016 年，排在第 19 位的印度得分为 23.55 分，排在第一位的澳大利亚得分为 66.11 分，是其 2.81 倍。

三、国家农业科技创新产出能力方阵变化情况

表 1-8 和图 1-11 分别列出了 2001~2016 年 G20 集团中各方阵的国家农业科技创新产出能力评价指数的平均得分情况。从图 1-11 中可以看出，第一方阵的平均得分呈现下降趋势；第二方阵的平均得分呈现波动下降趋势；第三方阵的平均得分呈现上升趋势；第四方阵为波动上升趋势。第一方阵的平均得分下降幅度最大，下降了 9.34 分；第二方阵下降了 1.17 分；第三方阵上升了 3.43 分；而第四方阵的上升幅度最大，上升了 5.90 分。

表 1-8　2001~2016 年 G20 国家农业科技创新产出能力方阵平均得分变化情况

方阵＼项目	2016 年	2011 年	2006 年	2001 年	综合变化
第一方阵	61.53	62.16	68.10	70.87	−9.34
第二方阵	53.52	52.82	53.75	54.69	−1.17
第三方阵	40.29	38.15	37.97	36.86	3.43
第四方阵	26.58	22.08	22.66	20.68	5.90

2016 年，第一方阵与第二方阵的平均得分相差较小，两者相差 8.01 分，得分比为 1.15 : 1；第二方阵与第三方阵的平均得分则相差较大，两者相差 13.23 分，得分比为 1.33 : 1；第三方阵与第四方阵的平均得分相差较大，两者相差 13.71 分，得分比为 1.52 : 1；第一方阵与第四方阵的差距则非常大，两者相差 34.95 分，得分比达到 2.31 : 1。

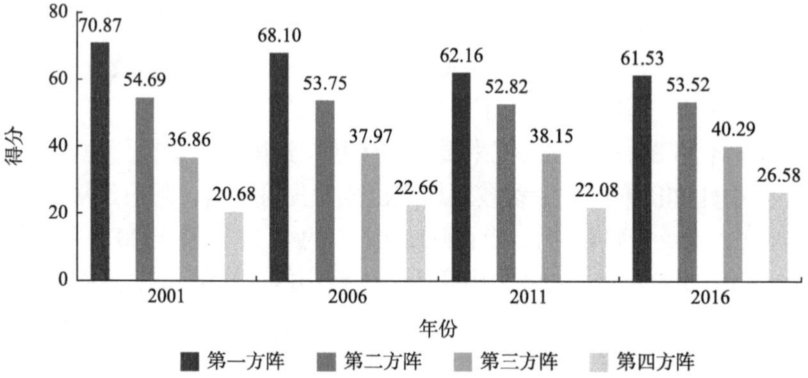

图 1-11　2001~2016 年 G20 国家农业科技创新产出能力方阵平均得分变化情况

第二章　G20国家农业科技创新能力专题评价分析

第一节　G20国家农业科技创新能力区域评价分析

一、G20国家农业科技创新能力区域间评价分析

本部分将 G20 国家按照其地理分布所在的世界六大洲划分成六个区域，2001~2016 年分区域 G20 国家农业科技创新能力的平均得分及其变化情况见表 2-1。

表 2-1　2001~2016 年分区域 G20 国家农业科技创新能力的平均得分及其变化情况

项目 \ 得分		2001 年	2006 年	2011 年	2016 年	2001~2016 年得分变化
北美洲	加拿大	59.44	61.51	58.85	57.44	−2.00
	墨西哥	28.92	29.90	29.46	29.81	0.89
	美国	77.04	73.99	72.20	73.36	−3.68
	平均分	55.13	55.13	53.51	53.54	−1.60
南美洲	阿根廷	28.31	33.09	35.06	34.29	5.97
	巴西	29.45	33.20	37.57	35.23	5.78
	平均分	28.88	33.14	36.32	34.76	5.88

续表

项目 \ 得分		2001 年	2006 年	2011 年	2016 年	2001~2016 年得分变化
欧洲	法国	59.21	57.92	57.29	55.46	−3.75
	德国	58.73	56.50	55.35	56.03	−2.70
	意大利	46.40	48.34	45.61	47.33	0.92
	俄罗斯	30.02	28.20	25.38	31.63	1.61
	土耳其	27.11	27.89	27.04	28.70	1.59
	英国	59.91	61.67	58.56	58.57	−1.34
	平均分	46.90	46.75	44.87	46.29	−0.61
亚洲	中国	30.30	32.24	33.61	36.25	5.95
	印度	24.85	26.48	25.47	27.81	2.96
	印度尼西亚	20.14	21.94	23.04	26.32	6.19
	日本	59.80	59.30	58.91	58.56	−1.25
	韩国	48.73	50.19	51.45	53.20	4.46
	沙特阿拉伯	23.37	25.31	28.41	25.41	2.03
	平均分	34.53	35.91	36.81	37.92	3.39
非洲	南非	36.00	36.72	36.74	34.16	−1.85
大洋洲	澳大利亚	66.85	68.81	63.34	62.33	−4.52

注：数据因四舍五入存在偏差

从得分情况来看，2016 年 G20 国家所在区域的国家农业科技创新能力的评价分值为：北美洲 53.54 分、南美洲 34.76 分、欧洲 46.29 分、亚洲 37.92 分、非洲 34.16 分、大洋洲 62.33 分，比值为 1.57 : 1.02 : 1.36 : 1.11 : 1.00 : 1.82，差距比较小。2011 年六大洲的差距在四年中最小。

从分值变化情况来看，2001~2016 年，G20 所在区域的国家农业科技创新能力得分变化有增有减。南美洲与亚洲的增长幅度比较大，分别增长了 5.88 分与 3.39 分；大洋洲下降幅度比较大，下降了 4.52 分；北美洲、欧洲、非洲下降幅度较小，分别下降了 1.60 分、0.61 分和 1.85 分。

二、G20 国家农业科技创新能力区域内部评价分析

G20 所在洲涵盖了世界六大州，各洲之间的国家农业科技创新能力得分差距比较大。同时在各州辖区内，各国之间的差距也比较大。为了进一步分析各区域内的 G20 国家农业科技创新能力差异情况，表 2-2、表 2-3、表 2-4 和表 2-5 分别列出了 2001~2016 年北美洲、南美洲、欧洲、亚洲等区域内 G20 国家农业科技创新能力排位情况。从 G20 和各区域内两个维度，对各国农业科技创新能力的排位进行差异分析，既可以直观地了解各国在各区域内部及 G20 中的位次情况，进而全面、客观分析其差异；又可以看出各国所属方阵及跨方阵情况。同时，结合表 2-1，可以具体地量化分析各个区域内部的差异情况。

表 2-2　G20 中属于北美洲的国家农业科技创新能力排位比较表

项目 ＼ 国家		加拿大	美国	墨西哥
北美洲排位	2001 年	2	1	3
	2006 年	2	1	3
	2011 年	2	1	3
	2016 年	2	1	3
排位变化		0	0	0
G20 排位	2001 年	5	1	14
	2006 年	4	1	14
	2011 年	4	1	14
	2016 年	5	1	15
排位变化		0	0	−1

表 2-3　G20 中属于南美洲的国家农业科技创新能力排位比较表

项目 ＼ 国家		阿根廷	巴西
南美洲排位	2001 年	2	1
	2006 年	2	1
	2011 年	2	1
	2016 年	2	1

续表

项目 \ 国家		阿根廷	巴西
排位变化		0	0
G20 排位	2001 年	15	13
	2006 年	12	11
	2011 年	12	10
	2016 年	12	11
排位变化		3	2

表 2-4　G20 中属于欧洲的国家农业科技创新能力排位比较表

项目 \ 国家		法国	德国	意大利	俄罗斯	土耳其	英国
欧洲排位	2001 年	2	3	4	5	6	1
	2006 年	2	3	4	5	6	1
	2011 年	2	3	4	6	5	1
	2016 年	3	2	4	5	6	1
排位变化		−1	1	0	0	0	0
G20 排位	2001 年	6	7	9	12	16	3
	2006 年	6	7	9	15	16	3
	2011 年	6	7	9	18	16	5
	2016 年	7	6	9	14	16	3
排位变化		−1	1	0	−2	0	0

表 2-5　G20 中属于亚洲的国家农业科技创新能力排位比较表

项目 \ 国家		中国	印度	印度尼西亚	日本	韩国	沙特阿拉伯
亚洲排位	2001 年	3	4	6	1	2	5
	2006 年	3	4	6	1	2	5
	2011 年	3	5	6	1	2	4
	2016 年	3	4	5	1	2	6
排位变化		0	0	1	0	0	−1

续表

项目 \ 国家		中国	印度	印度尼西亚	日本	韩国	沙特阿拉伯
G20 排位	2001 年	11	17	19	4	8	18
	2006 年	13	17	19	5	8	18
	2011 年	13	17	19	3	8	15
	2016 年	10	17	18	4	8	19
排位变化		1	0	1	0	0	−1

从表 2-2 可以看出，G20 中属于北美洲的 3 个国家，加拿大、墨西哥和美国的排位差距非常大。美国排在第 1 位，始终处于第一方阵；加拿大的排位在第 4 位与第 5 位之间波动，但仍处于第一方阵；墨西哥的排位稳定在第 14 位，2016 年下降到第 15 位，始终处于第三方阵。

从国家农业科技创新能力的得分来看，G20 中属于北美洲的 3 个国家内部的差距也非常明显。如表 2-1 所示，2016 年，美国的得分为 73.36 分，加拿大为 57.44 分，墨西哥为 29.81 分，比值为 2.46∶1.93∶1，差距较大。

总的来看，G20 中属于北美洲的 3 个国家的排位都比较稳定，2016 年，3 个国家的平均得分为 53.54 分，具有较高的国家创新能力，这主要得益于美国的影响，它极大地拉高了北美洲地区的国家农业科技创新能力整体水平。

从表 2-3 可以看出，G20 中属于南美洲的 2 个国家，阿根廷和巴西的排位差距比较小，同年排位差距稳定在 1~2 位次。2011 年巴西排位是第 10 位，从第三方阵上升到第二方阵。2016 年，阿根廷排位在第 12 位，巴西排位在第 11 位，同属于第三方阵。

从国家农业科技创新能力的得分来看，阿根廷和巴西的差距比较小。如表 2-1 所示，2016 年，阿根廷的得分为 34.29 分，巴西为 35.23 分，仅相差 0.94 分，比值为 1∶1.03。

总的来看，南美洲 2 个属于 G20 的国家的农业科技创新能力排位整体比较稳定，变化不大，2016 年平均得分为 34.76 分，整体农业科技创新能力处于下游水平，略高于非洲。

从表 2-4 可以看出，G20 中属于欧洲的 6 个国家之间的排位差距比较大，横跨了 4 个方阵。2016 年，既有处于第一方阵的英国，也有处于第二方阵的法国、德国、意大利，处于第三方阵的俄罗斯，以及处于第四方阵的土耳其。其中，排在第 16 位的土耳其与排在第 3 位的英国相差 13 位。各国在 G20 中排位变化的幅度比较小，2001~2016 年，法国排位下降了 1 位，德国排位上升了 1 位，俄罗斯排位下降了 2 位，其他国家的排位未发生变化。

从得分来看，欧洲 6 个属于 G20 的国家间农业科技创新能力的差距比较大。如表 2-1 所示，2016 年，最高分英国为 58.57 分，最低分土耳其为 28.70 分，前者是后者的 2.04 倍。

总的来看，欧洲 6 个 G20 国家的农业科技创新能力排位整体变化不大，2016 年平均得分为 46.29 分，整体农业科技创新能力处于中上游水平。

从表 2-5 可以看出，2001~2016 年，G20 中属于亚洲的 6 个国家间的排位差距比较大，横跨了 4 个方阵。2016 年，日本处于第一方阵，中国和韩国处于第二方阵，印度、印度尼西亚和沙特阿拉伯处于第四方阵；G20 中排在第 19 位的沙特阿拉伯与排在第 4 位的日本相差了 15 位。各国排位变化的幅度比较小，2001~2016 年，中国和印度尼西亚排位均上升了 1 位，沙特阿拉伯排位下降了 1 位，其他国家的排位未发生变化，整体呈现稳中有升趋势。

从国家农业科技创新能力的得分来看，亚洲的 6 个属于 G20 的国家的差距比较大。如表 2-1 所示，2016 年，最高分日本为 58.56 分，最低分沙特阿拉伯为 25.41 分，前者是后者的 2.30 倍。

总的来看，亚洲的 6 个属于 G20 的国家的农业科技创新能力排位整体变化很小，平均得分为 37.92 分，整体国家农业科技创新能力处于下游水平。

第二节　G20 国家农业科技创新能力世界经济体分析

一、发达国家的农业科技创新能力评价分析

（一）发达国家的农业科技创新能力总体评价分析

2001~2016 年发达国家农业科技创新能力评价结果比较表，如表 2-6 所示。

表 2-6 2001~2016 年发达国家农业科技创新能力评价结果比较表

国家 \ 项目	2016 年		2011 年		2006 年		2001 年		综合变化	
	得分	排名	得分	排名	得分	排名	得分	排名	得分	排名
美国	73.36	1	72.20	1	73.99	1	77.04	1	−3.68	0
澳大利亚	62.33	2	63.34	2	68.81	2	66.85	2	−4.52	0
英国	58.57	3	58.56	5	61.67	3	59.91	3	−1.34	0
日本	58.56	4	58.91	3	59.30	5	59.80	4	−1.25	0
加拿大	57.44	5	58.85	4	61.51	4	59.44	5	−2.00	0
德国	56.03	6	55.35	7	56.50	7	58.73	7	−2.70	1
法国	55.46	7	57.29	6	57.92	6	59.21	6	−3.75	−1
韩国	53.20	8	51.45	8	50.19	8	48.73	8	4.46	0
意大利	47.33	9	45.61	9	48.34	9	46.40	9	0.92	0
最高分	73.36	—	72.20	—	73.99	—	77.04	—	4.46	—
最低分	47.33	—	45.61	—	48.34	—	46.40	—	−4.52	—
平均分	58.03	—	57.95	—	59.80	—	59.57	—	−1.54	—
标准差	6.69	—	6.96	—	7.65	—	8.50	—	2.63	—
G20 最高分	73.36	—	72.20	—	73.99	—	77.04	—	6.19	—
G20 最低分	25.41	—	23.04	—	21.94	—	20.14	—	−4.52	—
G20 平均分	43.78	—	43.33	—	43.85	—	42.87	—	0.91	—

注：数据因四舍五入存在偏差

从排名及其综合变化来看，9 个发达国家的农业科技创新能力排名都很靠前，均处于第一方阵和第二方阵，而且第一方阵都被发达国家占据，其中美国稳居第 1 位。从 2001 年和 2016 年两年来看，各国的排位相对比较稳定，除德国和法国位次分别上升一位和下降一位外，其他国家并无变化。在 2001~2016 年，美国和澳大利亚分别稳居第一位和第二位，其余各国位次均有小幅变化。

从得分及其综合变化来看，9 个发达国家的农业科技创新能力得分都比较高，其平均得分始终保持在 58 分左右，几乎是新兴市场国家平均得分的 2 倍；各发达国家的得分均高于 45 分，美国超过 70 分，远远领先于其他国家；从标准差数值来看，各国的农业科技创新能力得分差异不大，且标准差由 2001 年的

8.50 减小至 2016 年的 6.69，说明发达国家间农业科技创新能力的差异有逐渐缩小的趋势。此外，只有韩国和意大利的得分分别上升了 4.46 分和 0.92 分，其余 7 个国家的得分均下降，下降幅度最大的是澳大利亚，下降 4.52 分，这使得发达国家的农业科技创新能力整体水平出现了一定程度的下滑，平均得分降低了 1.54 分。

（二）发达国家的农业科技创新能力二级指标评价分析

2001~2016 年 9 个发达国家的农业科技创新基础能力、环境能力及产出能力评价结果比较情况见表 2-7、表 2-8 和表 2-9。

表 2-7　2001~2016 年发达国家农业科技创新基础能力评价结果比较表

国家 \ 项目	2016 年		2011 年		2006 年		2001 年		综合变化	
	得分	排名	得分	排名	得分	排名	得分	排名	得分	排名
美国	73.74	1	72.95	1	75.26	1	76.04	1	−2.30	0
日本	52.85	2	55.34	2	56.42	2	55.46	2	−2.61	0
英国	51.04	3	51.59	3	52.62	3	46.07	3	4.98	0
韩国	47.64	4	45.84	5	45.86	6	41.36	7	6.27	3
澳大利亚	46.03	5	47.68	4	48.58	4	45.55	4	0.49	−1
德国	44.18	6	43.56	7	45.54	7	42.18	6	2.00	0
意大利	42.02	7	42.22	8	47.13	5	39.41	8	2.61	1
法国	41.47	8	41.06	9	42.93	9	36.05	9	5.42	1
加拿大	38.96	9	43.58	6	45.01	8	42.86	5	−3.90	−4
最高分	73.74	—	72.95	—	75.26	—	76.04	—	6.27	—
最低分	38.96	—	41.06	—	42.93	—	36.05	—	−3.90	—
平均分	48.66	—	49.31	—	51.04	—	47.22	—	1.44	—
标准差	9.83	—	9.42	—	9.42	—	11.39	—	3.55	—
G20 最高分	73.74	—	72.95	—	75.26	—	76.04	—	12.44	—
G20 最低分	14.03	—	12.08	—	10.27	—	9.30	—	−3.90	—
G20 平均分	34.57	—	34.80	—	34.82	—	31.54	—	3.03	—

注：数据因四舍五入存在偏差

表 2-8　2001~2016 年发达国家农业科技创新环境能力评价结果比较表

项目/国家	2016 年		2011 年		2006 年		2001 年		综合变化	
	得分	排名	得分	排名	得分	排名	得分	排名	得分	排名
美国	83.08	1	78.01	1	81.63	1	82.94	1	0.14	0
澳大利亚	74.83	2	73.58	3	73.13	3	72.20	3	2.63	1
德国	74.26	3	73.73	2	74.67	2	74.17	2	0.09	−1
英国	74.00	4	71.49	6	71.91	4	71.94	4	2.06	0
加拿大	72.71	5	72.87	5	71.36	5	71.17	5	1.54	0
法国	70.15	6	72.94	4	68.76	6	68.21	6	1.94	0
日本	62.15	7	64.41	7	64.06	7	62.75	7	−0.60	0
韩国	55.00	8	53.22	8	48.95	8	47.49	8	7.51	0
意大利	48.24	9	47.59	9	46.92	9	46.80	9	1.44	0
最高分	83.08	—	78.01	—	81.63	—	82.94	—	7.51	—
最低分	48.24	—	47.59	—	46.92	—	46.80	—	−0.60	—
平均分	68.27	—	67.54	—	66.82	—	66.41	—	1.86	—
标准差	10.38	—	9.83	—	11.03	—	11.45	—	2.24	—
G20 最高分	83.08	—	78.01	—	81.63	—	82.94	—	7.51	—
G20 最低分	21.85	—	26.02	—	25.74	—	25.49	—	−4.82	—
G20 平均分	50.30	—	50.25	—	49.91	—	49.98	—	0.32	—

注：数据因四舍五入存在偏差

表 2-9　2001~2016 年发达国家农业科技创新产出能力评价结果比较表

项目/国家	2016 年		2011 年		2006 年		2001 年		综合变化	
	得分	排名	得分	排名	得分	排名	得分	排名	得分	排名
澳大利亚	66.11	1	68.74	1	84.71	1	82.80	1	−16.69	0
美国	63.26	2	65.64	2	65.07	3	72.14	3	−8.88	1
日本	60.66	3	56.97	6	57.42	6	61.20	6	−0.53	3
加拿大	60.65	4	60.11	3	68.18	2	64.28	4	−3.63	0

续表

项目 国家	2016 年		2011 年		2006 年		2001 年		综合变化	
	得分	排名	得分	排名	得分	排名	得分	排名	得分	排名
韩国	56.95	5	55.28	7	55.77	7	57.34	8	−0.39	3
法国	54.77	7	57.89	5	62.07	4	73.38	2	−18.62	−5
意大利	51.71	9	47.02	11	50.96	9	53.00	9	−1.29	0
英国	50.67	10	52.60	8	60.49	5	61.73	5	−11.06	−5
德国	49.65	11	48.74	10	49.30	10	59.84	7	−10.19	−4
最高分	66.11	—	68.74	—	84.71	—	82.80	—	−0.39	—
最低分	49.65	—	47.02	—	49.30	—	53.00	—	−18.62	—
平均分	57.16	—	57.00	—	61.55	—	65.08	—	−7.92	—
标准差	5.53	—	6.77	—	10.04	—	8.77	—	6.51	—
G20 最高分	66.11	—	68.74	—	84.71	—	82.80	—	18.65	—
G20 最低分	23.55	—	14.95	—	20.38	—	17.19	—	−18.62	—
G20 平均分	46.47	—	44.94	—	46.83	—	47.09	—	−0.62	—

注：数据因四舍五入存在偏差

从排名及其综合变化来看，各国二级指标的排位均比较靠前，大多数国家处于第一方阵和第二方阵，但也有个别国家的个别指标排位比较靠后。例如，2016 年的德国和 2011 年的意大利的农业科技创新产出能力均排在第 11 位。从整体来看，各个国家在各个二级指标上的得分较为均衡，其中，美国的综合能力得分排名和 3 个二级指标得分排名均稳居领先位置。

从得分及其综合变化来看，发达国家的各个二级指标得分都比较高，其各二级指标得分均是新兴市场国家相应得分的 2 倍左右。3 个二级指标中，发达国家农业科技创新基础能力和农业科技创新环境能力的平均得分有所上升，分别上升了 1.44 分和 1.86 分，而农业科技创新产出能力的平均得分大幅下降，下降了 7.92 分，可见，农业科技创新产出能力的降低是农业科技创新能力整体水平下降的主要原因。2016 年，农业科技创新环境能力、农业科技创新基础能力，以及农业科技创新产出能力的标准差依次为 10.38、9.83 和 5.53，由此判断，农业科技创新环境能力差异是造成各国农业科技创新能力差异的最主要因素。

二、新兴市场国家的农业科技创新能力评价分析

（一）新兴市场国家的农业科技创新能力总体评价分析

2001~2016 年 10 个新兴市场国家的农业科技创新能力排名和得分情况，如表 2-10 所示。

表 2-10　2001~2016 年新兴市场国家农业科技创新能力评价结果比较表

项目 国家	2016 年		2011 年		2006 年		2001 年		综合变化	
	得分	排名	得分	排名	得分	排名	得分	排名	得分	排名
中国	36.25	10	33.61	13	32.24	13	30.30	11	5.95	1
巴西	35.23	11	37.57	10	33.20	11	29.45	13	5.78	2
阿根廷	34.29	12	35.06	12	33.09	12	28.31	15	5.97	3
南非	34.16	13	36.74	11	36.72	10	36.00	10	−1.85	−3
俄罗斯	31.63	14	25.38	18	28.20	15	30.02	12	1.61	−2
墨西哥	29.81	15	29.46	14	29.90	14	28.92	14	0.89	−1
土耳其	28.70	16	27.04	16	27.89	16	27.11	16	1.59	0
印度	27.81	17	25.47	17	26.48	17	24.85	17	2.96	0
印度尼西亚	26.32	18	23.04	19	21.94	19	20.14	19	6.19	1
沙特阿拉伯	25.41	19	28.41	15	25.31	18	23.37	18	2.03	−1
最高分	36.25	—	37.57	—	36.72	—	36.00	—	6.19	—
最低分	25.41	—	23.04	—	21.94	—	20.14	—	−1.85	—
平均分	30.96	—	30.18	—	29.50	—	27.85	—	3.11	—
标准差	3.70	—	4.93	—	4.18	—	4.12	—	2.61	—
G20 最高分	73.36	—	72.20	—	73.99	—	77.04	—	6.19	—
G20 最低分	25.41	—	23.04	—	21.94	—	20.14	—	−4.52	—
G20 平均分	43.78	—	43.33	—	43.85	—	42.87	—	0.91	—

注：数据因四舍五入存在偏差

从排名及其综合变化来看，10 个新兴市场国家的农业科技创新能力排名都比

较靠后，2016 年只有中国处于第二方阵，其余国家均处于第三方阵和第四方阵。中国是新兴市场国家中的佼佼者，2001 年排在第 11 位，2016 年排在第 10 位，排位上升 1 名，从第三方阵上升到第二方阵，得分也远高于其他国家。新兴市场国家中大部分国家排位相对比较稳定，变化幅度较小，只有阿根廷和南非排位波动较大，分别上升 3 位和下降 3 位。

从得分及其综合变化来看，新兴市场国家的农业科技创新能力相对较低，2016 年平均得分仅有 30.96 分，远低于发达国家；其中沙特阿拉伯得分为 25.41 分，较中国低 10.84 分，是 G20 中得分最低的国家；各国的农业科技创新能力得分差异不大，标准差只有 3.70。此外，10 个新兴市场国家中，仅南非出现了得分下降的情况，2016 年较 2001 年南非得分下降了 1.85 分，而中国、巴西、阿根廷和印度尼西亚得分上升幅度较大，分别上升了 5.95 分、5.78 分、5.97 分和 6.19 分，这最终使得新兴市场国家整体的农业科技创新能力平均得分上升了 3.11 分。

（二）新兴市场国家的农业科技创新能力二级指标评价分析

2001~2016 年 10 个新兴市场国家的农业科技创新基础能力、环境能力及产出能力评价结果比较情况见表 2-11、表 2-12 和表 2-13。

表 2-11　2001~2016 年新兴市场国家农业科技创新基础能力评价结果比较表

国家＼项目	2016 年		2011 年		2006 年		2001 年		综合变化	
	得分	排名	得分	排名	得分	排名	得分	排名	得分	排名
中国	37.78	10	33.38	10	28.78	10	25.35	10	12.44	0
墨西哥	24.31	11	24.38	11	24.11	13	19.96	13	4.34	2
印度	24.10	12	22.23	14	24.22	12	22.61	11	1.49	−1
南非	23.27	13	22.62	13	24.87	11	20.86	12	2.40	−1
俄罗斯	22.60	14	21.49	16	20.55	14	16.87	14	5.74	0
巴西	19.47	15	23.57	12	20.18	15	15.96	15	3.52	0
阿根廷	18.48	16	19.74	17	15.72	18	15.20	16	3.28	0
沙特阿拉伯	18.16	17	22.18	15	17.12	16	14.43	17	3.72	0
土耳其	16.76	18	15.79	18	16.32	17	13.78	18	2.98	0
印度尼西亚	14.03	19	12.08	19	10.27	19	9.30	19	4.73	0
最高分	37.78	—	33.38	—	28.78	—	25.35	—	12.44	—

续表

国家 \ 项目	2016 年		2011 年		2006 年		2001 年		综合变化	
	得分	排名	得分	排名	得分	排名	得分	排名	得分	排名
最低分	14.03	—	12.08	—	10.27	—	9.30	—	1.49	—
平均分	21.90	—	21.75	—	20.21	—	17.43	—	4.46	—
标准差	6.21	—	5.29	—	5.20	—	4.51	—	2.89	—
G20 最高分	73.74	—	72.95	—	75.26	—	76.04	—	12.44	—
G20 最低分	14.03	—	12.08	—	10.27	—	9.30	—	−3.90	—
G20 平均分	34.57	—	34.80	—	34.82	—	31.54	—	3.03	—

注：数据因四舍五入存在偏差

表 2-12　2001~2016 年新兴市场国家农业科技创新环境能力评价结果比较表

国家 \ 项目	2016 年		2011 年		2006 年		2001 年		综合变化	
	得分	排名	得分	排名	得分	排名	得分	排名	得分	排名
俄罗斯	44.88	10	39.70	12	39.54	11	41.84	11	3.04	1
南非	43.00	11	46.01	10	43.83	10	45.11	10	−2.11	−1
中国	40.12	12	39.54	13	37.69	12	37.85	12	2.27	0
印度	35.79	13	30.47	15	34.82	14	34.75	15	1.04	2
印度尼西亚	33.56	14	30.08	16	34.20	16	33.75	16	−0.20	2
沙特阿拉伯	33.53	15	40.37	11	34.38	15	35.21	14	−1.68	−1
巴西	32.07	16	38.64	14	36.93	13	36.89	13	−4.82	−3
墨西哥	28.40	17	29.08	17	31.48	17	32.00	17	−3.60	0
阿根廷	28.09	18	27.04	18	28.26	18	29.14	18	−1.05	0
土耳其	21.85	19	26.02	19	25.74	19	25.49	19	−3.65	0
最高分	44.88	—	46.01	—	43.83	—	45.11	—	3.04	—
最低分	21.85	—	26.02	—	25.74	—	25.49	—	−4.82	—
平均分	34.13	—	34.70	—	34.69	—	35.20	—	−1.07	—
标准差	6.77	—	6.55	—	5.03	—	5.44	—	2.49	—

续表

国家＼项目	2016 年		2011 年		2006 年		2001 年		综合变化	
	得分	排名	得分	排名	得分	排名	得分	排名	得分	排名
G20 最高分	83.08	—	78.01	—	81.63	—	82.94	—	7.51	—
G20 最低分	21.85	—	26.02	—	25.74	—	25.49	—	−4.82	—
G20 平均分	50.30	—	50.25	—	49.91	—	49.98	—	0.32	—

注：数据因四舍五入存在偏差

表 2-13　2001~2016 年新兴市场国家农业科技创新产出能力评价结果比较表

国家＼项目	2016 年		2011 年		2006 年		2001 年		综合变化	
	得分	排名	得分	排名	得分	排名	得分	排名	得分	排名
阿根廷	56.29	6	58.40	4	55.28	8	40.60	12	15.70	6
巴西	54.15	8	50.50	9	42.49	11	35.50	13	18.65	5
土耳其	47.51	12	39.32	13	41.60	12	42.06	10	5.44	−2
墨西哥	36.73	13	34.93	14	34.09	14	34.81	14	1.93	1
南非	36.20	14	41.58	12	41.44	13	42.03	11	−5.84	−3
印度尼西亚	31.38	15	26.96	16	21.34	18	17.35	18	14.03	3
中国	30.83	16	27.91	15	30.25	15	27.70	16	3.14	0
俄罗斯	27.39	17	14.95	19	24.51	16	31.34	15	−3.95	−2
沙特阿拉伯	24.53	18	22.70	18	24.42	17	20.48	17	4.05	−1
印度	23.55	19	23.69	17	20.38	19	17.19	19	6.36	0
最高分	56.29	—	58.40	—	55.28	—	42.06	—	18.65	—
最低分	23.55	—	14.95	—	20.38	—	17.19	—	−5.84	—
平均分	36.86	—	34.09	—	33.58	—	30.91	—	5.95	—
标准差	11.29	—	12.80	—	10.85	—	9.32	—	7.66	—
G20 最高分	66.11	—	68.74	—	84.71	—	82.80	—	18.65	—
G20 最低分	23.55	—	14.95	—	20.38	—	17.19	—	−18.62	—
G20 平均分	46.47	—	44.94	—	46.83	—	47.09	—	−0.62	—

注：数据因四舍五入存在偏差

从排名及其综合变化来看，新兴市场国家的各个二级指标排名均比较靠后，但也有个别国家的个别指标排名比较靠前。例如，2016 年阿根廷和巴西的创新产出能力分别排在第 6 位和第 8 位。

从得分及其综合变化来看，新兴市场国家的各个二级指标得分都比较低，除了创新产出能力外，其余两个二级指标的得分均在 50 分以下，创新基础能力平均分低于 40 分，远低于发达国家。3 个二级指标中，创新基础能力和创新产出能力的平均得分有所上升，分别上升了 4.46 分和 5.95 分，而创新环境能力的得分下降了 1.07 分。2016 年，创新产出能力的标准差比较大，达到 11.29 分，说明创新产出能力差异是导致各国农业科技创新能力差异的主要因素。

三、金砖国家的农业科技创新能力评价分析

金砖国家农业资源丰富、农业人口众多，在世界农业领域具有十分重要的地位。2001~2016 年，金砖国家农业生产总值从 1.4 万亿美元增至 2.3 万亿美元，占世界农业生产总值的比重从 47%增至 57%；金砖国家粮食产量占全世界比重超过 40%，以不足全球 30%的国土面积养活了世界 43%的人口；金砖国家之间农产品贸易快速增长，中国对其他金砖国家的农产品进、出口额分别增长了 50%和 23%，远高于同期世界农产品贸易 14%的增长率。近年来，金砖国家农业现代化步伐不断加快，农业发展水平显著提升。

（一）金砖国家的农业科技创新能力总体评价分析

如表 2-14 所示，从综合排名来看，2001~2016 年，巴西和中国排名上升，印度排名未变，俄罗斯和南非排名下降。2016 年，中国是唯一一个处于第二方阵的国家，巴西、南非和俄罗斯处于第三方阵，印度处于第四方阵。

表 2-14　2001~2016 年金砖国家农业科技创新能力评价结果比较表

项目/国家	2016 年		2011 年		2006 年		2001 年		综合变化	
	得分	排名	得分	排名	得分	排名	得分	排名	得分	排名
巴西	35.23	11	37.57	10	33.20	11	29.45	13	5.78	2
中国	36.25	10	33.61	13	32.24	13	30.30	11	5.95	1
印度	27.81	17	25.47	17	26.48	17	24.85	17	2.96	0
俄罗斯	31.63	14	25.38	18	28.20	15	30.02	12	1.61	−2

续表

项目 / 国家	2016 年		2011 年		2006 年		2001 年		综合变化	
	得分	排名	得分	排名	得分	排名	得分	排名	得分	排名
南非	34.16	13	36.74	11	36.72	10	36.00	10	−1.85	−3
最高分	36.25	—	37.57	—	36.72	—	36.00	—	5.95	—
最低分	27.81	—	25.38	—	26.48	—	24.85	—	−1.85	—
平均分	33.02	—	31.75	—	31.37	—	30.12	—	2.89	—
标准差	3.02	—	5.33	—	3.65	—	3.55	—	2.89	—
G20 最高分	73.36	—	72.20	—	73.99	—	77.04	—	6.19	—
G20 最低分	25.41	—	23.04	—	21.94	—	20.14	—	−4.52	—
G20 平均分	43.78	—	43.33	—	43.85	—	42.87	—	0.91	—

注：数据因四舍五入存在偏差

从综合得分来看，2001 年金砖国家的平均得分为 30.12 分，与 G20 平均分相差 12.75 分；2016 年金砖国家的平均得分为 33.02 分，与 G20 平均分相差 10.76 分；2001~2016 年，金砖国家与 G20 平均差距缩小了 1.99 分。从得分综合变化来看，得分增长最快的是中国，上升了 5.95 分，其次是巴西，上升了 5.78 分，印度和俄罗斯分别上升了 2.96 分和 1.61 分，而南非下降了 1.85 分，最终使得金砖国家农业科技创新能力整体平均得分上升了 2.89 分，远超 G20 国家整体上升 0.91 分的分值。

（二）金砖国家的农业科技创新能力二级指标评价分析

1. 农业科技创新基础能力评价结果

如表 2-15 所示，从农业科技创新基础能力综合排名来看，2001~2016 年，巴西、中国和俄罗斯的排名未变，印度和南非排名各下降一位。2016 年，中国是唯一一个处于第二方阵的国家，印度、南非、俄罗斯和巴西均处于第三方阵。

表 2-15　2001~2016 年金砖国家农业科技创新基础能力评价结果比较表

项目 / 国家	2016 年		2011 年		2006 年		2001 年		综合变化	
	得分	排名	得分	排名	得分	排名	得分	排名	得分	排名
巴西	19.47	15	23.57	12	20.18	15	15.96	15	3.52	0

续表

国家 \ 项目	2016 年		2011 年		2006 年		2001 年		综合变化	
	得分	排名	得分	排名	得分	排名	得分	排名	得分	排名
中国	37.78	10	33.38	10	28.78	10	25.35	10	12.44	0
印度	24.10	12	22.23	14	24.22	12	22.61	11	1.49	−1
俄罗斯	22.60	14	21.49	16	20.55	14	16.87	14	5.74	0
南非	23.27	13	22.62	13	24.87	11	20.86	12	2.40	−1
最高分	37.78	—	33.38	—	28.78	—	25.35	—	12.44	—
最低分	19.47	—	21.49	—	20.18	—	15.96	—	1.49	—
平均分	25.44	—	24.66	—	23.72	—	20.33	—	5.12	—
标准差	6.36	—	4.41	—	3.15	—	3.51	—	3.93	—
G20 最高分	73.74	—	72.95	—	75.26	—	76.04	—	12.44	—
G20 最低分	14.03	—	12.08	—	10.27	—	9.30	—	−3.90	—
G20 平均分	34.57	—	34.80	—	34.82	—	31.54	—	3.03	—

注：数据因四舍五入存在偏差

从农业科技创新基础能力综合得分来看，2001 年金砖国家的平均得分为 20.33 分，与 G20 平均分相差 11.21 分；2016 年金砖国家的平均得分为 25.44 分，与 G20 平均分相差 9.13 分；2001~2016 年，金砖国家与 G20 平均差距缩小了 2.08 分。从综合得分变化来看，金砖五国得分均呈现上升趋势，得分增长最快的是中国，上升了 12.44 分，其次是俄罗斯，上升了 5.74 分，巴西、南非和印度分别上升了 3.52 分、2.40 分和 1.49 分，金砖国家农业科技创新基础能力得分整体上升 5.12 分，超 G20 国家整体上升 3.03 分的分值。

2. 农业科技创新环境能力评价结果

如表 2-16 所示，从农业科技创新环境能力综合排名来看，2001~2016 年，印度和俄罗斯排名上升，中国的排名未变，南非和巴西排名下降。2016 年，俄罗斯是唯一一个处于第二方阵的国家，南非、中国和印度均处于第三方阵，巴西处于第四方阵。

表 2-16　2001~2016 年金砖国家农业科技创新环境能力评价结果比较表

项目/国家	2016 年		2011 年		2006 年		2001 年		综合变化	
	得分	排名	得分	排名	得分	排名	得分	排名	得分	排名
巴西	32.07	16	38.64	14	36.93	13	36.89	13	−4.82	−3
中国	40.12	12	39.54	13	37.69	12	37.85	12	2.27	0
印度	35.79	13	30.47	15	34.82	14	34.75	15	1.04	2
俄罗斯	44.88	10	39.70	12	39.54	11	41.84	11	3.04	1
南非	43.00	11	46.01	10	43.83	10	45.11	10	−2.11	−1
最高分	44.88	—	46.01	—	43.83	—	45.11	—	3.04	—
最低分	32.07	—	30.47	—	34.82	—	34.75	—	−4.82	—
平均分	39.17	—	38.87	—	38.56	—	39.29	—	−0.12	—
标准差	4.69	—	4.95	—	3.04	—	3.71	—	2.94	—
G20 最高分	83.08	—	78.01	—	81.63	—	82.94	—	7.51	—
G20 最低分	21.85	—	26.02	—	25.74	—	25.49	—	−4.82	—
G20 平均分	50.30	—	50.25	—	49.91	—	49.98	—	0.32	—

注：数据因四舍五入存在偏差

从农业科技创新环境能力综合得分来看，2001 年金砖国家的平均得分为 39.29 分，与 G20 平均分相差 10.69 分；2016 年金砖国家的平均得分为 39.17 分，与 G20 平均分相差 11.13 分；2001~2016 年，金砖国家与 G20 平均差距拉大了 0.44 分。从得分综合变化来看，得分增长最快的是俄罗斯，上升了 3.04 分，其次是中国，上升了 2.27 分，印度上升了 1.04 分，而南非和巴西分别下降了 2.11 分和 4.82 分。金砖国家农业科技创新环境能力整体得分呈现负增长，下降 0.12 分，而 G20 国家整体得分上升 0.32 分。

3. 农业科技创新产出能力评价结果

如表 2-17 所示，从农业科技创新产出能力综合排名来看，2001~2016 年，巴西排名上升 5 位，中国和印度的排名未变，俄罗斯和南非排名分别下降 2 位和 3 位。2016 年，巴西是唯一一个处于第二方阵的国家，南非处于第三方阵，中国、俄罗斯和印度均处于第四方阵。

表 2-17 2001~2016 年金砖国家农业科技创新产出能力评价结果比较表

国家＼项目	2016 年		2011 年		2006 年		2001 年		综合变化	
	得分	排名	得分	排名	得分	排名	得分	排名	得分	排名
巴西	54.15	8	50.50	9	42.49	11	35.50	13	18.65	5
中国	30.83	16	27.91	15	30.25	15	27.70	16	3.14	0
印度	23.55	19	23.69	17	20.38	19	17.19	19	6.36	0
俄罗斯	27.39	17	14.95	19	24.51	16	31.34	15	−3.95	−2
南非	36.20	14	41.58	12	41.44	13	42.03	11	−5.84	−3
最高分	54.15	—	50.50	—	42.49	—	42.03	—	18.65	—
最低分	23.55	—	14.95	—	20.38	—	17.19	—	−5.84	—
平均分	34.42	—	31.73	—	31.81	—	30.75	—	3.67	—
标准差	10.70	—	12.73	—	8.87	—	8.29	—	8.72	—
G20 最高分	66.11	—	68.74	—	84.71	—	82.8	—	18.65	—
G20 最低分	23.55	—	14.95	—	20.38	—	17.19	—	−18.62	—
G20 平均分	46.47	—	44.94	—	46.83	—	47.09	—	−0.62	—

注：数据因四舍五入存在偏差

从农业科技创新产出能力综合得分来看，2001 年金砖国家的平均得分为 30.75 分，与 G20 平均分相差 16.34 分；2016 年金砖国家的平均得分为 34.42 分，与 G20 平均分相差 12.05 分；2001~2016 年，金砖国家与 G20 平均差距缩小了 4.29 分。从得分综合变化来看，得分增长最快的是巴西，上升了 18.65 分，其次是印度和中国，分别上升了 6.36 分和 3.14 分，而南非和俄罗斯分别下降了 5.84 分和 3.95 分。金砖国家农业科技创新产出能力整体得分呈现上升趋势，平均上升 3.67 分，G20 国家整体得分下降 0.62 分。

从二级指标的排位及其综合变化来看，金砖五国二级指标的排位基本处于中等靠后位置，除巴西在农业科技创新产出能力方面从 2001 年的第 13 名跃居至 2016 年的第 8 名外，2001~2016 年金砖国家二级指标排位变化均不显著。因此，从整体来看，金砖五国的农业科技创新能力整体排位比较靠后，且无较大波动。

2001~2016 年，农业科技创新基础能力和环境能力的标准差处于较低水平，且有增加的趋势，说明金砖五国间农业科技创新基础能力和环境能力的差异均较小，但是其差异有增大的趋势；农业科技创新产出水平的标准差处于较高水平，在此期间略有波动，先增长后回落，整体仍呈现增长趋势。因此，从整体上看，导致各国间农业科技创新能力差异的最主要因素是农业科技创新产出能力，其次依次是基础能力和环境能力。

第三章　G20 国家农业科技创新发展趋势及创新能力提升对策

第一节　G20 国家农业科技创新发展趋势与战略取向

科技创新能力决定国家综合竞争力，因此，逐渐成为世界各国发展战略的核心。科技创新在不同领域均发挥着至关重要的作用，G20 已经意识到农业要实现由传统低效模式向现代高效模式的转变，关键要依靠农业科技创新的支持。当代 G20 国家农业科技创新发展趋势与战略取向主要表现在六个方面。

一、提供多策略的有效支持

G20 将农业科技创新作为国家发展战略，加大支持力度。发达国家，如美国先后出台的三大法案，即《莫雷尔法案》、《哈奇法案》和《史密斯—利弗法案》，从法律层面保障了农业科技创新。2015 年澳大利亚联邦政府发布的《农业竞争力白皮书》宣布将面向农场主投资 40 亿澳元，其中包括提升农业领域的先进技术应用水平，将 1 亿澳元的农业研发盈利计划延伸至 2021~2022 财年。英国政府于 2013 年 7 月发布《农业技术战略》政策报告，于 2014 年 12 月发布《我们的增长计划：科学和创新》战略文件，将科学和创新置于英国长期经济发展计划的核心位置，其中，农业科技是 8 项重点研究领域之一。加拿大自 2013 年 4 月 1 日开始实施为期 5 年的新农业政策框架，即“未来增长的政策框架”（Growing Forward 2 Policy

Framework，GF2），强调实施更加积极主动的、前瞻性和战略性的支持项目，以提升农业部门创新、竞争力和适应性。作为欧洲最大基础研究机构的法国农业科学院为推动综合和跨学科的研究，于 2011 年启动了“Meta 计划”，建立了国家层面的“国家农业科技创新联盟”，促进了农业科技体制的国际化。法国还推出了《法国 2020 环保农业生产国家计划》，组织与协调了全国性的农业科技创新。2015 年日本政府推出了指导农业发展的主要政策性文件《食品、农业和农村基本法》（第四次修订），将农业技术创新作为下一阶段日本兴农政策的核心内容之一。发展中国家，如中国颁布了《“十三五”农业科技发展规划》《农业科技创新能力条件建设规划（2016—2020 年）》等多项农业科技创新扶持政策，加快了农业现代化建设，提升了农业科研基础设施水平，开创了农业科技发展新局面。巴西推行了《2012-2015 年国家科技创新战略》和《国家知识平台计划》纲要，在国家层面上采取多策略支持和促进农业科技创新。俄罗斯实施了《俄罗斯联邦农业法》和《至 2010 年农村社会发展》联邦专项计划，利用科技、经济和法律等手段推动了农业科技创新。

二、健全多层次的创新体系

G20 国家农业科技创新体系逐渐遵循“科学布局、优化资源、创新机制、提升能力”的总体思想，以提高农业科技创新能力和效率为核心、整合资源和创新机制为手段，形成了包括国家农业研究机构、区域性农业研究机构、院校农业研究机构、私营农业研究机构的多层次农业科技创新组织体系。国家农业研究机构是农业科研与推广活动的主体；区域性农业研究机构主要依据地区的农业基础状况来组织和协调本地区的农业活动；院校农业研究机构负责开展农业教育的同时也参与科研与推广活动；私营研究机构根据市场的需求从事面向市场的农业科研活动。美国、中国、日本、德国、澳大利亚、阿根廷、印度、巴西和沙特阿拉伯等国家的农业科技创新体系较为健全。美国农业科技体系中主要包含国家农业研究机构、地方农业研究机构、州立大学和私营农业研究机构；中国逐渐形成了农科教、产学研一体化的农业科技创新联盟；日本由国立和公立农业研究机构、高等农业院校和私营农业研究机构组成了多层次的农业科技创新体系；德国农业科技创新体系主要为由联邦单独资助的联邦农业研究机构、由各州单独资助的州农业研究机构、由联邦和州共同资助的农业研究机构组成的多层次农业科技创新体系；澳大利亚由联邦科学和产业研究组织（Commonwealth Scientific and Industrial Research Organization，CSIRO）与州的科研机构构成了农业科技创新体系；阿根廷由国家科学和技术研究委员会、国家应用科技研究所、国家农业技术研究所、国家渔业研究所、农业生物科技公司、高等农业院校、私营农业研究机构等构成了多层次农业科技创新体系；印度农业科技创新体系由中央农业研究机构、地方农业研究机构、高等农业院校、私营农业研究机构四个部分组成；巴西农业科技创新体系主要包括国家农牧业研究院（巴西农业科学院）、农业区域研究中心、农产品研究中心、农业专业研究中心、农业研究公司、农牧业技术推广公司等；沙特阿拉伯建立了政府公共研究机构、农协组织、高等农业院校和私营农业研究机构在内的多层次农业科研创新体系。

三、提供多元化的投入机制

G20 坚持以政府为主导，引入多元化的投入主体，强化投入保障，构建多元化投入机制。美国农业科技创新投入主要采用以政府拨款为主，捐赠和科研成果转化为辅的机制；阿根廷通过政府财政拨款、补贴及融资方式提供农业科技创新研究的资金；澳大利亚在政府投入农业科研经费的基础上，建立农业信贷市场、实施农业贷款计划来支持农业科技创新；巴西政府除财政资助外，还鼓励农业公司提供资金资助大学和研究机构；中国政府通过财政资助、涉农企业投入、农业信贷市场、科研成果转化收益、农业税收优惠、定向费用补贴和增量奖励等渠道推进农村科技创新；法国农业科技创新投入主要来源于公共财政补贴、税收和社会分摊金减免、农业信贷市场等；印度农业科技创新投入来源于政府财政、农业生产税基金、世界银行贷款、国外援助和捐赠等；韩国农业科技创新投入除政府财政支持外，还建立了农业政策资金管理团、融资机构、农协银行和地方自治团体等基金管理机构，以及农协、农渔村公社、农信保等组织机构来为农业科技创新投入资金；墨西哥以财政直接补贴为主导和信托方式为辅支持农业科技创新；俄罗斯以中央和县级以上地方政府投资为主，并制定了优惠扶持政策，提供了资金补贴和无息贷款等方式支持农业科技创新；英国农业科技创新投入除政府资金支持外，还以科研项目的规模、经费额度和经费资助条件为标准通过市场竞争方式获得。

四、融入多领域的先进技术

G20 处于农业信息技术变革实现新突破的发轫阶段、农业数字技术充分释放的扩展阶段，农业信息化、数字化、智能化成为引领和驱动 G20 国家农业科技创新的先导力量。G20 中的发达国家和发展中国家能够统筹协调、跨界融合、加速创新，引领农业发展新阶段。传感技术、网络技术、通信技术、多媒体技术、地理信息系统、全球定位系统、遥感技术、无人机技术、生物技术、人工智能等跨领域技术推动农业科技创新快速发展。中国农业部发布的《“十三五”全国农业农村信息化发展规划》推动信息技术与农业全面深入融合，致力于将计算机、信息存储和处理、通信、网络、多媒体、人工智能、3S［地理信息系统（geographic information system，GIS）、全球定位系统（global positioning system，GPS）、遥感（remote sensing，RS）］等技术更好更快地应用于农业。日本结合机器人、信息技术、通信技术、基因编程技术和其他领先技术，实现日本智能和高效的农业模式。英国政府于 2013 年启动“农业技术战略”，高度重视利用大数据和信息技术提升农业生产效率，此技术成为农业科技创新的主流。美国在农业数据资源采集和存储方面以政府为主体，构建规模和影响力较大的涉农信息数据中心，全面采集、整理、保存与美国及国际有关的大量农业数据资源。美国利用全球定位系统、农田遥感监测系统、农田地理信息系统、农业专家系统、智能化农机具系统、环境监测系统、系统集成、网络化管理系统和培训系统等，对农作物进行精细化的自适应喷水、施肥和撒药。法国建立了完整“三位一体”的农业信息化体系，由政府、农业合作社组织及私人企业三方共同承担农业信息建设服务职能，法国农业信息正在着力打造一个“大农业”数据体系。德国积极扶持数字农业，将“数字农业”基本理念与“工业 4.0”相结合，通过大数据和云技术的应用，将天气、土壤、降水、温度、地理位置等数据上传到云端，在云平台上进行处理，然后将处理好的数据发送到智能化的大型农业机械上，进行精细作业。德国电信推出了数字化奶牛养殖监控技术，将购买的温度计和传感器等设备安装在养殖场，其可以自动将监控信息以短信形式发送到养殖户的手机上，并且实现了大型农业机械由卫星导航系统控制。

五、开辟多样化的协同合作

多样化合作与交流已经成为农业科技创新主体的显著特征，G20 强调多主体在农业科技创新中的协同合作，重视发挥政府、科研院所、大学及企业等不同主体在农业科技创新体系中的协同作用。G20 趋于将创新资源和要素有效汇聚，通过突破创新主体间的壁垒，充分释放彼此间人才、资本、信息、技术等创新要素活力来实现多主体的深度合作。中国鼓励创新国际合作，加强国际农业科技交流与合作，积极引进国外有关增加农业效益和保护生态环境的先进农业技术、科学方法、管理经验，改善交流与合作的方式，引进技术与引进智力和资金相结合，开展双边与多边的科技合作，增加输出中国特有的农业科技创新成果，提高国际竞争力。中国政府特别重视产学研，加强农业企业、高校、农业研究机构间的紧密合作，推进农业科技协同创新。例如，中国农业科学院秉承“开放办院”的思想，积极加强与高校的合作，以“学科建设、项目研究、科研平台”为重点，不断探索农业协同创新机制，形成了院校联动、资源共享的交流机制，为农业科技协同创新、服务现代农业发展、保障粮食安全发挥了重要作用。中国鼓励企业赴俄罗斯开展种植、养殖、渔业、农产品加工等领域的经济技术合作，扩大在俄罗斯农业领域投资，推动对俄罗斯农业合作深入发展。俄罗斯采取了“请进来、走出去”的农业科技人才培养模式，建立了国际长期稳定的人才培养的协调合作机制。印度尼西亚注重产学研，设有的 10 个综合研究点均与大学密切合作，为加强协作建立各大学科的研究协作中心，鼓励多学科协作研究农业问题，并且将科研和推广密切结合。巴西、意大利、英国等国家直接通过引入外商直接投资（foreign direct investment，FDI），形成了国际农业协同网络。日本通过建立农业创新协同合作机制，实行研究人员流动、协同研究、委托和受委托等研究制度，加强多主体的农业合作，提高农林水产业的生产力和生产率，促进不同地区及城乡的协调发展。土耳其政府推行合作社创新协调项目，通过合作社将生产者有效组织起来，从而增强了农业生产者之间互助合作，加快了农业科技创新步伐。

六、采取多方式的人才培养

G20 国家农业发展面临着新的机遇和挑战，加快农业科技创新人才培养显得尤为重要。G20 积极更新观念，突破传统思想的束缚，改革与农业科技发展不相适应的人才培养模式，创造有利于农业科技人才成长的软硬环境，逐渐向培育农业实用型人才、高层次人才、技术服务型人才转化，为农业科技创新提供坚实的人才支撑和智力保障。中国开发农村人力资源，围绕新型职业农民培育和农民工职业技能提升，建立政府主导、部门协作、统筹安排、产业带动的培训机制，振兴发展农业教育，推进部部共建、省部共建高等农业院校，实施卓越农林人才教育培养计划，加强农科教合作人才培养基地建设，努力加快培养农业科技人才，国家重大人才工程要向农业领域倾斜，继续实施创新人才推进计划和农业科研杰出人才培养计划，加快培养农业科技领军人才和创新团队。俄罗斯拥有专业培训资源、专业研究框架机构及良好的学术环境和氛围，拥有一大批资深农业领域教授和知名专家，采取“请进来、走出去”的农业科技人才培养模式。韩国政府鼓励农民走出国门，到发达国家学习先进的农业技术，实施“产业技能人员”制度，青年在农村连续务农三年以上即可免服兵役，鼓励青年劳动力流向农村。沙特阿拉伯十分关注农业高素质的科研队伍的建设，重视农业科技教育与培训，农业科研人员拥有较高的社会地位和福利待遇，该国经常选派人员到国外学习农业生产技术和创新技术，并在国内举办农业创新活动，传授农业创新的经验。南非共有十多所大学设有农学院和农业相关专业，主要培养农业技术研究开发人员和高级农业技术服务人员，从事与农业技术相关的基础研究和应用研究。阿根廷政府开展一系列农业科技创新培训，培养了众多的农业科技创新人才，促进了阿根廷农业科技创新研究水平整体提高。英国非常重视农业职业技术教育，着重培养解决问题的实践操作能力，英国农场的人才培养与生产实践紧密结合，英国农场激励员工进行创新，以提升农场效益。

第二节　G20 国家提升国家农业科技创新能力的对策建议

本书通过对 2001~2016 年 G20 国家农业科技创新能力的综合评价，客观、全面地分析了 G20 国家农业科技创新能力的发展水平、存在差距及其变化态势，深刻认识和把握了这些规律和特征，认清了国家农业科技创新能力变化的实质和内在特性，这对于研究和探寻提升国家农业科技创新能力的路径、方法和对策，指导各国有效提升国家农业科技创新能力，具有十分重要的借鉴意义。本节将基于 G20 国家农业科技创新能力评价结果，结合当今世界农业科技战略新取向和新趋势，针对 G20 国家农业科技创新发展现状，提出提高其农业科技创新能力的对策建议。

一、统一部署，促进农业科技创新系统协调发展

国家农业科技创新能力是国家农业科技创新系统绩效的体现，国家农业科技创新系统结构的复杂性导致能力的形成与发展受多种因素的影响。因此，各国提升农业科技创新能力的根本途径在于建立健全农业科技创新系统。发达国家较早

形成了相对完善的农业科技创新系统，但在不同时期，农业现代化作为动态概念，其内容和要求不尽相同。因此，农业科技创新系统也需要与时俱进，不断发展和完善。近年来，发达国家的农业科技创新发展缓慢甚至退步，这将引发各国对农业科技创新系统进一步优化思考。而大多数发展中国家尚未完全建立起适合本国国情、适应市场经济发展的农业科技创新系统。本书所构建的国家农业科技创新系统科学、客观、全面、可操作性强，基本满足未来可持续发展需求。因此，建议各国结合本国农业科技创新系统现状，参考本书提出的系统架构，做好顶层设计和部署，建立或完善现有农业科技创新系统结构要素，注重提高各功能模块发展的协调性和平衡性，将分散部分系统化、发散的局部功能整体化，把薄弱环节补起来，形成均衡发展结构，增强发展后劲。国家农业科技创新系统各方面、各环节、各因素协调联动，这将促进农业科技创新能力稳步提升。

二、固强扶弱，提升止降，优化农业科技创新评价指标结构

表3-1列出了2016年G20国家农业科技创新能力三级和四级指标优劣度结构，以反映国家农业科技创新能力指标优劣度（注：排位1~5属强势指标；排位6~10属优势指标；排位11~15属中势指标；排位16~19属劣势指标），以及其结构对国家农业科技创新能力排位的影响。从表3-1可以看出，第一方阵中各国的强势和优势指标所占比重非常高，平均比重为46.00%；第二方阵国家的比重较高，平均比重为35.33%；第三方阵和第四方阵国家的强势和优势指标所占比重较低，平均比重仅为13.33%和8.33%。

表3-1　2016年G20国家农业科技创新能力三级和四级指标优劣度结构

国家＼项目		三级指标				四级指标				综合排位
		强势指标	优势指标	中势指标	劣势指标	强势指标	优势指标	中势指标	劣势指标	
美国	个数	10	5	0	0	25	15	3	1	1
	比重	66.67%	33.33%	0.00	0.00	56.82%	34.09%	6.82%	2.27%	
澳大利亚	个数	8	5	1	1	22	11	9	2	2
	比重	53.33%	33.33%	6.67%	6.67%	50.00%	25.00%	20.45%	4.55%	
英国	个数	8	6	1	0	23	15	3	3	3
	比重	53.33%	40.00%	6.67%	0.00	52.27%	34.09%	6.82%	6.82%	

续表

国家	项目	三级指标 强势指标	三级指标 优势指标	三级指标 中势指标	三级指标 劣势指标	四级指标 强势指标	四级指标 优势指标	四级指标 中势指标	四级指标 劣势指标	综合排位
日本	个数	6	7	1	1	23	10	4	7	4
	比重	40.00%	46.67%	6.67%	6.67%	52.27%	22.73%	9.09%	15.91%	
加拿大	个数	8	6	1	0	19	17	6	2	5
	比重	53.33%	40.00%	6.67%	0.00	43.18%	38.64%	13.64%	4.55%	
德国	个数	9	5	0	1	28	6	9	1	6
	比重	60.00%	33.33%	0.00	6.67%	63.64%	13.64%	20.45%	2.27%	
法国	个数	9	4	1	1	18	18	5	3	7
	比重	60.00%	26.67%	6.67%	6.67%	40.91%	40.91%	11.36%	6.82%	
韩国	个数	6	4	5	0	20	12	8	4	8
	比重	40.00%	26.67%	33.33%	0.00%	45.45%	27.27%	18.18%	9.09%	
意大利	个数	3	6	6	0	13	11	14	6	9
	比重	20.00%	40.00%	40.00%	0.00	29.55%	25.00%	31.82%	13.64%	
中国	个数	3	4	6	2	8	13	15	8	10
	比重	20.00%	26.67%	40.00%	13.33%	18.18%	29.55%	34.09%	18.18%	
巴西	个数	2	3	6	4	7	9	21	7	11
	比重	13.33%	20.00%	40.00%	26.67%	15.91%	20.45%	47.73%	15.91%	
阿根廷	个数	2	2	7	4	8	6	20	10	12
	比重	13.33%	13.33%	46.67%	26.67%	18.18%	13.64%	45.45%	22.73%	
南非	个数	1	4	6	4	9	12	14	9	13
	比重	6.67%	26.67%	40.00%	26.67%	20.45%	27.27%	31.82%	20.45%	
俄罗斯	个数	1	4	7	3	8	7	17	12	14
	比重	6.67%	26.67%	46.67%	20.00%	18.18%	15.91%	38.64%	27.27%	
墨西哥	个数	0	1	6	8	3	8	21	12	15
	比重	0.00	6.67%	40.00%	53.33%	6.82%	18.18%	47.73%	27.27%	

续表

国家	项目	三级指标				四级指标				综合排位
		强势指标	优势指标	中势指标	劣势指标	强势指标	优势指标	中势指标	劣势指标	
土耳其	个数	1	1	5	8	3	9	14	18	16
	比重	6.67%	6.67%	33.33%	53.33%	6.82%	20.45%	31.82%	40.91%	
印度	个数	0	3	5	7	5	12	6	21	17
	比重	0.00	20.00%	33.33%	46.67%	11.36%	27.27%	13.64%	47.73%	
印度尼西亚	个数	2	0	5	8	3	12	10	19	18
	比重	13.33%	0.00	33.33%	53.33%	6.82%	27.27%	22.73%	43.18%	
沙特阿拉伯	个数	0	3	8	4	5	13	10	16	19
	比重	0.00	20.00%	53.33%	26.67%	11.36%	29.55%	22.73%	36.36%	

注：数据由于四舍五入加和不为 100%

表 3-2 列出了 2001~2016 年 G20 国家农业科技创新能力三级和四级指标的排位变化趋势结构，以反映国家农业科技创新能力指标排位波动及其结构对国家农业科技创新能力排位的影响。

表 3-2　2001~2016 年 G20 国家农业科技创新能力三级和四级指标排名变化

国家	项目	三级指标			四级指标			综合变化趋势	综合排位
		上升指标	保持指标	下降指标	上升指标	保持指标	下降指标		
美国	个数	2	8	5	14	17	13	保持	1
	比重	13.33%	53.33%	33.33%	31.82%	38.64%	29.55%		
澳大利亚	个数	3	5	7	12	10	22	保持	2
	比重	20.00%	33.33%	46.67%	27.27%	22.73%	50.00%		
英国	个数	6	2	7	14	16	14	保持	3
	比重	40.00%	13.33%	46.67%	31.82%	36.36%	31.82%		
日本	个数	4	5	6	14	18	12	保持	4
	比重	26.67%	33.33%	40.00%	31.82%	40.91%	27.27%		

续表

国家	项目	三级指标			四级指标			综合变化趋势	综合排位
		上升指标	保持指标	下降指标	上升指标	保持指标	下降指标		
加拿大	个数	5	2	8	12	14	18	保持	5
	比重	33.33%	13.33%	53.33%	27.27%	31.82%	40.91%		
德国	个数	5	3	7	16	12	16	上升	6
	比重	33.33%	20.00%	46.67%	36.36%	27.27%	36.36%		
法国	个数	8	4	3	14	13	17	下降	7
	比重	53.33%	26.67%	20.00%	31.82%	29.55%	38.64%		
韩国	个数	8	2	5	19	14	11	保持	8
	比重	53.33%	13.33%	33.33%	43.18%	31.82%	25.00%		
意大利	个数	7	3	5	10	16	18	保持	9
	比重	46.67%	20.00%	33.33%	22.73%	36.36%	40.91%		
中国	个数	8	5	2	24	10	10	上升	10
	比重	53.33%	33.33%	13.33%	54.55%	22.73%	22.73%		
巴西	个数	6	3	6	15	12	17	上升	11
	比重	40.00%	20.00%	40.00%	34.09%	27.27%	38.64%		
阿根廷	个数	5	5	5	13	17	14	上升	12
	比重	33.33%	33.33%	33.33%	29.55%	38.64%	31.82%		
南非	个数	1	2	12	13	14	17	下降	13
	比重	6.67%	13.33%	80.00%	29.55%	31.82%	38.64%		
俄罗斯	个数	6	4	5	17	11	16	下降	14
	比重	40.00%	26.67%	33.33%	38.64%	25.00%	36.36%		
墨西哥	个数	2	4	9	12	12	20	下降	15
	比重	13.33%	26.67%	60.00%	27.27%	27.27%	45.45%		
土耳其	个数	6	2	7	15	12	17	保持	16
	比重	40.00%	13.33%	46.67%	34.09%	27.27%	38.64%		

续表

国家	项目	三级指标			四级指标			综合变化趋势	综合排位
		上升指标	保持指标	下降指标	上升指标	保持指标	下降指标		
印度	个数	6	5	4	12	22	10	保持	17
	比重	40.00%	33.33%	26.67%	27.27%	50.00%	22.73%		
印度尼西亚	个数	7	5	3	11	13	20	上升	18
	比重	46.67%	33.33%	20.00%	25.00%	29.55%	45.45%		
沙特阿拉伯	个数	4	5	6	18	10	16	下降	19
	比重	26.67%	33.33%	40.00%	40.91%	22.73%	36.36%		

注：数据由于四舍五入加和不为100%

国家农业科技创新能力的评价结果显示，拥有较高比重的强势指标和优势指标的国家，其国家农业科技创新能力将处于更高的竞争优势地位，反之则处于劣势地位（表3-1）；上升指标比重大于下降指标比重的国家，其国家农业科技创新能力将处于上升趋势，反之则表现为下降趋势（表3-2）。因此，各国在未来的发展实践中应该有针对性地采取有效措施，继续巩固强势指标，积极扶持优势指标向强势指标转变、中势指标向优势指标转变，努力减少劣势指标，不断优化农业科技创新评价指标结构，进而巩固并提升国家农业科技创新能力的优势地位。与此同时，各国应该努力增加上升指标的个数，减少下降指标的个数，形成上升动力大于下降拉力的发展趋势，这将有效地促进国家农业科技创新能力整体水平的持续提升。

三、依靠创新，破解农业资源环境约束

过去的数十年中，很多国家普遍采用粗放型农业生产方式，以消耗资源和牺牲生态环境为代价换取短期经济利益。从具体指标来看，与2001年相比，2016年G20中多数国家的单位面积化肥使用量、单位面积农药使用量及农业温室气体排放量呈现上升趋势。农药和化肥大量施用等落后的生产方式将造成农业面源污染严重，水资源、能源及其他自然资源过度开发消耗将导致农业资源短缺。为确保农业长期稳定发展，各国应通过科技创新转变农业发展方式，攻克种质资源创新与新品种选育、高效安全农业生物技术、农业节水节能、农业面源污染检测与防治、农村废弃物循环利用、土壤耕性改良，以及农产品精深加工等技术难题，为

农业绿色发展提供强有力的科技支撑。

四、跨出国门，积极开展国际农业科技合作

在农业科研工作中除自主研发外，各国根据自身需求寻求国际合作是提高科研水平、缩小差距的有效途径。各国应充分借助所加入的国际组织谋求农业科技合作，G20 农业部长会议聚焦农业创新与可持续发展及会议实行机制化，将为各成员国加强农业科技交流与合作、分享相关政策经验和成功实践提供良好的平台。中国提出的“一带一路”倡议也为农业“走出去”提供了更新的发展机遇。“一带一路”沿线国家农业资源禀赋好，市场潜力大，但农业基础设施落后，农业科技力量薄弱，科技创新能力较低。各国应发挥各自的比较优势，促进区域乃至全球农业科技资源整合共享，实现各国的互利共赢。各国在开展国际农业科技合作时要坚持：①做好统筹规划，对外要力求合作双方地位平等，利益平等；对内要全面考察本国科技合作基础并做好前景分析。按科技需求的重要性和紧迫性次序循序渐进开展技术合作，逐渐积累合作经验，预判科技合作发展前景，挖掘连带产业链，形成一条龙的未来农业产业发展模式。②各国要以引进为起点提升自主研发能力，通过引进技术带动自主科技创新，通过引进人才带动本土人才培养。

第二篇　分　报　告

第四章　阿根廷农业科技创新能力评价分析报告

第一节　阿根廷农业简介

阿根廷位于南美洲南部，与智利、玻利维亚、巴拉圭、巴西等国相接壤，东南面向大西洋。

阿根廷国土面积约 278.04 万平方千米（不含马尔维纳斯群岛和阿主张的南极领土）。2016 年末，全国总人口约 4 385 万人，实现 GDP 5 800 亿美元，人均 GDP 12 449 美元。

阿根廷是世界粮食和肉类重要的生产国和出口国，素有“世界粮仓和肉库”之称。2014 年，农业用地面积 14 870 万公顷，占土地面积的 54%，其中，耕地面积 3 920 万公顷，占农业用地面积的 26%。草地面积 10 850 万公顷，占土地面积的 40%；森林和林地面积 2 740.88 万公顷，占土地面积的 10%。2014 年，平均每人占有耕地面积 0.91 公顷，牧场 2.52 公顷，森林和林地 0.64 公顷。

阿根廷农牧业发达，是拉丁美洲唯一的谷物净出口国。在种植业中，谷物生产以小麦、高粱、玉米为主，2014 年收获面积分别为 349.27 万公顷、78.77 万公顷和 483.67 万公顷，产量分别为 931.50 万吨、346.64 万吨和 3308.72 万吨；在畜牧业中，全国牲畜的 80%集中在潘帕斯大草原，牛和羊是主要养殖对象。2014 年，牛肉产量为 267.40 万吨，猪肉产量为 41.64 万吨，羊肉产量为 6.03 万吨，羊毛产量为 4.50 万吨。

2014 年，阿根廷农业人口 6.02 万人，约占总人口数的 0.14%。2016 年农业增加值 347.79 亿美元，约占 GDP 的 8%，农业工人人均增加值为 22 302.82 美元。

阿根廷开展农业科技研发工作的机构主要包括国家科学和技术研究委员会、国家应用科技研究所、国家农业技术研究所、国家渔业研究所、农业生物科技公司和高等农业院校、私营农业研究机构。阿根廷农业科技创新研究还依靠 15 个区域中心及其覆盖全国的 47 个农业与畜牧试验站、260 多个推广机构、4 个研究中心及其拥有的 15 个研究所。

第二节　阿根廷农业科技创新能力总体评价分析

一、阿根廷农业科技创新能力概要分析

2001~2016 年阿根廷农业科技创新能力得分和排名变化趋势图，如图 4-1 所示。

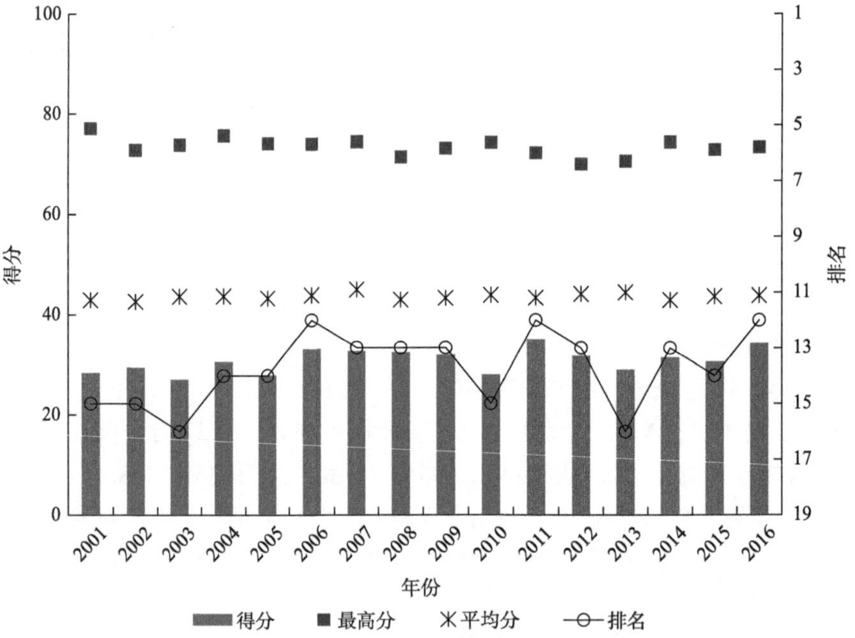

图 4-1　2001~2016 年阿根廷农业科技创新能力得分和排名变化趋势图

从综合排位变化看，2016年阿根廷农业科技创新能力排名在G20中处于第12位，与2001年相比，排位上升了3位。其中，2006年达到最高排名，但2010年下降到第15位；2011年排位重回第12名，但2013年又降至第16位。总体来看，评价期内呈波动上升趋势。

从综合得分看，2016年阿根廷农业科技创新能力得分为34.29分，比G20最高分低39.07分，比平均分低9.49分；与2001年相比，阿根廷农业科技创新能力得分上升了5.97分，与当年最高分差距缩小了9.65分，与G20平均分的差距缩小了5.07分。

二、阿根廷农业科技创新能力各级指标动态变化分析

2001~2016年阿根廷农业科技创新能力各级指标的排名变化趋势，如表4-1和表4-2所示。

表4-1　2001~2016年阿根廷农业科技创新能力三级指标排名变化趋势比较表

二级指标	三级指标个数	上升		保持		下降		变化趋势
		个数	比重	个数	比重	个数	比重	
创新基础能力	6	1	16.67%	2	33.33%	3	50.00%	保持
创新环境能力	5	2	40.00%	2	40.00%	1	20.00%	保持
创新产出能力	4	2	50.00%	1	25.00%	1	25.00%	上升
合计	15	5	33.33%	5	33.33%	5	33.33%	上升

注：数据由于四舍五入加和不为100%

表4-2　2001~2016年阿根廷农业科技创新能力四级指标排名变化趋势比较表

二级指标	四级指标个数	上升		保持		下降		变化趋势
		个数	比重	个数	比重	个数	比重	
创新基础能力	17	3	17.65%	7	41.18%	7	41.18%	保持
创新环境能力	18	6	33.33%	7	38.89%	5	27.78%	保持
创新产出能力	9	4	44.44%	3	33.33%	2	22.22%	上升
合计	44	13	29.55%	17	38.64%	14	31.82%	上升

注：数据由于四舍五入加和不为100%

表4-1中的数据表明，阿根廷农业科技创新能力的15个三级指标中，上升的

指标有 5 个，占指标总数的 33.33%；保持的指标有 5 个，占指标总数的 33.33%；下降的指标有 5 个，占指标总数的 33.33%。排名上升指标的数量等于排名下降指标的数量。

表 4-2 中的数据表明，阿根廷农业科技创新能力的 44 个四级指标中，上升的指标有 13 个，占指标总数的 29.55%；保持的指标有 17 个，占指标总数的 38.64%；下降的指标有 14 个，占指标总数的 31.82%。排名上升指标的数量小于排名下降指标的数量。

综上所述，由于上升的动力大于下降的拉力，2016 年阿根廷农业科技创新能力排名与 2001 年相比上升了 3 位，在 G20 中居第 12 位。

三、阿根廷农业科技创新能力各级指标优劣势分析

2016 年阿根廷农业科技创新能力各级指标的优劣势如表 4-3 和表 4-4 所示。

表 4-3　2016 年阿根廷农业科技创新能力三级指标排名优劣势比较表

二级指标	三级指标个数	强势		优势		中势		劣势		优劣度
		个数	比重	个数	比重	个数	比重	个数	比重	
创新基础能力	6	0	0.00	2	33.33%	2	33.33%	2	33.33%	劣势
创新环境能力	5	0	0.00	0	0.00	3	60.00%	2	40.00%	劣势
创新产出能力	4	2	50.00%	0	0.00	2	50.00%	0	0.00	优势
合计	15	2	13.33%	2	13.33%	7	46.67%	4	26.67%	中势

注：数据由于四舍五入加和不为 100%

表 4-4　2016 年阿根廷农业科技创新能力四级指标排名优劣势比较表

二级指标	四级指标个数	强势		优势		中势		劣势		优劣度
		个数	比重	个数	比重	个数	比重	个数	比重	
创新基础能力	17	3	17.65%	2	11.76%	8	47.06%	4	23.53%	劣势
创新环境能力	18	2	11.11%	2	11.11%	8	44.44%	6	33.33%	劣势
创新产出能力	9	3	33.33%	2	22.22%	4	44.44%	0	0.00	优势
合计	44	8	18.18%	6	13.64%	20	45.45%	10	22.73%	中势

注：数据由于四舍五入加和不为 100%

从三级指标来看，阿根廷农业科技创新能力的 15 个三级指标中，强势指标 2 个，占指标总数的 13.33%；优势指标 2 个，占指标总数的 13.33%；中势指标 7 个，

占指标总数的 46.67%；劣势指标 4 个，占指标总数的 26.67%；强势指标和优势指标的数量之和占指标总数的 26.67%，小于中势指标和劣势指标之和。

从四级指标来看，阿根廷农业科技创新能力的 44 个四级指标中，强势指标 8 个，占指标总数的 18.18%；优势指标 6 个，占指标总数的 13.64%；中势指标 20 个，占指标总数的 45.45%；劣势指标 10 个，占指标总数的 22.73%；强势指标和优势指标的数量之和占指标总数的 31.82%，小于中势指标和劣势指标之和。

第三节　阿根廷农业科技创新基础能力评价分析

一、阿根廷农业科技创新基础能力评价结果

阿根廷农业科技创新基础能力在 G20 中所处的位置及得分变化如图 4-2 和表 4-5 所示。

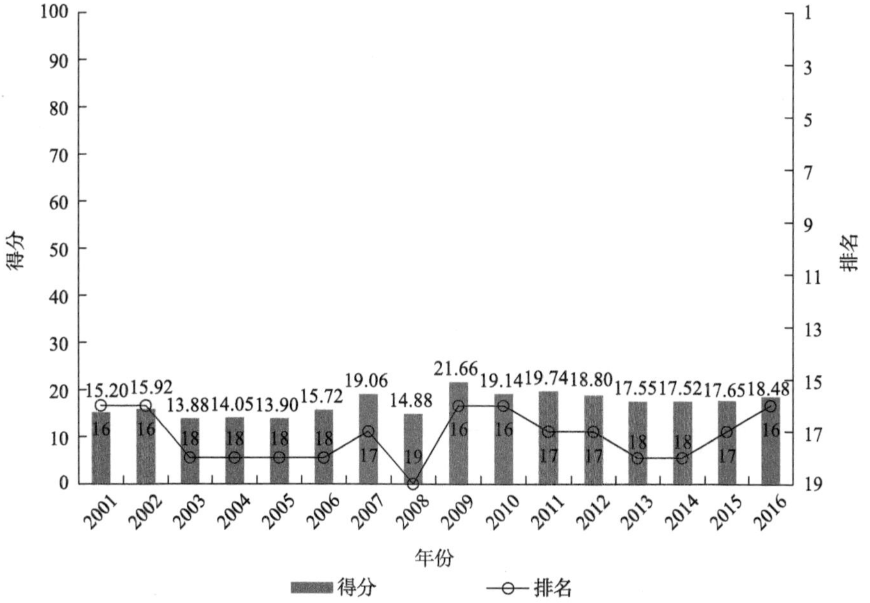

图 4-2　2001~2016 年阿根廷农业科技创新基础能力得分和排名变化趋势图

表 4-5　2001~2016 年阿根廷农业科技创新基础能力各级指标比较表

指标＼项目	2001 年		2006 年		2011 年		2016 年		综合变化		优劣度
	得分	排名	得分	排名	得分	排名	得分	排名	得分	排名	
经济水平	8.23	11	3.93	17	7.90	15	11.55	13	3.32	−2	中势
GDP 水平	10.52	12	5.01	17	9.07	16	11.57	12	1.05	0	中势
财政收入水平	5.93	12	2.85	17	6.73	14	11.52	13	5.60	−1	中势
基础设施	6.08	18	9.04	17	15.99	18	18.91	18	12.83	0	劣势
灌溉面积比例	0.93	17	1.78	14	2.19	15	3.10	13	2.17	4	中势
农业机械化程度	1.93	13	1.83	13	1.75	14	1.75	14	−0.19	−1	中势
信息通信技术普及率	21.47	11	32.56	12	48.66	12	58.41	11	36.94	0	中势
交通运输基础设施	0	18	0	18	11.35	18	12.39	18	12.39	0	劣势
研究基础	0	10	0	10	0	9	0	12	0	−2	优势
大学与科研机构农业学科排名	0	7	0	7	0	6	0	9	0	−2	优势
农业企业研发水平	0	7	0	7	0	7	0	7	0	0	优势
人力资源	52.80	10	53.08	10	59.86	6	56.38	7	3.58	3	优势
农业研究人员数量	27.74	9	24.51	10	35.49	6	28.05	5	0.32	4	强势
农民文化素质	59.67	7	58.56	6	69.95	2	69.52	2	9.85	5	强势
健康状况	71.00	11	76.17	11	74.14	11	71.56	11	0.56	0	中势
资金投入	20.25	13	24.44	16	24.37	15	21.27	15	1.02	−2	中势
公共教育投入	9.34	15	0	19	20.58	18	27.43	16	18.09	−1	劣势
农业研发经费投入	18.11	13	14.00	14	10.47	14	7.84	14	−10.27	−1	中势
农业外国直接投资	33.31	2	59.31	3	42.06	3	28.53	3	−4.78	−1	强势
合作基础	3.85	19	3.85	19	10.34	18	2.78	19	−1.07	0	劣势
产学研合作	0	18	0	18	17.39	15	8.33	18	8.33	0	劣势
集群发展状况	11.54	18	11.54	18	13.64	17	0	19	−11.54	−1	劣势
国际农业研究合作	0	13	0	13	0	13	0	13	0	0	中势

注：数据因四舍五入存在偏差

（1）从排名变化看，2016 年阿根廷农业科技创新基础能力排名在 G20 中处于第 16 位，与 2001 年相比排名保持不变。

（2）从得分看，2016 年阿根廷农业科技创新基础能力得分为 18.48 分，与 2001 年相比，得分上升了 3.28 分。

（3）从指标动态变化趋势看，在阿根廷农业科技创新基础能力的 6 个三级指标中，有 1 个指标（人力资源）处于上升趋势，有 3 个指标（经济水平、研究基础、资金投入）处于下降趋势，其余 2 个指标（基础设施、合作基础）排名保持不变；在阿根廷农业科技创新基础能力的 17 个四级指标中，有 3 个指标（灌溉面积比例、农业研究人员数量、农民文化素质）处于上升趋势，有 7 个指标（财政收入水平、农业机械化程度、大学与科研机构农业学科排名、公共教育投入、农业研发经费投入、农业外国直接投资、集群发展状况）处于下降趋势，其余 7 个指标（GDP 水平、信息通信技术普及率、交通运输基础设施、农业企业研发水平、健康状况、产学研合作、国际农业研究合作）排名保持不变。

（4）从指标优劣势结构来看，在阿根廷农业科技创新基础能力的 6 个三级指标中，强势指标 0 个；优势指标 2 个（研究基础、人力资源），占指标总数的 33.33%；中势指标 2 个（经济水平、资金投入），占指标总数的 33.33%；劣势指标 2 个（基础设施、合作基础），占指标总数的 33.33%；强势指标和优势指标的数量之和占指标总数的 33%，小于中势指标和劣势指标之和。在阿根廷农业科技创新基础能力的 17 个四级指标中，强势指标 3 个（农业研究人员数量、农民文化素质、农业外国直接投资），占指标总数的 17.65%；优势指标 2 个（大学与科研机构农业学科排名、农业企业研发水平），占指标总数的 11.76%；中势指标 8 个（GDP 水平、财政收入水平、灌溉面积比例、农业机械化程度、信息通信技术普及率、健康状况、农业研发经费投入、国际农业研究合作），占指标总数的 47.06%；劣势指标 4 个（交通运输基础设施、公共教育投入、产学研合作、集群发展状况），占指标总数的 23.53%；强势指标和优势指标的数量之和占指标总数的 29.41%，小于中势指标和劣势指标之和。

二、阿根廷农业科技创新基础能力比较分析

图 4-3 反映了 2001 年和 2016 年阿根廷农业科技创新基础能力与 G20 最高水平和平均水平的比较情况。

由图 4-3 可知，2001 年，阿根廷农业科技创新基础能力得分与 G20 最高分相比还有 60.84 分的差距，与 G20 平均分相比低了 16.34 分；2016 年，阿根廷农业科技

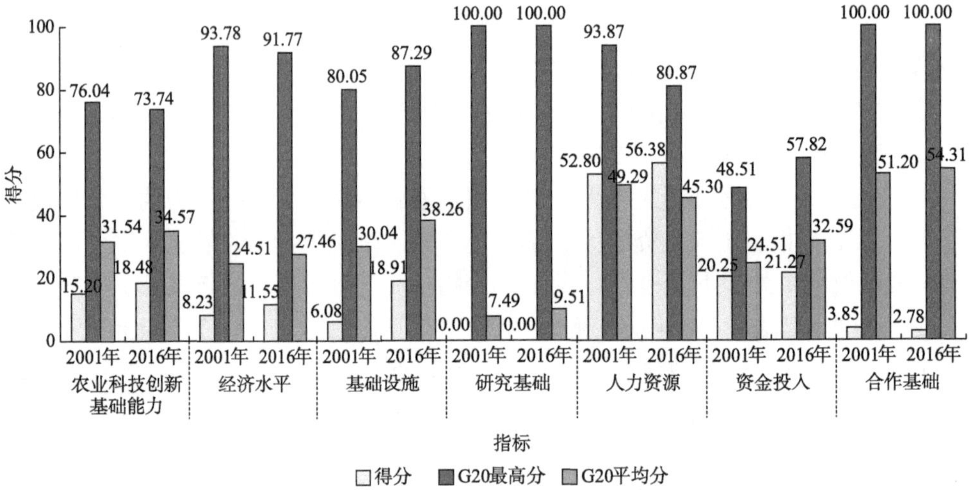

图 4-3　2001 年和 2016 年阿根廷农业科技创新基础能力指标得分比较

创新基础能力得分与 G20 最高分的差距为 55.26 分，低于 G20 平均分 16.09 分。总的来说，2001~2016 年阿根廷农业科技创新基础能力与最高分的差距呈缩小趋势。

从具体指标得分比较来看，2016 年，GDP 水平、财政收入水平、灌溉面积比例、农业机械化程度、交通运输基础设施、大学与科研机构农业学科排名、农业企业研发水平、健康状况、公共教育投入、农业研发经费投入、产学研合作、集群发展状况和国际农业研究合作共计 13 个指标的得分低于 G20 平均分。建议阿根廷政府注重提升上述指标，夯实国家农业科技创新基础，不断增强国家农业科技创新基础能力。

第四节　阿根廷农业科技创新环境能力评价分析

一、阿根廷农业科技创新环境能力评价结果

阿根廷农业科技创新环境能力在 G20 中所处的位置及得分变化如图 4-4 和表 4-6 所示。

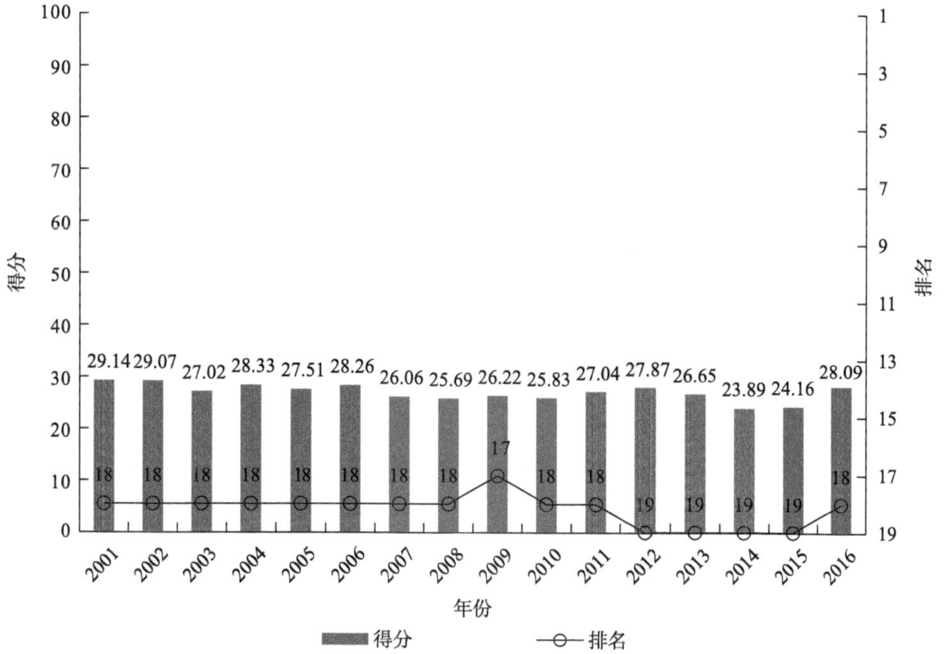

图 4-4　2001~2016 年阿根廷农业科技创新环境能力得分和排名变化趋势图

表 4-6　2001~2016 年阿根廷农业科技创新环境能力各级指标比较表

指标＼项目	2001 年		2006 年		2011 年		2016 年		综合变化		优劣度
	得分	排名	得分	排名	得分	排名	得分	排名	得分	排名	
文化环境	19.01	15	19.01	15	20.00	15	20.00	15	0.99	0	中势
科技创新自由民主气氛	15.79	14	15.79	14	20.00	14	20.00	14	4.21	0	中势
民众的好奇心	22.22	16	22.22	16	20.00	14	20.00	14	−2.22	2	中势
政策环境	22.65	18	22.02	17	15.58	18	17.82	16	−4.83	2	劣势
政治稳定性	62.03	12	59.50	9	53.62	12	48.06	10	−13.97	2	优势
知识产权保护	0	19	0	19	0	18	10.71	18	10.71	1	劣势
农业政策合理性	28.57	11	28.57	11	8.70	18	12.50	16	−16.07	−5	劣势
农业科技创新支持水平	0	17	0	17	0	17	0	17	0	0	劣势
商业环境	22.48	16	21.92	16	10.95	18	9.16	19	−13.32	−3	劣势
农业信贷支持	2.11	16	0.44	18	0.85	18	1.17	18	−0.94	−2	劣势
企业开业难易程度	33.33	12	33.33	12	0	17	0	19	−33.33	−7	劣势

续表

指标 \ 项目	2001 年		2006 年		2011 年		2016 年		综合变化		优劣度
	得分	排名	得分	排名	得分	排名	得分	排名	得分	排名	
市场成熟度	32.00	15	32.00	15	32.00	15	26.32	14	−5.68	1	中势
教育环境	23.29	16	23.29	16	31.27	15	35.59	14	12.30	2	中势
教育系统质量	11.54	17	11.54	17	35.48	13	33.33	15	21.79	2	中势
农村教育公平性	33.33	12	33.33	12	33.33	12	21.43	13	−11.90	−1	中势
技术培训可获得性	25.00	15	25.00	15	25.00	12	52.00	10	27.00	5	优势
生态可持续环境	58.29	13	55.06	16	57.39	13	57.90	13	−0.39	0	中势
化肥使用密度	95.81	2	96.10	2	95.37	2	96.21	2	0.40	0	强势
农药使用密度	95.58	3	92.98	3	94.82	3	94.82	3	−0.76	0	强势
农业用水量	27.16	13	27.16	13	26.30	13	26.30	13	−0.86	0	中势
农业能源使用量	0	19	0	19	0	19	0	19	0	0	劣势
农业温室气体排放量	83.58	12	83.07	13	85.83	14	85.14	14	1.57	−2	中势
生物燃料生产量	47.59	12	31.04	13	42.04	11	44.90	12	−2.70	0	中势

注：数据因四舍五入存在偏差

（1）从排名变化看，2016 年阿根廷农业科技创新环境能力排名在 G20 中处于第 18 位，与 2001 年相比排名保持不变。

（2）从得分看，2016 年阿根廷农业科技创新环境能力得分为 28.09 分，与 2001 年相比，得分下降了 1.05 分。

（3）从指标动态变化趋势看，在阿根廷农业科技创新环境能力的 5 个三级指标中，有 2 个指标（政策环境、教育环境）处于上升趋势，有 1 个指标（商业环境）处于下降趋势，其余 2 个指标（文化环境、生态可持续环境）排名保持不变；在阿根廷农业科技创新环境能力的 18 个四级指标中，有 6 个指标（民众的好奇心、政治稳定性、知识产权保护、市场成熟度、教育系统质量、技术培训可获得性）处于上升趋势，有 5 个指标（农业政策合理性、农业信贷支持、企业开业难易程度、农村教育公平性、农业温室气体排放量）处于下降趋势，其余 7 个指标（科技创新自由民主气氛、农业科技创新支持水平、化肥使用密度、农药使用密度、农业用水量、农业能源使用量、生物燃料生产量）排名保持不变。

（4）从指标优劣势结构来看，在阿根廷农业科技创新环境能力的 5 个三级指标中，强势指标 0 个；优势指标 0 个；中势指标 3 个（文化环境、教育环境、生态可持续环境），占指标总数的 60.00%；劣势指标 2 个（政策环境、商业环境），占指标总数的 40.00%。在阿根廷农业科技创新环境能力的 18 个四级指标中，强势指标 2 个（化肥使用密度、农药使用密度），占指标总数的 11.11%；优势指标 2 个（政治稳定性、技术培训可获得性），占指标总数的 11.11%；中势指标 8 个（科技创新自由民主气氛、民众的好奇心、市场成熟度、教育系统质量、农村教育公平性、农业用水量、农业温室气体排放量、生物燃料生产量），占指标总数的 44.44%；劣势指标 6 个（知识产权保护、农业政策合理性、农业科技创新支持水平、农业信贷支持、企业开业难易程度、农业能源使用量），占指标总数的 33.33%；强势指标和优势指标的数量之和占指标总数的 22.22%，小于中势指标和劣势指标之和。

二、阿根廷农业科技创新环境能力比较分析

图 4-5 反映了 2001 年和 2016 年阿根廷农业科技创新环境能力与 G20 最高水平和平均水平的比较情况。

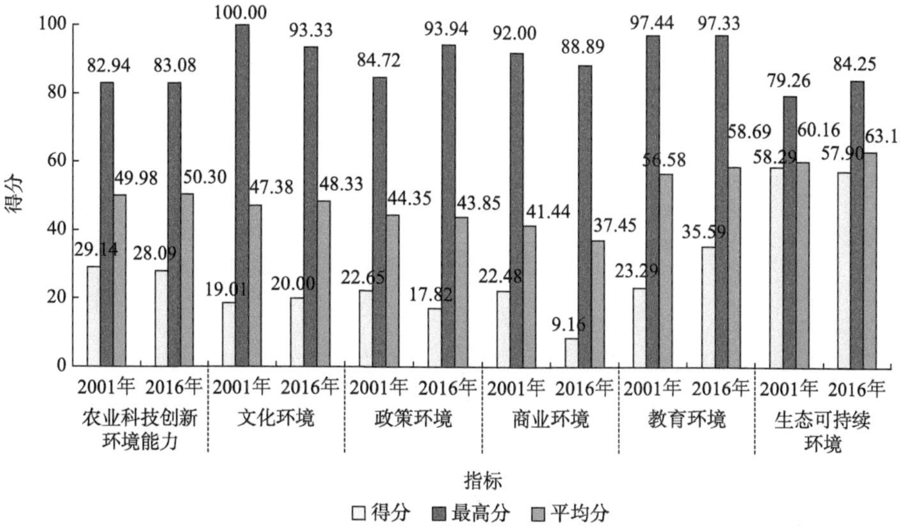

图 4-5　2001 年和 2016 年阿根廷农业科技创新环境能力指标得分比较

由图 4-5 可知，2001 年，阿根廷农业科技创新环境能力得分与 G20 最高分相比还有 53.80 分的差距，与 G20 平均分相比低了 20.84 分；2016 年，阿根廷农业科技创新环境能力得分与 G20 最高分的差距为 54.99 分，低于 G20 平均分 22.21 分。总的来说，2001~2016 年阿根廷农业科技创新环境能力与最高分的差距呈扩大趋势。

从具体指标得分比较来看，2016 年，科技创新自由民主气氛、民众的好奇心、政治稳定性、知识产权保护、农业政策合理性、农业科技创新支持水平、农业信贷支持、企业开业难易程度、市场成熟度、教育系统质量、农村教育公平性、技术培训可获得性、农业用水量、农业能源使用量和生物燃料生产量共计 15 个指标的得分低于 G20 平均分。建议阿根廷政府注重提升上述指标，优化国家农业科技创新环境，不断提升国家农业科技创新环境能力。

第五节　阿根廷农业科技创新产出能力评价分析

一、阿根廷农业科技创新产出能力评价结果

阿根廷农业科技创新产出能力在 G20 中所处的位置及得分变化如图 4-6 和表 4-7 所示。

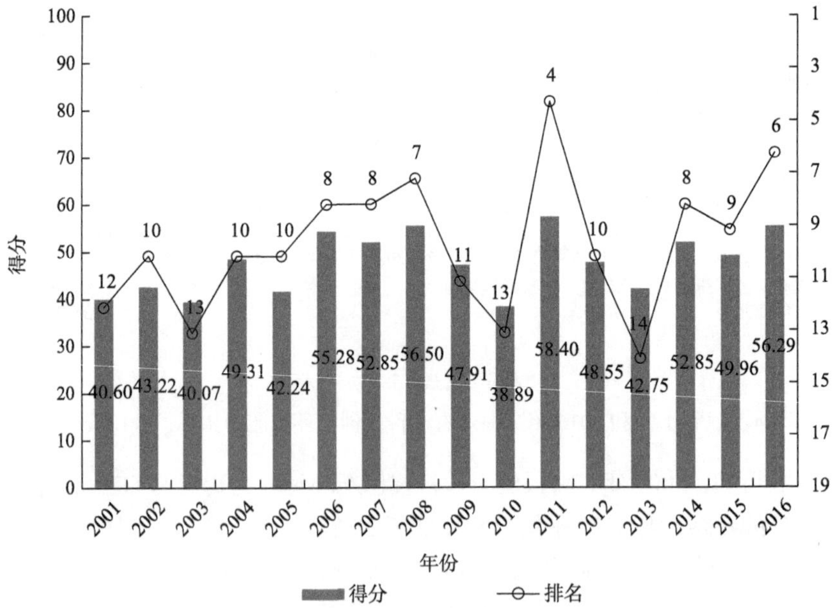

图 4-6　2001~2016 年阿根廷农业科技创新产出能力得分和排名变化趋势图

表 4-7　2001~2016 年阿根廷农业科技创新产出能力各级指标比较表

指标＼项目	2001 年		2006 年		2011 年		2016 年		综合变化		优劣度
	得分	排名	得分	排名	得分	排名	得分	排名	得分	排名	
科技成果	13.64	9	19.63	8	27.09	6	25.98	4	12.34	5	强势
农业科技论文数量	0	14	14.11	7	18.02	8	16.14	7	16.14	7	优势
本国居民农业专利数量	1.39	10	5.14	9	5.44	9	1.52	11	0.14	−1	中势
本国居民植物新品种数量	39.54	4	39.65	3	57.82	4	60.28	4	20.74	0	强势
生产力水平	31.01	11	41.12	10	49.24	8	43.62	12	12.61	−1	中势
农业生产指数	34.91	15	50.48	2	60.36	7	53.99	7	19.07	8	优势
农业土地生产率	33.63	11	42.18	11	59.41	11	53.32	11	19.68	0	中势
农业劳动生产率	24.48	10	30.71	10	27.94	10	23.56	11	−0.92	−1	中势
经济效益	50.35	12	92.96	1	89.89	1	88.18	1	37.83	11	强势
农业年均增长率	12.62	18	100.00	1	100.00	1	100.00	1	87.38	17	强势
农产品净出口额	88.09	4	85.92	3	79.79	2	76.37	2	−11.73	2	强势
农村生活水平	67.39	13	67.39	13	67.39	13	67.39	13	0	0	中势
农村恩格尔系数	67.39	13	67.39	13	67.39	13	67.39	13	0	0	中势

注：数据因四舍五入存在偏差

（1）从排名变化看，2016 年阿根廷农业科技创新产出能力排名在 G20 中处于第 6 位，与 2001 年相比排名呈上升趋势。

（2）从得分看，2016 年阿根廷农业科技创新产出能力得分为 56.29 分，与 2001 年相比，得分上升了 15.69 分。

（3）从指标动态变化趋势看，在阿根廷农业科技创新产出能力的 4 个三级指标中，有 2 个指标（科技成果、经济效益）处于上升趋势，有 1 个指标（生产力水平）处于下降趋势，有 1 个指标（农村生活水平）排名保持不变；在阿根廷农业科技创新产出能力的 9 个四级指标中，有 4 个指标（农业科技论文数量、农业生产指数、农业年均增长率、农产品净出口额）处于上升趋势，有 2 个指标（本国居民农业专利数量、农业劳动生产率）处于下降趋势，其余 3 个指标（本国居民植物新品种数量、农业土地生产率、农村恩格尔系数）排名保持不变。

（4）从指标优劣势结构来看，在阿根廷农业科技创新产出能力的 4 个三级指标中，强势指标 2 个（科技成果、经济效益），占指标总数的 50.00%；优势指标 0 个；中势指标 2 个（生产力水平、农村生活水平），占指标总数的 50.00%；劣势指标 0 个；强势指标和优势指标的数量之和占指标总数的 50.00%，等于中势指标和劣势指标之和。在阿根廷农业科技创新产出能力的 9 个四级指标中，强势指标 3 个（本国居民植物新品种数量、农业年均增长率、农产品净出口额），占指标总数的 33.33%；优势指标 2 个（农业科技论文数量、农业生产指数），占指标总数的 22.22%；中势指标 4 个（本国居民农业专利数量、农业土地生产率、农业劳动生产率、农村恩格尔系数），占指标总数的 44.44%；劣势指标 0 个；强势指标和优势指标的数量之和占指标总数的 55.56%，大于中势指标和劣势指标之和。

二、阿根廷农业科技创新产出能力比较分析

图 4-7 反映了 2001 年和 2016 年阿根廷农业科技创新产出能力与 G20 最高水平和平均水平的比较情况。

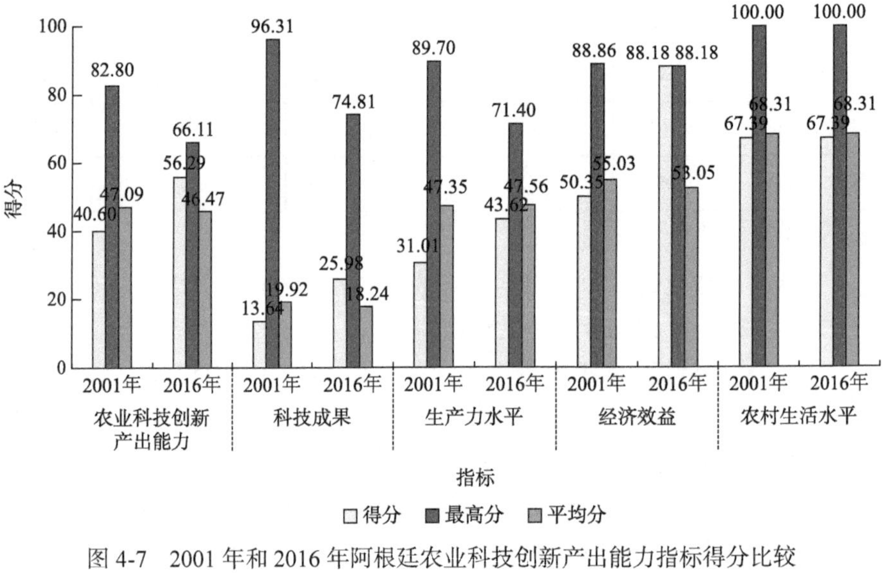

图 4-7 2001 年和 2016 年阿根廷农业科技创新产出能力指标得分比较

由图 4-7 可知，2001 年，阿根廷农业科技创新产出能力得分与 G20 最高分相比还有 42.21 分的差距，与 G20 平均分相比低了 6.49 分；2016 年，阿根廷农业科技创新产出能力得分与 G20 最高分的差距为 9.82 分，高于 G20 平均分 9.82 分。总的来说，2001~2016 年阿根廷农业科技创新产出能力与最高分的差距呈缩小趋势。

从具体指标得分比较来看，2016 年，农业科技论文数量、本国居民农业专利数量、农业土地生产率、农业劳动生产率和农村恩格尔系数共计 5 个指标的得分低于 G20 平均分。建议阿根廷政府注重提升上述指标，不断提高国家农业科技创新产出水平。

第五章　澳大利亚农业科技创新能力评价分析报告

第一节　澳大利亚农业简介

澳大利亚东临太平洋，西临印度洋，由澳大利亚大陆和塔斯马尼亚等岛屿组成。

澳大利亚国土面积约 769.2 万平方千米。2016 年末，全国总人口约 2 413 万人，实现 GDP 12.05 万亿美元，人均 GDP 49 928 美元。

澳大利亚是一个农牧业非常发达的国家，有“骑在羊背上的国家”和“手持麦穗的国家”之称。2014 年，农业用地面积 40 424.90 万公顷，占土地面积的 53%，其中，耕地面积 4 695.70 万公顷，占农业用地面积的 12%。草地面积 35 896.20 万公顷，占土地面积的 47%；森林和林地面积 12 444.30 万公顷，占土地面积的 16%。2014 年，平均每人占有耕地面积 2 公顷，牧场 15.30 公顷，森林和林地 5.30 公顷。

澳大利亚的农业生产以肉牛产业、奶牛养殖、牧羊、谷类生产为主。澳大利亚的主要农产品都以出口为主。在种植业中，谷物生产以小麦、大麦、水稻为主，2014 年收获面积分别为 1 261.32 万公顷、381.41 万公顷和 7.67 万公顷，产量分别为 2 530.30 万吨、917.44 万吨和 81.93 万吨；经济作物以糖料和油料为主，其中，甘蔗是澳大利亚除小麦与大麦外的第三大重要农作物。在畜牧业中，牛和羊是主要养殖对象，2014 年产量分别为 258.63 万吨和 72.06 万吨。

2014 年，澳大利亚农业人口 32.39 万人，约占总人口数的 1.38%。2016 年农业增加值 293.55 亿美元，约占 GDP 的 3%，农业工人人均增加值为 55 934.05 美元。

澳大利亚的农业科研机构主要有澳大利亚联邦科学与工业研究组织（Commo-Nwealth Scientific and Industrial Research Organization，CSIRO）、大学、州级政府

下辖的农业研究部门和针对不同农业产业成立的联合研究中心（cooperative research centre），部分农业产业组织或企业也独立开展科研实验活动。CSIRO 始建于 1926 年，总部设在堪培拉，并在澳洲各州和地区设有 45 个分支研究机构。澳大利亚没有专门的农业大学，但很多大学都设有农学院，以农学研究见长的大学包括墨尔本大学、悉尼大学、昆士兰大学、新英格兰大学和阿德拉德大学等。

第二节　澳大利亚农业科技创新能力总体评价分析

一、澳大利亚农业科技创新能力概要分析

2001~2016 年澳大利亚农业科技创新能力得分和排名变化趋势图，如图 5-1 所示。

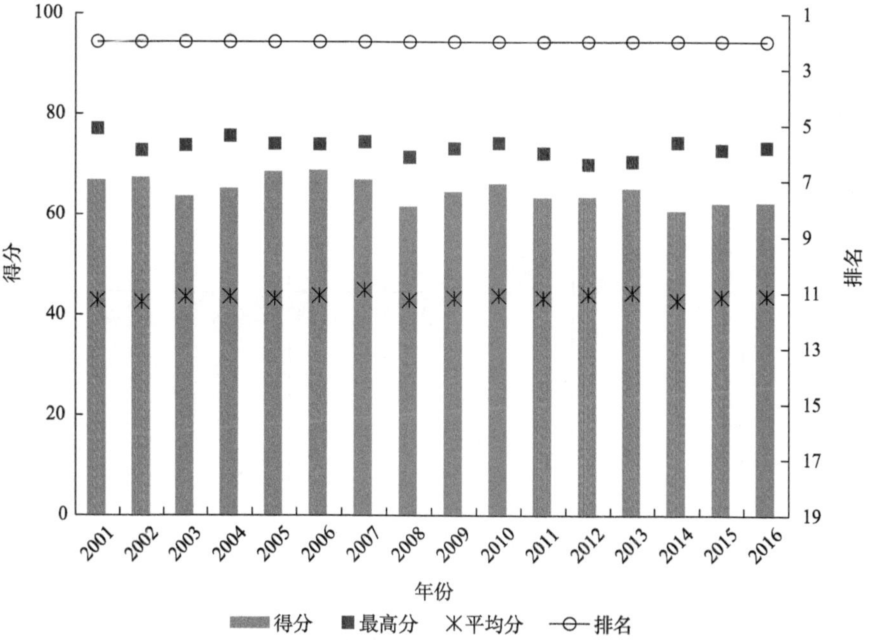

图 5-1　2001~2016 年澳大利亚农业科技创新能力得分和排名变化趋势图

从综合排位变化看，2016 年澳大利亚农业科技创新能力排名在 G20 中处于第 2 位，与 2001 年相比，排位保持不变。

从综合得分看，2016 年澳大利亚农业科技创新能力得分为 62.33 分，比 G20 最高分低 11.04 分，比平均分高 18.54 分；与 2001 年相比，澳大利亚农业科技创新能力得分下降了 4.52 分，与当年最高分的差距扩大了 0.85 分，G20 平均分与其差距缩小了 5.43 分。

二、澳大利亚农业科技创新能力各级指标动态变化分析

2001~2016 年澳大利亚农业科技创新能力各级指标的动态变化如表 5-1 和表 5-2 所示。

表 5-1　2001~2016 年澳大利亚农业科技创新能力三级指标排名变化趋势比较表

二级指标	三级指标个数	上升		保持		下降		变化趋势
		个数	比重	个数	比重	个数	比重	
创新基础能力	6	2	33.33%	0	0.00	4	66.67%	下降
创新环境能力	5	1	20.00%	3	60.00%	1	20.00%	上升
创新产出能力	4	0	0.00	2	50.00%	2	50.00%	保持
合计	15	3	20.00%	5	33.33%	7	46.67%	保持

表 5-2　2001~2016 年澳大利亚农业科技创新能力四级指标排名变化趋势比较表

二级指标	四级指标个数	上升		保持		下降		变化趋势
		个数	比重	个数	比重	个数	比重	
创新基础能力	17	5	29.41%	4	23.53%	8	47.06%	下降
创新环境能力	18	6	33.33%	5	27.78%	7	38.89%	上升
创新产出能力	9	1	11.11%	1	11.11%	7	77.78%	保持
合计	44	12	27.27%	10	22.73%	22	50.00%	保持

表 5-1 中的数据表明，澳大利亚农业科技创新能力的 15 个三级指标中，上升的指标有 3 个，占指标总数的 20.00%；保持的指标有 5 个，占指标总数的 33.33%；下降的指标有 7 个，占指标总数的 46.67%。排名上升指标的数量小于排名下降指标的数量。

表 5-2 中的数据表明，澳大利亚农业科技创新能力的 44 个四级指标中，上升的指标有 12 个，占指标总数的 27.27%；保持的指标有 10 个，占指标总数的 22.73%；下降的指标有 22 个，占指标总数的 50.00%。排名上升指标的数量小于排名下降指标。

综上所述，由于上升的动力与下降的拉力持平，2016 年澳大利亚农业科技创新能力排名与 2001 年相比保持不变，在 G20 中居第 2 位。

三、澳大利亚农业科技创新能力各级指标优劣势分析

2016 年澳大利亚农业科技创新能力各级指标的优劣势如表 5-3 和表 5-4 所示。

表 5-3　2016 年澳大利亚农业科技创新能力三级指标排名优劣势比较表

二级指标	三级指标个数	强势		优势		中势		劣势		优劣度
		个数	比重	个数	比重	个数	比重	个数	比重	
创新基础能力	6	3	50.00%	2	33.33%	1	16.67%	0	0.00	强势
创新环境能力	5	3	60.00%	2	40.00%	0	0.00	0	0.00	强势
创新产出能力	4	2	50.00%	1	25.00%	0	0.00	1	25.00%	强势
合计	15	8	53.33%	5	33.33%	1	6.67%	1	6.67%	强势

表 5-4　2016 年澳大利亚农业科技创新能力四级指标排名优劣势比较表

二级指标	四级指标个数	强势		优势		中势		劣势		优劣度
		个数	比重	个数	比重	个数	比重	个数	比重	
创新基础能力	17	7	41.18%	6	35.29%	3	17.65%	1	5.88%	强势
创新环境能力	18	9	50.00%	5	27.78%	4	22.22%	0	0.00	强势
创新产出能力	9	6	66.67%	0	0.00	2	22.22%	1	11.11%	强势
合计	44	22	50.00%	11	25.00%	9	20.45%	2	4.55%	强势

从三级指标来看，澳大利亚农业科技创新能力的 15 个三级指标中，强势指标 8 个，占指标总数的 53.33%；优势指标 5 个，占指标总数的 33.33%；中势指标 1 个，占指标总数的 16.67%；劣势指标 1 个，占指标总数的 6.67%；强势指标和优势指标的数量之和占指标总数的 86.67%，大于中势指标和劣势指标之和。

从四级指标来看，澳大利亚农业科技创新能力的 44 个四级指标中，强势指标

22 个，占指标总数的 50%；优势指标 11 个，占指标总数的 25.00%；中势指标 9 个，占指标总数的 20.45%；劣势指标 2 个，占指标总数的 4.55%；强势指标和优势指标的数量之和占指标总数的 75.00%，大于中势指标和劣势指标之和。

第三节　澳大利亚农业科技创新基础能力评价分析

一、澳大利亚农业科技创新基础能力评价结果

澳大利亚农业科技创新基础能力在 G20 中所处的位置及得分变化如图 5-2 和表 5-5 所示。

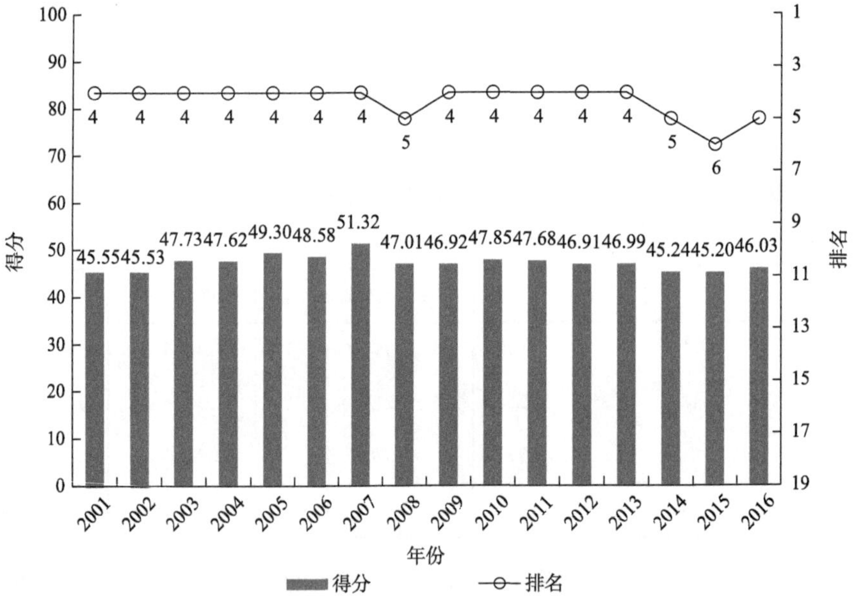

图 5-2　2001~2016 年澳大利亚农业科技创新基础能力得分和排名变化趋势图

表 5-5　2001~2016 年澳大利亚农业科技创新基础能力各级指标比较表

指标＼项目	2001 年		2006 年		2011 年		2016 年		综合变化		优劣度
	得分	排名	得分	排名	得分	排名	得分	排名	得分	排名	
经济水平	30.68	8	37.17	7	45.61	6	48.91	4	18.23	4	强势
GDP 水平	30.16	8	40.07	8	52.63	3	52.89	2	22.73	6	强势
财政收入水平	31.21	7	34.27	6	38.59	6	44.94	6	13.73	1	优势
基础设施	37.12	9	37.44	9	33.59	9	33.96	10	−3.16	−1	优势
灌溉面积比例	0	18	0	18	0.16	17	0.48	17	4.80	1	劣势
农业机械化程度	1.93	13	1.83	13	1.75	14	1.75	14	−0.19	−1	中势
信息通信技术普及率	75.53	5	76.90	5	63.65	6	69.01	6	−6.52	−1	优势
交通运输基础设施	71.03	6	71.03	6	68.79	9	64.60	10	−6.43	−4	优势
研究基础	2.63	8	2.63	8	5.88	4	16.67	3	14.04	5	强势
大学与科研机构农业学科排名	5.26	3	5.26	3	11.76	2	33.33	2	28.07	1	强势
农业企业研发水平	0	7	0	7	0	7	0	7	0	0	优势
人力资源	93.87	1	85.38	1	79.29	2	73.41	2	−20.46	−1	强势
农业研究人员数量	88.92	2	59.71	4	41.91	4	25.51	7	−63.41	−5	优势
农民文化素质	100.00	1	100.00	1	100.00	1	100.00	1	0	0	强势
健康状况	92.70	4	96.43	2	95.97	3	94.73	4	2.02	0	强势
资金投入	46.77	2	66.67	1	50.08	4	43.53	6	−3.24	−4	优势
公共教育投入	39.33	3	100.00	1	91.55	4	73.91	5	34.58	−2	强势
农业研发经费投入	100.00	1	100.00	1	54.94	4	53.51	4	−46.49	−3	强势
农业外国直接投资	0.99	16	0	19	3.75	13	3.17	12	2.18	4	中势
合作基础	62.20	10	62.20	10	71.61	5	59.72	11	−2.48	−1	中势
产学研合作	48.15	8	48.15	8	73.91	3	45.83	10	−2.31	−2	优势
集群发展状况	38.46	12	38.46	12	40.91	14	33.33	15	−5.13	−3	中势
国际农业研究合作	100.00	1	100.00	1	100.00	1	100.00	1	0	0	强势

注：数据因四舍五入存在偏差

（1）从排名变化看，2016 年澳大利亚农业科技创新基础能力排名在 G20 中处于第 5 位，与 2001 年相比排名下降 1 名。

（2）从得分看，2016 年澳大利亚农业科技创新基础能力得分为 46.03 分，与 2001 年相比，得分上升了 0.49 分。

（3）从指标动态变化趋势看，在澳大利亚农业科技创新基础能力的 6 个三级指标中，有 2 个指标（经济水平、研究基础）处于上升趋势，有 4 个指标（基础设施、人力资源、资金投入、合作基础）处于下降趋势；在澳大利亚农业科技创新基础能力的 17 个四级指标中，有 5 个指标（GDP 水平、财政收入水平、灌溉面积比例、大学与科研机构农业学科排名、农业外国直接投资）处于上升趋势，有 8 个指标（农业机械化程度、信息通信技术普及率、交通运输基础设施、农业研究人员数量、公共教育投入、农业研发经费投入、产学研合作、集群发展状况）处于下降趋势，其余 4 个指标（农业企业研发水平、农民文化素质、健康状况、国际农业研究合作）排名保持不变。

（4）从指标优劣势结构来看，在澳大利亚农业科技创新基础能力的 6 个三级指标中，强势指标 3 个（经济水平、研究基础、人力资源），占指标总数的 50.00%；优势指标 2 个（基础设施、资金投入），占指标总数的 33.33%；中势指标 1 个（合作基础），占指标总数的 16.67%；劣势指标 0 个；强势指标和优势指标的数量之和占指标总数的 83.33%，大于中势指标和劣势指标之和。在澳大利亚农业科技创新基础能力的 17 个四级指标中，强势指标 7 个（GDP 水平、大学与科研机构农业学科排名、农民文化素质、健康状况、公共教育投入、农业研发经费投入、国际农业研究合作），占指标总数的 41.18%；优势指标 6 个（财政收入水平、信息通信技术普及率、交通运输基础设施、农业企业研发水平、农业研究人员数量、产学研合作），占指标总数的 35.29%；中势指标 3 个（农业机械化程度、农业外国直接投资、集群发展状况），占指标总数的 17.65%；劣势指标 1 个（灌溉面积比例），占指标总数的 5.88%；强势指标和优势指标的数量之和占指标总数的 76.47%，大于中势指标和劣势指标之和。

二、澳大利亚农业科技创新基础能力比较分析

图 5-3 反映了 2001 年和 2016 年澳大利亚农业科技创新基础能力与 G20 最高水平和平均水平的比较情况。

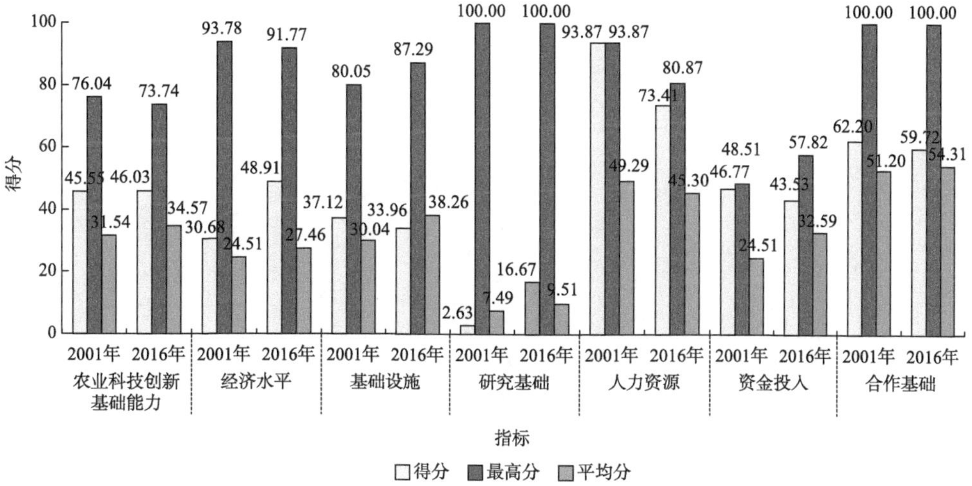

图 5-3　2001 年和 2016 年澳大利亚农业科技创新基础能力指标得分比较

由图 5-3 可知，2001 年，澳大利亚农业科技创新基础能力得分与 G20 最高分相比还有 30.49 分的差距，与 G20 平均分相比高了 14.01 分；2016 年，澳大利亚农业科技创新基础能力得分与G20最高分的差距为27.71分，高于G20平均分11.46分。总的来说，2001~2016 年澳大利亚农业科技创新基础能力与最高分的差距呈缩小趋势。

从具体指标得分比较来看，2016 年，灌溉面积比例、农业机械化程度、农业企业研发水平、农业外国直接投资和集群发展状况共计 5 个指标的得分低于 G20 平均分。建议澳大利亚政府注重提升上述指标，夯实国家农业科技创新基础，不断增强国家农业科技创新基础能力。

第四节　澳大利亚农业科技创新环境能力评价分析

一、澳大利亚农业科技创新环境能力评价结果

澳大利亚农业科技创新环境能力在 G20 中所处的位置及得分变化如图 5-4 和

表 5-6 所示。

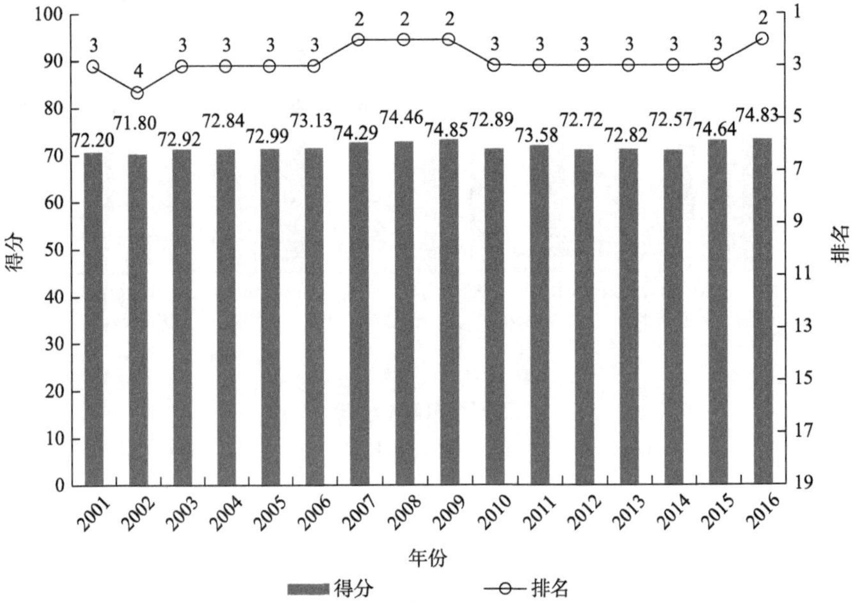

图 5-4　2001~2016 年澳大利亚农业科技创新环境能力得分和排名变化趋势图

表 5-6　2001~2016 年澳大利亚农业科技创新环境能力各级指标比较表

指标＼项目	2001 年		2006 年		2011 年		2016 年		综合变化		优劣度
	得分	排名	得分	排名	得分	排名	得分	排名	得分	排名	
文化环境	65.35	7	65.35	7	65.83	8	65.83	8	0.48	−1	优势
科技创新自由民主气氛	47.37	8	47.37	8	65.00	7	65.00	7	17.63	1	优势
民众的好奇心	83.33	6	83.33	6	66.67	9	66.67	9	−16.67	−3	优势
政策环境	84.72	1	87.02	1	90.40	1	93.94	1	9.22	0	强势
政治稳定性	98.09	2	95.59	2	98.48	2	86.48	3	−11.60	−1	强势
知识产权保护	81.08	3	81.08	3	84.85	5	89.29	6	8.20	−3	优势
农业政策合理性	71.43	3	71.43	3	78.26	3	100.00	1	28.57	2	强势
农业科技创新支持水平	88.29	2	100.00	1	100.00	1	100.00	1	11.71	1	强势
商业环境	58.69	5	59.28	4	57.55	5	50.78	5	−7.91	0	强势
农业信贷支持	4.07	13	5.84	12	8.97	12	8.05	13	3.98	0	中势

续表

项目 指标	2001 年		2006 年		2011 年		2016 年		综合变化		优劣度
	得分	排名	得分	排名	得分	排名	得分	排名	得分	排名	
企业开业难易程度	100.00	1	100.00	1	91.67	2	91.67	2	8.33	−1	强势
市场成熟度	72.00	7	72.00	7	72.00	7	52.63	7	−19.37	0	优势
教育环境	87.50	6	87.50	6	86.77	4	96.22	2	8.72	4	强势
教育系统质量	100.00	1	100.00	1	90.32	2	96.67	2	−3.33	−1	强势
农村教育公平性	100.00	1	100.00	1	100.00	1	100.00	1	0	0	强势
技术培训可获得性	62.50	7	62.50	7	70.00	7	92.00	2	29.50	5	强势
生态可持续环境	64.71	7	66.51	8	67.37	8	67.35	7	2.64	0	优势
化肥使用密度	91.47	3	94.77	3	93.94	3	94.70	3	3.24	0	强势
农药使用密度	74.59	12	69.00	12	74.65	13	74.65	13	0.06	−1	中势
农业用水量	19.40	14	19.40	14	18.44	14	18.44	14	−0.96	0	中势
农业能源使用量	60.84	8	61.05	13	55.96	14	46.92	14	−13.92	−6	中势
农业温室气体排放量	68.66	15	81.70	14	86.01	13	92.24	10	23.59	5	优势
生物燃料生产量	73.32	5	73.17	5	75.19	3	77.15	3	3.82	2	强势

注：数据因四舍五入存在偏差

（1）从排名变化看，2016 年澳大利亚农业科技创新环境能力排名在 G20 中处于第 2 位，与 2001 年相比排名上升 1 名。

（2）从得分看，2016 年澳大利亚农业科技创新环境能力得分为 74.83 分，与 2001 年相比，得分上升了 2.63 分。

（3）从指标动态变化趋势看，在澳大利亚农业科技创新环境能力的 5 个三级指标中，有 1 个指标（教育环境）处于上升趋势，有 1 个指标（文化环境）处于下降趋势，其余 3 个指标（政策环境、商业环境、生态可持续环境）排名保持不变；在澳大利亚农业科技创新环境能力的 18 个四级指标中，有 6 个指标（科技创新自由民主气氛、农业政策合理性、农业科技创新支持水平、技术培训可获得性、农业温室气体排放量、生物燃料生产量）处于上升趋势，有 7 个指标（民众的好奇心、政治稳定性、知识产权保护、企业开业难易程度、教育系统质量、农药使用密度、农业能源使用量）处于下降趋势，其余 5 个指标（农业信贷支持、市场成熟度、农村教育公平性、化肥使用密度、农业用水量）排名保持不变。

（4）从指标优劣势结构来看，在澳大利亚农业科技创新环境能力的 5 个三级指标中，强势指标 3 个（政策环境、商业环境、教育环境），占指标总数的 60.00%；优势指标 2 个（文化环境、生态可持续环境），占指标总数的 40.00%；中势指标 0 个；劣势指标 0 个；强势指标和优势指标的数量之和占指标总数的 100%，大于中势指标和劣势指标之和。在澳大利亚农业科技创新环境能力的 18 个四级指标中，强势指标 9 个（政治稳定性、农业政策合理性、农业科技创新支持水平、企业开业难易程度、教育系统质量、农村教育公平性、技术培训可获得性、化肥使用密度、生物燃料生产量），占指标总数的 50.00%；优势指标 5 个（科技创新自由民主气氛、民众的好奇心、知识产权保护、市场成熟度、农业温室气体排放量），占指标总数的 27.78%；中势指标 4 个（农业信贷支持、农药使用密度、农业用水量、农业能源使用量），占指标总数的 22.22%；劣势指标 0 个；强势指标和优势指标的数量之和占指标总数的 77.78%，大于中势指标和劣势指标之和。

二、澳大利亚农业科技创新环境能力比较分析

图 5-5 反映了 2001 年和 2016 年澳大利亚农业科技创新环境能力与 G20 最高水平和平均水平的比较情况。

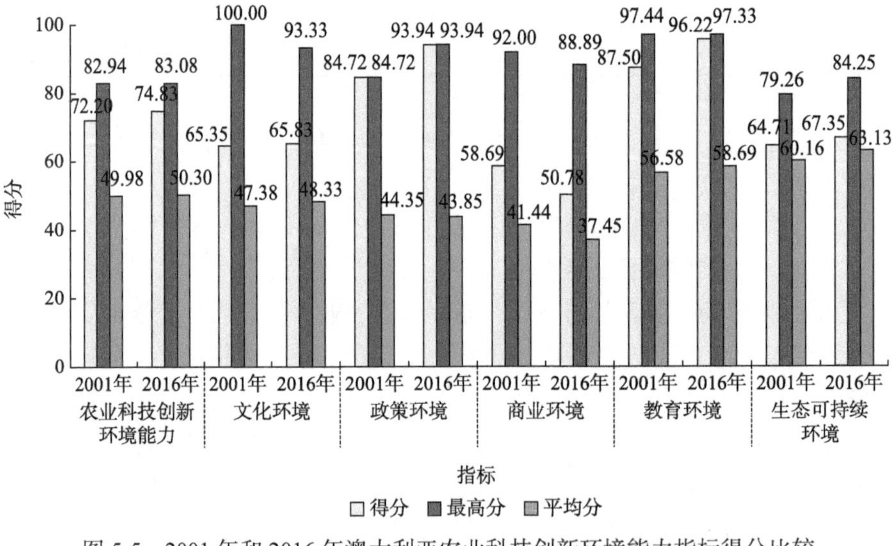

图 5-5 2001 年和 2016 年澳大利亚农业科技创新环境能力指标得分比较

由图 5-5 可知，2001 年，澳大利亚农业科技创新环境能力得分与 G20 最高分相比还有 10.74 分的差距，与 G20 平均分相比高了 22.22 分；2016 年，澳大利亚农业科

技创新环境能力得分与 G20 最高分的差距为 8.25 分，高于 G20 平均分 24.53 分。总的来说，2001~2016 年澳大利亚农业科技创新环境能力与最高分的差距呈缩小趋势。

从具体指标得分比较来看，2016 年，农业信贷支持、农业用水量和农业能源使用量共计 3 个指标的得分低于 G20 平均分。建议澳大利亚政府注重提升上述指标，优化国家农业科技创新环境，不断提升国家农业科技创新环境能力。

第五节　澳大利亚农业科技创新产出能力评价分析

一、澳大利亚农业科技创新产出能力评价结果

澳大利亚农业科技创新产出能力在 G20 中所处的位置及得分变化如图 5-6 和表 5-7 所示。

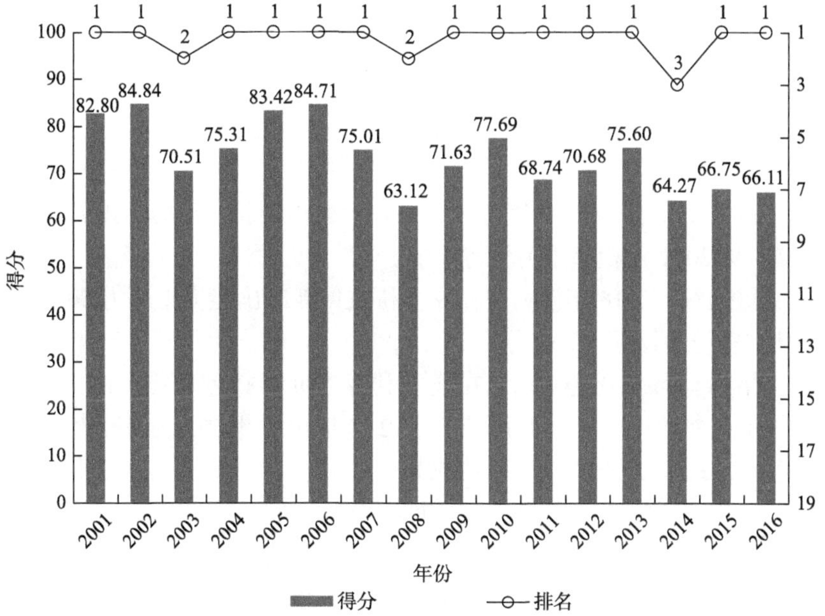

图 5-6　2001~2016 年澳大利亚农业科技创新产出能力得分和排名变化趋势图

表 5-7　2001~2016 年澳大利亚农业科技创新产出能力各级指标比较表

指标 \ 项目	2001 年		2006 年		2011 年		2016 年		综合变化		优劣度
	得分	排名	得分	排名	得分	排名	得分	排名	得分	排名	
科技成果	96.31	1	100.00	1	93.67	1	74.81	1	−21.5	0	强势
农业科技论文数量	88.92	2	100.00	1	100.00	1	100.00	1	11.08	1	强势
本国居民农业专利数量	100.00	1	100.00	1	100.00	1	54.44	2	−45.56	−1	强势
本国居民植物新品种数量	100.00	1	100.00	1	81.02	2	70.00	3	−30.00	−2	强势
生产力水平	61.71	8	63.28	3	29.56	17	31.35	17	−30.36	−9	劣势
农业生产指数	100.00	1	100.00	1	14.56	15	33.15	13	−66.85	−12	中势
农业土地生产率	7.03	18	4.26	28	0	19	0	19	−7.03	−1	劣势
农业劳动生产率	78.09	2	85.59	4	74.11	4	60.91	5	−17.18	−3	强势
经济效益	73.21	4	75.55	4	51.75	7	58.29	9	−14.92	−5	优势
农业年均增长率	55.86	5	68.82	8	36.93	13	47.21	13	−8.65	−8	中势
农产品净出口额	90.55	2	82.27	4	66.57	6	69.38	4	−21.17	−2	强势
农村生活水平	100.00	1	100.00	1	100.00	1	100.00	1	0	0	强势
农村恩格尔系数	100.00	1	100.00	1	100.00	1	100.00	1	0	0	强势

注：数据因四舍五入存在偏差

（1）从排名变化看，2016 年澳大利亚农业科技创新产出能力排名在 G20 中处于第 1 位，与 2001 年相比排名保持不变。

（2）从得分看，2016 年澳大利亚农业科技创新产出能力得分为 66.11 分，与 2001 年相比，得分下降了 16.69 分。

（3）从指标动态变化趋势看，在澳大利亚农业科技创新产出能力的 4 个三级指标中，有 0 个指标处于上升趋势，有 2 个指标（生产力水平、经济效益）处于下降趋势，其余 2 个指标（科技成果、农村生活水平）排名保持不变；在澳大利亚农业科技创新产出能力的 9 个四级指标中，有 1 个指标（农业科技论文数量）处于上升趋势，有 7 个指标（本国居民农业专利数量、本国居民植物新品种数量、农业生产指数、农业土地生产率、农业劳动生产率、农业年均增长率、农产品净出口额）处于下降趋势，有 1 个指标（农村恩格尔系数）排名保持不变。

（4）从指标优劣势结构来看，在澳大利亚农业科技创新产出能力的 4 个三级指标中，强势指标 2 个（科技成果、农村生活水平），占指标总数的 50.00%；优势指标 1 个（经济效益），占指标总数的 25.00%；中势指标 0 个；劣势指标 1 个（生产力水平），占指标总数的 25.00%；强势指标和优势指标的数量之和占指标总数的 75.00%，大于中势指标和劣势指标之和。在澳大利亚农业科技创新产出能力的 9 个四级指标中，强势指标 6 个（农业科技论文数量、本国居民农业专利数量、本国居民植物新品种数量、农业劳动生产率、农产品净出口额、农村恩格尔系数），占指标总数的 66.67%；优势指标 0 个；中势指标 2 个（农业生产指数、农业年均增长率），占指标总数的 22.22%；劣势指标 1 个（农业土地生产率），占指标总数的 11.11%；强势指标和优势指标的数量之和占指标总数的 66.67%，大于中势指标和劣势指标之和。

二、澳大利亚农业科技创新产出能力比较分析

图 5-7 反映了 2001 年和 2016 年澳大利亚农业科技创新产出能力与 G20 最高水平和平均水平的比较情况。

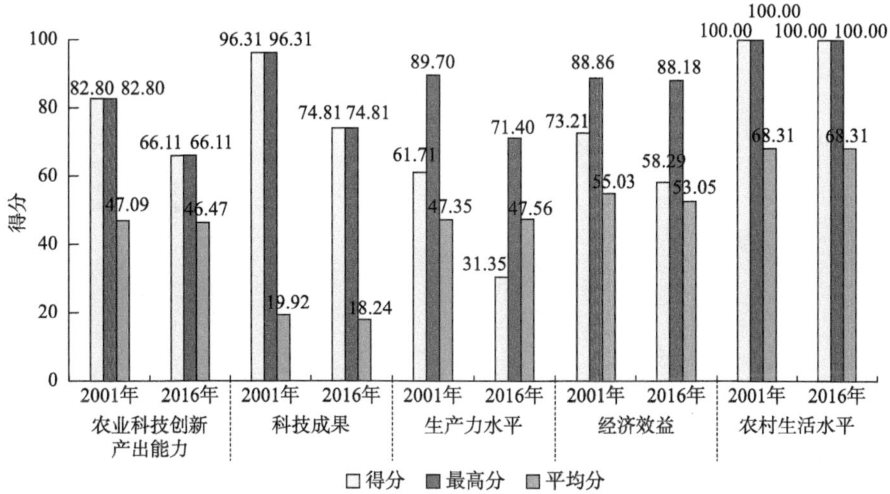

图 5-7 2001 年和 2016 年澳大利亚农业科技创新产出能力指标得分比较

由图 5-7 可知，2001 年，澳大利亚农业科技创新产出能力在 G20 得分最高，与 G20 平均分相比高了 35.71 分；2016 年，澳大利亚农业科技创新产出能力得分为 G20 最高分，高于 G20 平均分 19.64 分。总的来说，2001~2016 年澳大利亚农

业科技创新产出能力始终处于较高水平。

从具体指标得分比较来看，2016 年，农业生产指数、农业土地生产率和农业年均增长率共计 3 个指标的得分低于 G20 平均分。建议澳大利亚政府注重提升上述指标，不断提高国家农业科技创新产出水平。

第六章　巴西农业科技创新能力评价分析报告

第一节　巴西农业简介

巴西位于南美洲东部，毗邻大西洋，与乌拉圭、阿根廷等国接壤。

巴西国土面积约 851.49 万平方千米。2016 年末，全国总人口约 20 765 万人，实现 GDP 1.80 万亿美元，人均 GDP 8 650 美元。

20 世纪 80 年代以来，巴西农业生产持续快速增长，农畜产品产量节节攀升，巴西已从一个粮食进口国转变为世界重要的农产品生产国和出口国。2014 年，农业用地面积 28 258.90 万公顷，占土地面积的 34%，其中，耕地面积 8 001.70 万公顷，占农业用地面积的 28%。草地面积 19 600 万公顷，占土地面积的 23%；森林和林地面积 49 452.20 万公顷，占土地面积的 59%。2014 年，平均每人占有耕地面积 0.39 公顷，牧场 0.96 公顷，森林和林地 2.42 公顷。

巴西的大豆、牛肉、家禽、糖、咖啡、柑橘、烟叶等农产品产量和出口量均居世界前列，被誉为“21 世纪世界粮仓”。在种植业中，谷物生产以玉米、小麦、水稻为主，2014 年收获面积分别为 1 543.29 万公顷、283.49 万公顷和 234.09 万公顷，产量分别为 7 988.16 万吨、626.19 万吨和 1 217.56 万吨；经济作物以糖料和咖啡为主。巴西是世界最大的食糖和生物乙醇生产国，每年大约有一半的甘蔗被用于生产生物乙醇。巴西是全球最大的咖啡生产国和出口国，产量比位居第二位的越南高出约一倍，被称为“咖啡王国”。巴西有广阔的草地和牧场，具有发展畜牧业的优越条件。在畜牧业中，牛和猪是主要养殖对象，2014 年产量分别为 972.30 万吨和 319.23 万吨。

2013 年，巴西农业人口有 1 398.19 万人，约占总人口数的 6.9%。2016 年农业增加值 846.10 亿美元，约占 GDP 的 5%，农业工人人均增加值为 10 725.64 美元。

巴西农业科研体系由政府主导，实行联邦、州二级农业研发和创新体系，下属机构由农业研究机构、大学及巴西农牧研究院（Embrapa）构成。1973 年巴西政府成立的 Embrapa 是巴西科研体系中最具代表性的农业科技创新机构之一，截止到 2014 年，Embrapa 分设了 15 个中央研究中心，在巴西各地区共设有 47 个研究中心，并在拉丁美洲和非洲设立了 3 个国际办事处。为了保证农业科技创新的经费充足，巴西政府加强投融资制度的改革，通过设立地方开发银行和特别基金，服务于农业研发项目。

第二节　巴西农业科技创新能力总体评价分析

一、巴西农业科技创新能力概要分析

2001~2016 年巴西农业科技创新能力得分和排名变化趋势图，如图 6-1 所示。

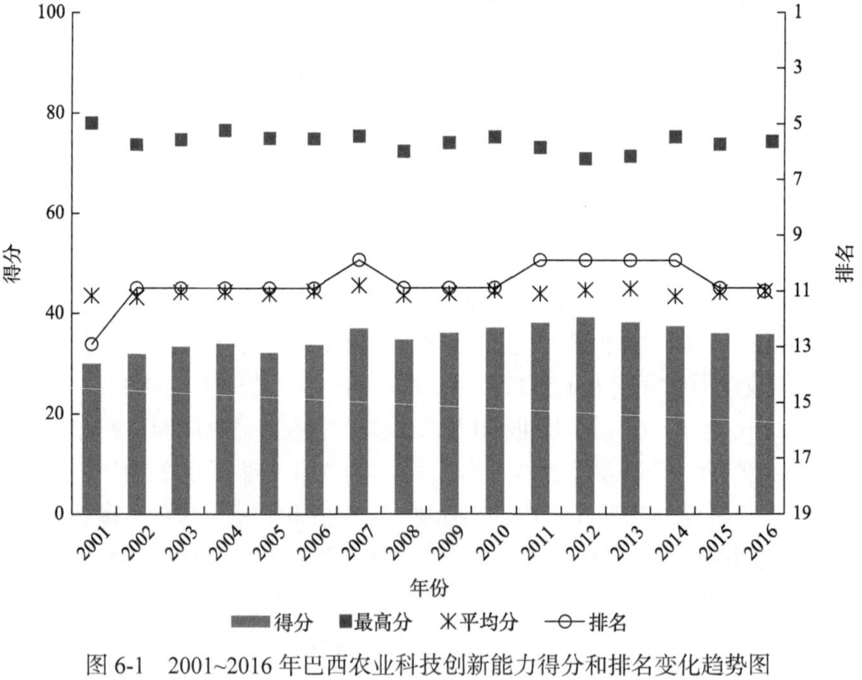

图 6-1　2001~2016 年巴西农业科技创新能力得分和排名变化趋势图

从综合排位变化看，2016 年巴西农业科技创新能力排名在 G20 中处于第 11 位，与 2001 年相比，排位上升 2 位。总体来看，评价期内呈阶段性上升趋势。

从综合得分看，2016 年巴西农业科技创新能力得分为 35.23 分，比 G20 最高分低 38.13 分，比平均分低 8.55 分；与 2001 年相比，巴西农业科技创新能力得分上升了 5.78 分，与当年最高分的差距缩小了 9.46 分，与 G20 平均分的差距缩小了 4.87 分。

二、巴西农业科技创新能力各级指标动态变化分析

2001~2016 年巴西农业科技创新能力各级指标的动态变化如表 6-1 和表 6-2 所示。

表 6-1　2001~2016 年巴西农业科技创新能力三级指标排名变化趋势比较表

二级指标	三级指标个数	上升		保持		下降		变化趋势
		个数	比重	个数	比重	个数	比重	
创新基础能力	6	3	50.00%	1	16.67%	2	33.33%	保持
创新环境能力	5	0	0.00	1	20.00%	4	80.00%	下降
创新产出能力	4	3	75.00%	1	25.00%	0	0.00	上升
合计	15	6	40.00%	3	20.00%	6	40.00%	上升

表 6-2　2001~2016 年巴西农业科技创新能力四级指标排名变化趋势比较表

二级指标	四级指标个数	上升		保持		下降		变化趋势
		个数	比重	个数	比重	个数	比重	
创新基础能力	17	2	11.76%	6	35.29%	9	52.94%	保持
创新环境能力	18	5	27.78%	5	27.78%	8	44.44%	下降
创新产出能力	9	8	88.89%	1	11.11%	0	0.00	上升
合计	44	15	34.09%	12	27.27%	17	38.64%	上升

注：数据由于四舍五入加和不为 100%

表 6-1 中的数据表明，巴西农业科技创新能力的 15 个三级指标中，上升的指标有 6 个，占指标总数的 40.00%；保持的指标有 3 个，占指标总数的 20.00%；下降的指标有 6 个，占指标总数的 40.00%。排名上升指标的数量等于排名下降指标

的数量。

表 6-2 中的数据表明，巴西农业科技创新能力的 44 个四级指标中，上升的指标有 15 个，占指标总数的 34.09%；保持的指标有 12 个，占指标总数的 27.27%；下降的指标有 17 个，占指标总数的 38.64%。排名上升指标的数量小于排名下降指标的数量。

综上所述，由于上升的动力大于下降的拉力，2016 年巴西农业科技创新能力排名与 2001 年相比上升了 2 位，在 G20 中居第 11 位。

三、巴西农业科技创新能力各级指标优劣势分析

2016 年巴西农业科技创新能力各级指标的优劣势如表 6-3 和表 6-4 所示。

表 6-3　2016 年巴西农业科技创新能力三级指标排名优劣势比较表

二级指标	三级指标个数	强势		优势		中势		劣势		优劣度
		个数	比重	个数	比重	个数	比重	个数	比重	
创新基础能力	6	1	16.67%	1	16.67%	2	33.33%	2	33.33%	中势
创新环境能力	5	0	0.00	0	0.00	3	60.00%	2	40.00%	劣势
创新产出能力	4	1	25.00%	2	50.00%	1	25.00%	0	0.00	优势
合计	15	2	13.33%	3	20.00%	6	40.00%	4	26.67%	中势

表 6-4　2016 年巴西农业科技创新能力四级指标排名优劣势比较表

二级指标	四级指标个数	强势		优势		中势		劣势		优劣度
		个数	比重	个数	比重	个数	比重	个数	比重	
创新基础能力	17	2	11.76%	2	11.76%	12	70.59%	1	5.88%	中势
创新环境能力	18	2	11.11%	4	22.22%	6	33.33%	6	33.33%	劣势
创新产出能力	9	3	33.33%	3	33.33%	3	33.33%	0	0.00	优势
合计	44	7	15.91%	9	20.45%	21	47.73%	7	15.91%	中势

注：数据由于四舍五入加和不为 100%

从三级指标来看，巴西农业科技创新能力的 15 个三级指标中，强势指标 2 个，占指标总数的 13.33%；优势指标 3 个，占指标总数的 20.00%；中势指标 6 个，占指标总数的 40.00%；劣势指标 4 个，占指标总数的 26.67%；强势指标和优势指标

的数量之和占指标总数的 33.33%，小于中势指标和劣势指标之和。

从四级指标来看，巴西农业科技创新能力的 44 个四级指标中，强势指标 7 个，占指标总数的 15.91%；优势指标 9 个，占指标总数的 20.45%；中势指标 21 个，占指标总数的 47.73%；劣势指标 7 个，占指标总数的 15.91%；强势指标和优势指标的数量之和占指标总数的 36.36%，小于中势指标和劣势指标之和。

第三节　巴西农业科技创新基础能力评价分析

一、巴西农业科技创新基础能力评价结果

巴西农业科技创新基础能力在 G20 中所处的位置及得分变化如图 6-2 和表 6-5 所示。

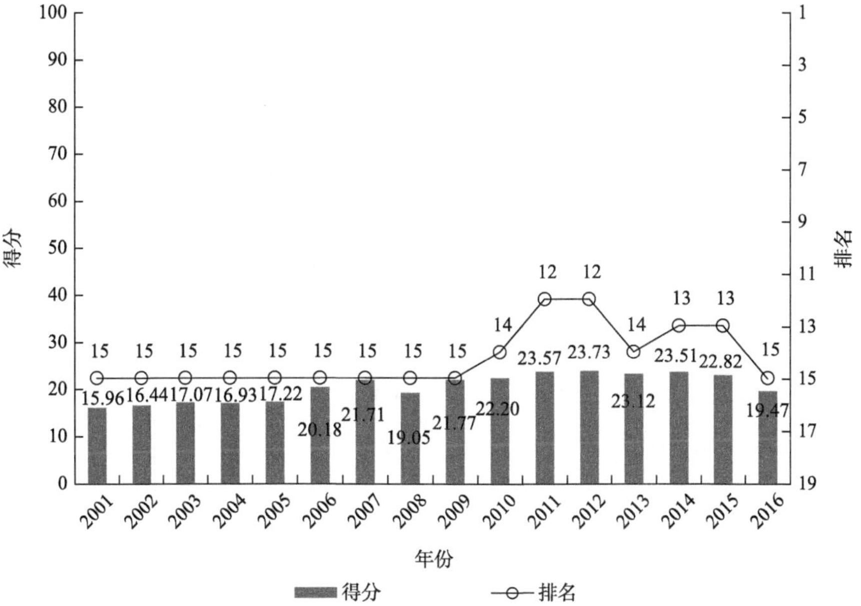

图 6-2　2001~2016 年巴西农业科技创新基础能力得分和排名变化趋势图

表 6-5 2001~2016 年巴西农业科技创新基础能力各级指标比较表

指标＼项目	2001 年		2006 年		2011 年		2016 年		综合变化		优劣度
	得分	排名	得分	排名	得分	排名	得分	排名	得分	排名	
经济水平	6.58	14	7.11	14	17.47	11	11.72	12	5.14	2	中势
GDP 水平	7.00	13	7.28	15	15.96	12	10.46	13	3.46	0	中势
财政收入水平	6.16	11	6.94	12	18.97	9	12.98	11	6.82	0	中势
基础设施	5.32	19	8.81	18	9.82	19	12.60	19	7.28	0	劣势
灌溉面积比例	1.99	12	2.12	12	2.55	13	2.93	14	0.94	−2	中势
农业机械化程度	3.00	10	2.52	11	2.19	11	2.19	11	−0.82	−1	中势
信息通信技术普及率	14.90	13	29.23	13	34.53	13	45.28	14	30.37	−1	中势
交通运输基础设施	1.38	17	1.38	17	0	19	0	19	−1.38	−2	劣势
研究基础	0	10	0	10	0	9	4.17	7	4.17	3	优势
大学与科研机构农业学科排名	0	7	0	7	0	6	8.33	5	8.33	2	强势
农业企业研发水平	0	7	0	7	0	7	0	7	0	0	优势
人力资源	39.32	12	36.74	11	36.62	14	32.83	15	−6.49	−3	中势
农业研究人员数量	8.89	13	7.92	13	8.31	13	8.31	13	−0.58	0	中势
农民文化素质	52.79	10	35.51	11	35.22	13	24.92	15	−27.88	−5	中势
健康状况	56.28	14	66.79	15	66.33	15	65.28	14	9.00	0	中势
资金投入	24.33	11	48.22	8	47.65	5	44.39	5	20.06	6	强势
公共教育投入	38.73	4	61.52	10	73.22	8	68.85	7	30.13	−3	优势
农业研发经费投入	27.25	11	28.34	11	19.18	11	14.09	13	−13.16	−2	中势
农业外国直接投资	7.00	10	54.80	4	50.54	2	50.24	2	43.23	8	强势
合作基础	20.18	17	20.18	17	29.84	15	11.11	18	−9.07	−1	劣势
产学研合作	25.93	13	25.93	13	30.43	11	0	19	−25.93	−6	中势
集群发展状况	34.62	14	34.62	14	59.09	9	33.33	15	−1.28	−1	中势
国际农业研究合作	0	13	0	13	0	13	0	13	0	0	中势

注：数据因四舍五入存在偏差

（1）从排名变化看，2016 年巴西农业科技创新基础能力排名在 G20 中处于第 15 位，与 2001 年相比排名保持不变。

（2）从得分看，2016 年巴西农业科技创新基础能力得分为 19.47 分，与 2001 年相比，得分上升了 3.52 分。

（3）从指标动态变化趋势看，在巴西农业科技创新基础能力的 6 个三级指标中，有 3 个指标（经济水平、研究基础、资金投入）处于上升趋势，有 2 个指标（人力资源、合作基础）处于下降趋势，有 1 个指标（基础设施）排名保持不变；在巴西农业科技创新基础能力的 17 个四级指标中，有 2 个指标（大学与科研机构农业学科排名、农业外国直接投资）处于上升趋势，有 9 个指标（灌溉面积比例、农业机械化程度、信息通信技术普及率、交通运输基础设施、农民文化素质、公共教育投入、农业研发经费投入、产学研合作、集群发展状况）处于下降趋势，其余 6 个指标（GDP 水平、财政收入水平、农业企业研发水平、农业研究人员数量、健康状况、国际农业研究合作）排名保持不变。

（4）从指标优劣势结构来看，在巴西农业科技创新基础能力的 6 个三级指标中，强势指标 1 个（资金投入），占指标总数的 16.67%；优势指标 1 个（研究基础），占指标总数的 16.67%；中势指标 2 个（经济水平、人力资源），占指标总数的 33.33%；劣势指标 2 个（基础研究、合作基础），占指标总数的 33.33%；强势指标和优势指标的数量之和占指标总数的 33.33%，小于中势指标和劣势指标之和。在巴西农业科技创新基础能力的 17 个四级指标中，强势指标 2 个（大学与科研机构农业学科排名、农业外国直接投资），占指标总数的 11.76%；优势指标 2 个（农业企业研发水平、公共教育投入），占指标总数的 11.76%；中势指标 12 个（GDP 水平、财政收入水平、灌溉面积比例、农业机械化程度、信息通信技术普及率、农业研究人员数量、农民文化素质、健康状况、农业研发经费投入、产学研合作、集群发展状况、国际农业研究合作），占指标总数的 70.59%；劣势指标 1 个（交通运输基础设施），占指标总数的 5.88%；强势指标和优势指标的数量之和占指标总数的 23.53%，小于中势指标和劣势指标之和。

二、巴西农业科技创新基础能力比较分析

图 6-3 反映了 2001 年和 2016 年巴西农业科技创新基础能力与 G20 最高水平和平均水平的比较情况。

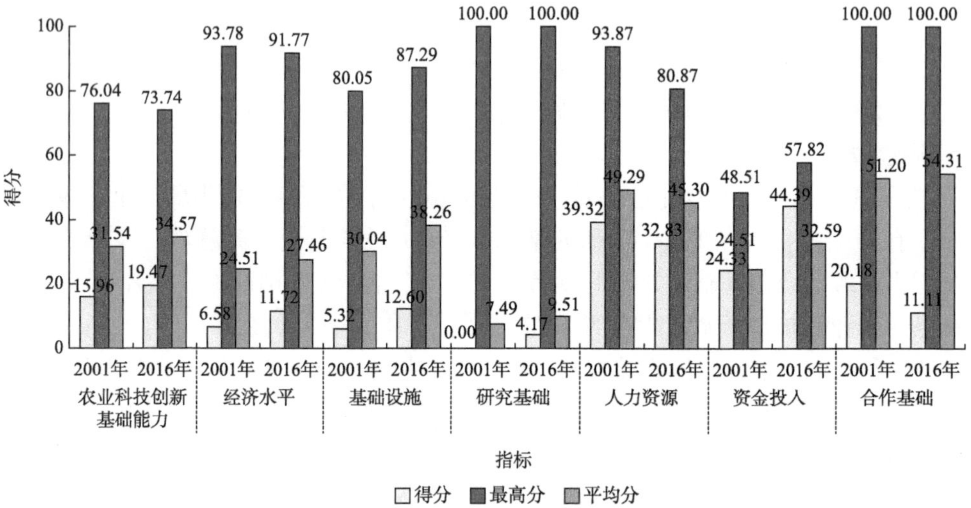

图 6-3　2001 年和 2016 年巴西农业科技创新基础能力指标得分比较

由图 6-3 可知，2001 年，巴西农业科技创新基础能力得分与 G20 最高分相比还有 60.08 分的差距，与 G20 平均分相比低了 15.58 分；2016 年，巴西农业科技创新基础能力得分与 G20 最高分的差距为 54.27 分，低于 G20 平均分 15.10 分。总的来说，2001~2016 年巴西农业科技创新基础能力与最高分的差距呈缩小趋势。

从具体指标得分比较来看，2016 年，GDP 水平、财政收入水平、灌溉面积比例、农业机械化程度、信息通信技术普及率、交通运输基础设施、大学与科研机构农业学科排名、农业企业研发水平、农业研究人员数量、农民文化素质、健康状况、农业研发经费投入、产学研合作、集群发展状况和国际农业研究合作共计 15 个指标的得分低于 G20 平均分。建议巴西政府注重提升上述指标，夯实国家农业科技创新基础，不断增强国家农业科技创新基础能力。

第四节　巴西农业科技创新环境能力评价分析

一、巴西农业科技创新环境能力评价结果

巴西农业科技创新环境能力在 G20 中所处的位置及得分变化如图 6-4 和表 6-6 所示。

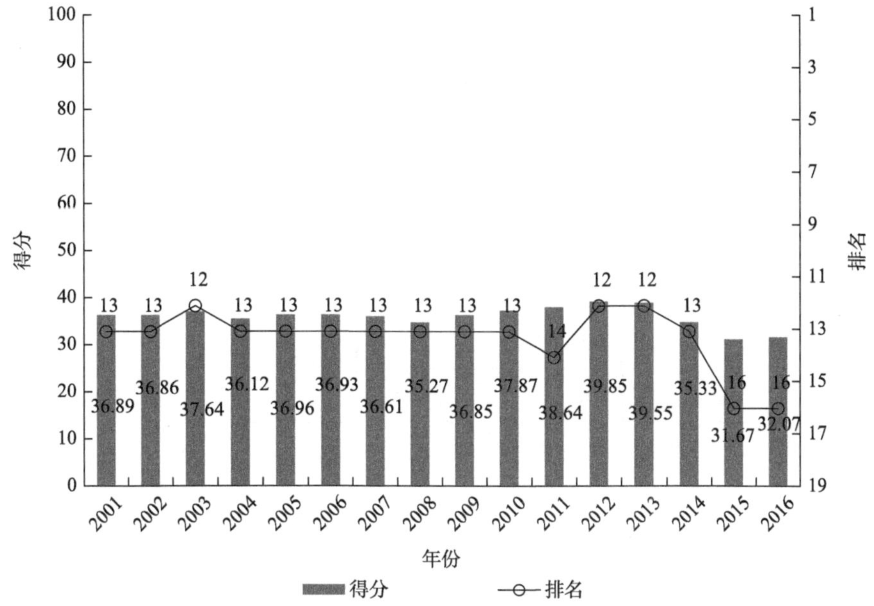

图 6-4　2001~2016 年巴西农业科技创新环境能力得分和排名变化趋势图

表 6-6　2001~2016 年巴西农业科技创新环境能力各级指标比较表

指标 \ 项目	2001 年		2006 年		2011 年		2016 年		综合变化		优劣度
	得分	排名	得分	排名	得分	排名	得分	排名	得分	排名	
文化环境	29.97	12	29.97	12	31.67	13	31.67	13	1.70	−1	中势
科技创新自由民主气氛	21.05	13	21.05	13	50.00	10	50.00	10	28.95	3	优势
民众的好奇心	38.89	12	38.89	12	13.33	16	13.33	16	−25.56	−4	劣势
政策环境	44.42	10	41.99	9	40.70	12	32.02	14	−12.40	−4	中势
政治稳定性	65.88	10	50.69	12	57.97	10	35.61	12	−30.28	−2	中势
知识产权保护	16.22	10	16.22	15	21.21	15	28.57	16	12.36	−6	劣势
农业政策合理性	52.38	7	52.38	7	73.91	4	56.25	10	3.87	−3	优势
农业科技创新支持水平	43.19	4	48.67	3	9.72	13	7.65	11	−35.54	−7	中势
商业环境	29.16	13	27.93	14	30.40	13	22.82	14	−6.34	−1	中势
农业信贷支持	12.82	10	9.13	11	14.87	9	11.89	10	−0.93	0	优势
企业开业难易程度	6.67	18	6.67	18	8.33	15	25.00	14	18.33	4	中势
市场成熟度	68.00	9	68.00	9	68.00	9	31.58	12	−36.42	−3	中势

续表

指标 \ 项目	2001 年		2006 年		2011 年		2016 年		综合变化		优劣度
	得分	排名	得分	排名	得分	排名	得分	排名	得分	排名	
教育环境	28.06	13	28.06	13	34.75	13	17.62	19	−10.44	−6	劣势
教育系统质量	0	19	0	19	22.58	18	10.00	18	10.00	1	劣势
农村教育公平性	46.67	11	46.67	11	46.67	11	42.86	11	−3.81	0	中势
技术培训可获得性	37.50	13	37.50	13	35.00	10	0	19	−37.50	−6	劣势
生态可持续环境	52.82	16	56.72	13	55.67	14	56.21	16	3.39	0	劣势
化肥使用密度	73.08	11	82.85	10	71.94	12	71.34	11	−1.75	0	中势
农药使用密度	95.58	3	92.98	3	94.82	3	94.82	3	−0.76	0	强势
农业用水量	32.57	8	32.57	8	39.73	7	39.73	7	7.16	1	优势
农业能源使用量	12.25	17	32.18	17	25.51	17	22.89	17	10.64	0	劣势
农业温室气体排放量	44.76	16	37.34	17	38.13	17	37.50	17	−7.26	−1	劣势
生物燃料生产量	58.71	8	62.41	7	66.91	7	71.00	5	12.28	3	强势

注：数据因四舍五入存在偏差

（1）从排名变化看，2016 年巴西农业科技创新环境能力排名在 G20 中处于第 16 位，与 2001 年相比排名下降 3 位。

（2）从得分看，2016 年巴西农业科技创新环境能力得分为 32.07 分，与 2001 年相比，得分下降了 4.82 分。

（3）从指标动态变化趋势看，在巴西农业科技创新环境能力的 5 个三级指标中，有 0 个指标处于上升趋势，有 4 个指标（文化环境、政策环境、商业环境、教育环境）处于下降趋势，有 1 个指标（生态可持续环境）排名保持不变；在巴西农业科技创新环境能力的 18 个四级指标中，有 5 个指标（科技创新自由民主气氛、企业开业难易程度、教育系统质量、农业用水量、生物燃料生产量）处于上升趋势，有 8 个指标（民众的好奇心、政治稳定性、知识产权保护、农业政策合理性、农业科技创新支持水平、市场成熟度、技术培训可获得性、农业温室气体排放量）处于下降趋势，其余 5 个指标（农业信贷支持、农村教育公平性、化肥使用密度、农药使用密度、农业能源使用量）排名保持不变。

（4）从指标优劣势结构来看，在巴西农业科技创新环境能力的 5 个三级指标中，强势指标 0 个；优势指标 0 个；中势指标 3 个（文化环境、政策环境、商业环境），占指标总数的 60.00%；劣势指标 2 个（教育环境、生态可持续环境），占指标总数的 40.00%。在巴西农业科技创新环境能力的 18 个四级指标中，强势指标 2 个（农药使用密度、生物燃料生产量），占指标总数的 11.11%；优势指标 4 个（科技创新自由民主气氛、农业政策合理性、农业信贷支持、农业用水量），占指标总数的 22.22%；中势指标 6 个（政治稳定性、农业科技创新支持水平、企业开业难易程度、市场成熟度、农村教育公平性、化肥使用密度），占指标总数的 33.33%；劣势指标 6 个（民众的好奇心、知识产权保护、教育系统质量、技术培训可获得性、农业能源使用量、农业温室气体排放量），占指标总数的 33.33%；强势指标和优势指标的数量之和占指标总数的 33.33%，小于中势指标和劣势指标之和。

二、巴西农业科技创新环境能力比较分析

图 6-5 反映了 2001 年和 2016 年巴西农业科技创新环境能力与 G20 最高水平和平均水平的比较情况。

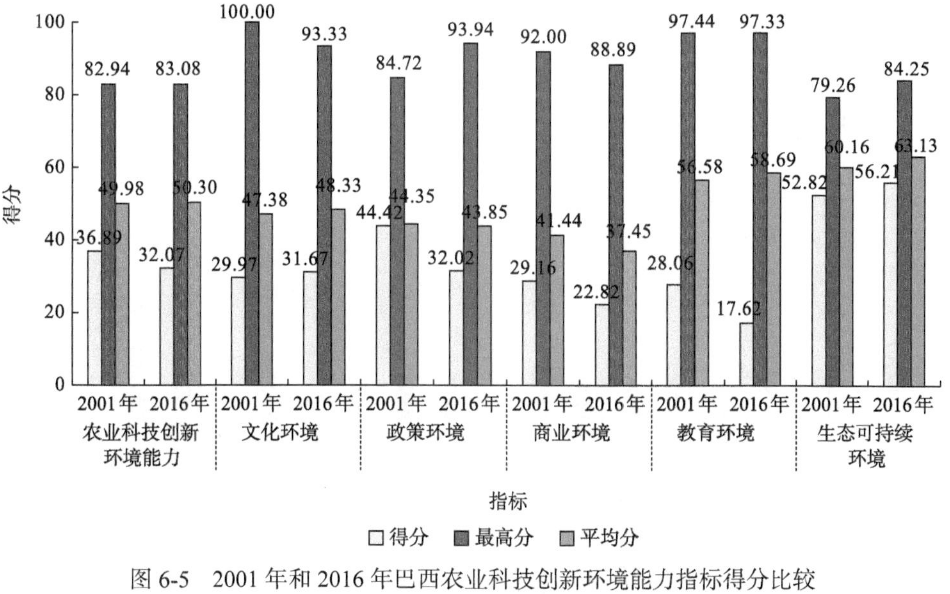

图 6-5　2001 年和 2016 年巴西农业科技创新环境能力指标得分比较

由图 6-5 可知，2001 年，巴西农业科技创新环境能力得分与 G20 最高分相比还有 46.05 分的差距，与 G20 平均分相比低了 13.09 分；2016 年，巴西农业科技创新环境能力得分与 G20 最高分的差距为 51.01 分，低于 G20 平均分 18.23 分。总的来说，2001~2016 年巴西农业科技创新环境能力与最高分的差距呈扩大趋势。

从具体指标得分比较来看，2016 年，民众的好奇心、政治稳定性、知识产权保护、农业科技创新支持水平、农业信贷支持、企业开业难易程度、市场成熟度、教育系统质量、农村教育公平性、技术培训可获得性、化肥使用密度、农业能源使用量和农业温室气体排放量共计 13 个指标的得分低于 G20 平均分。建议巴西政府注重提升上述指标，优化国家农业科技创新环境，不断提升国家农业科技创新环境能力。

第五节　巴西农业科技创新产出能力评价分析

一、巴西农业科技创新产出能力评价结果

巴西农业科技创新产出能力在 G20 中所处的位置及得分变化如图 6-6 和表 6-7 所示。

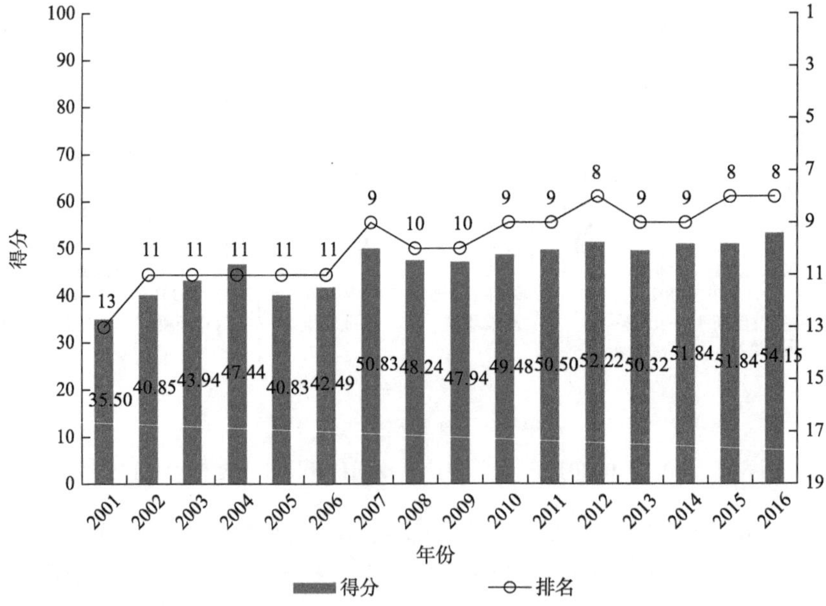

图 6-6　2001~2016 年巴西农业科技创新产出能力得分和排名变化趋势图

表 6-7　2001~2016 年巴西农业科技创新产出能力各级指标比较表

指标＼项目	2001 年		2006 年		2011 年		2016 年		综合变化		优劣度
	得分	排名	得分	排名	得分	排名	得分	排名	得分	排名	
科技成果	2.87	13	5.01	11	10.19	10	10.85	10	7.98	3	优势
农业科技论文数量	3.35	11	9.30	11	22.53	4	22.39	4	19.04	7	强势
本国居民农业专利数量	0.51	12	1.30	12	2.42	10	1.94	9	1.43	3	优势
本国居民植物新品种数量	4.75	12	4.42	12	5.63	11	8.23	9	3.48	3	优势
生产力水平	8.71	19	15.52	16	49.13	9	52.24	6	43.53	13	优势
农业生产指数	0.42	18	18.51	17	93.60	2	94.22	3	93.80	15	强势
农业土地生产率	19.33	15	19.16	15	44.02	13	51.91	13	32.58	2	中势
农业劳动生产率	6.36	15	8.90	14	9.78	12	10.60	13	4.24	2	中势
经济效益	62.05	6	81.06	3	74.32	2	85.13	2	23.08	4	强势
农业年均增长率	35.50	8	62.13	12	48.64	3	70.26	6	34.75	2	优势
农产品净出口额	88.60	3	100.00	1	100.00	1	100.00	1	11.40	2	强势
农村生活水平	68.36	12	68.36	12	68.36	12	68.36	12	0	0	中势
农村恩格尔系数	68.36	12	68.36	12	68.36	12	68.36	12	0	0	中势

注：数据因四舍五入存在偏差

（1）从排名变化看，2016 年巴西农业科技创新产出能力排名在 G20 中处于第 8 位，与 2001 年相比排名上升 5 位。

（2）从得分看，2016 年巴西农业科技创新产出能力得分为 54.15 分，与 2001 年相比，得分上升了 18.65 分。

（3）从指标动态变化趋势看，在巴西农业科技创新产出能力的 4 个三级指标中，有 3 个指标（科技成果、生产力水平、经济效益）处于上升趋势，有 0 个指标处于下降趋势，有 1 个指标（农村生活水平）排名保持不变；在巴西农业科技创新产出能力的 9 个四级指标中，有 8 个指标（农业科技论文数量、本国居民农业专利数量、本国居民植物新品种数量、农业生产指数、农业土地生产率、农业劳动生产率、农业年均增长率、农产品净出口额）处于上升趋势，有 0 个指标处于下降趋势，有 1 个指标（农村恩格尔系数）排名保持不变。

（4）从指标优劣势结构来看，在巴西农业科技创新产出能力的 4 个三级指标中，强势指标 1 个（经济效益），占指标总数的 25.00%；优势指标 2 个（科技成果、生产力水平），占指标总数的 50.00%；中势指标 1 个（农村生活水平），占指标总数的 25.00%；劣势指标 0 个；强势指标和优势指标的数量之和占指标总数的 75.00%，大于中势指标和劣势指标之和；在巴西农业科技创新产出能力的 9 个四级指标中，强势指标 3 个（农业科技论文数量、农业生产指数、农产品净出口额），占指标总数的 33.33%；优势指标 3 个（本国居民农业专利数量、本国居民植物新品种数量、农业年均增长率），占指标总数的 33.33%；中势指标 3 个（农业土地生产率、农业劳动生产率、农村恩格尔系数），占指标总数的 33.33%；劣势指标 0 个；强势指标和优势指标的数量之和占指标总数的 66.67%，大于中势指标和劣势指标之和。

二、巴西农业科技创新产出能力比较分析

图 6-7 反映了 2001 年和 2016 年巴西农业科技创新产出能力与 G20 最高水平和平均水平的比较情况。

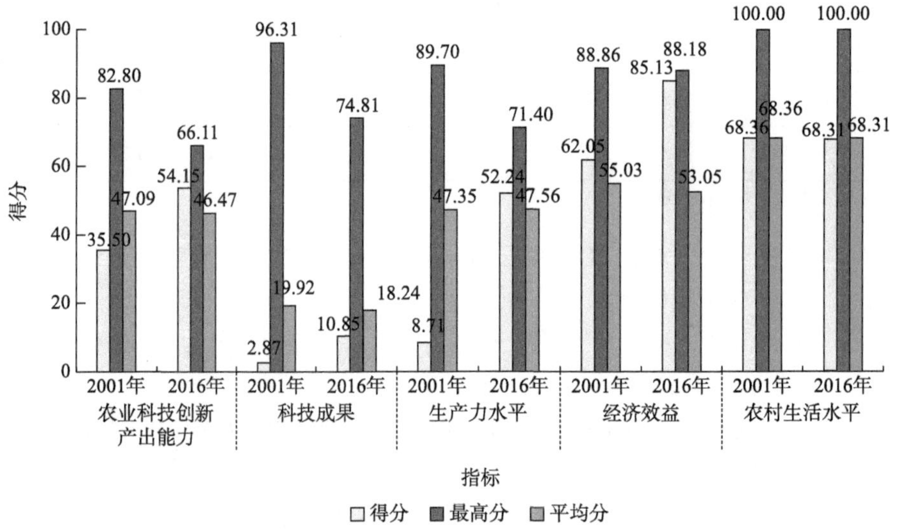

图 6-7　2001 年和 2016 年巴西农业科技创新产出能力指标得分比较

由图 6-7 可知，2001 年，巴西农业科技创新产出能力得分与 G20 最高分相比还有 47.30 分的差距，与 G20 平均分相比低了 11.59 分；2016 年，巴西农业科技创新产出能力得分与 G20 最高分的差距为 11.96 分，高于 G20 平均分 7.68 分。总的来说，2001~2016 年巴西农业科技创新产出能力与最高分的差距呈缩

小趋势。

从具体指标得分比较来看，2016 年，本国居民农业专利数量、本国居民植物新品种数量、农业土地生产率和农业劳动生产率共计 4 个指标的得分低于 G20 平均分。建议巴西政府注重提升上述指标，不断提高国家农业科技创新产出水平。

第七章　加拿大农业科技创新能力评价分析报告

第一节　加拿大农业简介

加拿大位于北美洲北部，东濒大西洋，西临太平洋，南接美国本土，北靠北冰洋达北极圈。

加拿大国土面积约 998 万平方千米。位居世界第二位，是一个地广人稀的国家。2016 年末，全国总人口约 3 629 万人，实现 GDP 1.53 万亿美元，人均 GDP 42 158 美元。

在过去的数个世纪中加拿大的农业一直是国民经济的重要组成部分，为加拿大国际贸易做出了主要贡献。2014 年，农业用地面积 6 525.60 万公顷，占土地面积的 7%，其中耕地面积 4 601.50 万公顷，占农业用地面积的 71%。草地面积 1 460 万公顷，占土地面积的 2%；森林和林地面积 34 711.56 万公顷，占土地面积的 38%。2014 年，平均每人占有耕地面积 1.29 公顷，牧场 0.41 公顷，森林和林地 9.77 公顷。

加拿大是农业高度发达的国家，农业劳动生产率高居世界前列，也是世界第 7 大粮食生产国。在种植业中，谷物生产以小麦、玉米、大麦为主，2014 年收获面积分别为 946.19 万公顷、122.66 万公顷和 213.61 万公顷，产量分别为 2 928.08 万吨、1 148.68 万吨和 711.90 万吨；经济作物以糖料和油料为主，主要包括甘蔗、油菜籽等。在畜牧业中、牛和猪是主要养殖对象，2014 年产量分别为 109.88 万吨和 196.24 万吨。

2014 年，加拿大农业人口 30.51 万人，约占总人口数的 0.86%。2013 年农业增加值 317.91 亿美元，约占 GDP 的 2%，2016 年农业工人人均增加值为 91 291.19 美元。

加拿大开展农业科技研发工作的机构主要包括联邦政府农业部研究所、省级农业研究所、市级农业研究所、高等农业院校、私营农业研究所。联邦政府农业部研究所主要负责农业科学技术的基础及应用研究，省级和市级农业研究所负责推广科研成果和进行技术移植，高等农业院校和私营农业研究所也积极参与研究和推广工作。

第二节　加拿大农业科技创新能力总体评价分析

一、加拿大农业科技创新能力概要分析

2001~2016 年加拿大农业科技创新能力得分和排位变化趋势图，如图 7-1 所示。

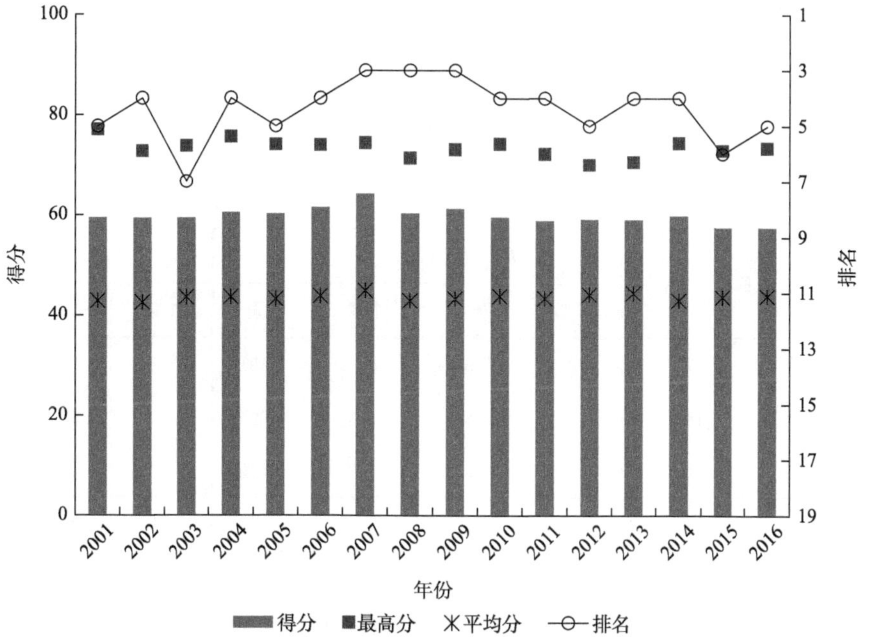

图 7-1　2001~2016 年加拿大农业科技创新能力得分和排名变化趋势图

从综合排位变化看，2016 年加拿大农业科技创新能力排名在 G20 中处于第 5 位，与 2001 年相比，排位保持不变。其中，2003 的排位下降明显，降至第 7 位。总体来看，评价期内排位呈波动保持趋势。

从综合得分看，2016 年加拿大农业科技创新能力得分为 57.44 分，比 G20 最高分低 15.92 分，比平均分高 13.66 分；与 2001 年相比，加拿大农业科技创新能力得分下降了 2.00 分，与当年最高分的差距缩小了 1.68 分，G20 平均分与其差距缩小了 2.91 分。

二、加拿大农业科技创新能力各级指标动态变化分析

2001~2016 年加拿大农业科技创新能力各级指标的动态变化如表 7-1 和表 7-2 所示。

表 7-1　2001~2016 年加拿大农业科技创新能力三级指标排名变化趋势比较表

二级指标	三级指标个数	上升		保持		下降		变化趋势
		个数	比重	个数	比重	个数	比重	
创新基础能力	6	1	16.67%	1	16.67%	4	66.67%	下降
创新环境能力	5	2	40.00%	0	0.00	3	60.00%	保持
创新产出能力	4	2	50.00%	1	25.00%	1	25.00%	保持
合计	15	5	33.33%	2	13.33%	8	53.33%	保持

注：数据由于四舍五入加和不为 100%

表 7-2　2001~2016 年加拿大农业科技创新能力四级指标排名变化趋势比较表

二级指标	四级指标个数	上升		保持		下降		变化趋势
		个数	比重	个数	比重	个数	比重	
创新基础能力	17	3	17.65%	7	41.18%	7	41.18%	下降
创新环境能力	18	7	38.89%	4	22.22%	7	38.89%	保持
创新产出能力	9	2	22.22%	3	33.33%	4	44.44%	保持
合计	44	12	27.27%	14	31.82%	18	40.91%	保持

注：数据由于四舍五入加和不为 100%

表 7-1 中的数据表明，加拿大农业科技创新能力的 15 个三级指标中，上升的指标有 5 个，占指标总数的 33.33%；保持的指标有 2 个，占指标总数的 13.33%；

下降的指标有 8 个，占指标总数的 53.33%。排名上升指标的数量小于排名下降指标的数量。

表 7-2 中的数据表明，加拿大农业科技创新能力的 44 个四级指标中，上升的指标有 12 个，占指标总数的 27.27%；保持的指标有 14 个，占指标总数的 31.82%；下降的指标有 18 个，占指标总数的 40.91%。排名上升指标的数量小于排名下降指标的数量。

综上所述，由于上升的动力与下降的拉力持平，2016 年加拿大农业科技创新能力排名与 2001 年相比保持不变，在 G20 中居第 5 位。

三、加拿大农业科技创新能力各级指标优劣势分析

2016 年加拿大农业科技创新能力各级指标的优劣势如表 7-3 和表 7-4 所示。

表 7-3　2016 年加拿大农业科技创新能力三级指标排名优劣势比较表

二级指标	三级指标个数	强势		优势		中势		劣势		优劣度
		个数	比重	个数	比重	个数	比重	个数	比重	
创新基础能力	6	1	16.67%	4	66.67%	1	16.67%	0	0.00	优势
创新环境能力	5	3	60.00%	2	40.00%	0	0.00	0	0.00	强势
创新产出能力	4	4	100.00%	0	0.00	0	0.00	0	0.00	强势
合计	15	8	53.33%	6	40.00%	1	6.67%	0	0.00	强势

注：数据由于四舍五入加和不为 100%

表 7-4　2016 年加拿大农业科技创新能力四级指标排名优劣势比较表

二级指标	四级指标个数	强势		优势		中势		劣势		优劣度
		个数	比重	个数	比重	个数	比重	个数	比重	
创新基础能力	17	5	29.41%	8	47.06%	3	17.65%	1	5.88%	优势
创新环境能力	18	10	55.56%	6	33.33%	1	5.56%	1	5.56%	强势
创新产出能力	9	4	44.44%	3	33.33%	2	22.22%	0	0.00	强势
合计	44	19	43.18%	17	38.64%	6	13.64%	2	4.55%	强势

注：数据由于四舍五入加和不为 100%

从三级指标来看，加拿大农业科技创新能力的 15 个三级指标中，强势指标 8 个，占指标总数的 53.33%；优势指标 6 个，占指标总数的 40.00%；中势指标 1 个，

占指标总数的 6.67%；劣势指标 0 个；强势指标和优势指标的数量之和占指标总数的 93.33%，大于中势指标和劣势指标之和。

从四级指标来看，加拿大农业科技创新能力的 44 个四级指标中，强势指标 19 个，占指标总数的 43.18%；优势指标 17 个，占指标总数的 38.64%；中势指标 6 个，占指标总数的 13.64%；劣势指标 2 个，占指标总数的 4.55%；强势指标和优势指标的数量之和占指标总数的 81.82%，大于中势指标和劣势指标之和。

第三节 加拿大农业科技创新基础能力评价分析

一、加拿大农业科技创新基础能力评价结果

加拿大农业科技创新基础能力在 G20 中所处的位置及得分变化如图 7-2 和表 7-5 所示。

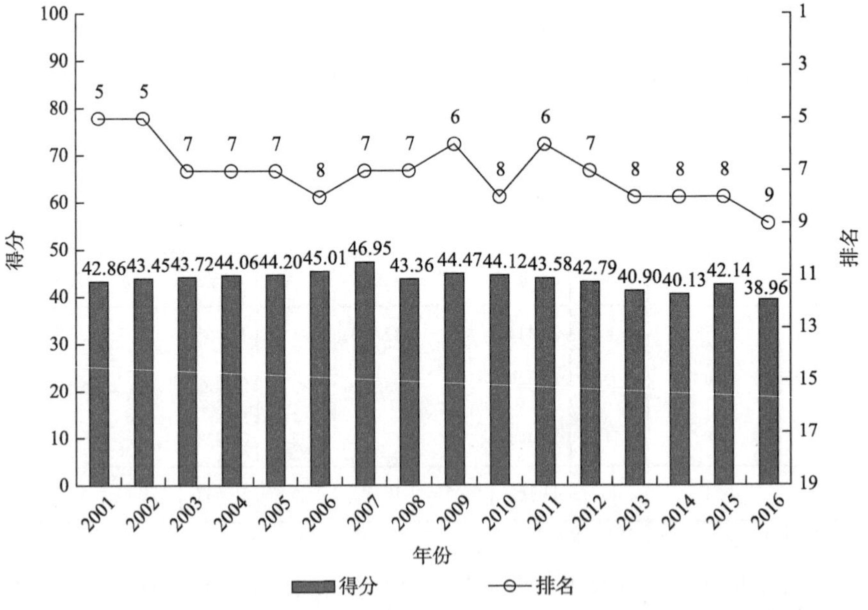

图 7-2 2001~2016 年加拿大农业科技创新基础能力得分和排名变化趋势图

表 7-5 2001~2016 年加拿大农业科技创新基础能力各级指标比较表

指标＼项目	2001 年		2006 年		2011 年		2016 年		综合变化		优劣度
	得分	排名	得分	排名	得分	排名	得分	排名	得分	排名	
经济水平	32.23	7	35.48	8	38.44	8	33.88	7	1.65	0	优势
GDP 水平	35.11	6	44.45	6	49.89	5	41.55	5	6.44	1	强势
财政收入水平	29.35	8	26.52	7	26.99	7	26.21	7	−3.14	1	优势
基础设施	39.65	8	38.33	8	38.41	7	36.95	9	−2.70	−1	优势
灌溉面积比例	1.29	16	1.38	16	1.69	16	1.96	16	0.67	0	劣势
农业机械化程度	3.47	9	3.53	9	3.59	9	3.66	9	0.19	0	优势
信息通信技术普及率	79.35	3	73.97	6	62.52	8	57.22	12	−22.13	−9	中势
交通运输基础设施	74.48	5	74.48	5	85.82	3	84.96	7	10.47	−2	优势
研究基础	5.26	6	5.26	6	2.94	7	4.17	7	−1.09	−1	优势
大学与科研机构农业学科排名	10.53	2	10.53	2	5.88	4	8.33	5	−2.19	−3	强势
农业企业研发水平	0	7	0	7	0	7	0	7	0	0	优势
人力资源	75.25	3	69.19	4	63.34	5	54.40	9	−20.85	−6	优势
农业研究人员数量	71.67	4	61.16	2	48.55	3	38.00	3	−33.67	1	强势
农民文化素质	61.36	5	51.79	9	47.26	11	31.67	13	−29.69	−8	中势
健康状况	92.71	3	94.62	4	94.22	5	93.54	6	0.83	−3	优势
资金投入	24.96	10	41.96	10	36.15	10	30.74	11	5.78	−1	中势
公共教育投入	31.33	9	59.84	11	61.21	13	50.63	12	19.31	−3	中势
农业研发经费投入	29.98	6	32.57	6	26.53	6	24.79	6	−5.19	0	优势
农业外国直接投资	13.56	5	33.48	6	20.70	7	16.80	7	3.24	−2	优势
合作基础	79.82	5	79.82	4	82.21	4	73.61	4	−6.21	1	强势
产学研合作	74.07	5	74.07	5	73.91	3	58.33	5	−15.74	0	强势
集群发展状况	65.38	6	65.38	6	72.73	6	62.50	6	−2.88	0	优势
国际农业研究合作	100.00	1	100.00	1	100.00	1	100.00	1	0	0	强势

注：数据因四舍五入存在偏差

（1）从排名变化看，2016 年加拿大农业科技创新基础能力排名在 G20 中处于第 9 位，与 2001 年相比排名下降 4 位。

（2）从得分看，2016 年加拿大农业科技创新基础能力得分为 38.96 分，与 2001 年相比，得分下降了 3.90 分。

（3）从指标动态变化趋势看，在加拿大农业科技创新基础能力的 6 个三级指标中，有 1 个指标（合作基础）处于上升趋势，有 4 个指标（基础设施、研究基础、人力资源、资金投入）处于下降趋势，有 1 个指标（经济水平）排名保持不变；在加拿大农业科技创新基础能力的 17 个四级指标中，有 3 个指标（GDP 水平、财政收入水平、农业研究人员数量）处于上升趋势，有 7 个指标（信息通信技术普及率、交通运输基础设施、大学与科研机构农业学科排名、农民文化素质、健康状况、公共教育投入、农业外国直接投资）处于下降趋势，其余 7 个指标（灌溉面积比例、农业机械化程度、农业企业研发水平、农业研发经费投入、产学研合作、集群发展状况、国际农业研究合作）排名保持不变。

（4）从指标优劣势结构来看，在加拿大农业科技创新基础能力的 6 个三级指标中，强势指标 1 个（合作基础），占指标总数的 16.67%；优势指标 4 个（经济水平、基础设施、研究基础、人力资源），占指标总数的 66.67%；中势指标 1 个（资金投入），占指标总数的 16.67%；劣势指标 0 个；强势指标和优势指标的数量之和占指标总数的 83.33%，大于中势指标和劣势指标之和。在加拿大农业科技创新基础能力的 17 个四级指标中，强势指标 5 个（GDP 水平、大学与科研机构农业学科排名、农业研究人员数量、产学研合作、国际农业研究合作），占指标总数的 29.41%；优势指标 8 个（财政收入水平、农业机械化程度、交通运输基础设施、农业企业研发水平、健康状况、农业研发经费投入、农业外国直接投资、集群发展状况），占指标总数的 47.06%；中势指标 3 个（信息通信技术普及率、农民文化素质、公共教育投入），占指标总数的 17.65%；劣势指标 1 个（灌溉面积比例），占指标总数的 5.88%；强势指标和优势指标的数量之和占指标总数的 76.47%，大于中势指标和劣势指标之和。

二、加拿大农业科技创新基础能力比较分析

图 7-3 反映了 2001 年和 2016 年加拿大农业科技创新基础能力与 G20 最高水平和平均水平的比较情况。

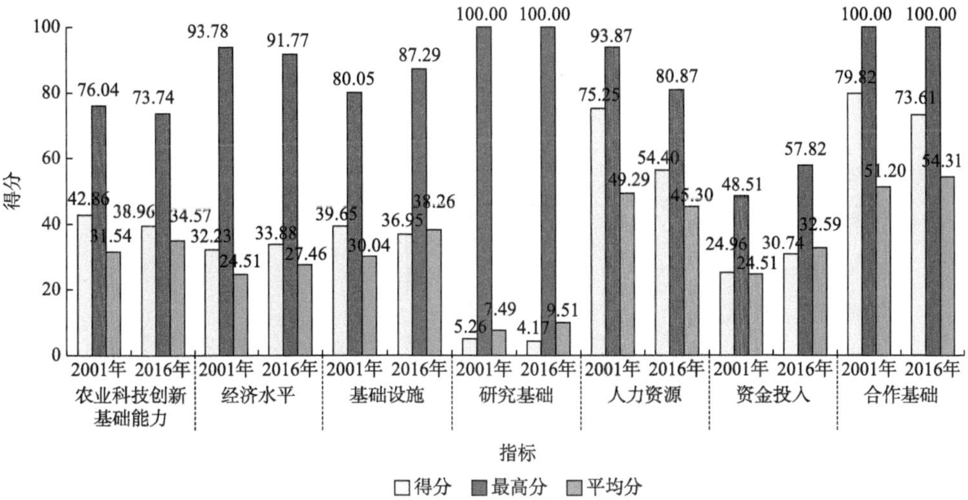

图 7-3　2001 年和 2016 年加拿大农业科技创新基础能力指标得分比较

由图 7-3 可知，2001 年，加拿大农业科技创新基础能力得分与 G20 最高分相比还有 33.18 分的差距，与 G20 平均分相比高了 11.32 分；2016 年，加拿大农业科技创新基础能力得分与 G20 最高分的差距为 34.78 分，高于 G20 平均分 4.38 分。总的来说，2001~2016 年加拿大农业科技创新基础能力与最高分的差距呈扩大趋势。

从具体指标得分比较来看，2016 年，财政收入水平、灌溉面积比例、农业机械化程度、大学与科研机构农业学科排名、农业企业研发水平、农民文化素质、公共教育投入和农业研发经费投入共计 8 个指标的得分低于 G20 平均分。建议加拿大政府注重提升上述指标，夯实国家农业科技创新基础，不断增强国家农业科技创新基础能力。

第四节　加拿大农业科技创新环境能力评价分析

一、加拿大农业科技创新环境能力评价结果

加拿大农业科技创新环境能力在 G20 中所处的位置及得分变化如图 7-4 和

表 7-6 所示。

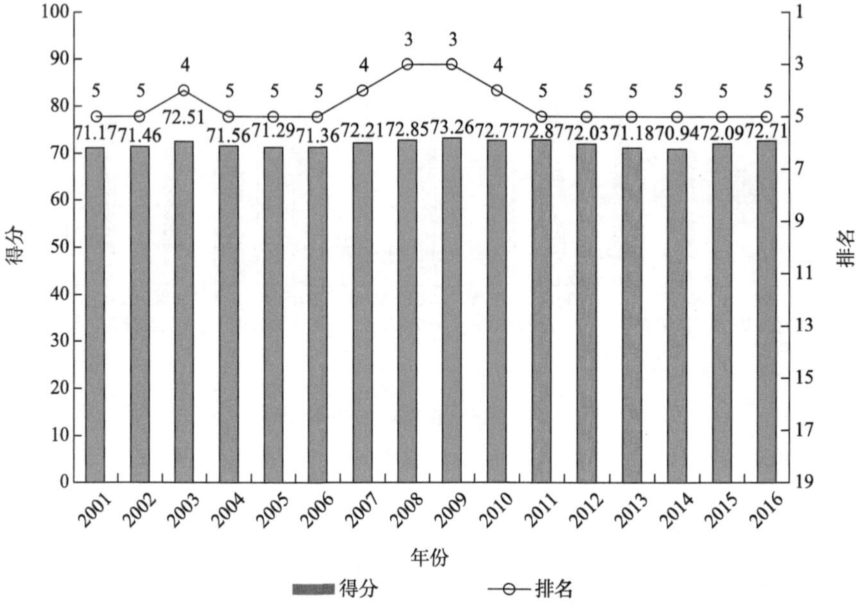

图 7-4　2001~2016 年加拿大农业科技创新环境能力得分和排名变化趋势图

表 7-6　2001~2016 年加拿大农业科技创新环境能力各级指标比较表

指标＼项目	2001 年		2006 年		2011 年		2016 年		综合变化		优劣度
	得分	排名	得分	排名	得分	排名	得分	排名	得分	排名	
文化环境	70.61	5	70.61	5	68.33	7	68.33	7	−2.28	−2	优势
科技创新自由民主气氛	57.89	6	57.89	6	70.00	5	70.00	5	12.11	1	强势
民众的好奇心	83.33	6	83.33	6	66.67	9	66.67	9	−16.67	−3	优势
政策环境	63.86	3	62.97	2	72.48	2	79.14	2	15.28	1	强势
政治稳定性	93.40	4	92.04	4	100.00	1	100.00	1	6.60	3	强势
知识产权保护	75.68	6	75.68	6	87.88	4	92.86	3	17.18	3	强势
农业政策合理性	52.38	7	52.38	7	69.57	5	87.50	3	35.12	4	强势
农业科技创新支持水平	34.01	5	31.78	4	32.47	3	36.18	2	2.18	3	强势
商业环境	63.57	3	63.04	3	64.02	2	53.04	4	−10.53	−1	强势
农业信贷支持	6.72	12	5.11	13	8.05	13	11.75	11	5.03	1	中势

续表

指标＼项目	2001年		2006年		2011年		2016年		综合变化		优劣度
	得分	排名	得分	排名	得分	排名	得分	排名	得分	排名	
企业开业难易程度	100.00	1	100.00	1	100.00	1	100.00	1	0	0	强势
市场成熟度	84.00	5	84.00	5	84.00	5	47.37	8	−36.63	−3	优势
教育环境	91.77	3	91.77	3	91.67	2	96.22	2	4.45	1	强势
教育系统质量	96.15	2	96.15	2	100.00	1	96.67	2	0.51	0	强势
农村教育公平性	100.00	1	100.00	1	100.00	1	100.00	1	0	0	强势
技术培训可获得性	79.17	5	79.17	5	75.00	5	92.00	2	12.83	3	强势
生态可持续环境	66.03	6	68.39	6	67.85	7	66.83	8	0.80	−2	优势
化肥使用密度	88.94	5	92.08	5	89.37	5	87.88	6	−1.07	−1	优势
农药使用密度	97.05	2	96.19	2	95.16	2	95.16	2	−1.89	0	强势
农业用水量	39.59	7	39.74	7	39.54	8	39.54	8	−0.04	−1	优势
农业能源使用量	62.85	7	79.10	7	77.45	7	70.82	9	7.97	−2	优势
农业温室气体排放量	91.96	8	91.90	8	92.74	8	92.96	9	0.99	−1	优势
生物燃料生产量	15.77	16	11.32	16	12.83	18	14.62	18	−1.14	−2	劣势

注：数据因四舍五入存在偏差

（1）从排名变化看，2016 年加拿大农业科技创新环境能力排名在 G20 中处于第 5 位，与 2001 年相比排名保持不变。

（2）从得分看，2016 年加拿大农业科技创新环境能力得分为 72.71 分，与 2001 年相比，得分上升了 1.54 分。

（3）从指标动态变化趋势看，在加拿大农业科技创新环境能力的 5 个三级指标中，有 2 个指标（政策环境、教育环境）处于上升趋势，有 3 个指标（文化环境、商业环境、生态可持续环境）处于下降趋势；在加拿大农业科技创新环境能力的 18 个四级指标中，有 7 个指标（科技创新自由民主气氛、政治稳定性、知识产权保护、农业政策合理性、农业科技创新支持水平、农业信贷支持、技术培训可获得性）处于上升趋势，有 7 个指标（民众的好奇心、市场成熟度、化肥使用密度、农业用水量、农业能源使用量、农业温室气体排放量、生物燃料生产量）处于下降趋势，其余 4 个指标（企业开业难易程度、教育系统质量、农村教育公平性、农药使用密度）排名保持不变。

（4）从指标优劣势结构来看，在加拿大农业科技创新环境能力的 5 个三级指标中，强势指标 3 个（政策环境、商业环境、教育环境），占指标总数的 60.00%；优势指标 2 个（文化环境、生态可持续环境），占指标总数的 40.00%；中势指标 0 个；劣势指标 0 个；强势指标和优势指标的数量之和占指标总数的 100.00%，大于中势指标和劣势指标之和。在加拿大农业科技创新环境能力的 18 个四级指标中，强势指标 10 个（科技创新自由民主气氛、政治稳定性、知识产权保护、农业政策合理性、农业科技创新支持水平、企业开业难易程度、教育系统质量、农村教育公平性、技术培训可获得性、农药使用密度），占指标总数的 55.56%；优势指标 6 个（民众的好奇心、市场成熟度、化肥使用密度、农业用水量、农业能源使用量、农业温室气体排放量），占指标总数的 33.33%；中势指标 1 个（农业信贷支持），占指标总数的 5.56%；劣势指标 1 个（生物燃料生产量），占指标总数的 5.56%；强势指标和优势指标的数量之和占指标总数 88.89%，大于中势指标和劣势指标之和。

二、加拿大农业科技创新环境能力比较分析

图 7-5 反映了 2001 年和 2016 年加拿大农业科技创新环境能力与 G20 最高水平和平均水平的比较情况。

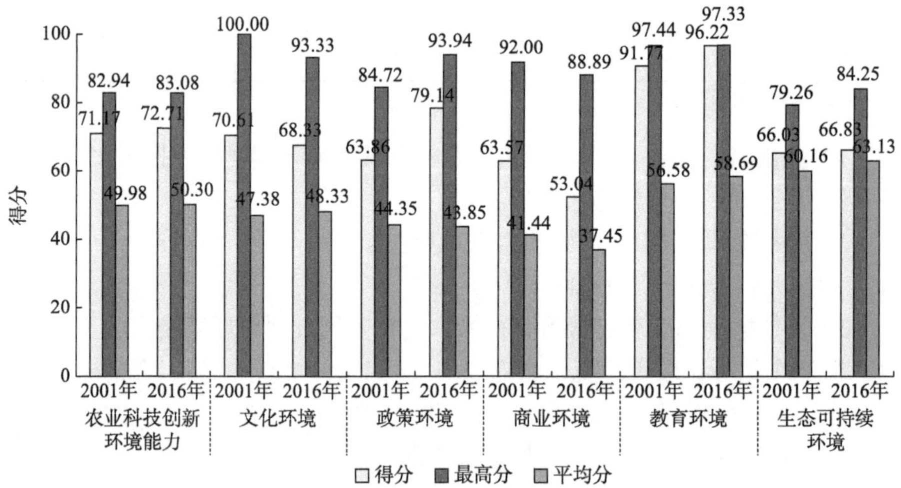

图 7-5　2001 年和 2016 年加拿大农业科技创新环境能力指标得分比较

由图 7-5 可知，2001 年，加拿大农业科技创新环境能力得分与 G20 最高分相比还有 11.77 分的差距，与 G20 平均分相比高了 21.19 分；2016 年，加拿大农业科技创新环境能力得分与 G20 最高分的差距为 10.37 分，高于 G20 平均分 22.41 分。总

的来说，2001~2016 年加拿大农业科技创新环境能力与最高分的差距呈缩小趋势。

从具体指标得分比较来看，2016 年，农业信贷支持和生物燃料生产量共计 2 个指标的得分低于 G20 平均分。建议加拿大政府注重提升上述指标，优化国家农业科技创新环境，不断提升国家农业科技创新环境能力。

第五节　加拿大农业科技创新产出能力评价分析

一、加拿大农业科技创新产出能力评价结果

加拿大农业科技创新产出能力在 G20 中所处的位置及得分变化如图 7-6 和表 7-7 所示。

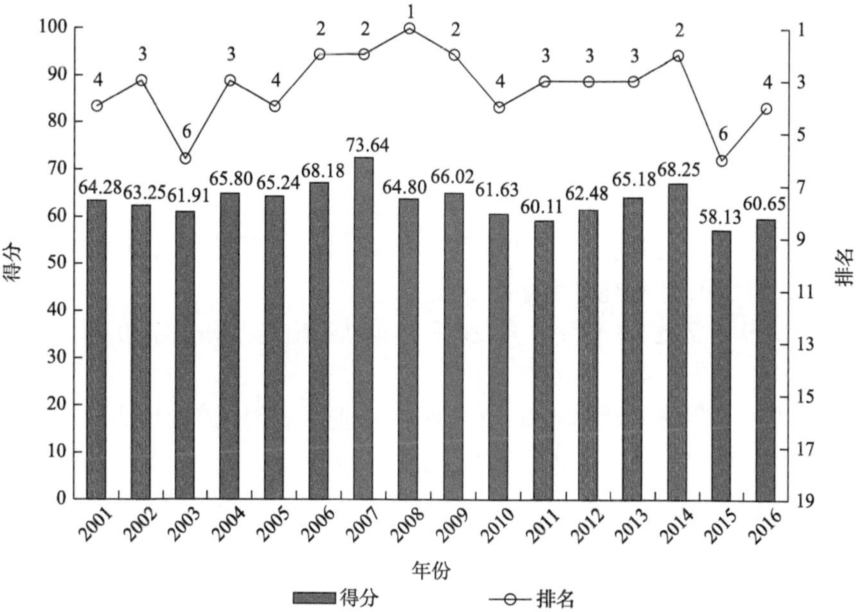

图 7-6　2001~2016 年加拿大农业科技创新产出能力得分和排名变化趋势图

表 7-7　2001~2016 年加拿大农业科技创新产出能力各级指标比较表

指标＼项目	2001 年		2006 年		2011 年		2016 年		综合变化		优劣度
	得分	排名	得分	排名	得分	排名	得分	排名	得分	排名	
科技成果	17.34	8	35.07	3	36.85	4	23.56	5	6.22	3	强势
农业科技论文数量	17.44	9	52.42	2	44.70	2	33.90	2	16.46	7	强势
本国居民农业专利数量	19.40	6	39.96	5	53.77	3	23.84	6	4.44	0	优势
本国居民植物新品种数量	15.17	9	12.84	6	12.09	6	12.94	7	−2.23	2	优势
生产力水平	58.22	9	55.30	5	48.67	10	56.30	3	−1.92	6	强势
农业生产指数	52.77	11	40.48	4	25.52	11	40.77	11	−12.00	0	中势
农业土地生产率	21.89	12	25.41	13	33.44	15	37.30	14	15.41	−2	中势
农业劳动生产率	100.00	1	100.00	1	87.05	3	90.83	2	−9.17	−1	强势
经济效益	81.57	2	82.33	2	54.91	5	62.75	5	−18.82	−3	强势
农业年均增长率	63.13	3	76.73	4	39.90	8	53.59	9	−9.55	−6	优势
农产品净出口额	100.00	1	87.94	2	69.92	5	71.91	3	−28.09	−2	强势
农村生活水平	100.00	1	100.00	1	100.00	1	100.00	1	0	0	强势
农村恩格尔系数	100.00	1	100.00	1	100.00	1	100.00	1	0	0	强势

注：数据因四舍五入存在偏差

（1）从排名变化看，2016 年加拿大农业科技创新产出能力排名在 G20 中处于第 4 位，与 2001 年相比排名保持不变。

（2）从得分看，2016 年加拿大农业科技创新产出能力得分为 60.65 分，与 2001 年相比，得分下降了 3.63 分。

（3）从指标动态变化趋势看，在加拿大农业科技创新产出能力的 4 个三级指标中，有 2 个指标（科技成果、生产力水平）处于上升趋势，有 1 个指标（经济效益）处于下降趋势，有 1 个指标（农村生活水平）排名保持不变；在加拿大农业科技创新产出能力的 9 个四级指标中，有 2 个指标（农业科技论文数量、本国居民植物新品种数量）处于上升趋势，有 4 个指标（农业土地生产率、农业劳动生产率、农业年均增长率、农产品净出口额）处于下降趋势，其余 3 个指标（本国居民农业专利数量、农业生产指数、农村恩格尔系数）排名保持不变。

（4）从指标优劣势结构来看，在加拿大农业科技创新产出能力的 4 个三级指标中，强势指标 4 个（科技成果、生产力水平、经济效益、农村生活水平），占指标总数的 100.00%；优势指标 0 个；中势指标 0 个；劣势指标 0 个；强势指标和优势指标的数量之和占指标总数的 100.00%，大于中势指标和劣势指标之和。在加拿大农业科技创新产出能力的 9 个四级指标中，强势指标 4 个（农业科技论文数量、农业劳动生产率、农产品净出口额、农村恩格尔系数），占指标总数的 44.44%；优势指标 3 个（本国居民农业专利数量、本国居民植物新品种数量、农业年均增长率），占指标总数的 33.33%；中势指标 2 个（农业生产指数、农业土地生产率），占指标总数的 22.22%；劣势指标 0 个；强势指标和优势指标的数量之和占指标总数的 77.78%，大于中势指标和劣势指标之和。

二、加拿大农业科技创新产出能力比较分析

图 7-7 反映了 2001 年和 2016 年加拿大农业科技创新产出能力与 G20 最高水平和平均水平的比较情况。

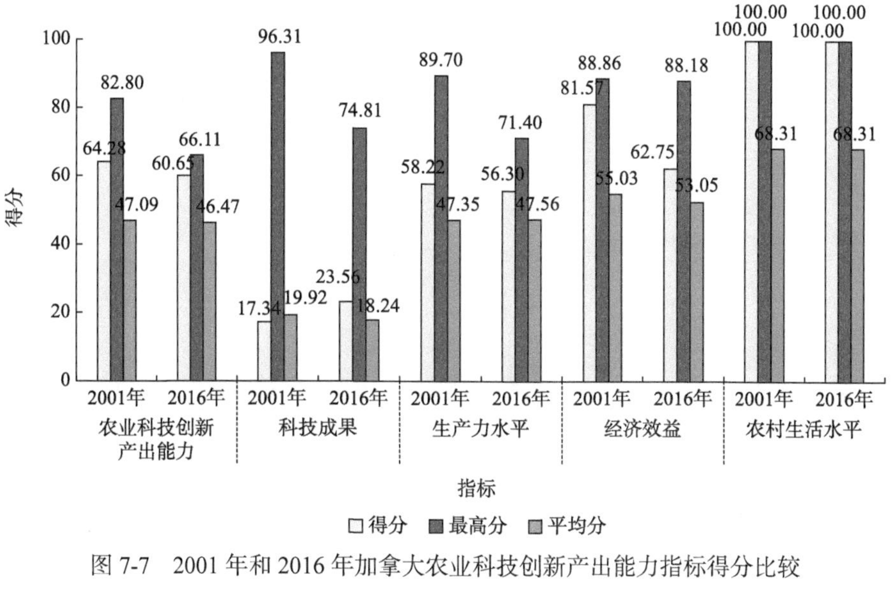

图 7-7　2001 年和 2016 年加拿大农业科技创新产出能力指标得分比较

由图 7-7 可知，2001 年，加拿大农业科技创新产出能力得分与 G20 最高分相比还有 18.52 分的差距，与 G20 平均分相比，高了 17.19 分；2016 年，加拿大农业科技创新产出能力得分与 G20 最高分的差距为 5.46 分，高于 G20 平均分 14.18 分。总的来说，2001~2016 年加拿大农业科技创新产出能力与最高分的差距呈缩小

趋势。

从具体指标得分比较来看，2016 年，本国居民植物新品种数量、农业生产指数和农业土地生产率共计 3 个指标的得分低于 G20 平均分。建议加拿大政府注重提升上述指标，不断提高国家农业科技创新产出水平。

第八章　中国农业科技创新能力评价分析报告

第一节　中国农业简介

地理位置及人口情况。从位置上看，中国位于亚洲大陆的东部、太平洋西岸，北纬 4°至北纬 53°31′、东经 73°40′至东经 135°5′间，南北跨纬度近 50°。从面积上看，中国陆地面积约 960 万平方千米，内海和边海的水域面积约 470 多万平方千米，国土面积仅次于俄罗斯、加拿大，位居世界第三。从疆界上看，北至黑龙江省漠河县以北黑龙江主航道中主线，南至南沙群岛上的曾母暗沙，东至黑龙江、乌苏里江主航道中心线汇合处，西至新疆帕米尔高原。从邻国上看，中国东邻朝鲜，北邻蒙古，东北邻俄罗斯，西北邻哈萨克斯坦、吉尔吉斯斯坦、塔吉克斯坦，西和西南与阿富汗、巴基斯坦、印度、尼泊尔、不丹等国家接壤，南与缅甸、老挝、越南相连，东部和东南部同韩国、日本、菲律宾、文莱、马来西亚、印度尼西亚隔海相望。从人口上看，中国是世界上人口最多的国家，大陆总人数为 13.9 亿。

农村人口及基础设施情况。2016 年，中国农村人口为 58 972.6 万人，农村从业人数为 36 175.0 万人，其中从事第一产业人数为 21 496.0 万人。中国乡镇级基层组织有 39 862 个，村委会有 559 702 个。中国农业水电站数达到 47 529 个，总装机容量为 7 791.1 万千瓦，发电量为 2 682.2 亿千瓦时；农业机械总动力为 97 245.6 万千瓦，大中型拖拉机为 645.4 万台，大中型拖拉机动力为 21 057.6 万千瓦，小型拖拉机为 1 671.6 万台，小型拖拉机动力为 16 349.4 万千瓦，大中型拖拉机配套农具为 1 028.1 万部，小型拖拉机配套农具为 2 994.0 万部；农业排灌动力机械数量为 2 326.4 万台，农用排灌机械动力为 14 671.4 万千瓦，联合收获机数量为 190.2 万台。

耕地及农作物播种面积情况。2016 年，耕地面积 13 495.66 万公顷，中国农作物总播种面积 16 664.95 万公顷，其中，粮食作物面积 11 303.45 万公顷，油料作物面积 1 413.84 万公顷，棉花面积 334.47 万公顷，糖料面积 169.62 万公顷，麻类面积 8.76 万公顷，烟叶面积 127.33 万公顷，药材面积 223.61 万公顷，蔬菜瓜果类面积 2 493.02 万公顷，其他播种面积 590.85 万公顷。

农林牧渔业产值情况。2016 年，中国农林牧渔业总产值达 112 091.3 亿元，其中，农业产值 59 287.8 亿元，占 52.9%；林业产值 4 631.6 亿元，占 4.1%；牧业产值 31 703.2 亿元，占 28.3 %；渔业产值 11 602.9 亿元，占 10.4 %；其他产值 4 865.8 亿元，占 4.3%。

主要农作物产量情况。2016 年，中国主要农作物总产量 61 625 万吨，其中，谷物产量 56 975 万吨、豆类产量 1 294 万吨、薯类产量 3 356 万吨。在谷物中，玉米产量 21 955 万吨、水稻产量 20 708 万吨、小麦产量 12 885 万吨、其他谷物产量 1 427 万吨。

畜产品、水产品产量情况。2016 年，肉类总产量 8 537.8 万吨，其中，猪肉产量 5 299.1 万吨、牛肉产量 716.8 万吨、羊肉产量 459.4 万吨、禽肉产量 1 888.2 万吨、其他肉类产量 174.3 万吨；禽蛋产量 3 094.86 万吨；奶产量 3 602.2 万吨。2016 年，水产品总产量 6 901.3 万吨，其中养殖产品产量 5 142.4 万吨、捕捞产品产量 1 758.9 万吨。

主要能源及物资消耗情况。2016 年中国农业用电量 9 238.3 亿千瓦时，农用柴油使用量 2 117.1 万吨，农用塑料薄膜使用量 259.0 万吨，地膜覆盖面积 184.01 万公顷，农用化肥施用量 5 984.1 万吨，农田水利建设中耕地灌溉面积 6 714.06 万公顷。

农业科技创新体系构成。在中国建设创新型国家战略背景下，加快农业科技进步是建设现代农业、繁荣农村经济的重要支撑，是推进中国特色农业现代化的根本保证，是提高农业国际竞争力的必然选择。中国农业呈现出持续发展、全面发展、加快发展的强劲势头，政府大力实施创新驱动发展战略，将农业科技创新摆在国家科技发展全局的突出位置，以实施乡村振兴战略为总抓手，统筹推进科学研究、基地建设、人才队伍一体化发展。农业科技创新体系作为农业科技创新基础保障和动力源泉，经历了创建、探索、停滞、恢复、改革、快速发展不同的历史演变阶段，中国政府总结历史经验和教训，提出《国家农业科技创新体系建设方案》和《现代农业产业技术体系建设实施方案（试行）》，方案指出加快农业科技创新体系建设就是要以“科学布局，优化资源，创新机制，提升能力”为总体思路，以提高科技持续创新能力和效率为核心，以整合资源和创新机制为手段，以食物特别是粮食安全、生态安全和农民增收为主要任务，从知识创新、技术创新、成果创新和产品创制四个方面建设新型农业科技创新体系。目前，中国农业科技创新体系可按照不同标准进行分类。按照层次结构，可分为国家农业技术创新基地、区域性农业科研中心、试验站、企业农业科技研发中心；按照功能作用，可分为以科研机构和高校为主体的农业科研创新体系、以企业为主体的技术创新体系、以推广服务组织和中介机构为主体的农业科技服务体系、以政府为主导的农业科技管理体系。中国农业科技创新体系有效提高了农业科技在农业农村经济和社会发展中的贡献率，为解决“三农”问题提供了有力保障，是国家创新科技体系的重要力量。

农业科技创新体系发展趋势。依据中国《“十三五”农业科技发展规划》，中国将推行现代农业产业科技创新中心和农业科技创新联盟作为科学配置农业科技资源的改革举措，重点扶持国家农业高新技术产业示范区和国家农业科技园区，增加涉农领域国家工程实验室、国家重点实验室、国家工程技术研究中心、科技资源共享平台的数量，支持部门开放实验室和试验示范基地建设，鼓励园区产学研合作建立各类研发机构、测试检测中心、院士专家工作站、技术交易机构等科研和服务平台。中国加强开发农村人力资源，围绕新型职业农民培育、农民工职业技能提升建立政府主导、部门协作、统筹安排、产业带动的培训机制。中国为振兴发展农业教育，推进部部共建、省部共建高等农业院校，实施卓越农林教育培养计划，加强农科教合作人才培养基地建设，实施创新人才推进计划和农业科研杰出人才培养计划，加快培养农业科技领军人才和创新团队。中国力争到 2020 年，建成若干世界一流的农业科学研究中心和具有国际竞争力的企业技术研发中心，建成国际一流的国家高级农业科研人才培养基地，造就一支精干高效的创新队伍，集聚一批站在国家农业科技前沿的战略科学家、学术领军人物，建立“开放、流动、竞争、协作”的运行机制，形成以政府为主导、充分发挥市场配置资源的基础性作用、不同创新主体紧密联系和有效互动的国家农业科技创新体系。

第二节　中国农业科技创新能力总体评价分析

一、中国农业科技创新能力概要分析

2001~2016 年中国农业科技创新能力得分和排名变化趋势图，如图 8-1 所示。

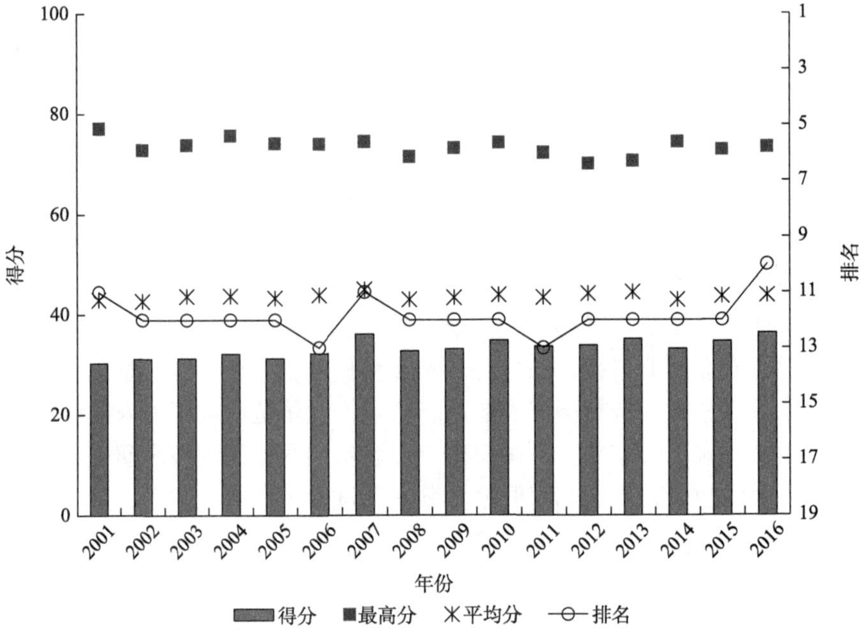

图 8-1　2001~2016 年中国农业科技创新能力得分和排名变化趋势图

从综合排名变化看，2016 年中国农业科技创新能力排名在 G20 中处于第 10 位，与 2001 年相比，排名上升 1 位。总体来看，评价期内呈现波动上升趋势。

从综合得分看，2016 年中国农业科技创新能力得分为 36.25 分，比 G20 最高分低 37.11 分，比平均分低 7.53 分；与 2001 年相比中国农业科技创新能力得分上升了 5.95 分，与当年最高分的差距缩小了 9.63 分，与 G20 平均分的差距缩小了 5.04 分。

二、中国农业科技创新能力各级指标动态变化分析

2001~2016 年中国农业科技创新能力各级指标的动态变化如表 8-1 和表 8-2 所示。

表 8-1　2001~2016 年中国农业科技创新能力三级指标排名变化趋势比较表

二级指标	三级指标个数	上升		保持		下降		变化趋势
		个数	比重	个数	比重	个数	比重	
创新基础能力	6	4	66.67%	2	33.33%	0	0.00	保持
创新环境能力	5	3	60.00%	1	20.00%	1	20.00%	保持
创新产出能力	4	1	25.00%	2	50.00%	1	25.00%	保持

续表

二级指标	三级指标个数	上升		保持		下降		变化趋势
		个数	比重	个数	比重	个数	比重	
合计	15	8	53.33%	5	33.33%	2	13.33%	上升

注：数据由于四舍五入加和不为 100%

表 8-2　2001~2016 年中国农业科技创新能力四级指标排名变化趋势比较表

二级指标	四级指标个数	上升		保持		下降		变化趋势
		个数	比重	个数	比重	个数	比重	
创新基础能力	17	11	64.71%	5	29.41%	1	5.88%	保持
创新环境能力	18	8	44.44%	3	16.67%	7	38.89%	保持
创新产出能力	9	5	55.56%	2	22.22%	2	22.22%	保持
合计	44	24	54.55%	10	22.73%	10	22.73%	上升

注：数据由于四舍五入加和不为 100%

表 8-1 中的数据表明，中国农业科技创新能力的 15 个三级指标中，上升的指标有 8 个，占指标总数的 53.33%；保持的指标有 5 个，占指标总数的 33.33%；下降的指标有 2 个，占指标总数的 13.33%。排名上升指标的数量大于排名下降指标的数量。

表 8-2 中的数据表明，中国农业科技创新能力的 44 个四级指标中，上升的指标有 24 个，占指标总数的 54.55%；保持的指标有 10 个，占指标总数的 22.73%；下降的指标有 10 个，占指标总数的 22.73%。排名上升指标的数量大于排名下降指标的数量。

综上所述，由于上升的动力大于下降的拉力，2016 年中国农业科技创新能力排名与 2001 年相比上升了 1 位，在 G20 中居第 10 位。

三、中国农业科技创新能力各级指标优劣势分析

2016 年中国农业科技创新能力各级指标的优劣势如表 8-3 和表 8-4 所示。

表 8-3　2016 年中国农业科技创新能力三级指标排名优劣势比较表

二级指标	三级指标个数	强势		优势		中势		劣势		优劣度
		个数	比重	个数	比重	个数	比重	个数	比重	
创新基础能力	6	2	33.33%	2	33.33%	2	33.33%	0	0.00	优势
创新环境能力	5	0	0.00	2	40.00%	2	40.00%	1	20.00%	中势

续表

二级指标	三级指标个数	强势		优势		中势		劣势		优劣度
		个数	比重	个数	比重	个数	比重	个数	比重	
创新产出能力	4	1	25.00%	0	0.00	2	50.00%	1	25.00%	劣势
合计	15	3	20.00%	4	26.67%	6	40.00%	2	13.33%	优势

注：数据由于四舍五入加和不为 100%

表 8-4　2016 年中国农业科技创新能力四级指标排名优劣势比较表

二级指标	四级指标个数	强势		优势		中势		劣势		优劣度
		个数	比重	个数	比重	个数	比重	个数	比重	
创新基础能力	17	3	17.65%	8	47.06%	5	29.41%	1	5.88%	优势
创新环境能力	18	3	16.67%	4	22.22%	7	38.89%	4	22.22%	中势
创新产出能力	9	2	22.22%	1	11.11%	3	33.33%	3	33.33%	劣势
合计	44	8	18.18%	13	29.55%	15	34.09%	8	18.18%	优势

注：数据由于四舍五入加和不为 100%

从三级指标来看，中国农业科技创新能力的 15 个三级指标中，强势指标 3 个，占指标总数的 20.00%；优势指标 4 个，占指标总数的 26.67%；中势指标 6 个，占指标总数的 40.00%；劣势指标 2 个，占指标总数的 13.33%；强势指标和优势指标的数量之和占指标总数的 46.67%，小于中势指标和劣势指标之和。

从四级指标来看，中国农业科技创新能力的 44 个四级指标中，强势指标 8 个，占指标总数的 18.18%；优势指标 13 个，占指标总数的 29.55%；中势指标 15 个，占指标总数的 34.09%；劣势指标 8 个，占指标总数的 18.18%；强势指标和优势指标的数量之和占指标总数的 47.73%，小于中势指标和劣势指标之和。

第三节　中国农业科技创新基础能力评价分析

一、中国农业科技创新基础能力评价结果

中国农业科技创新基础能力在 G20 中所处的位置及得分变化如图 8-2 和表 8-5 所示。

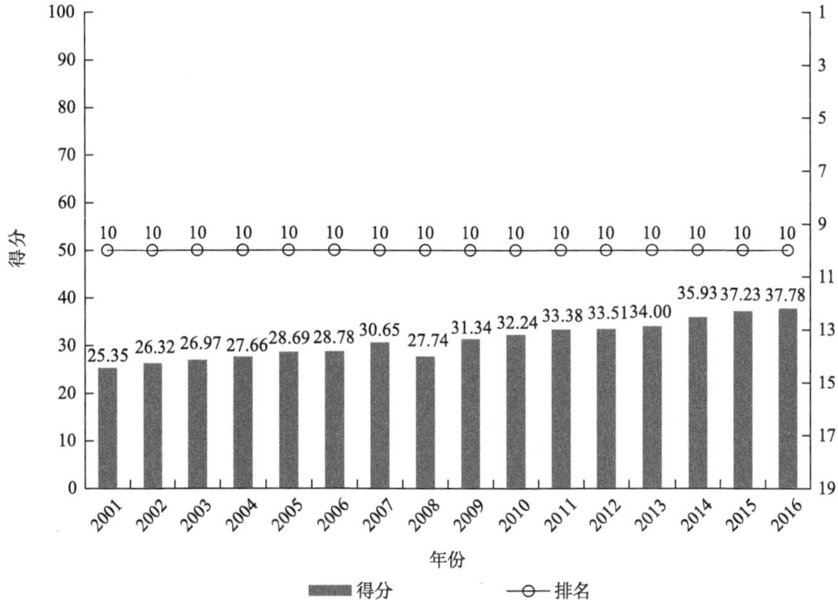

图 8-2　2001~2016 年中国农业科技创新基础能力得分和排名变化趋势图

表 8-5　2001~2016 年中国农业科技创新基础能力各级指标比较表

指标＼项目	2001 年		2006 年		2011 年		2016 年		综合变化		优劣度
	得分	排名	得分	排名	得分	排名	得分	排名	得分	排名	
经济水平	4.27	15	6.81	15	18.36	10	29.54	8	25.27	7	优势
GDP 水平	5.98	14	9.27	12	22.80	10	36.04	8	30.06	6	优势
财政收入水平	2.56	17	4.36	15	13.91	12	23.04	9	20.48	8	优势
基础设施	11.39	14	15.61	14	24.01	13	29.93	12	18.54	2	中势
灌溉面积比例	15.89	7	19.28	7	20.59	7	24.12	6	8.23	1	优势
农业机械化程度	1.76	15	1.76	15	1.76	13	1.76	13	0	2	中势
信息通信技术普及率	7.89	17	21.39	17	21.92	15	26.60	17	18.71	0	劣势
交通运输基础设施	20.00	13	20.00	13	51.77	11	67.26	8	47.26	5	优势
研究基础	0	10	0	10	0	9	12.50	4	12.50	6	强势
大学与科研机构农业学科排名	0	7	0	7	0	6	25.00	3	25.00	4	强势
农业企业研发水平	0	7	0	7	0	7	0	7	0	0	优势

续表

项目 / 指标	2001 年		2006 年		2011 年		2016 年		综合变化		优劣度
	得分	排名	得分	排名	得分	排名	得分	排名	得分	排名	
人力资源	25.60	16	29.70	16	32.58	16	32.89	13	7.29	3	中势
农业研究人员数量	2.90	16	3.60	14	2.96	14	3.20	14	0.30	2	中势
农民文化素质	10.93	18	12.36	17	22.33	16	25.22	14	14.29	4	中势
健康状况	62.97	13	73.14	12	72.46	12	70.24	12	7.27	1	中势
资金投入	43.39	3	53.13	5	54.78	3	52.39	3	9.00	0	强势
公共教育投入	28.45	10	57.67	12	61.90	12	54.17	10	25.72	0	优势
农业研发经费投入	1.72	16	1.71	16	2.42	15	2.99	15	1.26	1	中势
农业外国直接投资	100.00	1	100.00	1	100.00	1	100.00	1	0	0	强势
合作基础	67.43	6	67.43	6	70.55	6	69.44	6	2.01	0	优势
产学研合作	40.74	9	40.74	9	43.48	9	45.83	10	5.09	−1	优势
集群发展状况	61.54	8	61.54	8	68.18	7	62.50	6	0.96	2	优势
国际农业研究合作	100.00	1	100.00	1	100.00	1	100.00	1	0	0	强势

注：数据因四舍五入存在偏差

（1）从排名变化看，2016 年中国农业科技创新基础能力排名在 G20 中处于第 10 位，与 2001 年相比排名保持不变。

（2）从得分看，2016 年中国农业科技创新基础能力得分为 37.78 分，与 2001 年相比，得分上升了 12.44 分。

（3）从指标动态变化趋势看，在中国农业科技创新基础能力的 6 个三级指标中，有 4 个指标（经济水平、基础设施、研究基础、人力资源）处于上升趋势，有 0 个指标处于下降趋势，其余 2 个指标（资金投入、合作基础）排名保持不变；在中国农业科技创新基础能力的 17 个四级指标中，有 11 个指标（GDP 水平、财政收入水平、灌溉面积比例、农业机械化程度、交通运输基础设施、大学与科研机构农业学科排名、农业研究人员数量、农民文化素质、健康状况、农业研发经费投入、集群发展状况）处于上升趋势，有 1 个指标（产学研合作）处于下降趋势，其余 5 个指标（信息通信技术普及率、农业企业研发水平、公共教育投入、农业外国直接投资、国际农业研究合作）排名保持不变。

（4）从指标优劣势结构来看，在中国农业科技创新基础能力的 6 个三级指标中，强势指标 2 个（研究基础、资金投入），占指标总数的 33.33%；优势指标 2 个（经济水平、合作基础），占指标总数的 33.33%；中势指标 2 个（基础设施、人力资源），占指标总数的 33.33%；劣势指标 0 个；强势指标和优势指标的数量之和占指标总数的 66.67%，大于中势指标和劣势指标之和。在中国农业科技创新基础能力的 17 个四级指标中，强势指标 3 个（大学与科研机构农业学科排名、农业外国直接投资、国际农业研究合作），占指标总数的 17.65%；优势指标 8 个（GDP 水平、财政收入水平、灌溉面积比例、交通运输基础设施、农业企业研发水平、公共教育投入、产学研合作、集群发展状况），占指标总数的 47.06%；中势指标 5 个（农业机械化程度、农业研究人员数量、农民文化素质、健康状况、农业研发经费投入），占指标总数的 29.41%；劣势指标 1 个（信息通信技术普及率），占指标总数的 5.88%；强势指标和优势指标的数量之和占指标总数的 64.71%，大于中势指标和劣势指标之和。

二、中国农业科技创新基础能力比较分析

图 8-3 反映了 2001 年和 2016 年中国农业科技创新基础能力与 G20 最高水平和平均水平的比较情况。

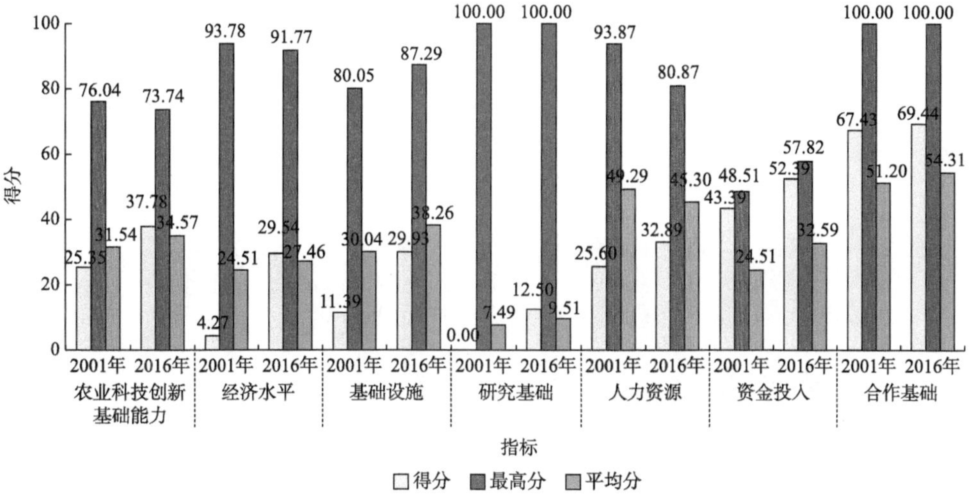

图 8-3　2001 年和 2016 年中国农业科技创新基础能力指标得分比较

由图 8-3 可知，2001 年，中国农业科技创新基础能力得分与 G20 最高分相比还有 50.69 分的差距，与 G20 平均分相比，低了 6.19 分；2016 年，中国农业科技创新基础能力得分与 G20 最高分的差距为 35.96 分，高于 G20 平均分 3.21 分。总

的来说，2001~2016 年中国农业科技创新基础能力与最高分的差距呈缩小趋势。

从具体指标得分比较来看，2016 年，财政收入水平、农业机械化程度、信息通信技术普及率、农业企业研发水平、农业研究人员数量、农民文化素质、健康状况和农业研发经费投入共计 8 个指标的得分低于 G20 平均分。建议中国政府注重提升上述指标，夯实国家农业科技创新基础，不断增强国家农业科技创新基础能力。

第四节　中国农业科技创新环境能力评价分析

一、中国农业科技创新环境能力评价结果

中国农业科技创新环境能力在 G20 中所处的位置及得分变化如图 8-4 和表 8-6 所示。

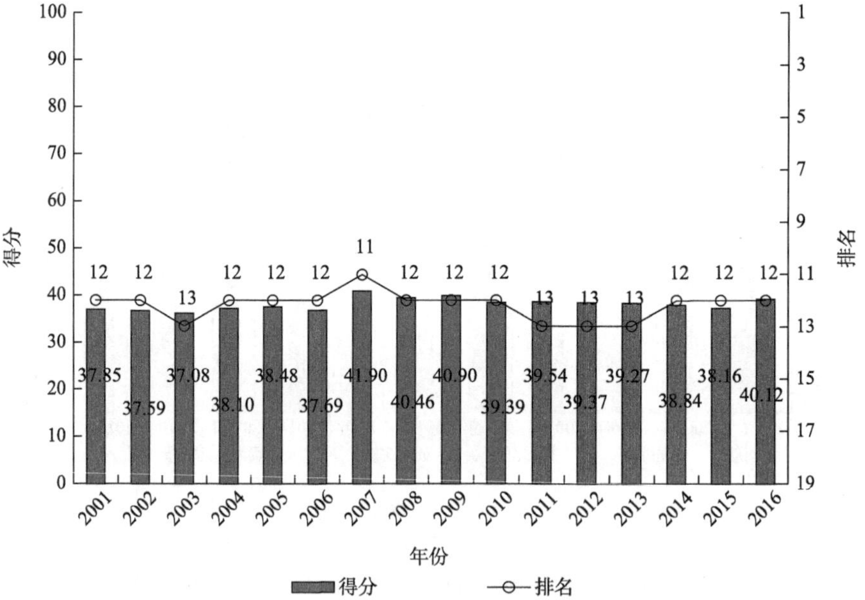

图 8-4　2001~2016 年中国农业科技创新环境能力得分和排名变化趋势图

表 8-6　2001~2016 年中国农业科技创新环境能力各级指标比较表

指标＼项目	2001年		2006年		2011年		2016年		综合变化		优劣度
	得分	排名	得分	排名	得分	排名	得分	排名	得分	排名	
文化环境	60.23	8	60.23	8	70.00	6	70.00	6	9.77	2	优势
科技创新自由民主气氛	31.58	9	31.58	9	60.00	8	60.00	8	28.42	1	优势
民众的好奇心	88.89	3	88.89	3	80.00	3	80.00	3	−8.89	0	强势
政策环境	41.33	11	36.94	13	45.80	11	39.78	10	−1.55	1	优势
政治稳定性	52.41	15	40.78	15	26.95	14	28.41	14	−24.01	1	中势
知识产权保护	2.70	18	2.70	18	45.45	11	35.71	12	33.01	6	中势
农业政策合理性	85.71	2	85.71	2	95.65	2	87.50	3	1.79	−1	强势
农业科技创新支持水平	24.49	6	18.55	7	15.14	10	7.48	12	−17.01	−6	中势
商业环境	29.56	12	29.15	12	18.32	17	20.35	15	−9.21	−3	中势
农业信贷支持	15.35	5	14.11	4	14.97	4	14.99	3	−0.35	2	强势
企业开业难易程度	33.33	12	33.33	12	0	17	25.00	14	−8.33	−2	中势
市场成熟度	40.00	13	40.00	13	40.00	13	21.05	16	−18.95	−3	劣势
教育环境	22.24	17	22.24	17	35.50	12	43.75	12	21.51	5	中势
教育系统质量	19.23	16	19.23	16	54.84	11	66.67	10	47.44	6	优势
农村教育公平性	26.67	13	26.67	13	26.67	13	28.57	12	1.90	1	中势
技术培训可获得性	20.83	17	20.83	17	25.00	12	36.00	15	15.17	2	中势
生态可持续环境	35.86	19	39.91	19	28.06	19	26.72	19	−9.14	0	劣势
化肥使用密度	8.70	18	34.83	18	0	19	0	19	−8.70	−1	劣势
农药使用密度	41.62	17	35.55	17	0	19	0	19	−41.62	−2	劣势
农业用水量	29.45	12	29.45	12	28.62	12	28.62	12	−0.84	0	中势
农业能源使用量	45.38	14	58.20	15	68.05	12	68.58	10	23.19	4	优势
农业温室气体排放量	0	19	0	19	0	19	0	19	0	0	劣势
生物燃料生产量	89.99	3	81.43	3	71.71	5	63.15	8	−26.85	−5	优势

注：数据因四舍五入存在偏差

（1）从排名变化看，2016 年中国农业科技创新环境能力排名在 G20 中处于第 12 位，与 2001 年相比排名保持不变。

（2）从得分看，2016 年中国农业科技创新环境能力得分为 40.12 分，与 2001 年相比，得分上升了 2.27 分。

（3）从指标动态变化趋势看，在中国农业科技创新环境能力的 5 个三级指标中，有 3 个指标（文化环境、政策环境、教育环境）处于上升趋势，有 1 个指标（商业环境）处于下降趋势，有 1 个指标（生态可持续环境）排名保持不变；在中国农业科技创新环境能力的 18 个四级指标中，有 8 个指标（科技创新自由民主气氛、政治稳定性、知识产权保护、农业信贷支持、教育系统质量、农村教育公平性、技术培训可获得性、农业能源使用量）处于上升趋势，有 7 个指标（农业政策合理性、农业科技创新支持水平、企业开业难易程度、市场成熟度、化肥使用密度、农药使用密度、生物燃料生产量）处于下降趋势，其余 3 个指标（民众的好奇心、农业用水量、农业温室气体排放量）排名保持不变。

（4）从指标优劣势结构来看，在中国农业科技创新环境能力的 5 个三级指标中，强势指标 0 个；优势指标 2 个（文化环境、政策环境），占指标总数的 40.00%；中势指标 2 个（商业环境、教育环境），占指标总数的 40.00%；劣势指标 1 个（生态可持续环境），占指标总数的 60.00%；强势指标和优势指标的数量之和占指标总数的 40.00%，小于中势指标和劣势指标之和。在中国农业科技创新环境能力的 18 个四级指标中，强势指标 3 个（民众的好奇心、农业政策合理性、农业信贷支持），占指标总数的 16.67%；优势指标 4 个（科技创新自由民主气氛、教育系统质量、农业能源使用量、生物燃料生产量），占指标总数的 22.22%；中势指标 7 个（政治稳定性、知识产权保护、农业科技创新支持水平、企业开业难易程度、农村教育公平性、技术培训可获得性、农业用水量），占指标总数的 38.89%；劣势指标 4 个（市场成熟度、化肥使用密度、农药使用密度、农业温室气体排放量），占指标总数的 22.22%；强势指标和优势指标的数量之和占指标总数的 38.89%，小于中势指标和劣势指标之和。

二、中国农业科技创新环境能力比较分析

图 8-5 反映了 2001 年和 2016 年中国农业科技创新环境能力与 G20 最高水平和平均水平的比较情况。

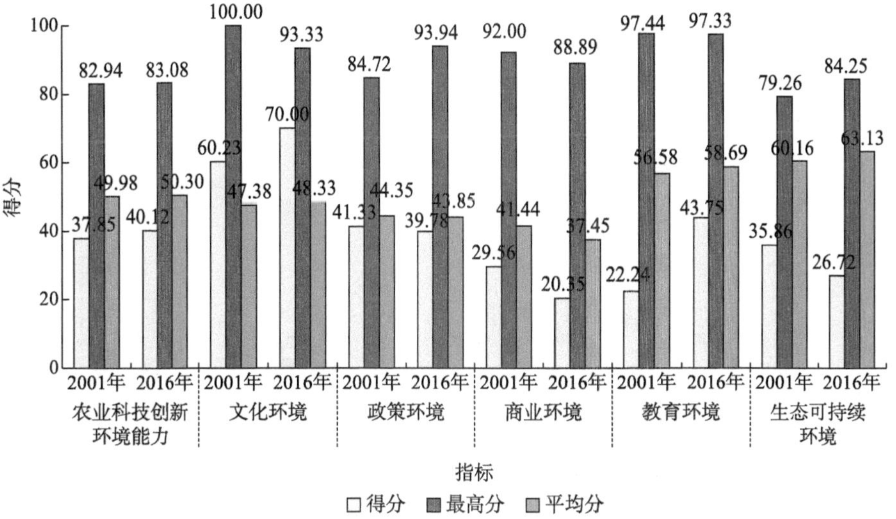

图 8-5　2001 年和 2016 年中国农业科技创新环境能力指标得分比较

由图 8-5 可知，2001 年，中国农业科技创新环境能力得分与 G20 最高分相比还有 45.09 分的差距，与 G20 平均分相比，低了 12.13 分；2016 年，中国农业科技创新环境能力得分与 G20 最高分的差距为 42.96 分，低于 G20 平均分 10.18 分。总的来说，2001~2016 年中国农业科技创新环境能力与最高分的差距呈缩小趋势。

从具体指标得分比较来看，2016 年，政治稳定性、知识产权保护、农业科技创新支持水平、企业开业难易程度、市场成熟度、农村教育公平性、技术培训可获得性、化肥使用密度、农药使用密度、农业用水量和农业温室气体排放量共计 11 个指标的得分低于 G20 平均分。建议中国政府注重提升上述指标，优化国家农业科技创新环境，不断提升国家农业科技创新环境能力。

第五节　中国农业科技创新产出能力评价分析

一、中国农业科技创新产出能力评价结果

中国农业科技创新产出能力在 G20 中所处的位置及得分变化如图 8-6 和表 8-7 所示。

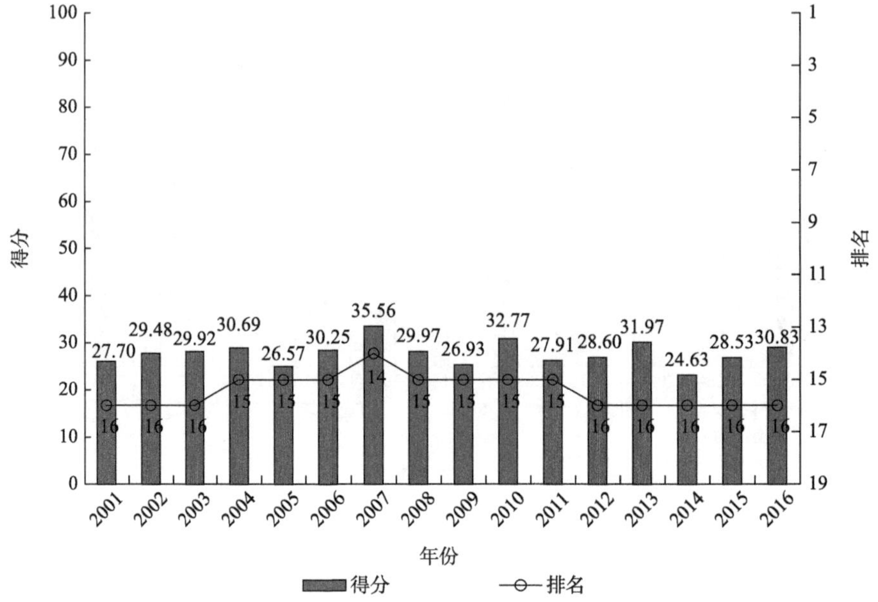

图 8-6　2001~2016 年中国农业科技创新产出能力得分和排名变化趋势图

表 8-7　2001~2016 年中国农业科技创新产出能力各级指标比较表

指标 \ 项目	2001 年		2006 年		2011 年		2016 年		综合变化		优劣度
	得分	排名	得分	排名	得分	排名	得分	排名	得分	排名	
科技成果	0.24	17	0.56	16	1.18	17	2.00	17	1.76	0	劣势
农业科技论文数量	0.13	13	0.18	18	0.76	17	1.26	16	1.13	−3	劣势
本国居民农业专利数量	0.11	14	0.38	14	1.00	15	0.83	14	0.72	0	中势
本国居民植物新品种数量	0.49	17	1.10	15	1.79	14	3.92	12	3.42	5	中势
生产力水平	26.77	12	29.61	12	52.24	5	53.52	5	26.75	7	强势
农业生产指数	24.14	16	25.77	10	84.35	4	84.56	4	60.43	12	强势
农业土地生产率	56.18	8	63.05	8	72.25	7	75.68	7	19.50	1	优势
农业劳动生产率	0	19	0	19	0.12	18	0.33	18	0.33	1	劣势
经济效益	52.23	10	59.28	13	26.69	17	36.27	15	−15.96	−5	中势
农业年均增长率	33.78	9	70.60	7	44.80	4	72.54	4	38.76	5	强势
农产品净出口额	70.67	13	47.97	16	8.58	18	0	19	−70.67	−6	劣势

续表

项目 指标	2001 年		2006 年		2011 年		2016 年		综合变化		优劣度
	得分	排名	得分	排名	得分	排名	得分	排名	得分	排名	
农村生活水平	31.54	15	31.54	15	31.54	15	31.54	15	0	0	中势
农村恩格尔系数	31.54	15	31.54	15	31.54	15	31.54	15	0	0	中势

注：数据因四舍五入存在偏差

（1）从排名变化看，2016 年中国农业科技创新产出能力排名在 G20 中处于第 16 位，与 2001 年相比排名保持不变。

（2）从得分看，2016 年中国农业科技创新产出能力得分为 30.83 分，与 2001 年相比，得分上升了 3.14 分。

（3）从指标动态变化趋势看，在中国农业科技创新产出能力的 4 个三级指标中，有 1 个指标（生产力水平）处于上升趋势，有 1 个指标（经济效益）处于下降趋势，其余 2 个指标（科技成果、农村生活水平）排名保持不变；在中国农业科技创新产出能力的 9 个四级指标中，有 5 个指标（本国居民植物新品种数量、农业生产指数、农业土地生产率、农业劳动生产率、农业年均增长率）处于上升趋势，有 2 个指标（农业科技论文数量、农产品净出口额）处于下降趋势，其余 2 个指标（本国居民农业专利数量、农村恩格尔系数）排名保持不变。

（4）从指标优劣势结构来看，在中国农业科技创新产出能力的 4 个三级指标中，强势指标 1 个（生产力水平），占指标总数的 25.00%；优势指标 0 个；中势指标 2 个（经济效益、农村生活水平），占指标总数的 50.00%；劣势指标 1 个（科技成果），占指标总数的 25.00%；强势指标和优势指标的数量之和占指标总数的 25.00%，小于中势指标和劣势指标之和。在中国农业科技创新产出能力的 9 个四级指标中，强势指标 2 个（农业生产指数、农业年均增长率），占指标总数的 22.22%；优势指标 1 个（农业土地生产率），占指标总数的 11.11%；中势指标 3 个（本国居民农业专利数量、本国居民植物新品种数量、农村恩格尔系数），占指标总数的 33.33%；劣势指标 3 个（农业科技论文数量、农业劳动生产率、农产品净出口额），占指标总数的 33.33%；强势指标和优势指标的数量之和占指标总数的 33.33%，小于中势指标和劣势指标之和。

二、中国农业科技创新产出能力比较分析

图 8-7 反映了 2001 年和 2016 年中国农业科技创新产出能力与 G20 最高水平

和平均水平的比较情况。

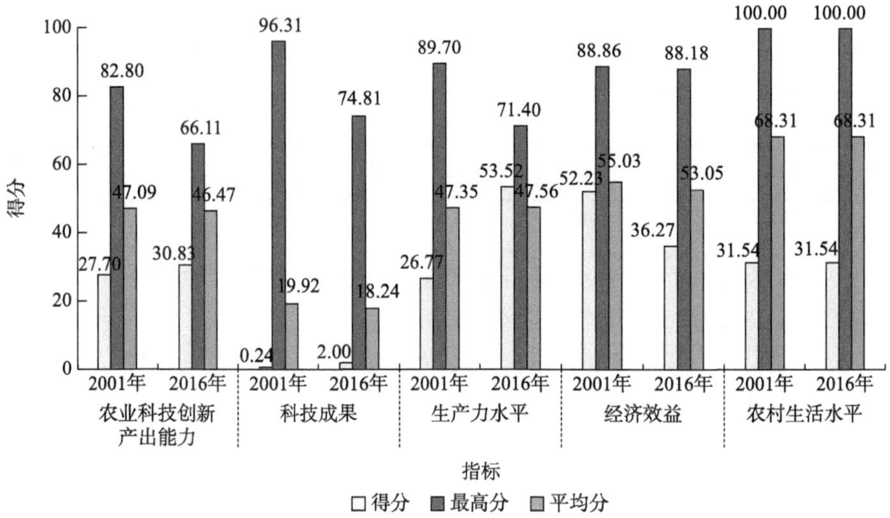

图 8-7　2001 年和 2016 年中国农业科技创新产出能力指标得分比较

由图 8-7 可知，2001 年，中国农业科技创新产出能力得分与 G20 最高分相比还有 55.10 分的差距，与 G20 平均分相比，低了 19.39 分；2016 年，中国农业科技创新产出能力得分与 G20 最高分的差距为 35.28 分，低于 G20 平均分 15.64 分。总的来说，2001~2016 年中国农业科技创新产出能力与最高分的差距呈缩小趋势。

从具体指标得分比较来看，2016 年，农业科技论文数量、本国居民农业专利数量、本国居民植物新品种数量、农业劳动生产率、农产品净出口额和农村恩格尔系数共计 6 个指标的得分低于 G20 平均分。建议中国政府注重提升上述指标，不断提高国家农业科技创新产出水平。

第九章　法国农业科技创新能力评价分析报告

第一节　法国农业简介

法国位于欧洲西部，东与比利时、卢森堡、德国、瑞士、意大利接壤，南与西班牙、安道尔、摩纳哥接壤。本土地势东南高西北低，大致呈不规则六边形，三面临水，东南临地中海，西濒大西洋，西北隔英吉利海峡与英国相望。

法国国土面积约 55 万平方千米（不含海外领地），位居俄罗斯、乌克兰之后，处于欧洲第三位。2016 年末，全国总人口约 6 689 万人，实现 GDP 2.47 万亿美元，人均 GDP 36 854 美元。

法国是欧盟最大的农业国，是世界上仅次于美国的第二大农产品出口国，有欧盟“粮仓”之称。法国是西欧国家中耕地面积最大的国家。2014 年，农业用地面积 2 876.75 万公顷，占土地面积的 53%，其中耕地面积 1 833.31 万公顷，占农业用地面积的 64%。草地面积 943.82 万公顷，占土地面积的 17%；森林和林地面积 1 687.60 万公顷，占土地面积的 31%。由于法国人口密度较大，2014 年，平均每人占有耕地面积 0.28 公顷，牧场 0.14 公顷，森林和林地 0.25 公顷。

法国的农业生产以畜牧业为主，农牧并重，经济作物和园艺作物发达。在种植业中，谷物生产以小麦、大麦、玉米为主，2014 年收获面积分别为 529.72 万公顷、176.43 万公顷和 182.52 万公顷，产量分别为 3 895.02 万吨、1 172.86 万吨和 1 834.34 万吨；经济作物以糖料和油料作物为主；园艺作物以葡萄、水果、蔬菜和花卉为主。在畜牧业中，牛和猪是主要养殖对象，2014 年产量分别为 141.09 万吨和 213.03 万吨。

2014 年，法国农业人口 71.41 万人，约占总人口数的 1.18%。2016 年农业增加值 325.15 亿美元，约占 GDP 的 1%，农业工人人均增加值为 88 578.25 美元。

法国开展农业科技研发工作的机构主要包括公立和私立研究机构两大类。其中，公立研究机构主要包括法国综合研究机构［如法国国家科学研究院（Centre National de la Recherche Scientifique，CNRS）］、专业研究机构［如法国农业科学院,（Institut National de la Recherche Agronomique，INRA）］、技术研究院、大学和高等教育学院；私立研究机构通常来源于私人企业，如利马格兰农业集团（Limagrain）。

第二节　法国农业科技创新能力总体评价分析

一、法国农业科技创新能力概要分析

2001~2016 年法国农业科技创新能力得分和排名变化趋势图，如图 9-1 所示。

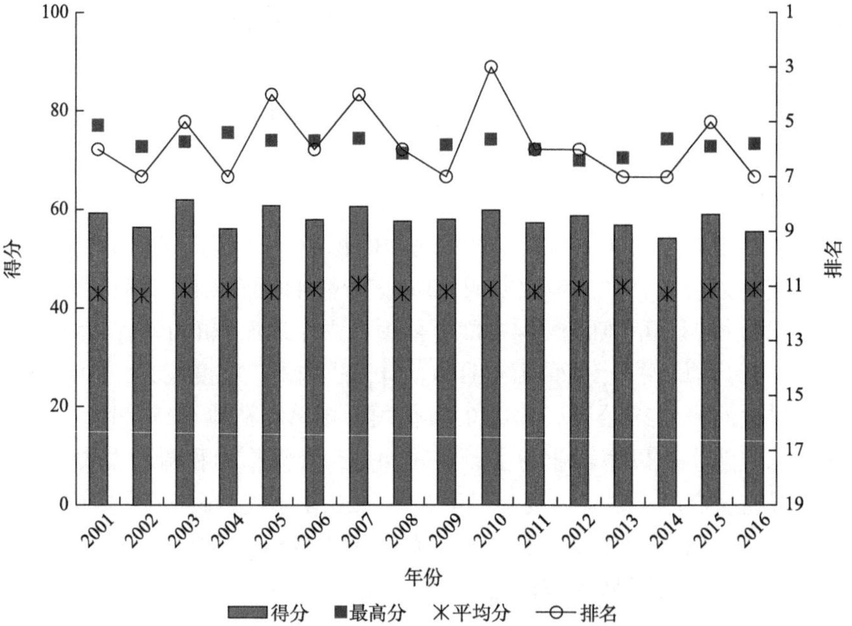

图 9-1　2001~2016 年法国农业科技创新能力得分和排名变化趋势图

从综合排位变化看，2016年法国农业科技创新能力排名在G20中处于第7位，与2001年相比，排位下降1名。其中，2010年排位最高，达到第3位。总体来看，评价期内呈波动下降趋势。

从综合得分看，2016年法国农业科技创新能力得分为55.46分，比G20最高分低17.90分，比平均分高11.68分；与2001年相比，法国农业科技创新能力得分下降了3.75分，与当年最高分的差距扩大了0.07分，G20平均分与其差距缩小了4.66分。

二、法国农业科技创新能力各级指标动态变化分析

2001~2016年法国农业科技创新能力各级指标的动态变化如表9-1和表9-2所示。

表9-1　2001~2016年法国农业科技创新能力三级指标排名变化趋势比较表

二级指标	三级指标个数	上升		保持		下降		变化趋势
		个数	比重	个数	比重	个数	比重	
创新基础能力	6	4	66.67%	2	33.33%	0	0.00	上升
创新环境能力	5	4	80.00%	1	20.00%	0	0.00	保持
创新产出能力	4	0	0.00	1	25.00%	3	75.00%	下降
合计	15	8	53.33%	4	26.67%	3	20.00%	下降

表9-2　2001~2016年法国农业科技创新能力四级指标排名变化趋势比较表

二级指标	四级指标个数	上升		保持		下降		变化趋势
		个数	比重	个数	比重	个数	比重	
创新基础能力	17	5	29.41%	7	41.18%	5	29.41%	上升
创新环境能力	18	8	44.44%	5	27.78%	5	27.78%	保持
创新产出能力	9	1	11.11%	1	11.11%	7	77.78%	下降
合计	44	14	31.82%	13	29.55%	17	38.64%	下降

注：数据由于四舍五入加和不为100%

表9-1中的数据表明，法国农业科技创新能力的15个三级指标中，上升的指标有8个，占指标总数的53.33%；保持的指标有4个，占指标总数的26.67%；下

降的指标有 3 个，占指标总数的 20.00%。排名上升指标的数量大于排名下降指标的数量。

表 9-2 中的数据表明，法国农业科技创新能力的 44 个四级指标中，上升的指标有 14 个，占指标总数的 31.82%；保持的指标有 13 个，占指标总数的 29.55%；下降的指标有 17 个，占指标总数的 38.64%。排名上升指标的数量小于排名下降指标的数量。

综上所述，由于上升的动力小于下降的拉力，2016 年法国农业科技创新能力排名与 2001 年相比下降了 1 位，在 G20 中居第 7 位。

三、法国农业科技创新能力各级指标优劣势分析

2016 年法国农业科技创新能力各级指标的优劣势如表 9-3 和表 9-4 所示。

表 9-3　2016 年法国农业科技创新能力三级指标排名优劣势比较表

二级指标	三级指标个数	强势		优势		中势		劣势		优劣度
		个数	比重	个数	比重	个数	比重	个数	比重	
创新基础能力	6	4	66.67%	1	16.67%	1	16.67%	0	0.00	优势
创新环境能力	5	3	60.00%	2	40.00%	0	0.00	0	0.00	优势
创新产出能力	4	2	50.00%	1	25.00%	0	0.00	1	25.00%	优势
合计	15	9	60.00%	4	26.67%	1	6.67%	1	6.67%	优势

注：数据由于四舍五入加和不为 100%

表 9-4　2016 年法国农业科技创新能力四级指标排名优劣势比较表

二级指标	四级指标个数	强势		优势		中势		劣势		优劣度
		个数	比重	个数	比重	个数	比重	个数	比重	
创新基础能力	17	8	47.06%	7	41.18%	1	5.88%	1	5.88%	优势
创新环境能力	18	7	38.89%	7	38.89%	4	22.22%	0	0.00	优势
创新产出能力	9	3	33.33%	4	44.44%	0	0.00	2	22.22%	优势
合计	44	18	40.91%	18	40.91%	5	11.36%	3	6.82%	优势

注：数据由于四舍五入加和不为 100%

从三级指标来看，法国农业科技创新能力的 15 个三级指标中，强势指标 9 个，占指标总数的 60.00%；优势指标 4 个，占指标总数的 26.67%；中势指标 1 个，占

指标总数的 6.67%；劣势指标 1 个，占指标总数的 6.67%；强势指标和优势指标的数量之和占指标总数的 86.67%，大于中势指标和劣势指标之和。

从四级指标来看，法国农业科技创新能力的 44 个四级指标中，强势指标 18 个，占指标总数的 40.91%；优势指标 18 个，占指标总数的 40.91%；中势指标 5 个，占指标总数的 11.36%；劣势指标 3 个，占指标总数的 6.82%；强势指标和优势指标的数量之和占指标总数的 81.82%，大于中势指标和劣势指标之和。

第三节　法国农业科技创新基础能力评价分析

一、法国农业科技创新基础能力评价结果

法国农业科技创新基础能力在 G20 中所处的位置及得分变化如图 9-2 和表 9-5 所示。

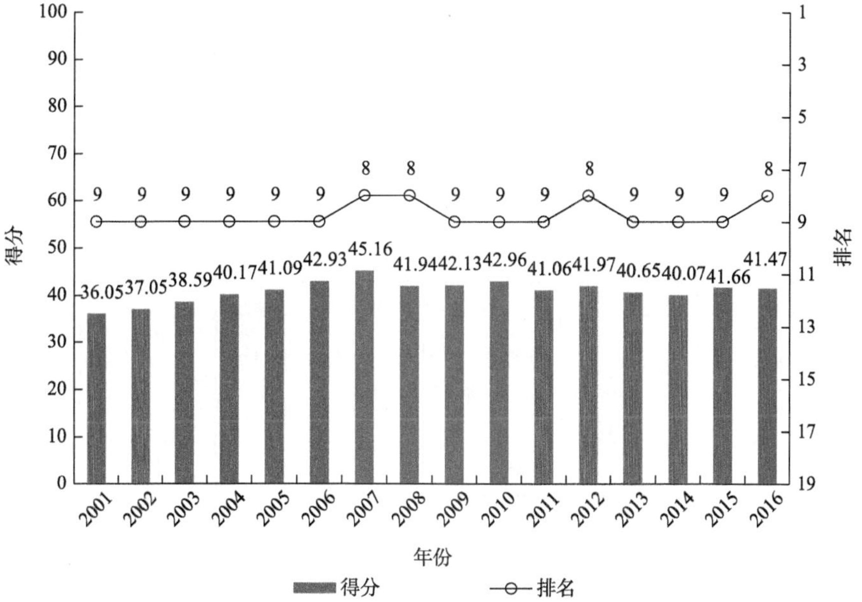

图 9-2　2001~2016 年法国农业科技创新基础能力得分和排名变化趋势图

表 9-5　2001~2016 年法国农业科技创新基础能力各级指标比较表

指标＼项目	2001 年		2006 年		2011 年		2016 年		综合变化		优劣度
	得分	排名	得分	排名	得分	排名	得分	排名	得分	排名	
经济水平	49.77	4	58.30	3	59.64	2	51.00	3	1.23	1	强势
GDP 水平	35.94	5	46.95	5	46.76	6	37.56	7	1.62	−2	优势
财政收入水平	63.60	2	69.65	2	72.53	1	64.44	2	0.84	0	强势
基础设施	42.30	6	44.19	6	48.64	5	48.65	4	6.35	2	强势
灌溉面积比例	9.61	8	10.15	8	10.37	9	9.88	10	0.26	−2	优势
农业机械化程度	15.09	5	13.98	5	13.23	5	13.23	5	−1.86	0	强势
信息通信技术普及率	58.99	9	67.13	9	70.97	4	71.50	5	12.50	4	强势
交通运输基础设施	85.52	3	85.52	3	100.00	1	100.00	1	14.48	2	强势
研究基础	11.46	2	11.46	2	11.76	2	17.16	2	5.70	0	强势
大学与科研机构农业学科排名	5.26	3	5.26	3	5.88	4	16.67	4	11.40	−1	强势
农业企业研发水平	17.65	2	17.65	2	17.65	2	17.65	2	0	0	强势
人力资源	55.77	8	61.64	6	59.12	7	58.76	5	2.99	3	强势
农业研究人员数量	15.53	10	32.07	6	22.19	7	26.49	6	10.96	4	优势
农民文化素质	59.78	6	58.64	5	59.30	8	54.22	8	−5.56	−2	优势
健康状况	92.00	5	94.20	5	95.86	4	95.56	3	3.56	2	强势
资金投入	25.42	8	50.41	7	41.87	7	38.54	7	13.12	1	优势
公共教育投入	42.72	2	95.40	2	99.08	2	90.82	2	48.09	0	强势
农业研发经费投入	29.98	6	32.57	6	26.53	6	24.79	6	−5.19	0	优势
农业外国直接投资	3.55	12	23.26	9	0	18	0	18	−3.55	−6	劣势
合作基础	31.58	14	31.58	14	25.30	16	34.72	14	3.14	0	中势
产学研合作	37.04	10	37.04	10	30.43	11	45.83	10	8.80	0	优势
集群发展状况	57.69	10	57.69	10	45.45	11	58.33	8	0.64	2	优势
国际农业研究合作	0	13	0	13	0	13	0	13	0	0	中势

注：数据因四舍五入存在偏差

（1）从排名变化看，2016 年法国农业科技创新基础能力排名在 G20 中处于第 8 位，与 2001 年相比排名上升 1 名。

（2）从得分看，2016 年法国农业科技创新基础能力得分为 41.47 分，与 2001 年相比，得分上升了 5.42 分。

（3）从指标动态变化趋势看，在法国农业科技创新基础能力的 6 个三级指标中，有 4 个指标（经济水平、基础设施、人力资源、资金投入）处于上升趋势，有 0 个指标处于下降趋势，其余 2 个指标（研究基础、合作基础）排名保持不变；在法国农业科技创新基础能力的 17 个四级指标中，有 5 个指标（信息通信技术普及率、交通运输基础设施、农业研究人员数量、健康状况、集群发展状况）处于上升趋势，有 5 个指标（GDP 水平、灌溉面积比例、大学与科研机构农业学科排名、农民文化素质、农业外国直接投资）处于下降趋势，其余 7 个指标（财政收入水平、农业机械化程度、农业企业研发水平、公共教育投入、农业研发经费投入、产学研合作、国际农业研究合作）排名保持不变。

（4）从指标优劣势结构来看，在法国农业科技创新基础能力的 6 个三级指标中，强势指标 4 个（经济水平、基础设施、研究基础、人力资源），占指标总数的 66.67%；优势指标 1 个（资金投入），占指标总数的 16.67%；中势指标 1 个（合作基础），占指标总数的 16.67%；劣势指标 0 个；强势指标和优势指标的数量之和占指标总数的 83.33%，大于中势指标和劣势指标之和。在法国农业科技创新基础能力的 17 个四级指标中，强势指标 8 个（财政收入水平、农业机械化程度、信息通信技术普及率、交通运输基础设施、大学与科研机构农业学科排名、农业企业研发水平、健康状况、公共教育投入），占指标总数的 47.06%；优势指标 7 个（GDP 水平、灌溉面积比例、农业研究人员数量、农民文化素质、农业研发经费投入、产学研合作、集群发展状况），占指标总数的 41.18%；中势指标 1 个（国际农业研究合作），占指标总数的 5.88%；劣势指标 1 个（农业外国直接投资），占指标总数的 5.88%；强势指标和优势指标的数量之和占指标总数的 88.24 %，大于中势指标和劣势指标之和。

二、法国农业科技创新基础能力比较分析

图 9-3 反映了 2001 年和 2016 年法国农业科技创新基础能力与 G20 最高水平和平均水平的比较情况。

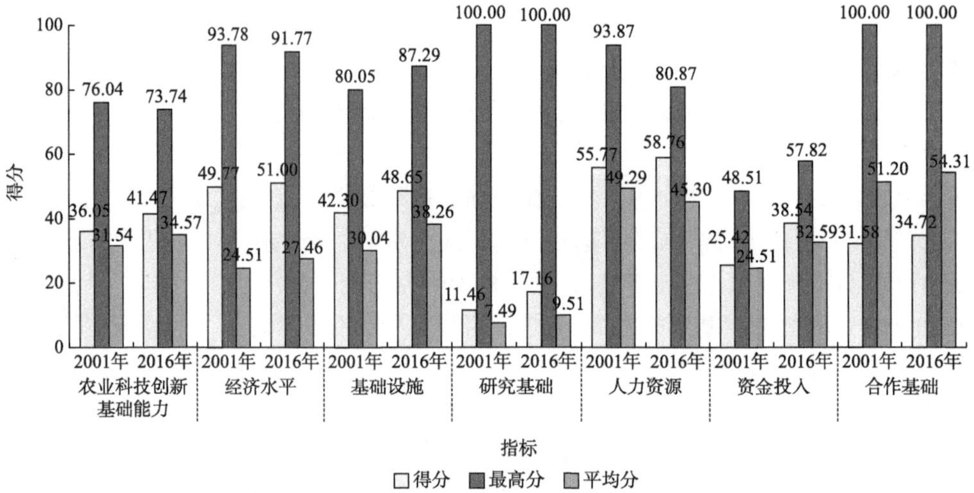

图 9-3　2001 年和 2016 年法国农业科技创新基础能力指标得分比较

由图 9-3 可知，2001 年，法国农业科技创新基础能力得分与 G20 最高分相比还有 40.00 分的差距，与 G20 平均分相比高了 4.51 分；2016 年，法国农业科技创新基础能力得分与 G20 最高分的差距为 32.27 分，高于 G20 平均分 6.90 分。总的来说，2001~2016 年法国农业科技创新基础能力与最高分的差距呈缩小趋势。

从具体指标得分比较来看，2016 年，灌溉面积比例、农业机械化程度、农业研发经费投入、农业外国直接投资和国际农业研究合作共计 5 个指标的得分低于 G20 平均分。建议法国政府注重提升上述指标，夯实国家农业科技创新基础，不断增强国家农业科技创新基础能力。

第四节　法国农业科技创新环境能力评价分析

一、法国农业科技创新环境能力评价结果

法国农业科技创新环境能力在 G20 中所处的位置及得分变化如图 9-4 和表 9-6 所示。

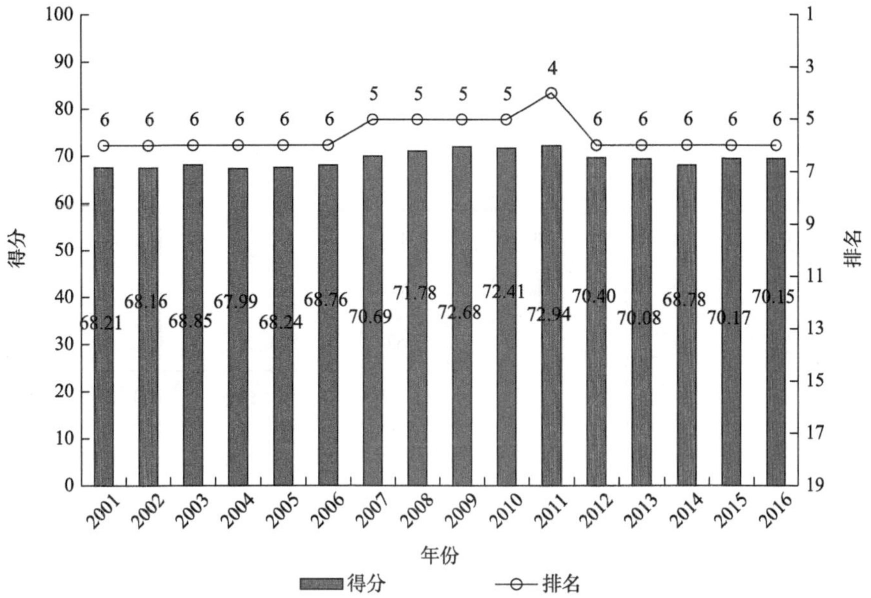

图 9-4　2001~2016 年法国农业科技创新环境能力得分和排名变化趋势图

表 9-6　2001~2016 年法国农业科技创新环境能力各级指标比较表

指标＼项目	2001 年		2006 年		2011 年		2016 年		综合变化		优劣度
	得分	排名	得分	排名	得分	排名	得分	排名	得分	排名	
文化环境	76.02	4	76.02	4	77.50	3	77.50	3	1.48	1	强势
科技创新自由民主气氛	63.16	4	63.16	4	75.00	3	75.00	3	11.84	1	强势
民众的好奇心	88.89	3	88.89	3	80.00	3	80.00	3	−8.89	0	强势
政策环境	50.31	7	48.95	7	65.39	4	55.09	6	4.78	1	优势
政治稳定性	82.60	8	75.44	7	89.10	5	61.53	8	−21.07	0	优势
知识产权保护	81.08	3	81.08	3	100.00	1	96.43	2	15.35	1	强势
农业政策合理性	23.81	13	23.81	13	52.17	9	43.75	11	19.94	2	中势
农业科技创新支持水平	13.75	7	15.47	8	20.29	4	18.64	4	4.90	3	强势
商业环境	60.61	4	58.00	5	59.55	4	55.21	3	−5.40	1	强势
农业信贷支持	27.15	3	19.34	3	15.65	3	11.68	12	−15.47	−9	中势
企业开业难易程度	66.67	5	66.67	5	75.00	3	75.00	6	8.33	−1	优势
市场成熟度	88.00	3	88.00	3	88.00	3	78.95	3	−9.05	0	强势

续表

指标＼项目	2001 年		2006 年		2011 年		2016 年		综合变化		优劣度
	得分	排名	得分	排名	得分	排名	得分	排名	得分	排名	
教育环境	86.65	7	86.65	7	85.32	6	84.44	6	−2.21	1	优势
教育系统质量	80.77	7	80.77	7	70.97	7	73.33	6	−7.44	1	优势
农村教育公平性	100.00	1	100.00	1	100.00	1	100.00	1	0	0	强势
技术培训可获得性	79.17	5	79.17	5	85.00	3	80.00	6	0.83	−1	优势
生态可持续环境	67.48	4	74.16	4	76.92	4	78.50	4	11.02	0	强势
化肥使用密度	50.39	14	71.39	14	73.07	11	81.47	8	31.08	6	优势
农药使用密度	70.78	15	71.84	11	82.70	10	82.70	10	11.92	5	优势
农业用水量	84.91	3	84.91	3	86.52	3	86.52	3	1.62	0	强势
农业能源使用量	60.24	9	72.48	9	69.84	10	63.35	12	3.11	−3	中势
农业温室气体排放量	88.44	10	89.91	10	90.77	10	91.79	11	3.35	−1	中势
生物燃料生产量	50.11	11	54.44	10	58.62	10	65.17	7	15.06	4	优势

注：数据因四舍五入存在偏差

（1）从排名变化看，2016 年法国农业科技创新环境能力排名在 G20 中处于第 6 位，与 2001 年相比排名保持不变。

（2）从得分看，2016 年法国农业科技创新环境能力得分为 70.15 分，与 2001 年相比，得分上升了 1.94 分。

（3）从指标动态变化趋势看，在法国农业科技创新环境能力的 5 个三级指标中，有 4 个指标（文化环境、政策环境、商业环境、教育环境）处于上升趋势，有 0 个指标处于下降趋势，有 1 个指标（生态可持续环境）排名保持不变；在法国农业科技创新环境能力的 18 个四级指标中，有 8 个指标（科技创新自由民主气氛、知识产权保护、农业政策合理性、农业科技创新支持水平、教育系统质量、化肥使用密度、农药使用密度、生物燃料生产量）处于上升趋势，有 5 个指标（农业信贷支持、企业开业难易程度、技术培训可获得性、农业能源使用量、农业温室气体排放量）处于下降趋势，其余 5 个指标（民众的好奇心、政治稳定性、市场成熟度、农村教育公平性、农业用水量）排名保持不变。

（4）从指标优劣势结构来看，在法国农业科技创新环境能力的 5 个三级指标中，强势指标 3 个（文化环境、商业环境、生态可持续环境），占指标总数的

60.00%；优势指标 2 个（政策环境、教育环境），占指标总数的 40.00%；中势指标 0 个；劣势指标 0 个；强势指标和优势指标的数量之和占指标总数的 100.00%，大于中势指标和劣势指标之和。在法国农业科技创新环境能力的 18 个四级指标中，强势指标 7 个（科技创新自由民主气氛、民众的好奇心、知识产权保护、农业科技创新支持水平、市场成熟度、农村教育公平性、农业用水量），占指标总数的 38.89%；优势指标 7 个（政治稳定性、企业开业难易程度、教育系统质量、技术培训可获得性、化肥使用密度、农药使用密度、生物燃料生产量），占指标总数的 38.89%；中势指标 4 个（农业政策合理性、农业信贷支持、农业能源使用量、农业温室气体排放量），占指标总数的 22.22%；劣势指标 0 个；强势指标和优势指标的数量之和占指标总数的 77.78%，大于中势指标和劣势指标之和。

二、法国农业科技创新环境能力比较分析

图 9-5 反映了 2001 年和 2016 年法国农业科技创新环境能力与 G20 最高水平和平均水平的比较情况。

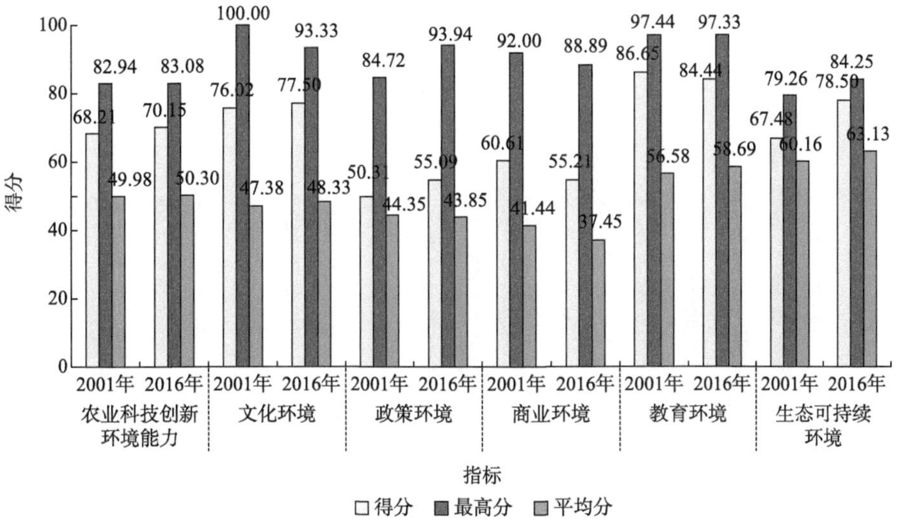

图 9-5　2001 年和 2016 年法国农业科技创新环境能力指标得分比较

由图 9-5 可知，2001 年，法国农业科技创新环境能力得分与 G20 最高分相比还有 14.73 分的差距，与 G20 平均分相比高了 18.23 分；2016 年，法国农业科技创新环境能力得分与 G20 最高分的差距为 12.93 分，高于 G20 平均分 19.85

分。总的来说，2001~2016 年法国农业科技创新环境能力与最高分的差距呈缩小趋势。

从具体指标得分比较来看，2016 年，农业政策合理性和农业信贷支持共计 2 个指标的得分低于 G20 平均分。建议法国政府注重提升上述指标，优化国家农业科技创新环境，不断提升国家农业科技创新环境能力。

第五节　法国农业科技创新产出能力评价分析

一、法国农业科技创新产出能力评价结果

法国农业科技创新产出能力在 G20 中所处的位置及得分变化如图 9-6 和表 9-7 所示。

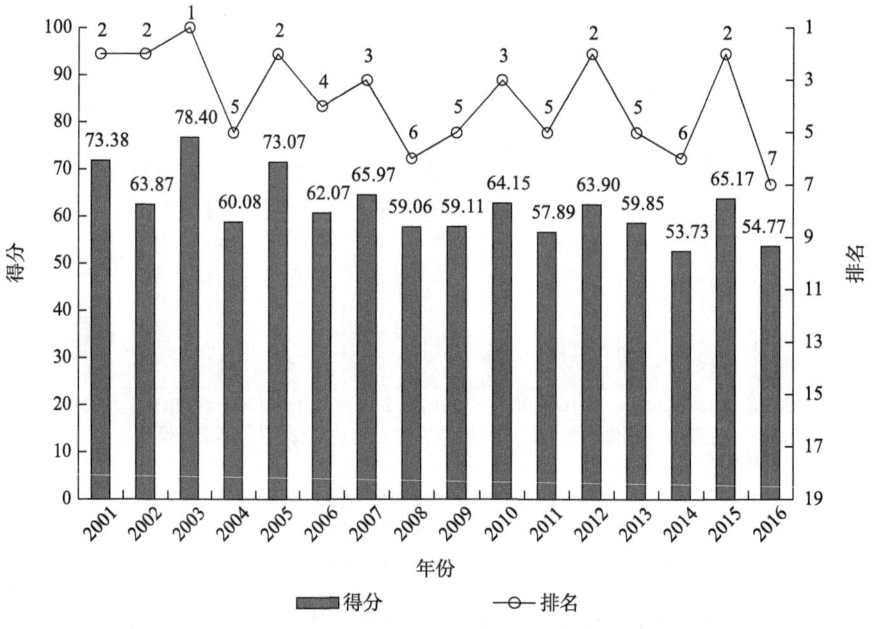

图 9-6　2001~2016 年法国农业科技创新产出能力得分和排名变化趋势图

表 9-7 2001~2016 年法国农业科技创新产出能力各级指标比较表

指标 \ 项目	2001 年		2006 年		2011 年		2016 年		综合变化		优劣度
	得分	排名	得分	排名	得分	排名	得分	排名	得分	排名	
科技成果	53.60	3	17.37	9	19.24	9	16.20	7	−37.40	−4	优势
农业科技论文数量	100.00	1	14.78	6	17.79	9	15.10	9	−84.90	−8	优势
本国居民农业专利数量	19.44	5	25.66	7	33.58	7	17.65	7	−1.79	−2	优势
本国居民植物新品种数量	41.36	3	11.66	7	6.36	9	15.85	6	−25.51	−3	优势
生产力水平	89.70	1	69.89	1	66.33	2	67.15	2	−22.55	−1	强势
农业生产指数	93.80	2	22.44	12	4.24	17	4.54	17	−89.26	−15	劣势
农业土地生产率	100.00	1	95.97	2	94.75	4	96.90	3	−3.10	−2	强势
农业劳动生产率	75.28	3	91.25	3	100.00	1	100.00	1	24.72	2	强势
经济效益	50.23	13	61.04	11	46.00	10	35.72	16	−14.51	−3	劣势
农业年均增长率	16.92	16	47.20	18	32.89	16	10.83	18	−6.09	−2	劣势
农产品净出口额	83.55	5	74.89	5	59.11	7	60.62	6	−22.93	−1	优势
农村生活水平	100.00	1	100.00	1	100.00	1	100.00	1	0	0	强势
农村恩格尔系数	100.00	1	100.00	1	100.00	1	100.00	1	0	0	强势

注：数据因四舍五入存在偏差

（1）从排名变化看，2016 年法国农业科技创新产出能力排名在 G20 中处于第 7 位，与 2001 年相比排名下降 5 位。

（2）从得分看，2016 年法国农业科技创新产出能力得分为 54.77 分，与 2001 年相比，得分下降了 18.62 分。

（3）从指标动态变化趋势看，在法国农业科技创新产出能力的 4 个三级指标中，有 0 个指标处于上升趋势，有 3 个指标（科技成果、生产力水平、经济效益）处于下降趋势，有 1 个指标（农村生活水平）排名保持不变；在法国农业科技创新产出能力的 9 个四级指标中，有 1 个指标（农业劳动生产率）处于上升趋势，有 7 个指标（农业科技论文数量、本国居民农业专利数量、本国居民植物新品种数量、农业生产指数、农业土地生产率、农业年均增长率、农产品净出口额）处于下降趋势，有 1 个指标（农村恩格尔系数）排名保持不变。

（4）从指标优劣势结构来看，在法国农业科技创新产出能力的 4 个三级指标中，强势指标 2 个（生产力水平、农村生活水平），占指标总数的 50.00%；优势指标 1 个（科技成果），占指标总数的 25.00%；中势指标 0 个；劣势指标 1 个（经济效益），占指标总数的 25.00%；强势指标和优势指标的数量之和占指标总数的 75.00%，大于中势指标和劣势指标之和。在法国农业科技创新产出能力的 9 个四级指标中，强势指标 3 个（农业土地生产率、农业劳动生产率、农村恩格尔系数），占指标总数的 33.33%；优势指标 4 个（农业科技论文数量、本国居民农业专利数量、本国居民植物新品种数量、农产品净出口额），占指标总数的 44.44%；中势指标 0 个；劣势指标 2 个（农业生产指数、农业年均增长率），占指标总数的 22.22%；强势指标和优势指标的数量之和占指标总数的 77.78%，大于中势指标和劣势指标之和。

二、法国农业科技创新产出能力比较分析

图 9-7 反映了 2001 年和 2016 年法国农业科技创新产出能力与 G20 最高水平和平均水平的比较情况。

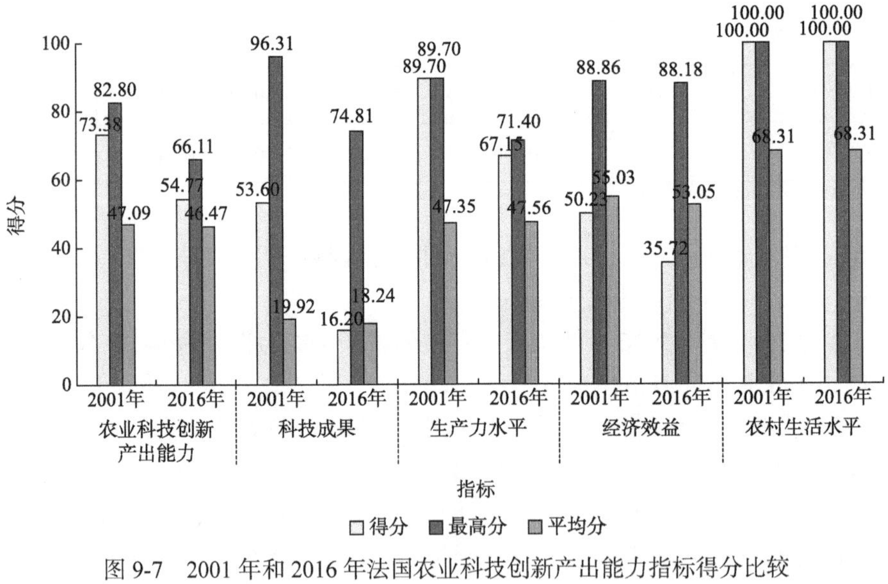

图 9-7　2001 年和 2016 年法国农业科技创新产出能力指标得分比较

由图 9-7 可知，2001 年，法国农业科技创新产出能力得分与 G20 最高分相比还有 9.42 分的差距，与 G20 平均分相比高了 26.29 分；2016 年，法国农业科技创新产出能力得分与 G20 最高分的差距为 11.34 分，高于 G20 平均分 8.30 分。总的来

说，2001~2016 年法国农业科技创新产出能力与最高分的差距呈扩大趋势。

从具体指标得分比较来看，2016 年，农业科技论文数量、本国居民植物新品种数量、农业生产指数和农业年均增长率共计 4 个指标的得分低于 G20 平均分。建议法国政府注重提升上述指标，不断提高国家农业科技创新产出水平。

第十章 德国农业科技创新能力评价分析报告

第一节 德国农业简介

德国位于欧洲中部，东邻波兰、捷克，南接奥地利、瑞士，西接荷兰、比利时、卢森堡、法国，北接丹麦，濒临北海和波罗的海。

德国国土面积约 35.74 万平方千米。2016 年末，全国总人口约 8 267 万人，实现 GDP 3.47 万亿美元，人均 GDP 41 936 美元。

德国农业发达，机械化程度很高，粮食自给有余。2014 年，农业用地面积 1 672.50 万公顷，占土地面积的 48%，其中耕地面积 1 187.10 万公顷，占农业用地面积的 71%。草地面积 465.10 万公顷，占土地面积的 13%；森林和林地面积 1 141.70 万公顷，占土地面积的 33%。2014 年，平均每人占有耕地面积 0.15 公顷，牧场 0.06 公顷，森林和林地 0.14 公顷。

德国近年来倡导生态农业，因地制宜，以混合农业为主。在种植业中，谷物生产以小麦、大麦、玉米为主，2014 年收获面积分别为 321.97 万公顷、157.37 万公顷和 48.13 万公顷，产量分别为 2 778.47 万吨、1 156.28 万吨和 514.21 万吨；经济作物以糖料和油料为主，主要包括甘蔗、油菜籽等。在畜牧业中，牛和猪是主要养殖对象，2014 年产量分别为 114.26 万吨和 552.78 万吨。

2014 年，德国农业人口 56.94 万人，约占总人口数的 0.7%。2016 年农业增加值 198.39 亿美元，约占 GDP 的 0.6%，农业工人人均增加值为 34 807.97 美元。

德国农业科技研发工作的机构主要是联邦单独资助的联邦农业研究机构、由各州单独资助的州农业研究机构、由联邦和州共同资助的农业研究机构。虽然德国农业科技研发工作的机构资助来源不同，但共同承担着农业的创新研发、推广和教育等。

第二节　德国农业科技创新能力总体评价分析

一、德国农业科技创新能力概要分析

2001~2016 年德国农业科技创新能力得分和排名变化趋势图，如图 10-1 所示。

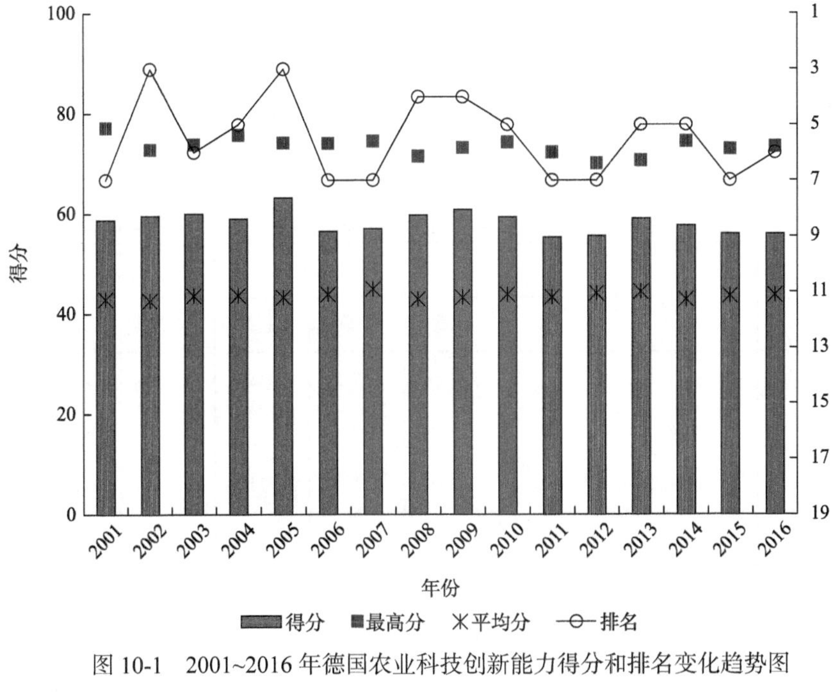

图 10-1　2001~2016 年德国农业科技创新能力得分和排名变化趋势图

从综合排位变化看，2016 年德国农业科技创新能力排名在 G20 中处于第 6 位，与 2001 年相比，排位上升 1 名。其中，2002 年和 2005 年的排位最高，排在第 3 位。总体来看，评价期内排位波动起伏较大。

从综合得分看，2016 年德国农业科技创新能力得分为 56.03 分，比 G20 最高分低 17.33 分，比平均分高 12.25 分；与 2001 年相比，德国农业科技创新能力得分下降了 2.70 分，与当年最高分的差距缩小了 0.98 分，G20 平均分与其差距缩小了 3.61 分。

二、德国农业科技创新能力各级指标动态变化分析

2001~2016 年德国农业科技创新能力各级指标的动态变化如表 10-1 和表 10-2 所示。

表 10-1　2001~2016 年德国农业科技创新能力三级指标排名变化趋势比较表

二级指标	三级指标个数	上升		保持		下降		变化趋势
		个数	比重	个数	比重	个数	比重	
创新基础能力	6	2	33.33%	1	16.67%	3	50.00%	保持
创新环境能力	5	2	40.00%	1	20.00%	2	40.00%	下降
创新产出能力	4	1	25.00%	1	25.00%	2	50.00%	下降
合计	15	5	33.33%	3	20.00%	7	46.67%	上升

表 10-2　2001~2016 年德国农业科技创新能力四级指标排名变化趋势比较表

二级指标	四级指标个数	上升		保持		下降		变化趋势
		个数	比重	个数	比重	个数	比重	
创新基础能力	17	6	35.29%	7	41.18%	4	23.53%	保持
创新环境能力	18	7	38.89%	4	22.22%	7	38.89%	下降
创新产出能力	9	3	33.33%	1	11.11%	5	55.56%	下降
合计	44	16	36.36%	12	27.27%	16	36.36%	上升

注：数据由于四舍五入加和不为 100%

表 10-1 中的数据表明，德国农业科技创新能力的 15 个三级指标中，上升的指标有 5 个，占指标总数的 33.33%；保持的指标有 3 个，占指标总数的 20.00%；下降的指标有 7 个，占指标总数的 46.67%。排名上升指标的数量小于排名下降指标的数量。

表 10-2 中的数据表明，德国农业科技创新能力的 44 个四级指标中，上升的指标有 16 个，占指标总数的 36.36%；保持的指标有 12 个，占指标总数的 27.27%；下降的指标有 16 个，占指标总数的 36.36%。排名上升指标的数量等于排名下降指

标的数量。

综上所述，由于上升的动力大于下降的拉力，2016 年德国农业科技创新能力排名与 2001 年相比上升了 1 位，在 G20 中居第 6 位。

三、德国农业科技创新能力各级指标优劣势分析

2016 年德国农业科技创新能力各级指标的优劣势如表 10-3 和表 10-4 所示。

表 10-3 2016 年德国农业科技创新能力三级指标排名优劣势比较表

二级指标	三级指标个数	强势		优势		中势		劣势		优劣度
		个数	比重	个数	比重	个数	比重	个数	比重	
创新基础能力	6	4	66.67%	2	33.33%	0	0.00	0	0.00	优势
创新环境能力	5	4	80.00%	1	20.00%	0	0.00	0	0.00	强势
创新产出能力	4	1	25.00%	2	50.00%	0	0.00	1	25.00%	中势
合计	15	9	60.00%	5	33.33%	0	0.00	1	6.67%	优势

表 10-4 2016 年德国农业科技创新能力四级指标排名优劣势比较表

二级指标	四级指标个数	强势		优势		中势		劣势		优劣度
		个数	比重	个数	比重	个数	比重	个数	比重	
创新基础能力	17	12	70.59%	2	11.76%	3	17.65%	0	0.00	优势
创新环境能力	18	13	72.22%	2	11.11%	3	16.67%	0	0.00	强势
创新产出能力	9	3	33.33%	2	22.22%	3	33.33%	1	11.11%	中势
合计	44	28	63.64%	6	13.64%	9	20.45%	1	2.27%	优势

注：数据由于四舍五入加和不为 100%

从三级指标来看，德国农业科技创新能力的 15 个三级指标中，强势指标 9 个，占指标总数的 60.00%；优势指标 5 个，占指标总数的 33.33%；中势指标 0 个；劣势指标 1 个，占指标总数的 6.67%；强势指标和优势指标的数量之和占指标总数的 93.33%，大于中势指标和劣势指标之和。

从四级指标来看，德国农业科技创新能力的 44 个四级指标中，强势指标 28 个，占指标总数的 63.64%；优势指标 6 个，占指标总数的 13.64%；中势指标 9 个，占指标总数的 20.45%；劣势指标 1 个，占指标总数的 2.27%；强势指标和优势指

标的数量之和占指标总数的 77.27%，大于中势指标和劣势指标之和。

第三节　德国农业科技创新基础能力评价分析

一、德国农业科技创新基础能力评价结果

德国农业科技创新基础能力在G20中所处的位置及得分变化如图10-2和表10-5所示。

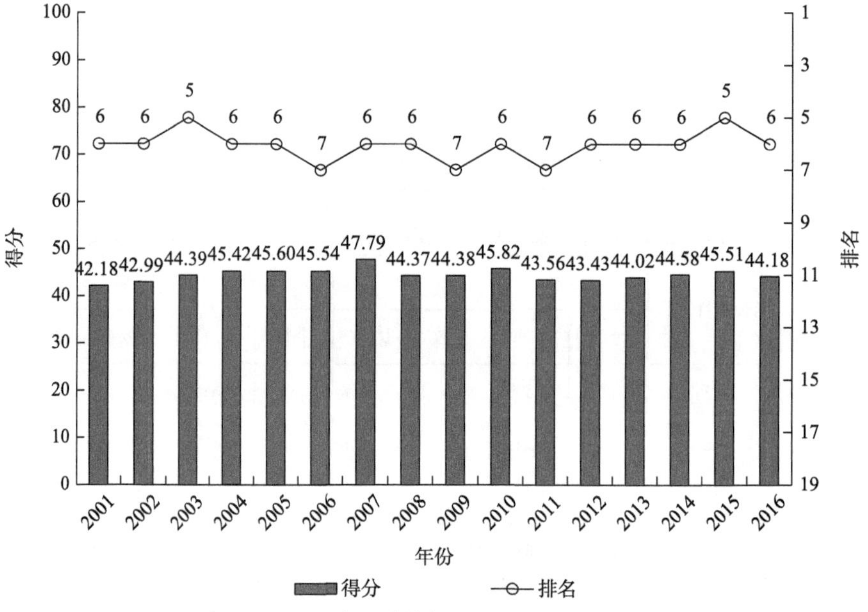

图 10-2　2001~2016 年德国农业科技创新基础能力得分和排名变化趋势图

表 10-5　2001~2016 年德国农业科技创新基础能力各级指标比较表

指标＼项目	2001 年		2006 年		2011 年		2016 年		综合变化		优劣度
	得分	排名	得分	排名	得分	排名	得分	排名	得分	排名	
经济水平	45.32	5	49.24	4	50.94	3	46.68	5	1.36	0	强势
GDP 水平	40.51	4	49.29	4	50.47	4	44.90	4	4.39	0	强势

续表

指标＼项目	2001年		2006年		2011年		2016年		综合变化		优劣度
	得分	排名	得分	排名	得分	排名	得分	排名	得分	排名	
财政收入水平	50.14	4	49.18	5	51.41	5	48.47	4	−1.67	0	强势
基础设施	48.69	3	52.46	3	49.00	4	48.42	5	−0.27	−2	强势
灌溉面积比例	1.54	14	1.64	15	3.68	11	4.86	11	3.32	3	中势
农业机械化程度	18.46	4	18.46	4	18.46	4	18.46	4	0	0	强势
信息通信技术普及率	74.75	6	89.76	1	76.69	2	74.78	4	0.03	2	强势
交通运输基础设施	100.00	1	100.00	1	97.16	2	95.58	3	−4.42	−2	强势
研究基础	5.88	3	5.88	3	5.88	4	10.05	5	4.17	−2	强势
大学与科研机构农业学科排名	0	7	0	7	0	6	8.33	5	8.33	2	强势
农业企业研发水平	11.76	3	11.76	3	11.76	3	11.76	3	0	0	强势
人力资源	72.54	5	67.25	5	65.91	4	62.34	4	−10.20	1	强势
农业研究人员数量	59.26	5	44.36	5	38.84	5	30.85	4	−28.41	1	强势
农民文化素质	70.84	2	67.24	2	68.93	3	66.60	3	−4.24	−1	强势
健康状况	87.52	6	90.14	7	89.97	8	89.57	8	2.05	−2	优势
资金投入	25.42	8	43.17	9	39.27	9	36.46	9	11.04	−1	优势
公共教育投入	38.36	5	81.49	5	88.10	5	82.01	3	43.65	2	强势
农业研发经费投入	29.98	6	32.57	6	26.53	6	24.79	6	−5.19	0	优势
农业外国直接投资	7.93	8	15.45	18	3.17	15	2.58	14	−5.34	−6	中势
合作基础	55.22	11	55.22	11	50.40	12	61.11	10	5.89	1	优势
产学研合作	92.59	2	92.59	2	73.91	3	91.67	2	−0.93	0	强势
集群发展状况	73.08	5	73.08	5	77.27	5	91.67	3	18.59	2	强势
国际农业研究合作	0	13	0	13	0	13	0	13	0	0	中势

注：数据因四舍五入存在偏差

（1）从排名变化看，2016 年德国农业科技创新基础能力排名在 G20 中处于第 6 位，与 2001 年相比排名保持不变。

（2）从得分看，2016 年德国农业科技创新基础能力得分为 44.18 分，与 2001 年相比，得分上升了 2.00 分。

（3）从指标动态变化趋势看，在德国农业科技创新基础能力的 6 个三级指标中，有 2 个指标（人力资源、合作基础）处于上升趋势，有 3 个指标（基础设施、研究基础、资金投入）处于下降趋势，有 1 个指标（经济水平）排名保持不变；在德国农业科技创新基础能力的 17 个四级指标中，有 6 个指标（灌溉面积比例、信息通信技术普及率、大学与科研机构农业学科排名、农业研究人员数量、公共教育投入、集群发展状况）处于上升趋势，有 4 个指标（交通运输基础设施、农民文化素质、健康状况、农业外国直接投资）处于下降趋势，其余 7 个指标（GDP 水平、财政收入水平、农业机械化程度、农业企业研发水平、农业研发经费投入、产学研合作、国际农业研究合作）排名保持不变。

（4）从指标优劣势结构来看，在德国农业科技创新基础能力的 6 个三级指标中，强势指标 4 个（经济水平、基础设施、研究基础、人力资源），占指标总数的 66.67%；优势指标 2 个（资金投入、合作基础），占指标总数的 33.33%；中势指标 0 个；劣势指标 0 个；强势指标和优势指标的数量之和占指标总数的 100.00%，大于中势指标和劣势指标之和。在德国农业科技创新基础能力的 17 个四级指标中，强势指标 12 个（GDP 水平、财政收入水平、农业机械化程度、信息通信技术普及率、交通运输基础设施、大学与科研机构农业学科排名、农业企业研发水平、农业研究人员数量、农民文化素质、公共教育投入、产学研合作、集群发展状况），占指标总数的 70.59%；优势指标 2 个（健康状况、农业研发经费投入），占指标总数的 11.76%；中势指标 3 个（灌溉面积比例、农业外国直接投资、国际农业研究合作），占指标总数的 17.65%；劣势指标 0 个；强势指标和优势指标的数量之和占指标总数的 82.35%，大于中势指标和劣势指标之和。

二、德国农业科技创新基础能力比较分析

图 10-3 反映了 2001 年和 2016 年德国农业科技创新基础能力与 G20 最高水平和平均水平的比较情况。

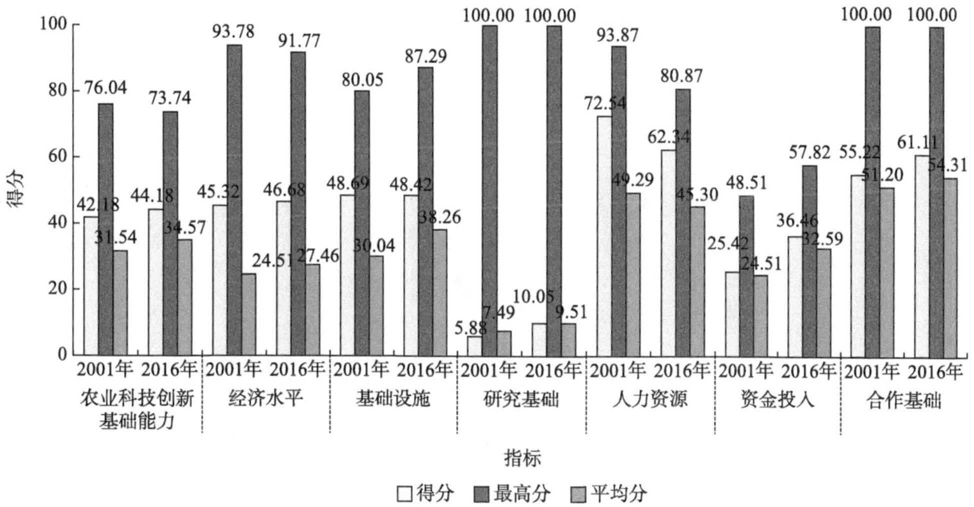

图 10-3　2001 年和 2016 年德国农业科技创新基础能力指标得分比较

由图 10-3 可知，2001 年，德国农业科技创新基础能力得分与 G20 最高分相比还有 33.86 分的差距，与 G20 平均分相比，高了 10.64 分；2016 年，德国农业科技创新基础能力得分与 G20 最高分的差距为 29.56 分，高于 G20 平均分 9.60 分。总的来说，2001~2016 年德国农业科技创新基础能力与最高分的差距呈缩小趋势。

从具体指标得分比较来看，2016 年，灌溉面积比例、大学与科研机构农业学科排名、农业研发经费投入、农业外国直接投资和国际农业研究合作共计 5 个指标的得分低于 G20 平均分。建议德国政府注重提升上述指标，夯实国家农业科技创新基础，不断增强国家农业科技创新基础能力。

第四节　德国农业科技创新环境能力评价分析

一、德国农业科技创新环境能力评价结果

德国农业科技创新环境能力在 G20 中所处的位置及得分变化如图 10-4 和表 10-6 所示。

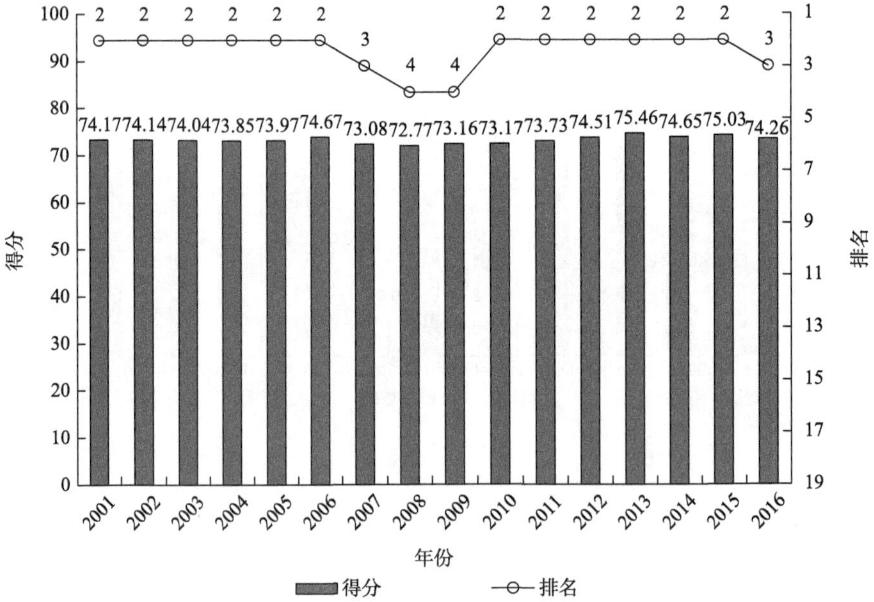

图 10-4　2001~2016 年德国农业科技创新环境能力得分和排名变化趋势图

表 10-6　2001~2016 年德国农业科技创新环境能力各级指标比较表

项目/指标	2001 年		2006 年		2011 年		2016 年		综合变化		优劣度
	得分	排名	得分	排名	得分	排名	得分	排名	得分	排名	
文化环境	84.06	2	84.06	2	76.67	4	76.67	4	−7.39	−2	强势
科技创新自由民主气氛	73.68	2	73.68	2	80.00	2	80.00	2	6.32	0	强势
民众的好奇心	94.44	2	94.44	2	73.33	5	73.33	5	−21.11	−3	强势
政策环境	58.20	5	57.41	4	63.04	5	68.63	4	10.43	1	强势
政治稳定性	100.00	1	95.12	3	94.43	4	79.07	4	−20.93	−3	强势
知识产权保护	100.00	1	100.00	1	93.94	3	89.29	6	−10.71	−5	优势
农业政策合理性	19.05	15	19.05	15	43.48	13	87.50	3	68.45	12	强势
农业科技创新支持水平	13.75	7	15.47	8	20.29	4	18.64	4	4.90	3	强势
商业环境	58.32	6	57.39	6	50.78	7	44.42	7	−13.90	−1	优势
农业信贷支持	30.95	2	28.16	2	26.67	2	17.92	2	−13.03	0	强势
企业开业难易程度	60.00	6	60.00	6	41.67	13	41.67	13	−18.33	−7	中势

续表

指标 \ 项目	2001 年		2006 年		2011 年		2016 年		综合变化		优劣度
	得分	排名	得分	排名	得分	排名	得分	排名	得分	排名	
市场成熟度	84.00	5	84.00	5	84.00	5	73.68	4	−10.32	1	强势
教育环境	91.03	4	91.03	4	94.62	1	97.33	1	6.30	3	强势
教育系统质量	73.08	9	73.08	9	83.87	3	100.00	1	26.92	8	强势
农村教育公平性	100.00	1	100.00	1	100.00	1	100.00	1	0	0	强势
技术培训可获得性	100.00	1	100.00	1	100.00	1	92.00	2	−8.00	−1	强势
生态可持续环境	79.26	1	83.44	1	83.56	1	84.25	1	4.99	0	强势
化肥使用密度	48.18	15	68.81	15	60.84	15	69.11	13	20.93	2	中势
农药使用密度	83.49	10	79.09	9	82.07	11	82.07	11	−1.42	−1	中势
农业用水量	100.00	1	100.00	1	100.00	1	100.00	1	0	0	强势
农业能源使用量	99.20	2	99.70	2	98.94	2	86.06	4	−13.14	−2	强势
农业温室气体排放量	90.33	9	91.67	9	92.29	9	93.41	8	3.08	1	优势
生物燃料生产量	54.36	9	61.37	8	67.23	6	74.84	4	20.48	5	强势

注：数据因四舍五入存在偏差

（1）从排名变化看，2016 年德国农业科技创新环境能力排名在 G20 中处于第 3 位，与 2001 年相比排名下降 1 名。

（2）从得分看，2016 年德国农业科技创新环境能力得分为 74.26 分，与 2001 年相比，得分上升了 0.09 分。

（3）从指标动态变化趋势看，在德国农业科技创新环境能力的 5 个三级指标中，有 2 个指标（政策环境、教育环境）处于上升趋势，有 2 个指标（文化环境、商业环境）处于下降趋势，有一个指标（生态可持续环境）排名保持不变；在德国农业科技创新环境能力的 18 个四级指标中，有 7 个指标（农业政策合理性、农业科技创新支持水平、市场成熟度、教育系统质量、化肥使用密度、农业温室气体排放量、生物燃料生产量）处于上升趋势，有 7 个指标（民众的好奇心、政治稳定性、知识产权保护、企业开业难易程度、技术培训可获得性、农药使用密度、农业能源使用量）处于下降趋势，其余 4 个指标（科技创新自由民主气氛、农业信贷支持、农村教育公平性、农业用水量）排名保持不变。

（4）从指标优劣势结构来看，在德国农业科技创新环境能力的 5 个三级指标中，强势指标 4 个（文化环境、政策环境、教育环境、生态可持续环境），占指标总数的 80.00%；优势指标 1 个（商业环境），占指标总数的 20.00%；中势指标 0 个；劣势指标 0 个；强势指标和优势指标的数量之和占指标总数的 100.00%，大于中势指标和劣势指标之和。在德国农业科技创新环境能力的 18 个四级指标中，强势指标 13 个（科技创新自由民主气氛、民众的好奇心、政治稳定性、农业政策合理性、农业科技创新支持水平、农业信贷支持、市场成熟度、教育系统质量、农村教育公平性、技术培训可获得性、农业用水量、农业能源使用量、生物燃料生产量），占指标总数的 72.22%；优势指标 2 个（知识产权保护、农业温室气体排放量），占指标总数的 11.11%；中势指标 3 个（企业开业难易程度、化肥使用密度、农药使用密度），占指标总数的 16.67%；劣势指标 0 个；强势指标和优势指标的数量之和占指标总数的 83.33%，大于中势指标和劣势指标之和。

二、德国农业科技创新环境能力比较分析

图 10-5 反映了 2001 年和 2016 年德国农业科技创新环境能力与 G20 最高水平和平均水平的比较情况。

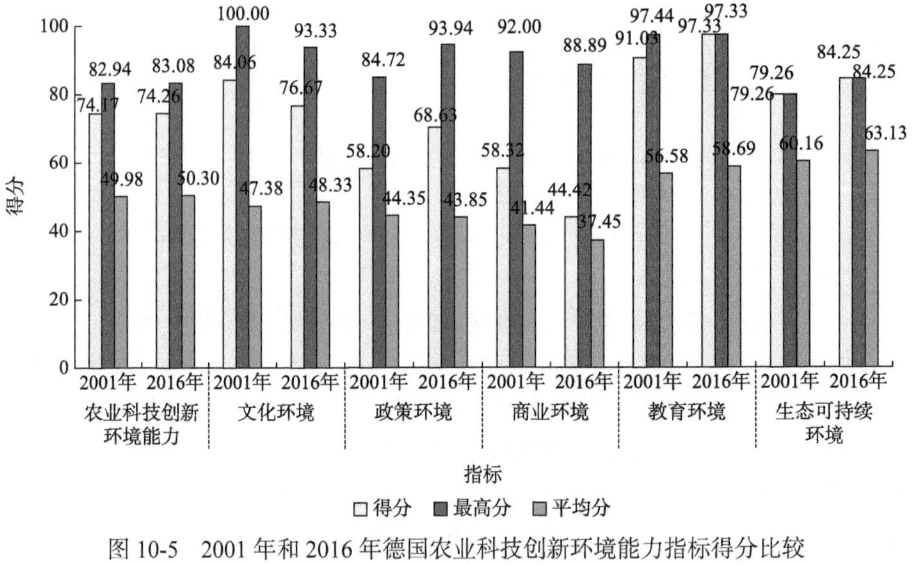

图 10-5　2001 年和 2016 年德国农业科技创新环境能力指标得分比较

由图 10-5 可知，2001 年，德国农业科技创新环境能力得分与 G20 最高分相比还有 8.77 分的差距，与 G20 平均分相比高了 24.19 分；2016 年，德国农业

科技创新环境能力得分与 G20 最高分的差距为 8.82 分，高于 G20 平均分 23.96 分。总的来说，2001~2016 年德国农业科技创新环境能力与最高分的差距呈扩大趋势。

从具体指标得分比较来看，2016 年，企业开业难易程度和化肥使用密度共计 2 个指标的得分低于 G20 平均分。建议德国政府注重提升上述指标，优化国家农业科技创新环境，不断提升国家农业科技创新环境能力。

第五节　德国农业科技创新产出能力评价分析

一、德国农业科技创新产出能力评价结果

德国农业科技创新产出能力在 G20 中所处的位置及得分变化如图 10-6 和表 10-7 所示。

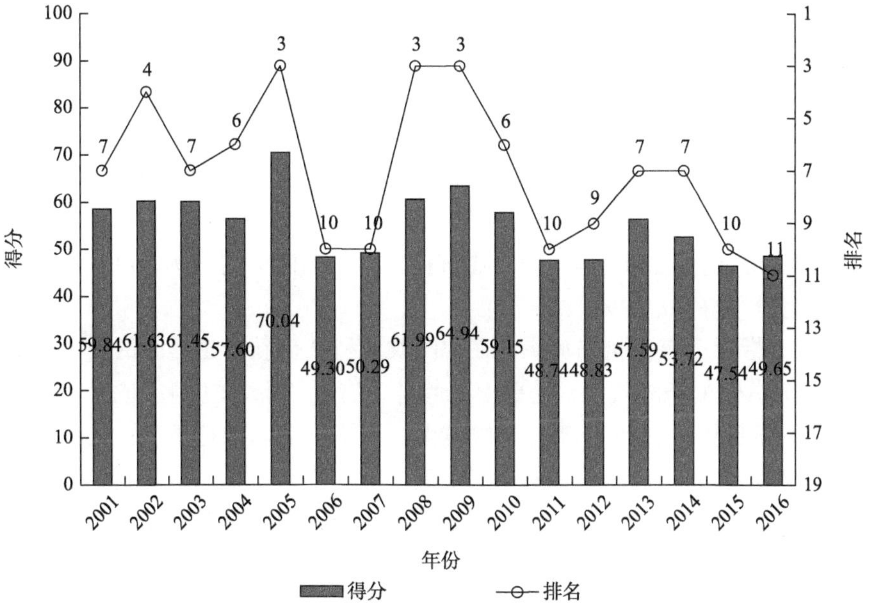

图 10-6　2001~2016 年德国农业科技创新产出能力得分和排名变化趋势图

表 10-7　2001~2016 年德国农业科技创新产出能力各级指标比较表

指标 \ 项目	2001 年		2006 年		2011 年		2016 年		综合变化		优劣度
	得分	排名	得分	排名	得分	排名	得分	排名	得分	排名	
科技成果	41.39	4	21.39	7	22.71	8	14.94	8	−26.45	−4	优势
农业科技论文数量	63.52	4	12.49	9	14.68	10	13.95	10	−49.58	−6	优势
本国居民农业专利数量	41.86	2	41.63	4	47.30	6	27.54	5	−14.33	−3	强势
本国居民植物新品种数量	18.77	7	10.05	8	6.16	10	3.55	13	−15.42	−6	中势
生产力水平	70.78	5	51.35	7	52.87	4	51.67	7	−19.11	−2	优势
农业生产指数	89.94	6	20.90	14	19.41	13	21.40	14	−68.55	−8	中势
农业土地生产率	86.14	3	91.14	3	94.88	3	99.77	2	13.63	1	强势
农业劳动生产率	36.25	8	42.03	8	44.30	8	33.83	9	−2.22	−1	优势
经济效益	27.19	18	24.46	19	19.38	18	32.01	17	4.82	1	劣势
农业年均增长率	0	19	0	19	0	19	19.82	17	19.82	2	劣势
农产品净出口额	54.39	18	48.92	15	38.76	16	44.19	14	−10.20	4	中势
农村生活水平	100.00	1	100.00	1	100.00	1	100.00	1	0	0	强势
农村恩格尔系数	100.00	1	100.00	1	100.00	1	100.00	1	0	0	强势

注：数据因四舍五入存在偏差

（1）从排名变化看，2016 年德国农业科技创新产出能力排名在 G20 中处于第 11 位，与 2001 年相比排名下降 4 位。

（2）从得分看，2016 年德国农业科技创新产出能力得分为 49.65 分，与 2001 年相比，得分下降 10.19 分。

（3）从指标动态变化趋势看，在德国农业科技创新产出能力的 4 个三级指标中，有 1 个指标（经济效益）处于上升趋势，有 2 个指标（科技成果、生产力水平）处于下降趋势，有 1 个指标（农村生活水平）排名保持不变；在德国农业科技创新产出能力的 9 个四级指标中，有 3 个指标（农业土地生产率、农业年均增长率、农产品净出口额）处于上升趋势，有 5 个指标（农业科技论文数量、本国居民农业专利数量、本国居民植物新品种数量、农业生产指数、农业劳动生产率）处于下降趋势，有 1 个指标（农村恩格尔系数）排名保持不变。

（4）从指标优劣势结构来看，在德国农业科技创新产出能力的 4 个三级指标中，强势指标 1 个（农村生活水平），占指标总数的 25.00%；优势指标 2 个（科技成果、生产力水平），占指标总数的 50.00%；中势指标 0 个；劣势指标 1 个（经济效益），占指标总数的 25.00%；强势指标和优势指标的数量之和占指标总数的 75.00%，大于中势指标和劣势指标之和。在德国农业科技创新产出能力的 9 个四级指标中，强势指标 3 个（本国居民农业专利数量、农业土地生产率、农村恩格尔系数），占指标总数的 33.33%；优势指标 2 个（农业科技论文数量、农业劳动生产率），占指标总数的 22.22%；中势指标 3 个（本国居民植物新品种数量、农业生产指数、农产品净出口额），占指标总数的 33.33%；劣势指标 1 个（农业年均增长率），占指标总数的 11.11%；强势指标和优势指标的数量之和占指标总数的 55.56%，大于中势指标和劣势指标之和。

二、德国农业科技创新产出能力比较分析

图 10-7 反映了 2001 年和 2016 年德国农业科技创新产出能力与 G20 最高水平和平均水平的比较情况。

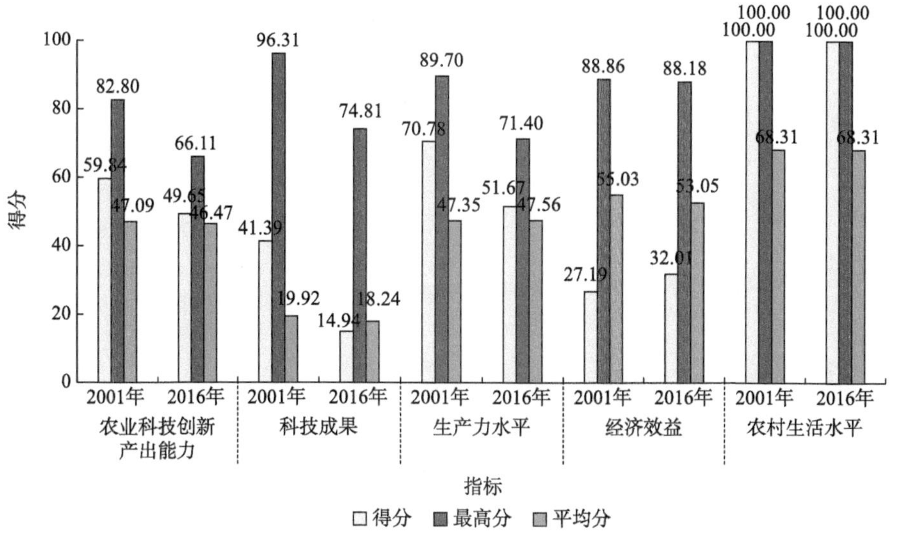

图 10-7　2001 年和 2016 年德国农业科技创新产出能力指标得分比较

由图 10-7 可知，2001 年，德国农业科技创新产出能力得分与 G20 最高分相比还有 22.96 分的差距，与 G20 平均分相比高了 12.75 分；2016 年，德国农业科技创新产出能力得分与 G20 最高分的差距为 16.46 分，高于 G20 平均分 3.18 分。总的来说，2001~2016 年德国农业科技创新产出能力与最高分的差距呈缩小趋势。

从具体指标得分比较来看，2016 年，农业科技论文数量、本国居民植物新品

种数量、农业生产指数、农业劳动生产率、农业年均增长率和农产品净出口额共计 6 个指标的得分低于 G20 平均分。建议德国政府注重提升上述指标，不断提高国家农业科技创新产出水平。

第十一章　印度农业科技创新能力评价分析报告

第一节　印度农业简介

印度位于亚洲南部，是南亚次大陆最大的国家，与孟加拉国、缅甸、中国、不丹、尼泊尔和巴基斯坦等国家接壤，东临孟加拉湾，西濒阿拉伯海，南临印度洋。

印度国土面积约 298 万平方千米（不包括中印边境印占区和克什米尔印度实际控制区等）。2016 年末，全国总人口约 132 417 万人，实现 GDP 2.26 万亿美元，人均 GDP 1 709 美元。

印度是一个农业大国，是世界上最大的粮食生产国之一。2014 年，农业用地面积 17 960 万公顷，占土地面积的 60%，其中耕地面积 15 636 万公顷，占农业用地面积的 87%。草地面积 1 024 万公顷，占土地面积的 3%；森林和林地面积 7 050.36 万公顷，占土地面积的 24%。2014 年，平均每人占有耕地面积 0.12 公顷，牧场 0.01 公顷，森林和林地 0.05 公顷。

印度已成为农产品净出口国，其农业的快速发展决定国民经济的高速增长。在种植业中，谷物生产以玉米、水稻、小麦为主，2014 年收获面积分别为 925.80 万公顷、4 385.50 万公顷和 3 047 万公顷，产量分别为 2 367 万吨、15 720 万吨和 9 585 万吨；经济作物以糖料和油料为主，主要包括甘蔗、油菜籽等。在畜牧业中，牛和鸡是主要养殖对象，2014 年产量分别为 95.70 万吨和 273 万吨。

2010 年，印度农业人口 19 109.56 万人，约占总人口数的 15.52%。2016 年农业增加值 3 536.20 亿美元，约占 GDP 的 16%，农业工人人均增加值为 1 202.45

美元。

印度农业科技研发工作的机构主要包括中央农业研究机构、地方农业研究机构、高等农业院校、私营农业研究机构。中央农业研究机构的核心是印度农业研究委员会（Indian Council of Agricultural Research，ICAR），它是印度国家农业科研系统的最高研究组织；地方农业科研系统包括 60 多个研究所；高等农业院校和私营农业研究机构是国家农业科研系统的重要辅助机构。

第二节　印度农业科技创新能力总体评价分析

一、印度农业科技创新能力概要分析

2001~2016 年印度农业科技创新能力得分和排名变化趋势图，如图 11-1 所示。

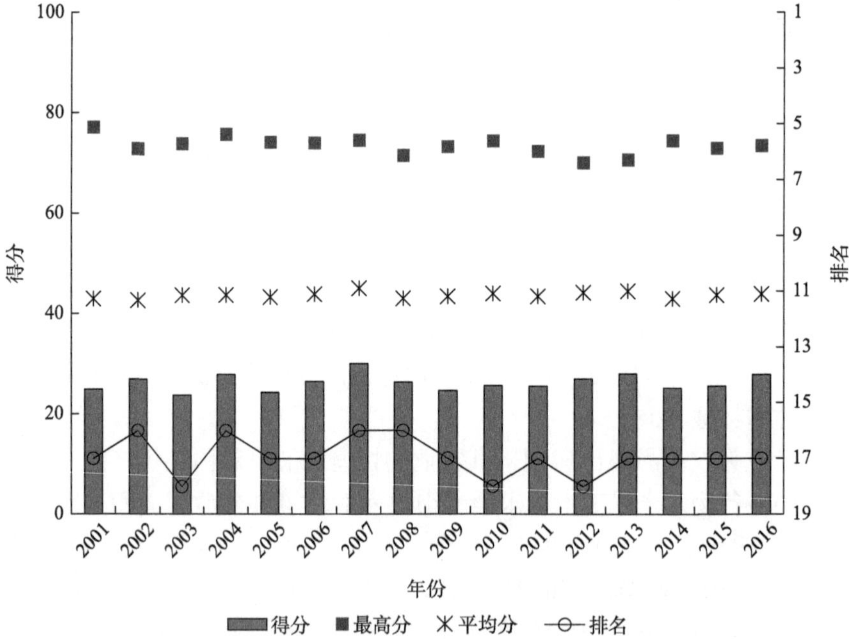

图 11-1　2001~2016 年印度农业科技创新能力得分和排名变化趋势图

从综合排位变化看，2016 年印度农业科技创新能力排名在 G20 中处于第 17

位，与 2001 年相比，排位保持不变。总体来看，评价期内排名在低位徘徊。

从综合得分看，2016 年印度农业科技创新能力得分为 27.81 分，比 G20 最高分低 45.55 分，比平均分低 15.97 分；与 2001 年相比印度农业科技创新能力得分上升了 2.96 分，与当年最高分的差距缩小了 6.64 分，与 G20 平均分的差距缩小了 2.05 分。

二、印度农业科技创新能力各级指标动态变化分析

2001~2016 年印度农业科技创新能力各级指标的动态变化如表 11-1 和表 11-2 所示。

表 11-1　2001~2016 年印度农业科技创新能力三级指标排名变化趋势比较表

二级指标	三级指标个数	上升		保持		下降		变化趋势
		个数	比重	个数	比重	个数	比重	
创新基础能力	6	3	50.00%	1	16.67%	2	33.33%	下降
创新环境能力	5	1	20.00%	2	40.00%	2	40.00%	上升
创新产出能力	4	2	50.00%	2	50.00%	0	0.00	保持
合计	15	6	40.00%	5	33.33%	4	26.67%	保持

表 11-2　2001~2016 年印度农业科技创新能力四级指标排名变化趋势比较表

二级指标	四级指标个数	上升		保持		下降		变化趋势
		个数	比重	个数	比重	个数	比重	
创新基础能力	17	5	29.41%	9	52.94%	3	17.65%	下降
创新环境能力	18	4	22.22%	10	55.55%	4	22.22%	上升
创新产出能力	9	3	33.33%	3	33.33%	3	33.33%	保持
合计	44	12	27.27%	22	50.00%	10	22.73%	保持

注：数据由于四舍五入加和不为 100%

表 11-1 中的数据表明，印度农业科技创新能力的 15 个三级指标中，上升的指标有 6 个，占指标总数的 40.00%；保持的指标有 5 个，占指标总数的 33.33%；下降的指标有 4 个，占指标总数的 26.67%。排名上升指标的数量大于排名下降指标

的数量。

表 11-2 中的数据表明，印度农业科技创新能力的 44 个四级指标中，上升的指标有 12 个，占指标总数的 27.27%；保持的指标有 22 个，占指标总数的 50.00%；下降的指标有 10 个，占指标总数的 22.73%。排名上升指标的数量大于排名下降指标的数量。

综上所述，由于上升的动力与下降的拉力持平，2016 年印度农业科技创新能力排名与 2001 年相比保持不变，在 G20 中居第 17 位。

三、印度农业科技创新能力各级指标优劣势分析

2016 年印度农业科技创新能力各级指标的优劣势如表 11-3 和表 11-4 所示。

表 11-3　2016 年印度农业科技创新能力三级指标排名优劣势比较表

二级指标	三级指标个数	强势		优势		中势		劣势		优劣度
		个数	比重	个数	比重	个数	比重	个数	比重	
创新基础能力	6	0	0.00	2	33.33%	1	16.67%	3	50.00%	中势
创新环境能力	5	0	0.00	0	0.00	3	60.00%	2	40.00%	中势
创新产出能力	4	0	0.00	1	25.00%	1	25.00%	2	50.00%	劣势
合计	15	0	0.00	3	20.00%	5	33.33%	7	46.67%	劣势

表 11-4　2016 年印度农业科技创新能力四级指标排名优劣势比较表

二级指标	四级指标个数	强势		优势		中势		劣势		优劣度
		个数	比重	个数	比重	个数	比重	个数	比重	
创新基础能力	17	2	11.76%	7	41.18%	1	5.88%	7	41.18%	中势
创新环境能力	18	2	11.11%	4	22.22%	4	22.22%	8	44.44%	中势
创新产出能力	9	1	11.11%	1	11.11%	1	11.11%	6	66.67%	劣势
合计	44	5	11.36%	12	27.27%	6	13.64%	21	47.73%	劣势

注：数据由于四舍五入加和不为 100%

从三级指标来看，印度农业科技创新能力的 15 个三级指标中，强势指标 0 个；优势指标 3 个，占指标总数的 20.00%；中势指标 5 个，占指标总数的 33.33%；劣

势指标 7 个，占指标总数的 46.67%；强势指标和优势指标的数量之和占指标总数的 20.00%，小于中势指标和劣势指标之和。

从四级指标来看，印度农业科技创新能力的 44 个四级指标中，强势指标 5 个，占指标总数的 11.36%；优势指标 12 个，占指标总数的 27.27%；中势指标 6 个，占指标总数的 13.64%；劣势指标 21 个，占指标总数的 47.73%；强势指标和优势指标的数量之和占指标总数的 38.64%，小于中势指标和劣势指标之和。

第三节　印度农业科技创新基础能力评价分析

一、印度农业科技创新基础能力评价结果

印度农业科技创新基础能力在 G20 中所处的位置及得分变化如图 11-2 和表 11-5 所示。

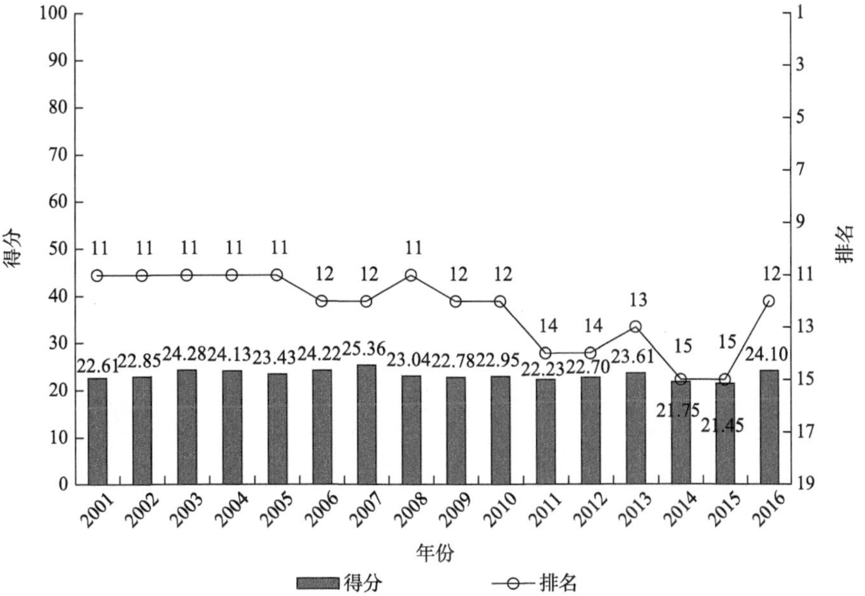

图 11-2　2001~2016 年印度农业科技创新基础能力得分和排名变化趋势图

表 11-5 2001~2016 年印度农业科技创新基础能力各级指标比较表

指标＼项目	2001 年		2006 年		2011 年		2016 年		综合变化		优劣度
	得分	排名	得分	排名	得分	排名	得分	排名	得分	排名	
经济水平	1.28	18	1.99	18	3.88	18	3.91	18	2.63	0	劣势
GDP 水平	1.68	18	2.46	18	4.39	18	5.02	17	3.35	1	劣势
财政收入水平	0.88	10	1.51	18	3.36	18	2.79	18	1.91	0	劣势
基础设施	28.20	10	29.30	10	28.00	11	37.80	8	9.60	2	优势
灌溉面积比例	58.28	3	62.70	3	69.49	3	80.11	2	21.83	1	强势
农业机械化程度	2.79	11	2.79	10	2.79	10	2.79	10	0	1	优势
信息通信技术普及率	0	19	0	19	0	19	1.92	19	1.92	0	劣势
交通运输基础设施	51.72	11	51.72	11	39.72	13	66.37	9	14.65	2	优势
研究基础	0	10	0	10	0	9	0	12	0	−2	中势
大学与科研机构农业学科排名	0	7	0	7	0	6	0	9	0	−2	优势
农业企业研发水平	0	7	0	7	0	7	0	7	0	0	优势
人力资源	8.97	19	14.32	18	14.19	18	13.77	18	4.80	1	劣势
农业研究人员数量	0	19	0	19	0	19	0	19	0	0	劣势
农民文化素质	0	19	0	19	0	19	0	19	0	0	劣势
健康状况	26.92	18	42.70	18	42.58	18	41.31	18	14.40	0	劣势
资金投入	34.78	4	37.36	13	34.51	11	19.67	16	−15.11	−12	劣势
公共教育投入	100.00	1	90.99	3	100.00	1	56.08	9	−43.92	−8	优势
农业研发经费投入	1.72	16	1.02	17	0	18	0	18	−1.72	−2	劣势
农业外国直接投资	2.61	13	20.07	12	3.52	14	2.93	13	0.33	0	中势
合作基础	62.44	9	62.44	9	52.83	10	69.44	6	7.00	3	优势
产学研合作	29.63	12	29.63	12	13.04	16	54.17	6	24.54	6	优势
集群发展状况	57.69	10	57.69	10	45.45	11	54.17	10	−3.53	0	优势
国际农业研究合作	100.00	1	100.00	1	100.00	1	100.00	1	0	0	强势

注：数据因四舍五入存在偏差

（1）从排名变化看，2016 年印度农业科技创新基础能力排名在 G20 中处于第 12 位，与 2001 年相比排名下降 1 位。

（2）从得分看，2016 年印度农业科技创新基础能力得分为 24.10 分，与 2001 年相比，得分上升了 1.49 分。

（3）从指标动态变化趋势看，在印度农业科技创新基础能力的 6 个三级指标中，有 3 个指标（基础设施、人力资源、合作基础）处于上升趋势，有 2 个指标（研究基础、资金投入）处于下降趋势，有 1 个指标（经济水平）排名保持不变；在印度农业科技创新基础能力的 17 个四级指标中，有 5 个指标（GDP 水平、灌溉面积比例、农业机械化程度、交通运输基础设施、产学研合作）处于上升趋势，有 3 个指标（大学与科研机构农业学科排名、公共教育投入、农业研发经费投入）处于下降趋势，其余 9 个指标（财政收入水平、信息通信技术普及率、农业企业研发水平、农业研究人员数量、农民文化素质、健康状况、农业外国直接投资、集群发展状况、国际农业研究合作）排名保持不变。

（4）从指标优劣势结构来看，在印度农业科技创新基础能力的 6 个三级指标中，强势指标 0 个；优势指标 2 个（基础设施、合作基础），占指标总数的 33.33%；中势指标 1 个（研究基础），占指标总数的 16.67%；劣势指标 3 个（经济水平、人力资源、资金投入），占指标总数的 50.00%；强势指标和优势指标的数量之和占指标总数的 33.33%，小于中势指标和劣势指标之和。在印度农业科技创新基础能力的 17 个四级指标中，强势指标 2 个（灌溉面积比例、国际农业研究合作），占指标总数的 11.76%；优势指标 7 个（农业机械化程度、交通运输基础设施、大学与科研机构农业学科排名、农业企业研发水平、公共教育投入、产学研合作、集群发展状况），占指标总数的 41.18%；中势指标 1 个（农业外国直接投资），占指标总数的 5.88%；劣势指标 7 个（GDP 水平、财政收入水平、信息通信技术普及率、农业研究人员数量、农民文化素质、健康状况、农业研发经费投入），占指标总数的 41.18%；强势指标和优势指标的数量之和占指标总数的 52.94%，大于中势指标和劣势指标之和。

二、印度农业科技创新基础能力比较分析

图 11-3 反映了 2001 年和 2016 年印度农业科技创新基础能力与 G20 最高水平和平均水平的比较情况。

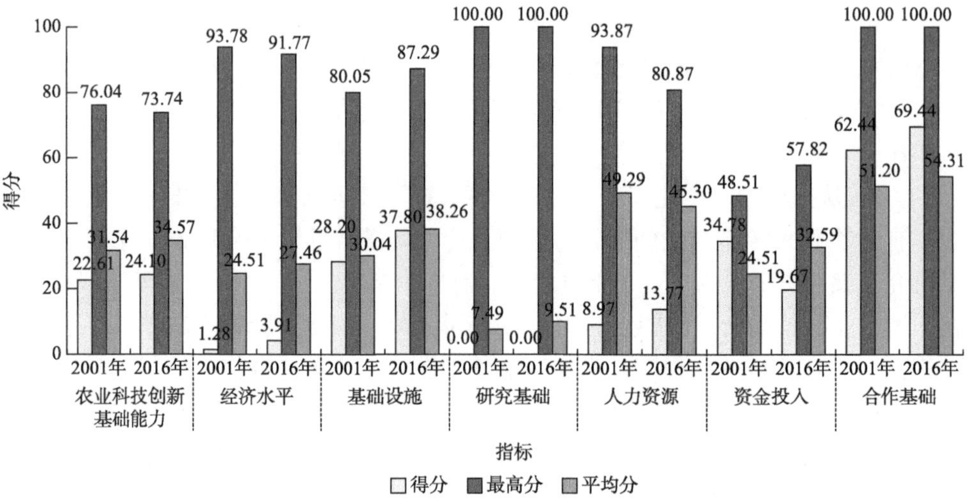

图 11-3　2001 年和 2016 年印度农业科技创新基础能力指标得分比较

由图 11-3 可知，2001 年，印度农业科技创新基础能力得分与 G20 最高分相比还有 53.43 分的差距，与 G20 平均分相比低了 8.93 分；2016 年，印度农业科技创新基础能力得分与 G20 最高分的差距为 49.64 分，低于 G20 平均分 10.47 分。总的来说，2001~2016 年印度农业科技创新基础能力与最高分的差距呈缩小趋势。

从具体指标得分比较来看，2016 年，GDP 水平、财政收入水平、农业机械化程度、信息通信技术普及率、大学与科研机构农业学科排名、农业企业研发水平、农业研究人员数量、农民文化素质、健康状况、农业研发经费投入、农业外国直接投资和集群发展状况共计 12 个指标的得分低于 G20 平均分。建议印度政府注重提升上述指标，夯实国家农业科技创新基础，不断增强国家农业科技创新基础能力。

第四节　印度农业科技创新环境能力评价分析

一、印度农业科技创新环境能力评价结果

印度农业科技创新环境能力在 G20 中所处的位置及得分变化如图 11-4 和表 11-6 所示。

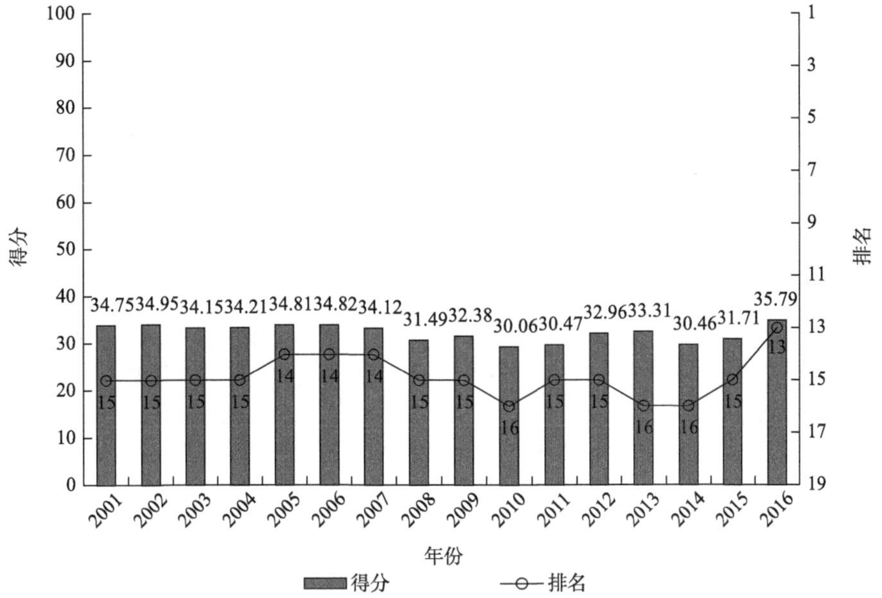

图 11-4　2001~2016 年印度农业科技创新环境能力得分和排名变化趋势图

表 11-6　2001~2016 年印度农业科技创新环境能力各级指标比较表

指标＼项目	2001 年		2006 年		2011 年		2016 年		综合变化		优劣度
	得分	排名	得分	排名	得分	排名	得分	排名	得分	排名	
文化环境	29.82	13	29.82	13	45.83	11	45.83	11	16.01	2	中势
科技创新自由民主气氛	26.32	11	26.32	11	45.00	11	45.00	11	18.68	0	中势
民众的好奇心	33.33	13	33.33	13	46.67	12	46.67	12	13.33	1	中势
政策环境	28.11	15	25.33	16	17.36	16	29.86	15	1.75	0	中势
政治稳定性	31.10	17	19.98	17	0	19	14.09	17	−17.01	0	劣势
知识产权保护	43.24	10	43.24	10	30.30	14	42.86	10	−0.39	0	优势
农业政策合理性	38.10	10	38.10	10	39.13	14	62.50	9	24.40	1	优势
农业科技创新支持水平	0	17	0	17	0	17	0	17	0	0	劣势
商业环境	20.53	18	20.60	18	9.70	19	14.19	18	−6.34	0	劣势
农业信贷支持	0.27	18	0.47	17	1.10	17	13.18	9	12.91	9	优势
企业开业难易程度	33.33	12	33.33	12	0	17	8.33	17	−25.00	−5	劣势
市场成熟度	28.00	16	28.00	16	28.00	16	21.05	16	−6.95	0	劣势

续表

指标＼项目	2001 年		2006 年		2011 年		2016 年		综合变化		优劣度
	得分	排名	得分	排名	得分	排名	得分	排名	得分	排名	
教育环境	42.09	12	42.09	12	27.58	16	37.78	13	−4.31	−1	中势
教育系统质量	84.62	5	84.62	5	67.74	8	73.33	6	−11.28	−1	优势
农村教育公平性	0	18	0	18	0	18	0	17	0	1	劣势
技术培训可获得性	41.67	10	41.67	10	15.00	16	40.00	12	−1.67	−2	中势
生态可持续环境	53.16	15	56.27	14	51.90	18	51.27	18	−1.89	−3	劣势
化肥使用密度	78.23	9	81.66	11	67.36	13	69.89	12	−8.34	−3	中势
农药使用密度	100.00	1	100.00	1	100.00	1	100.00	1	0	0	强势
农业用水量	0	19	0	19	0	19	0	19	0	0	劣势
农业能源使用量	34.74	16	49.32	16	38.73	16	33.81	16	−0.93	0	劣势
农业温室气体排放量	10.12	18	12.41	18	12.43	18	12.73	18	2.61	0	劣势
生物燃料生产量	95.90	2	94.22	2	92.89	2	91.21	2	−4.69	0	强势

注：数据因四舍五入存在偏差

（1）从排名变化看，2016 年印度农业科技创新环境能力排名在 G20 中处于第 13 位，与 2001 年相比排名上升 2 位。

（2）从得分看，2016 年印度农业科技创新环境能力得分为 35.79 分，与 2001 年相比，得分上升了 1.04 分。

（3）从指标动态变化趋势看，在印度农业科技创新环境能力的 5 个三级指标中，有 1 个指标（文化环境）处于上升趋势，有 2 个指标（教育环境、生态可持续环境）处于下降趋势，其余 2 个指标（政策环境、商业环境）排名保持不变；在印度农业科技创新环境能力的 18 个四级指标中，有 4 个指标（民众的好奇心、农业政策合理性、农业信贷支持、农村教育公平性）处于上升趋势，有 4 个指标（企业开业难易程度、教育系统质量、技术培训可获得性、化肥使用密度）处于下降趋势，其余 10 个指标（科技创新自由民主气氛、政治稳定性、知识产权保护、农业科技创新支持水平、市场成熟度、农药使用密度、农业用水量、农业能源使用量、农业温室气体排放量、生物燃料生产量）排名保持不变。

（4）从指标优劣势结构来看，在印度农业科技创新环境能力的 5 个三级指标中，强势指标 0 个；优势指标 0 个；中势指标 3 个（文化环境、政策环境、教育环境），占指标总数的 60.00%；劣势指标 2 个（商业环境、生态可持续环境），占指标总数的 40.00%；强势指标和优势指标的数量之和占指标总数的 0%，小于中势指标和劣势指标之和。在印度农业科技创新环境能力的 18 个四级指标中，强势指标 2 个（农药使用密度、生物燃料生产量），占指标总数的 11.11%；优势指标 4 个（知识产权保护、农业政策合理性、农业信贷支持、教育系统质量），占指标总数的 22.22%；中势指标 4 个（科技创新自由民主气氛、民众的好奇心、技术培训可获得性、化肥使用密度），占指标总数的 22.22%；劣势指标 8 个（政治稳定性、农业科技创新支持水平、企业开业难易程度、市场成熟度、农村教育公平性、农业用水量、农业能源使用量、农业温室气体排放量），占指标总数的 44.44%；强势指标和优势指标的数量之和占指标总数的 33.33%，小于中势指标和劣势指标之和。

二、印度农业科技创新环境能力比较分析

图 11-5 反映了 2001 年和 2016 年印度农业科技创新环境能力与 G20 最高水平和平均水平的比较情况。

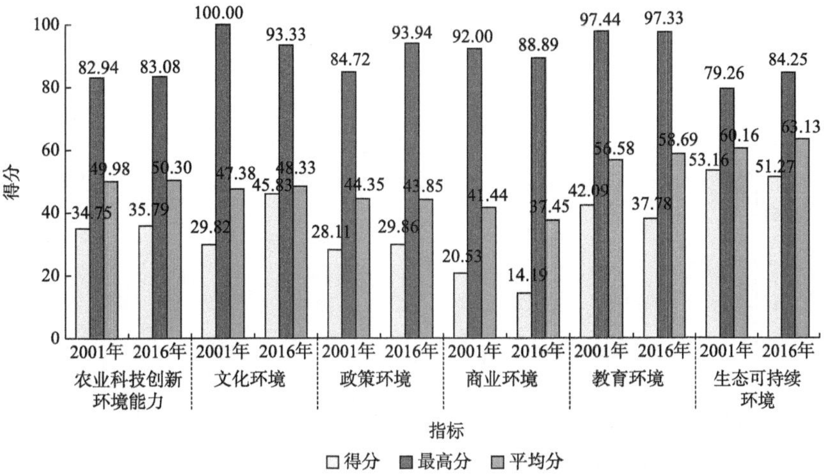

图 11-5　2001 年和 2016 年印度农业科技创新环境能力指标得分比较

由图 11-5 可知，2001 年，印度农业科技创新环境能力得分与 G20 最高分相比还有 48.19 分的差距，与 G20 平均分相比低了 15.23 分；2016 年，印度农业科技创新环境能力得分与 G20 最高分的差距为 47.29 分，低于 G20 平均分 14.51 分。总的来说，2001~2016 年印度农业科技创新环境能力与最高分的差距呈缩小趋势。

从具体指标得分比较来看，2016 年，民众的好奇心、政治稳定性、知识产权保护、农业科技创新支持水平、农业信贷支持、企业开业难易程度、市场成熟度、农村教育公平性、技术培训可获得性、化肥使用密度、农业用水量、农业能源使用量和农业温室气体排放量共计 13 个指标的得分低于 G20 平均分。建议印度政府注重提升上述指标，优化国家农业科技创新环境，不断提升国家农业科技创新环境能力。

第五节　印度农业科技创新产出能力评价分析

一、印度农业科技创新产出能力评价结果

印度农业科技创新产出能力在 G20 中所处的位置及得分变化如图 11-6 和表 11-7 所示。

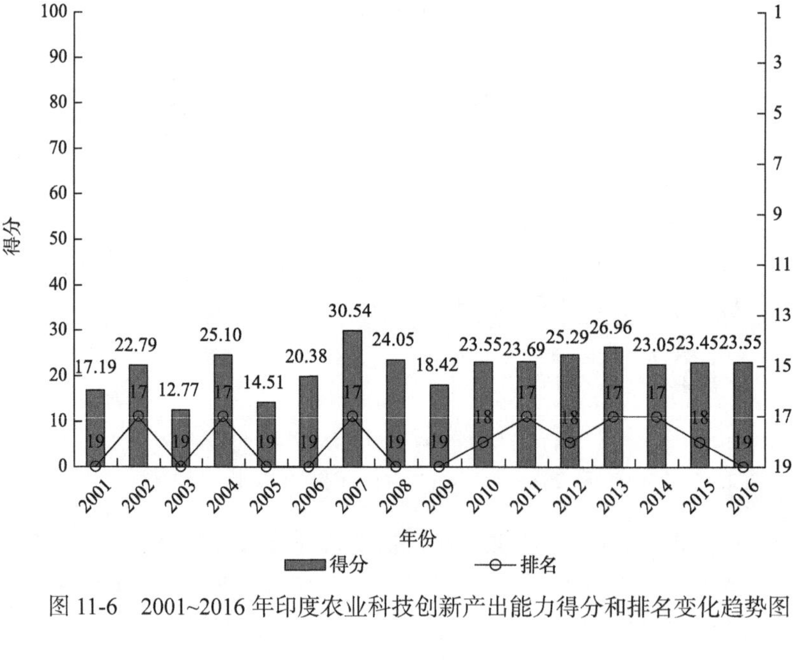

图 11-6　2001~2016 年印度农业科技创新产出能力得分和排名变化趋势图

表 11-7　2001~2016 年印度农业科技创新产出能力各级指标比较表

项目 / 指标	2001 年		2006 年		2011 年		2016 年		综合变化		优劣度
	得分	排名	得分	排名	得分	排名	得分	排名	得分	排名	
科技成果	0.05	18	0.07	18	0.13	18	0.10	18	0.05	0	劣势
农业科技论文数量	0.15	12	0.22	17	0.39	18	0.31	18	0.17	−6	劣势
本国居民农业专利数量	0	15	0	15	0	19	0	19	0	−4	劣势
本国居民植物新品种数量	0	19	0	19	0	19	0	19	0	0	劣势
生产力水平	18.74	16	11.03	18	39.37	15	38.78	15	20.04	1	中势
农业生产指数	43.16	12	22.73	11	100.00	1	96.65	2	53.49	10	强势
农业土地生产率	12.87	17	10.33	17	18.11	17	19.70	17	6.83	0	劣势
农业劳动生产率	0.18	18	0.02	18	0	19	0	19	−0.18	−1	劣势
经济效益	49.51	14	69.96	6	54.80	6	54.86	10	5.35	4	优势
农业年均增长率	21.73	15	70.74	6	51.60	2	49.12	12	27.40	3	中势
农产品净出口额	77.29	8	69.17	7	58.01	8	60.59	7	−16.70	1	优势
农村生活水平	0.47	17	0.47	17	0.47	17	0.47	17	0	0	劣势
农村恩格尔系数	0.47	17	0.47	17	0.47	17	0.47	17	0	0	劣势

注：数据因四舍五入存在偏差

（1）从排名变化看，2016 年印度农业科技创新产出能力排名在 G20 中处于第 19 位，与 2001 年相比排名保持不变。

（2）从得分看，2016 年印度农业科技创新产出能力得分为 23.55 分，与 2001 年相比，得分上升了 6.36 分。

（3）从指标动态变化趋势看，在印度农业科技创新产出能力的 4 个三级指标中，有 2 个指标（生产力水平、经济效益）处于上升趋势，有 0 个指标处于下降趋势，其余 2 个指标（科技成果、农村生活水平）排名保持不变；在印度农业科技创新产出能力的 9 个四级指标中，有 3 个指标（农业生产指数、农业年均增长率、农产品净出口额）处于上升趋势，有 3 个指标（农业科技论文数量、本国居民农业专利数量、农业劳动生产率）处于下降趋势，其余 3 个指标（本国居民植物新品种数量、农业土地生产率、农村恩格尔系数）排名保持不变。

（4）从指标优劣势结构来看，在印度农业科技创新产出能力的 4 个三级指标中，强势指标 0 个；优势指标 1 个（经济效益），占指标总数的 25.00%；中势指标 1 个（生产力水平），占指标总数的 25.00%；劣势指标 2 个（科技成果、农村生活水平），占指标总数的 50.00%。在印度农业科技创新产出能力的 9 个四级指标中，强势指标 1 个（农业生产指数），占指标总数的 11.11%；优势指标 1 个（农产品净出口额），占指标总数的 11.11%；中势指标 1 个（农业年均增长率），占指标总数的 11.11%；劣势指标 6 个（农业科技论文数量、本国居民农业专利数量、本国居民植物新品种数量、农业土地生产率、农业劳动生产率、农村恩格尔系数），占指标总数的 66.67%；强势指标和优势指标的数量之和占指标总数的 22.22%，小于中势指标和劣势指标之和。

二、印度农业科技创新产出能力比较分析

图 11-7 反映了 2001 年和 2016 年印度农业科技创新产出能力与 G20 最高水平和平均水平的比较情况。

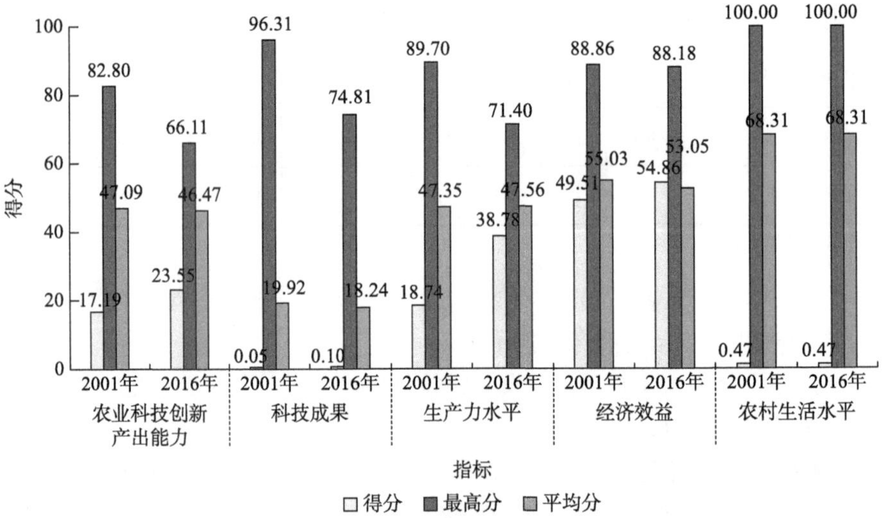

图 11-7 2001 年和 2016 年印度农业科技创新产出能力指标得分比较

由图 11-7 可知，2001 年，印度农业科技创新产出能力得分与 G20 最高分相比还有 65.61 分的差距，与 G20 平均分相比低了 29.90 分；2016 年，印度农业科技创新产出能力得分与 G20 最高分的差距为 42.56 分，低于 G20 平均分 22.92 分。总的来说，2001~2016 年印度农业科技创新产出能力与最高分的差距

呈缩小趋势。

从具体指标得分比较来看，2016 年，农业科技论文数量、本国居民农业专利数量、本国居民植物新品种数量、农业土地生产率、农业劳动生产率、农业年均增长率和农村恩格尔系数共计 7 个指标的得分低于 G20 平均分。建议印度政府注重提升上述指标，不断提高国家农业科技创新产出水平。

第十二章　印度尼西亚农业科技创新能力评价分析报告

第一节　印度尼西亚农业简介

印度尼西亚位于亚洲东南部，地跨赤道，由上万个岛屿组成，是全世界最大的群岛国家，疆域横跨亚洲及大洋洲。

印度尼西亚为东南亚国家，国土面积约 191.36 万平方千米。2016 年末，全国总人口约 26 112 万人，实现 GDP 9 300 亿美元，人均 GDP 3 570 美元。

印度尼西亚的农业一直在国民经济中占有举足轻重的地位。2014 年，农业用地面积 5 700 万公顷，占土地面积的 31%，其中耕地面积 2 350 万公顷，占农业用地面积的 41%。草地面积 1 100 万公顷，占土地面积的 6%；森林和林地面积 9 169.44 万公顷，占土地面积的 51%。2014 年，平均每人占有耕地面积 0.09 公顷，牧场 0.04 公顷，森林和林地 0.36 公顷。

印度尼西亚农场规模较小，是劳动密集型产业，同时也是世界上第二大棕榈油的生产国和出口国。在种植业中，谷物生产以玉米、水稻为主，2014 年收获面积分别为 383.70 万公顷、1 379.73 万公顷，产量分别为 1 900.84 万吨、7 084.65 万吨；经济作物以糖料和油料为主，主要包括甘蔗、油菜籽等。在畜牧业中，猪和鸡是主要养殖对象，2014 年产量分别为 75.90 万吨和 193.92 万吨。

2014 年，印度尼西亚农业人口 3 990.3 万人，约占总人口数的 15.64%。2016 年农业增加值 1 254.10 亿美元，约占 GDP 的 13%，农业工人人均增加值为 2 715.77 美元。

印度尼西亚农业科技研发工作的机构主要包括综合性农业研究机构、区域性农业研究机构、高等农业院校、私营农业研究机构。综合性农业研究机构全面负责农业科研和推广工作，是印度尼西亚农业科研体系的主体；区域性农业研究机构负责区域内农业科研和推广工作；高等农业院校和私营研究机构是国家农业研究系统的重要辅助机构。

第二节　印度尼西亚农业科技创新能力总体评价分析

一、印度尼西亚农业科技创新能力概要分析

2001~2016 年印度尼西亚农业科技创新能力得分和排名变化趋势图,如图 12-1 所示。

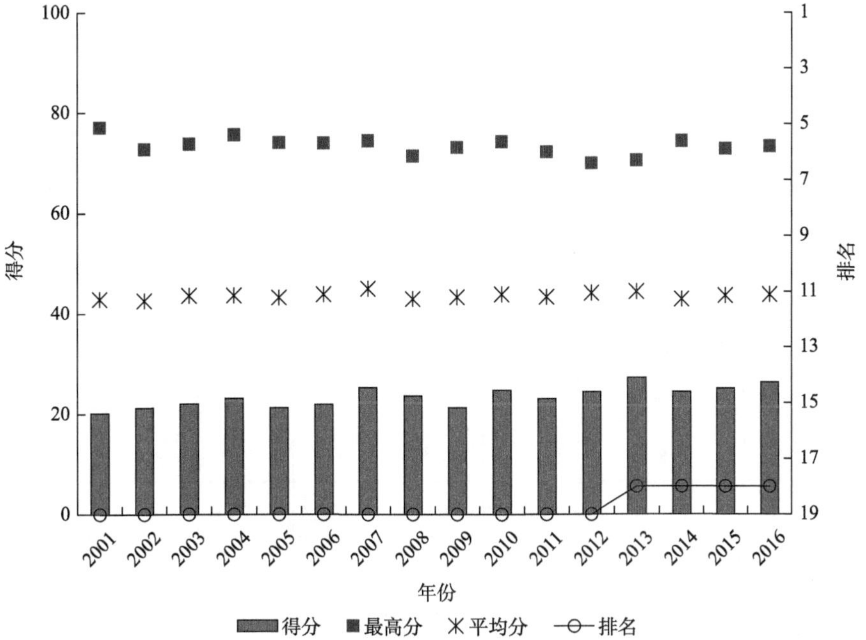

图 12-1　2001~2016 年印度尼西亚农业科技创新能力得分和排名变化趋势图

从综合排位变化看，2016 年印度尼西亚农业科技创新能力排名在 G20 中处于第 18 位，与 2001 年相比，排位上升 1 位。总体来看，评价期内排位基本垫底。

从综合得分看，2016 年印度尼西亚农业科技创新能力得分为 26.32 分，比 G20 最高分低 47.04 分，比平均分低 17.46 分；与 2001 年相比，印度尼西亚农业科技创新能力得分上升了 6.19 分，与当年最高分的差距缩小了 9.87 分，与 G20 平均分的差距也缩小了 5.28 分。

二、印度尼西亚农业科技创新能力各级指标动态变化分析

2001~2016 年印度尼西亚农业科技创新能力各级指标的动态变化如表 12-1 和表 12-2 所示。

表 12-1　2001~2016 年印度尼西亚农业科技创新能力三级指标排名变化趋势比较表

二级指标	三级指标个数	上升		保持		下降		变化趋势
		个数	比重	个数	比重	个数	比重	
创新基础能力	6	2	33.33%	3	50.00%	1	16.67%	保持
创新环境能力	5	3	60.00%	0	0.00	2	40.00%	上升
创新产出能力	4	2	50.00%	2	50.00%	0	0.00	上升
合计	15	7	46.67%	5	33.33%	3	20.00%	上升

表 12-2　2001~2016 年印度尼西亚农业科技创新能力四级指标排名变化趋势比较表

二级指标	四级指标个数	上升		保持		下降		变化趋势
		个数	比重	个数	比重	个数	比重	
创新基础能力	17	3	17.65%	7	41.18%	7	41.18%	保持
创新环境能力	18	5	27.78%	3	16.67%	10	55.56%	上升
创新产出能力	9	3	33.33%	3	33.33%	3	33.33%	上升
合计	44	11	25.00%	13	29.55%	20	45.45	上升

注：数据由于四舍五入加和不为 100%

表 12-1 中的数据表明，印度尼西亚农业科技创新能力的 15 个三级指标中，上升的指标有 7 个，占指标总数的 46.67%；保持的指标有 5 个，占指标总数的 33.33%；下降的指标有 3 个，占指标总数的 20.00%。排名上升指标的数量大于排名下降指

标的数量。

表 12-2 中的数据表明，印度尼西亚农业科技创新能力的 44 个四级指标中，上升的指标有 11 个，占指标总数的 25.00%；保持的指标有 13 个，占指标总数的 29.55%；下降的指标有 20 个，占指标总数的 45.45%。排名上升指标的数量小于排名下降指标的数量。

综上所述，由于上升的动力大于下降的拉力，2016 年印度尼西亚农业科技创新能力排名与 2001 年相比上升了 1 位，在 G20 中居第 18 位。

三、印度尼西亚农业科技创新能力各级指标优劣势分析

2016 年印度尼西亚农业科技创新能力各级指标的优劣势如表 12-3 和表 12-4 所示。

表 12-3　2016 年印度尼西亚农业科技创新能力三级指标排名优劣势比较表

二级指标	三级指标个数	强势		优势		中势		劣势		优劣度
		个数	比重	个数	比重	个数	比重	个数	比重	
创新基础能力	6	0	0.00	0	0.00	2	33.33%	4	66.67%	劣势
创新环境能力	5	0	0.00	0	0.00	3	60.00%	2	40.00%	中势
创新产出能力	4	2	50.00%	0	0.00	0	0.00	2	50.00%	中势
合计	15	2	13.33%	0	0.00	5	33.33%	8	53.33%	劣势

注：数据由于四舍五入加和不为 100%

表 12-4　2016 年印度尼西亚农业科技创新能力四级指标排名优劣势比较表

二级指标	四级指标个数	强势		优势		中势		劣势		优劣度
		个数	比重	个数	比重	个数	比重	个数	比重	
创新基础能力	17	0	0.00	6	35.29%	1	5.88%	10	58.82%	劣势
创新环境能力	18	0	0.00	5	27.78%	9	50.00%	4	22.22%	中势
创新产出能力	9	3	33.33%	1	11.11%	0	0.00	5	55.56%	中势
合计	44	3	6.82%	12	27.27%	10	22.73%	19	43.18%	劣势

注：数据由于四舍五入加和不为 100%

从三级指标来看，印度尼西亚农业科技创新能力的 15 个三级指标中，强势指标 2 个，占指标总数的 13.33%；优势指标 0 个；中势指标 5 个，占指标总数的 33.33%；

劣势指标 8 个，占指标总数的 53.33%；强势指标和优势指标的数量之和占指标总数的 13.33%，小于中势指标和劣势指标之和。

从四级指标来看，印度尼西亚农业科技创新能力的 44 个四级指标中，强势指标 3 个，占指标总数的 6.82%；优势指标 12 个，占指标总数的 27.27%；中势指标 10 个，占指标总数的 22.73%；劣势指标 19 个，占指标总数的 43.18%；强势指标和优势指标的数量之和占指标总数的 34.09%，小于中势指标和劣势指标之和。

第三节　印度尼西亚农业科技创新基础能力评价分析

一、印度尼西亚农业科技创新基础能力评价结果

印度尼西亚农业科技创新基础能力在 G20 中所处的位置及得分变化如图 12-2 和表 12-5 所示。

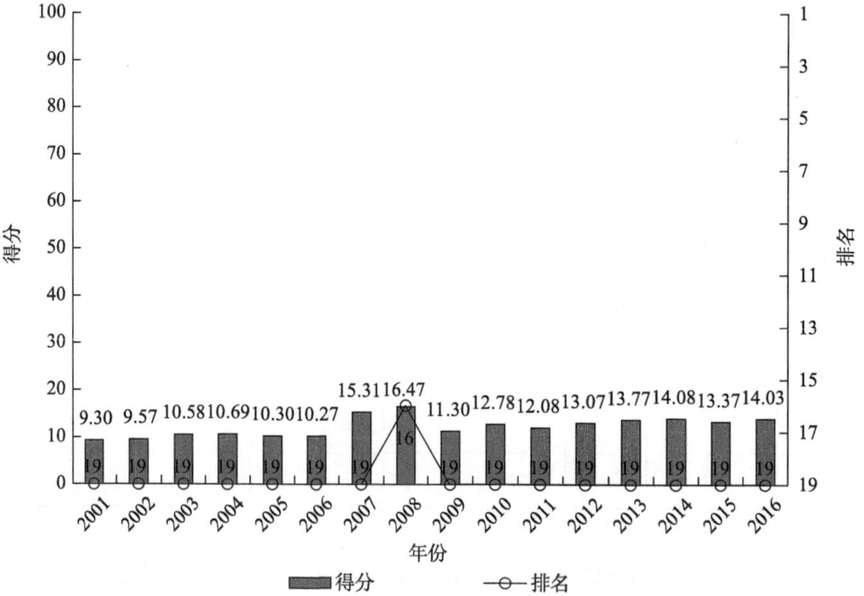

图 12-2　2001~2016 年印度尼西亚农业科技创新基础能力得分和排名变化趋势图

表 12-5　2001~2016 年印度尼西亚农业科技创新基础能力各级指标比较表

指标＼项目	2001 年		2006 年		2011 年		2016 年		综合变化		优劣度
	得分	排名	得分	排名	得分	排名	得分	排名	得分	排名	
经济水平	0.69	19	0.90	19	2.44	19	2.29	19	1.60	0	劣势
GDP 水平	0.59	19	0.95	19	3.06	19	3.14	19	2.56	0	劣势
财政收入水平	0.79	19	0.85	19	1.82	19	1.44	19	0.64	0	劣势
基础设施	7.38	17	8.41	19	16.54	17	20.47	17	13.09	0	劣势
灌溉面积比例	28.59	4	28.45	5	23.39	6	20.69	7	−7.90	−3	优势
农业机械化程度	0	18	0	18	0	18	0	18	0	0	劣势
信息通信技术普及率	0.94	18	5.20	18	15.81	18	22.26	18	21.32	0	劣势
交通运输基础设施	0	18	0	18	26.95	16	38.94	16	38.94	2	劣势
研究基础	0	10	0	10	0	9	0	12	0	−2	中势
大学与科研机构农业学科排名	0	7	0	7	0	6	0	9	0	−2	优势
农业企业研发水平	0	7	0	7	0	7	0	7	0	0	优势
人力资源	20.72	17	19.81	17	22.06	17	18.77	17	−1.95	0	劣势
农业研究人员数量	2.55	17	0.76	18	0.51	18	0.25	18	−2.31	−1	劣势
农民文化素质	18.37	17	7.27	18	17.32	18	12.02	17	−6.36	0	劣势
健康状况	41.25	16	51.41	16	48.35	17	44.05	17	2.81	−1	劣势
资金投入	6.50	18	12.01	19	7.57	19	7.91	17	1.41	1	劣势
公共教育投入	1.79	18	15.66	18	0	19	0	19	−1.79	−1	劣势
农业研发经费投入	0	18	0	18	0.52	17	1.59	17	1.59	1	劣势
农业外国直接投资	17.7	4	20.36	11	22.19	6	22.13	6	4.43	−2	优势
合作基础	20.51	16	20.51	16	23.85	17	34.72	14	14.21	2	中势
产学研合作	0	18	0	18	26.09	13	50.00	7	50.00	11	优势
集群发展状况	61.54	8	61.54	8	45.45	11	54.17	10	−7.37	−2	优势
国际农业研究合作	0	13	0	13	0	13	0	13	0	0	中势

注：数据因四舍五入存在偏差

（1）从排名变化看，2016 年印度尼西亚农业科技创新基础能力排名在 G20 中处于第 19 位，与 2001 年相比排名保持不变。

（2）从得分看，2016 年印度尼西亚农业科技创新基础能力得分为 14.03 分，与 2001 年相比，得分上升了 4.73 分。

（3）从指标动态变化趋势看，在印度尼西亚农业科技创新基础能力的 6 个三级指标中，有 2 个指标（资金投入、合作基础）处于上升趋势，有 1 个指标（研究基础）处于下降趋势，其余 3 个指标（经济水平、基础设施、人力资源）排名保持不变；在印度尼西亚农业科技创新基础能力的 17 个四级指标中，有 3 个指标（交通运输基础设施、农业研发经费投入、产学研合作）处于上升趋势，有 7 个指标（灌溉面积比例、大学与科研机构农业学科排名、农业研究人员数量、健康状况、公共教育投入、农业外国直接投资、集群发展状况）处于下降趋势，其余 7 个指标（GDP 水平、财政收入水平、农业机械化程度、信息通信技术普及率、农业企业研发水平、农民文化素质、国际农业研究合作）排名保持不变。

（4）从指标优劣势结构来看，在印度尼西亚农业科技创新基础能力的 6 个三级指标中，强势指标 0 个；优势指标 0 个；中势指标 2 个（研究基础、合作基础），占指标总数的 33.33%；劣势指标 4 个（经济水平、基础设施、人力资源、资金投入），占指标总数的 66.67%；强势指标和优势指标的数量之和为 0，小于中势指标和劣势指标之和。在印度尼西亚农业科技创新基础能力的 17 个四级指标中，强势指标 0 个；优势指标 6 个（灌溉面积比例、大学与科研机构农业学科排名、农业企业研发水平、农业外国直接投资、产学研合作、集群发展状况），占指标总数的 35.29%；中势指标 1 个（国际农业研究合作），占指标总数的 5.88%；劣势指标 10 个（GDP 水平、财政收入水平、农业机械化程度、信息通信技术普及率、交通运输基础设施、农业研究人员数量、农民文化素质、健康状况、公共教育投入、农业研发经费投入），占指标总数的 58.82%；强势指标和优势指标的数量之和占指标总数的 35.29%，小于中势指标和劣势指标之和。

二、印度尼西亚农业科技创新基础能力比较分析

图 12-3 反映了 2001 年和 2016 年印度尼西亚农业科技创新基础能力与 G20 最高水平和平均水平的比较情况。

由图 12-3 可知，2001 年，印度尼西亚农业科技创新基础能力得分与 G20 最高分相比还有 66.74 分的差距，与 G20 平均分相比低了 22.24 分；2016 年，印度尼西亚农业科技创新基础能力得分与 G20 最高分的差距为 59.71 分，低于 G20 平均

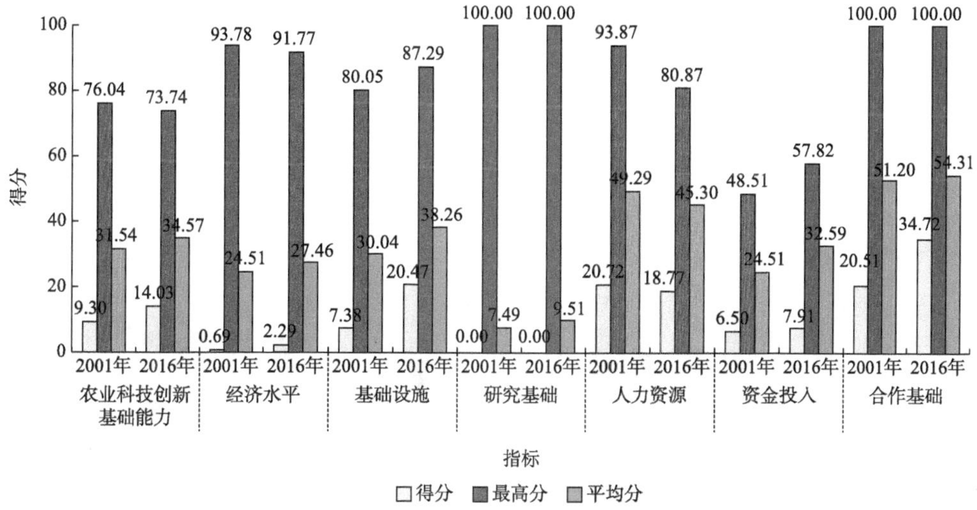

图 12-3　2001 年和 2016 年印度尼西亚农业科技创新基础能力指标得分比较

分 20.55 分。总的来说，2001~2016 年印度尼西亚农业科技创新基础能力与最高分的差距呈缩小趋势。

从具体指标得分比较来看，2016 年，GDP 水平、财政收入水平、灌溉面积比例、农业机械化程度、信息通信技术普及率、交通运输基础设施、大学与科研机构农业学科排名、农业企业研发水平、农业研究人员数量、农民文化素质、健康状况、公共教育投入、农业研发经费投入、集群发展状况和国际农业研究合作共计 15 个指标的得分低于 G20 平均分。建议印度尼西亚政府注重提升上述指标，夯实国家农业科技创新基础，不断增强国家农业科技创新基础能力。

第四节　印度尼西亚农业科技创新环境能力评价分析

一、印度尼西亚农业科技创新环境能力评价结果

印度尼西亚农业科技创新环境能力在 G20 中所处的位置及得分变化如图 12-4 和表 12-6 所示。

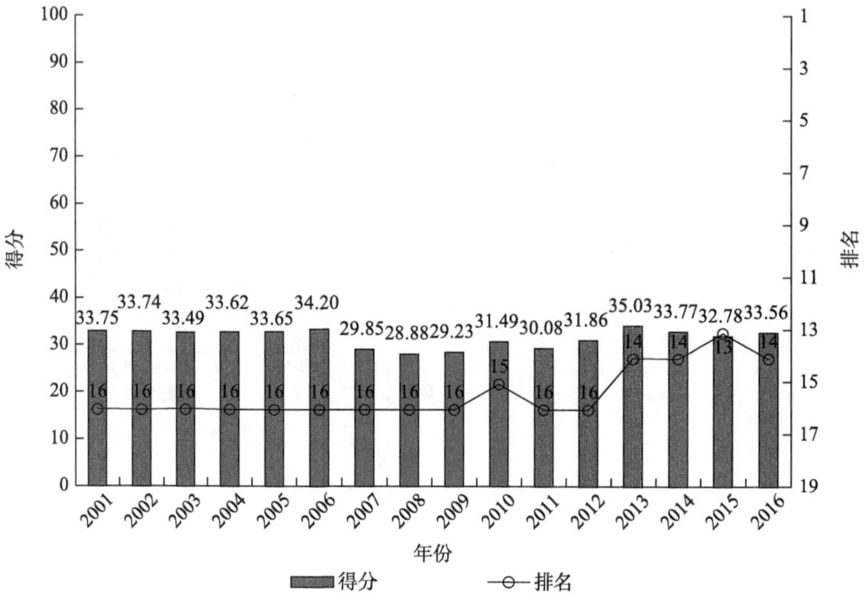

图 12-4　2001~2016 年印度尼西亚农业科技创新环境能力得分和排名变化趋势图

表 12-6　2001~2016 年印度尼西亚农业科技创新环境能力各级指标比较表

指标＼项目	2001 年		2006 年		2011 年		2016 年		综合变化		优劣度
	得分	排名	得分	排名	得分	排名	得分	排名	得分	排名	
文化环境	0	19	0	19	7.50	17	7.50	17	7.50	2	劣势
科技创新自由民主气氛	0	16	0	16	15.00	15	15.00	15	15.00	1	中势
民众的好奇心	0	19	0	19	0	19	0	19	0	0	劣势
政策环境	31.70	14	32.95	14	28.30	14	33.22	13	1.52	1	中势
政治稳定性	0	19	0	19	17.75	16	27.00	15	27.00	4	中势
知识产权保护	18.92	14	18.92	14	33.33	13	35.71	12	16.80	2	中势
农业政策合理性	100.00	1	100.00	1	60.87	6	68.75	8	−31.25	−7	优势
农业科技创新支持水平	7.90	13	12.90	12	1.24	15	1.40	15	−6.49	−2	中势
商业环境	20.71	17	20.89	17	18.64	16	19.14	16	−1.57	1	劣势
农业信贷支持	0.81	17	1.33	16	2.92	15	3.93	16	3.12	1	劣势
企业开业难易程度	33.33	12	33.33	12	25.00	14	16.67	16	−16.67	−4	劣势
市场成熟度	28.00	16	28.00	16	28.00	16	36.84	10	8.84	6	优势

续表

项目 / 指标	2001年		2006年		2011年		2016年		综合变化		优劣度
	得分	排名	得分	排名	得分	排名	得分	排名	得分	排名	
教育环境	52.37	10	52.37	10	32.65	14	46.48	11	−5.89	−1	中势
教育系统质量	84.62	5	84.62	5	61.29	10	70.00	8	−14.62	−3	优势
农村教育公平性	26.67	13	26.67	13	26.67	13	21.43	13	−5.24	0	中势
技术培训可获得性	45.83	8	45.83	8	10.00	17	48.00	11	2.17	−3	中势
生态可持续环境	63.98	10	64.78	9	63.30	10	61.45	11	−2.53	−1	中势
化肥使用密度	72.30	12	79.07	12	66.87	14	63.91	15	−8.39	−3	中势
农药使用密度	74.59	12	69.00	12	74.65	13	74.65	13	0.06	−1	中势
农业用水量	15.03	17	10.53	17	9.47	17	9.47	17	−5.56	0	劣势
农业能源使用量	65.46	6	73.68	8	77.16	8	71.60	8	6.13	−2	优势
农业温室气体排放量	78.58	14	79.55	15	78.57	15	79.19	15	0.61	−1	中势
生物燃料生产量	82.41	4	76.86	4	73.04	4	69.89	6	−12.52	−2	优势

注：数据因四舍五入存在偏差

（1）从排名变化看，2016 年印度尼西亚农业科技创新环境能力排名在 G20 中处于第 14 位，与 2001 年相比排名上升 2 位。

（2）从得分看，2016 年印度尼西亚农业科技创新环境能力得分为 33.56 分，与 2001 年相比，得分下降了 0.20 分。

（3）从指标动态变化趋势看，在印度尼西亚农业科技创新环境能力的 5 个三级指标中，有 3 个指标（文化环境、政策环境、商业环境）处于上升趋势，有 2 个指标（教育环境、生态可持续环境）处于下降趋势；在印度尼西亚农业科技创新环境能力的 18 个四级指标中，有 5 个指标（科技创新自由民主气氛、政治稳定性、知识产权保护、农业信贷支持、市场成熟度）处于上升趋势，有 10 个指标（农业政策合理性、农业科技创新支持水平、企业开业难易程度、教育系统质量、技术培训可获得性、化肥使用密度、农药使用密度、农业能源使用量、农业温室气体排放量、生物燃料生产量）处于下降趋势，其余 3 个指标（民众的好奇心、农村教育公平性、农业用水量）排名保持不变。

（4）从指标优劣势结构来看，在印度尼西亚农业科技创新环境能力的 5 个三级指标中，强势指标 0 个；优势指标 0 个；中势指标 3 个（政策环境、教育环境、生态可持续环境），占指标总数的 60.00%；劣势指标 2 个（文化环境、商业环境），占指标总数的 40.00%。在印度尼西亚农业科技创新环境能力的 18 个四级指标中，强势指标 0 个；优势指标 5 个（农业政策合理性、市场成熟度、教育系统质量、农业能源使用量、生物燃料生产量），占指标总数的 27.78%；中势指标 9 个（科技创新自由民主气氛、政治稳定性、知识产权保护、农业科技创新支持水平、农村教育公平性、技术培训可获得性、化肥使用密度、农药使用密度、农业温室气体排放量），占指标总数的 50.00%；劣势指标 4 个（民众的好奇心、农业信贷支持、企业开业难易程度、农业用水量），占指标总数的 22.22%；强势指标和优势指标的数量之和占指标总数的 27.78%，小于中势指标和劣势指标之和。

二、印度尼西亚农业科技创新环境能力比较分析

图 12-5 反映了 2001 年和 2016 年印度尼西亚农业科技创新环境能力与 G20 最高水平和平均水平的比较情况。

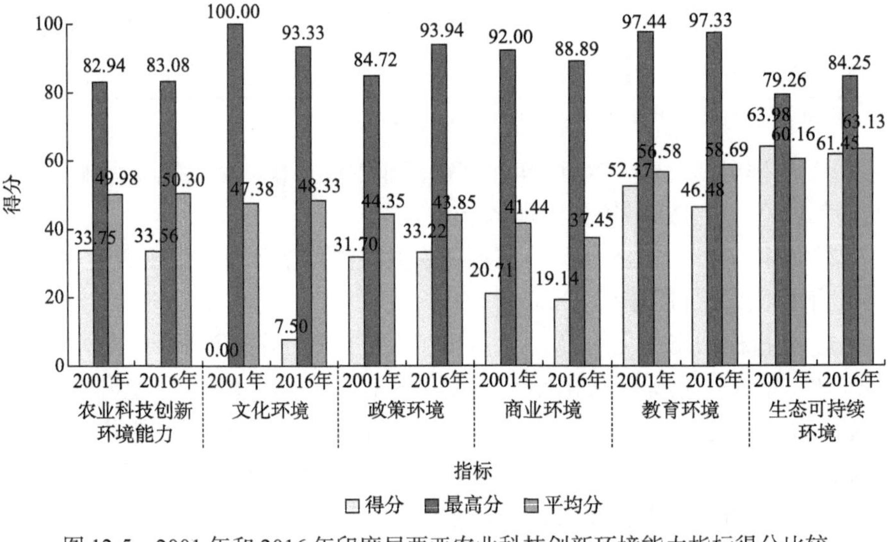

图 12-5　2001 年和 2016 年印度尼西亚农业科技创新环境能力指标得分比较

由图 12-5 可知，2001 年，印度尼西亚农业科技创新环境能力得分与 G20 最高分相比还有 49.19 分的差距，与 G20 平均分相比低了 16.23 分；2016 年，印度尼西亚农业科技创新环境能力得分与 G20 最高分的差距为 49.52 分，低于 G20 平均分 16.74 分。总的来说，2001~2016 年印度尼西亚农业科技创新环境能力与最高分的差距呈扩大趋势。

从具体指标得分比较来看，2016 年，科技创新自由民主气氛、民众的好奇心、政治稳定性、知识产权保护、农业科技创新支持水平、农业信贷支持、企业开业难易程度、市场成熟度、农村教育公平性、技术培训可获得性、化肥使用密度和农业用水量共计 12 个指标的得分低于 G20 平均分。建议印度尼西亚政府注重提升上述指标，优化国家农业科技创新环境，不断提升国家农业科技创新环境能力。

第五节　印度尼西亚农业科技创新产出能力评价分析

一、印度尼西亚农业科技创新产出能力评价结果

印度尼西亚农业科技创新产出能力在 G20 中所处的位置及得分变化如图 12-6 和表 12-7 所示。

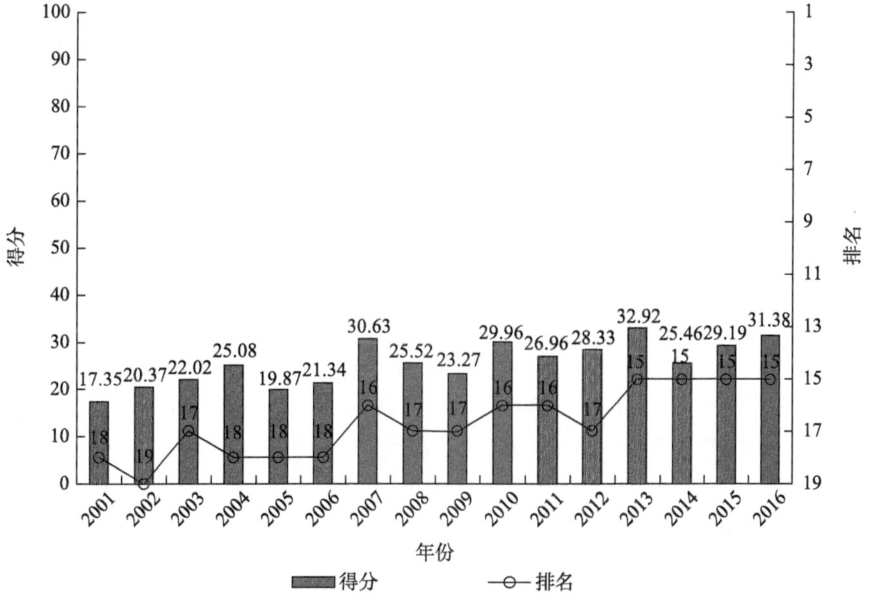

图 12-6　2001~2016 年印度尼西亚农业科技创新产出能力得分和排名变化趋势图

表 12-7　2001~2016 年印度尼西亚农业科技创新产出能力各级指标比较表

指标＼项目	2001 年		2006 年		2011 年		2016 年		综合变化		优劣度
	得分	排名	得分	排名	得分	排名	得分	排名	得分	排名	
科技成果	0.03	19	0.01	19	0.03	19	0.03	19	0	0	劣势
农业科技论文数量	0	14	0	19	0	19	0	19	0	−5	劣势
本国居民农业专利数量	0	15	0	15	0.04	18	0.04	18	0.04	−3	劣势
本国居民植物新品种数量	0.10	18	0.04	18	0.04	18	0.04	18	−0.07	0	劣势
生产力水平	14.89	18	15.79	15	51.37	6	54.17	4	39.28	14	强势
农业生产指数	0	19	0	19	92.76	3	100.00	1	100.00	18	强势
农业土地生产率	43.39	9	45.94	10	59.92	10	60.95	10	17.56	−1	优势
农业劳动生产率	1.29	17	1.42	17	1.43	17	1.56	17	0.27	0	劣势
经济效益	54.49	9	69.57	7	56.45	4	71.34	4	16.85	5	强势
农业年均增长率	31.59	11	65.55	10	42.85	5	73.31	3	41.72	8	强势
农产品净出口额	77.39	7	73.58	6	70.04	4	69.37	5	−8.02	2	强势
农村生活水平	0	18	0	18	0	18	0	18	0	0	劣势
农村恩格尔系数	0	18	0	18	0	18	0	18	0	0	劣势

注：数据因四舍五入存在偏差

（1）从排名变化看，2016 年印度尼西亚农业科技创新产出能力排名在 G20 中处于第 15 位，与 2001 年相比排名上升 3 位。

（2）从得分看，2016 年印度尼西亚农业科技创新产出能力得分为 31.38 分，与 2001 年相比，得分上升了 14.03 分。

（3）从指标动态变化趋势看，在印度尼西亚农业科技创新产出能力的 4 个三级指标中，有 2 个指标（生产力水平、经济效益）处于上升趋势，有 0 个指标处于下降趋势，其余 2 个指标（科技成果、农村生活水平）排名保持不变；在印度尼西亚农业科技创新产出能力的 9 个四级指标中，有 3 个指标（农业生产指数、农业年均增长率、农产品净出口额）处于上升趋势，有 3 个指标（农业科技论文数量、本国居民农业专利数量、农业土地生产率）处于下降趋势，其余 3 个指标（本国居民植物新品种数量、农业劳动生产率、农村恩格尔系数）排名保持不变。

（4）从指标优劣势结构来看，在印度尼西亚农业科技创新产出能力的 4 个三级指标中，强势指标 2 个（生产力水平、经济效益），占指标总数的 50.00%；

优势指标 0 个；中势指标 0 个；劣势指标 2 个（科技成果、农村生活水平），占指标总数的 50.00%；强势指标和优势指标的数量之和占指标总数的 50%，等于中势指标和劣势指标之和。在印度尼西亚农业科技创新产出能力的 9 个四级指标中，强势指标 3 个（农业生产指数、农业年均增长率、农产品净出口额），占指标总数的 33.33%；优势指标 1 个（农业土地生产率），占指标总数的 11.11%；中势指标 0 个；劣势指标 5 个（农业科技论文数量、本国居民农业专利数量、本国居民植物新品种数量、农业劳动生产率、农村恩格尔系数），占指标总数的55.56%；强势指标和优势指标的数量之和占指标总数的 44.44%，小于中势指标和劣势指标之和。

二、印度尼西亚农业科技创新产出能力比较分析

图 12-7 反映了 2001 年和 2016 年印度尼西亚农业科技创新产出能力与 G20 最高水平和平均水平的比较情况。

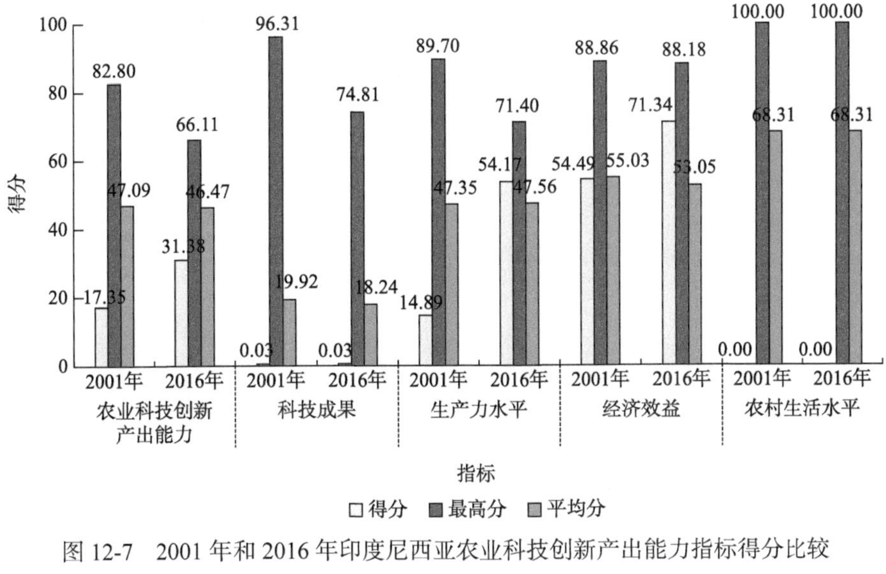

图 12-7　2001 年和 2016 年印度尼西亚农业科技创新产出能力指标得分比较

由图 12-7 可知，2001 年，印度尼西亚农业科技创新产出能力得分与 G20 最高分相比还有 65.45 分的差距，与 G20 平均分相比，低了 29.74 分；2016 年，印度尼西亚农业科技创新产出能力得分与 G20 最高分的差距为 34.73 分，低于 G20 平均分 15.09 分。总的来说，2001~2016 年印度尼西亚农业科技创新产出能力与最高分的差距呈缩小趋势。

从具体指标得分比较来看，2016 年，农业科技论文数量、本国居民农业专利数量、本国居民植物新品种数量、农业劳动生产率和农村恩格尔系数共计 5 个指标的得分低于 G20 平均分。建议印度尼西亚政府注重提升上述指标，不断提高国家农业科技创新产出水平。

第十三章　意大利农业科技创新能力评价分析报告

第一节　意大利农业简介

意大利地处欧洲南部地中海北岸，主要由南欧的亚平宁半岛及两个位于地中海中的岛屿西西里岛与撒丁岛组成。

意大利国土面积约 30.13 万平方千米。2016 年末，全国总人口约 6 060 万人，实现 GDP 1.85 万亿美元，人均 GDP 30 527 美元。

意大利农业总产值位于欧洲第三位，仅次于德、法两国。2014 年，农业用地面积 1 316.20 万公顷，占土地面积的 45%，其中耕地面积 672.80 万公顷，占农业用地面积的 51%。草地面积 404.10 万公顷，占土地面积的 14%；森林和林地面积 924.32 万公顷，占土地面积的 31%。2014 年，平均每人占有耕地面积 0.11 公顷，牧场 0.07 公顷，森林和林地 0.15 公顷。

意大利葡萄酒与橄榄油出口量位于世界前列，二、三产业创造的农业产值使其成为意大利第三大优势集群产业。在种植业中，谷物生产以玉米、水稻和小麦为主，2014 年收获面积分别为 86.99 万公顷、21.95 万公顷和 187.41 万公顷，产量分别为 923.95 万吨、138.61 万吨和 714.19 万吨；经济作物以糖料和油料为主，主要包括甘蔗、油菜籽等。在畜牧业中，猪和鸡是主要养殖对象，2014 年产量分别为 132.78 万吨和 91.95 万吨。

2014 年，意大利农业人口 81.17 万人，约占总人口数的 1.34%。2016 年农业增加值 349.18 亿美元，约占 GDP 的 2%，农业工人人均增加值为 59 978.17 美元。

意大利农业科研单位包括国家研究理事会（Italian National Research Council）

下属的农业研究委员会（Consiglio Perla Ricercaela Sperimentazione in Agricoltura）、农业部、教育、大学与科研部，以及公私企业的研究部门。农业研究理事会下属的科研单位重点开展战略性的农业课题研究，农业部下属的研究所则主管全国应用性的农业科研，公私企业主要从事农产品的研究与开发。农业研究理事会有 12 个专业研究所、2 个研究中心和 2 个研究小组，分布在全国各地。此外，意大利全国 20 个大区均有地方的农业研究机构，专门从事与本地区有关的农业科研工作。

第二节　意大利农业科技创新能力总体评价分析

一、意大利农业科技创新能力概要分析

2001~2016 年意大利农业科技创新能力得分和排名变化趋势图，如图 13-1 所示。

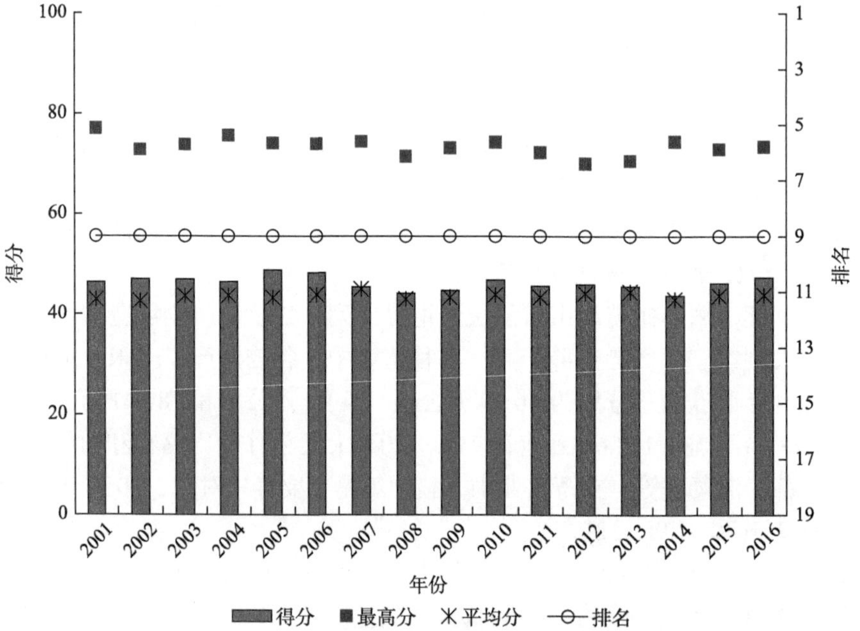

图 13-1　2001~2016 年意大利农业科技创新能力得分和排名变化趋势图

从综合排位变化看，2016 年意大利农业科技创新能力排名在 G20 中处于第 9 位，与 2001 年相比，排位保持不变。

从综合得分看，2016 年意大利农业科技创新能力得分为 47.33 分，比 G20 最高分低 26.03 分，比平均分高 3.54 分；与 2001 年相比，意大利农业科技创新能力得分上升了 0.92 分，与当年最高分的差距缩小了 4.60 分，G20 平均分与其差距扩大了 0.01 分。

二、意大利农业科技创新能力各级指标动态变化分析

2001~2016 年意大利农业科技创新能力各级指标的动态变化如表 13-1 和表 13-2 所示。

表 13-1　2001~2016 年意大利农业科技创新能力三级指标排名变化趋势比较表

二级指标	三级指标个数	上升		保持		下降		变化趋势
		个数	比重	个数	比重	个数	比重	
创新基础能力	6	4	66.67%	1	16.67%	1	16.67%	上升
创新环境能力	5	2	40.00%	1	20.00%	2	40.00%	保持
创新产出能力	4	1	25.00%	1	25.00%	2	50.00%	保持
合计	15	7	46.67%	3	20.00%	5	33.33%	保持

注：数据由于四舍五入加和不为 100%

表 13-2　2001~2016 年意大利农业科技创新能力四级指标排名变化趋势比较表

二级指标	四级指标个数	上升		保持		下降		变化趋势
		个数	比重	个数	比重	个数	比重	
创新基础能力	17	3	17.65%	7	41.18%	7	41.18%	上升
创新环境能力	18	5	27.78%	8	44.44%	5	27.78%	保持
创新产出能力	9	2	22.22%	1	11.11%	6	66.67%	保持
合计	44	10	22.73%	16	36.36%	18	40.91%	保持

注：数据由于四舍五入加和不为 100%

表 13-1 中的数据表明，意大利农业科技创新能力的 15 个三级指标中，上升的指标有 7 个，占指标总数的 46.67%；保持的指标有 3 个，占指标总数的 20.00%；

下降的指标有 5 个，占指标总数的 33.33%。排名上升指标的数量大于排名下降指标的数量。

表 13-2 中的数据表明，意大利农业科技创新能力的 44 个四级指标中，上升的指标有 10 个，占指标总数的 22.73%；保持的指标有 16 个，占指标总数的 36.36%；下降的指标有 18 个，占指标总数的 40.91%。排名上升指标的数量小于排名下降指标的数量。

综上所述，由于上升的动力与下降的拉力持平， 2016 年意大利农业科技创新能力排名与 2001 年相比保持不变，在 G20 中居第 9 位。

三、意大利农业科技创新能力各级指标优劣势分析

2016 年意大利农业科技创新能力各级指标的优劣势如表 13-3 和表 13-4 所示。

表 13-3　2016 年意大利农业科技创新能力三级指标排名优劣势比较表

二级指标	三级指标个数	强势		优势		中势		劣势		优劣度
		个数	比重	个数	比重	个数	比重	个数	比重	
创新基础能力	6	2	33.33%	3	50.00%	1	16.67%	0	0.00	优势
创新环境能力	5	0	0.00	2	40.00%	3	60.00%	0	0.00	优势
创新产出能力	4	1	25.00%	1	25.00%	2	50.00%	0	0.00	优势
合计	15	3	20.00%	6	40.00%	6	40.00%	0	0.00	优势

表 13-4　2016 年意大利农业科技创新能力四级指标排名优劣势比较表

二级指标	四级指标个数	强势		优势		中势		劣势		优劣度
		个数	比重	个数	比重	个数	比重	个数	比重	
创新基础能力	17	8	47.06%	4	23.53%	4	23.53%	1	5.88%	优势
创新环境能力	18	3	16.67%	5	27.78%	8	44.44%	2	11.11%	优势
创新产出能力	9	2	22.22%	2	22.22%	2	22.22%	3	33.33%	优势
合计	44	13	29.55%	11	25.00%	14	31.82%	6	13.64%	优势

注：数据由于四舍五入加和不为 100%

从三级指标来看，意大利农业科技创新能力的 15 个三级指标中，强势指标 3 个，占指标总数的 20.00%；优势指标 6 个，占指标总数的 40.00%；中势指标 6 个，

占指标总数的 40.00%；劣势指标 0 个，强势指标和优势指标的数量之和占指标总数的 60.00%，大于中势指标和劣势指标之和。

从四级指标来看，意大利农业科技创新能力的 44 个四级指标中，强势指标 13 个，占指标总数的 29.55%；优势指标 11 个，占指标总数的 25.00%；中势指标 14 个，占指标总数的 31.82%；劣势指标 6 个，占指标总数的 13.64%；强势指标和优势指标的数量之和占指标总数的 54.55%，大于中势指标和劣势指标之和。

第三节　意大利农业科技创新基础能力评价分析

一、意大利农业科技创新基础能力评价结果

意大利农业科技创新基础能力在 G20 中所处的位置及得分变化如图 13-2 和表 13-5 所示。

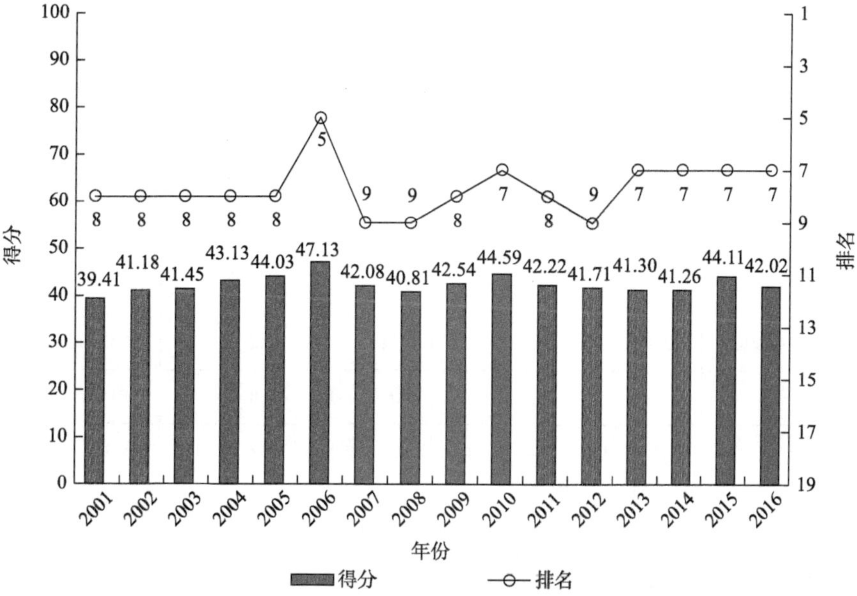

图 13-2　2001~2016 年意大利农业科技创新基础能力得分和排名变化趋势图

表 13-5　2001~2016 年意大利农业科技创新基础能力各级指标比较表

指标＼项目	2001 年		2006 年		2011 年		2016 年		综合变化		优劣度
	得分	排名	得分	排名	得分	排名	得分	排名	得分	排名	
经济水平	39.19	6	46.29	5	46.70	5	37.78	6	−1.41	0	优势
GDP 水平	31.55	7	42.24	7	40.16	8	30.17	9	−1.38	−2	优势
财政收入水平	46.84	5	50.34	4	53.23	4	45.39	5	−1.45	0	强势
基础设施	45.54	4	48.89	4	49.28	3	56.34	3	10.80	1	强势
灌溉面积比例	28.33	5	33.34	4	33.50	4	40.48	4	12.15	1	强势
农业机械化程度	42.75	2	52.65	2	62.50	2	72.36	2	29.61	0	强势
信息通信技术普及率	71.08	7	69.55	8	62.82	7	60.30	9	−10.78	−2	优势
交通运输基础设施	40.00	12	40.00	12	38.30	14	52.21	13	12.21	−1	中势
研究基础	2.63	8	2.63	8	0	9	4.17	7	1.54	1	优势
大学与科研机构农业学科排名	5.26	3	5.26	3	0	6	8.33	5	3.07	−2	强势
农业企业研发水平	0	7	0	7	0	7	0	7	0	0	优势
人力资源	54.42	9	55.12	9	56.75	10	56.40	6	1.98	3	优势
农业研究人员数量	14.60	11	11.90	11	10.51	12	9.20	11	−5.40	0	中势
农民文化素质	53.80	9	57.23	8	62.58	6	61.35	5	7.55	4	强势
健康状况	94.86	2	96.24	3	97.17	2	98.66	2	3.80	0	强势
资金投入	29.40	6	64.55	2	33.91	12	26.60	13	−2.80	−7	中势
公共教育投入	37.28	6	69.27	8	67.85	10	53.94	11	16.65	−5	中势
农业研发经费投入	29.98	6	32.57	6	26.53	6	24.79	6	−5.19	0	优势
农业外国直接投资	20.94	3	91.80	2	7.34	11	1.08	18	−19.87	−15	劣势
合作基础	65.29	7	65.29	7	66.67	8	70.83	5	5.54	2	强势
产学研合作	7.41	17	7.41	17	0	17	20.83	13	13.43	4	中势
集群发展状况	88.46	2	88.46	2	100.00	1	91.67	3	3.21	−1	强势
国际农业研究合作	100.00	1	100.00	1	100.00	1	100.00	1	0	0	强势

注：数据因四舍五入存在偏差

（1）从排名变化看，2016 年意大利农业科技创新基础能力排名在 G20 中处于第 7 位，与 2001 年相比排名上升 1 位。

（2）从得分看，2016 年意大利农业科技创新基础能力得分为 42.02 分，与 2001 年相比，得分上升了 2.61 分。

（3）从指标动态变化趋势看，在意大利农业科技创新基础能力的 6 个三级指标中，有 4 个指标（基础设施、研究基础、人力资源、合作基础）处于上升趋势，有 1 个指标（资金投入）处于下降趋势，有 1 个指标（经济水平）排名保持不变；在意大利农业科技创新基础能力的 17 个四级指标中，有 3 个指标（灌溉面积比例、农民文化素质、产学研合作）处于上升趋势，有 7 个指标（GDP 水平、信息通信技术普及率、交通运输基础设施、大学与科研机构农业学科排名、公共教育投入、农业外国直接投资、集群发展状况）处于下降趋势，其余 7 个指标（财政收入水平、农业机械化程度、农业企业研发水平、农业研究人员数量、健康状况、农业研发经费投入、国际农业研究合作）排名保持不变。

（4）从指标优劣势结构来看，在意大利农业科技创新基础能力的 6 个三级指标中，强势指标 2 个（基础设施、合作基础），占指标总数的 33.33%；优势指标 3 个（经济水平、研究基础、人力资源），占指标总数的 50.00%；中势指标 1 个（资金投入），占指标总数的 16.67%；劣势指标 0 个；强势指标和优势指标的数量之和占指标总数的 83.33%，大于中势指标和劣势指标之和。在意大利农业科技创新基础能力的 17 个四级指标中，强势指标 8 个（财政收入水平、灌溉面积比例、农业机械化程度、大学与科研机构农业学科排名、农民文化素质、健康状况、集群发展状况、国际农业研究合作），占指标总数的 47.06%；优势指标 4 个（GDP 水平、信息通信技术普及率、农业企业研发水平、农业研发经费投入），占指标总数的 23.53%；中势指标 4 个（交通运输基础设施、农业研究人员数量、公共教育投入、产学研合作），占指标总数的 23.53%；劣势指标 1 个（农业外国直接投资），占指标总数的 5.88%；强势指标和优势指标的数量之和占指标总数的 70.59%，大于中势指标和劣势指标之和。

二、意大利农业科技创新基础能力比较分析

图 13-3 反映了 2001 年和 2016 年意大利农业科技创新基础能力与 G20 最高水平和平均水平的比较情况。

由图 13-3 可知，2001 年，意大利农业科技创新基础能力得分与 G20 最高分相比还有 36.63 分的差距，与 G20 平均分相比高了 7.87 分；2016 年，意大利农业科技

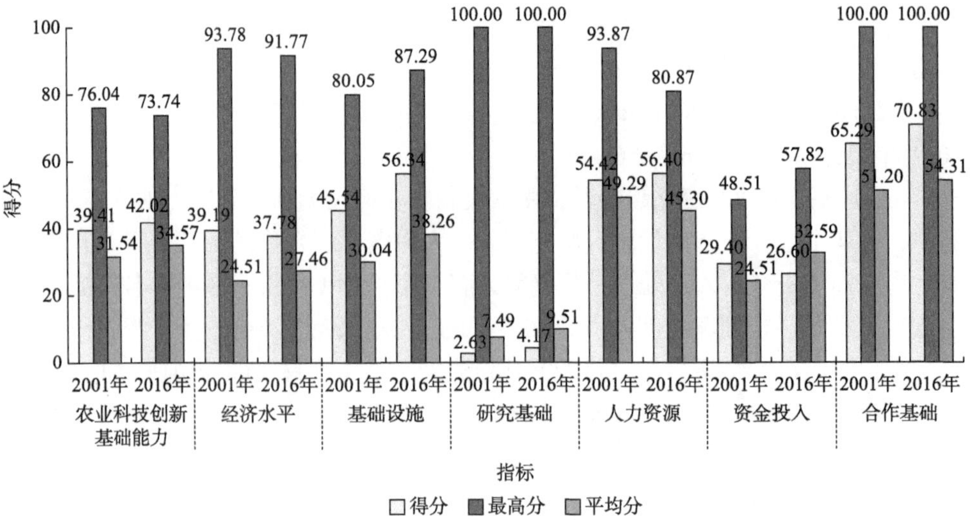

图 13-3　2001 年和 2016 年意大利农业科技创新基础能力指标得分比较

创新基础能力得分与 G20 最高分的差距为 31.72 分，高于 G20 平均分 7.45 分。总的来说，2001~2016 年意大利农业科技创新基础能力与最高分的差距呈缩小趋势。

从具体指标得分比较来看，2016 年，交通运输基础设施、大学与科研机构农业学科排名、农业企业研发水平、农业研究人员数量、公共教育投入、农业研发经费投入、农业外国直接投资和产学研合作共计 8 个指标的得分低于 G20 平均分。建议意大利政府注重提升上述指标，夯实国家农业科技创新基础，不断增强国家农业科技创新基础能力。

第四节　意大利农业科技创新环境能力评价分析

一、意大利农业科技创新环境能力评价结果

意大利农业科技创新环境能力在 G20 中所处的位置及得分变化如图 13-4 和表 13-6 所示。

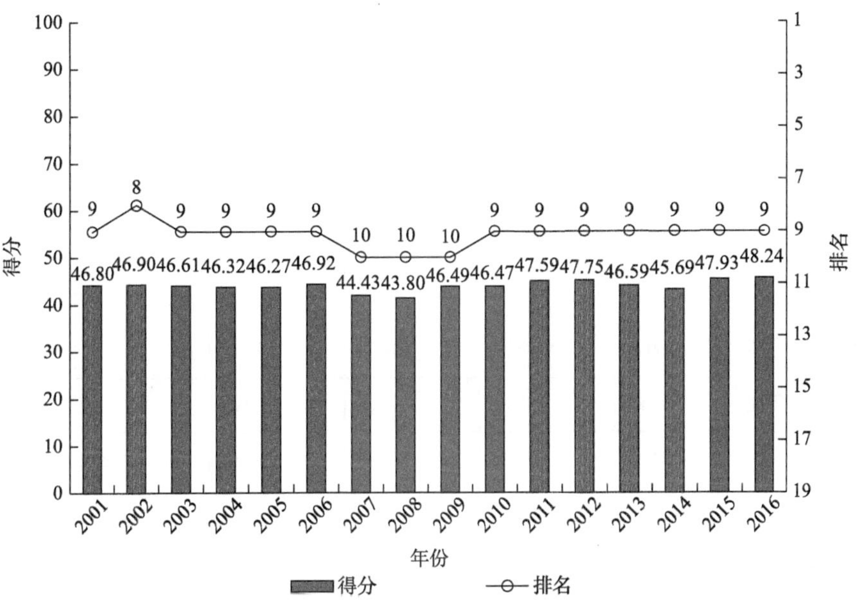

图 13-4 2001~2016 年意大利农业科技创新环境能力得分和排名变化趋势图

表 13-6 2001~2016 年意大利农业科技创新环境能力各级指标比较表

项目 指标	2001 年		2006 年		2011 年		2016 年		综合变化		优劣度
	得分	排名	得分	排名	得分	排名	得分	排名	得分	排名	
文化环境	49.12	11	49.12	11	41.67	12	41.67	12	−7.45	−1	中势
科技创新自由民主气氛	31.58	9	31.58	9	30.00	12	30.00	12	−1.58	−3	中势
民众的好奇心	66.67	10	66.67	10	53.33	11	53.33	11	−13.33	−1	中势
政策环境	39.66	12	38.36	12	46.09	10	35.92	12	−3.74	0	中势
政治稳定性	85.97	7	79.02	5	79.89	6	64.31	7	−21.65	0	优势
知识产权保护	35.14	12	35.14	12	36.36	12	35.71	12	0.58	0	中势
农业政策合理性	23.81	13	23.81	13	47.83	10	25.00	14	1.19	−1	中势
农业科技创新支持水平	13.75	7	15.47	8	20.29	4	18.64	4	4.90	3	强势
商业环境	32.00	10	32.00	10	31.44	12	30.99	11	−1.01	−1	中势
农业信贷支持	0	19	0	19	0	19	0	19	0	0	劣势
企业开业难易程度	60.00	6	60.00	6	58.33	7	66.67	7	6.67	−1	优势

续表

指标 \ 项目	2001 年		2006 年		2011 年		2016 年		综合变化		优劣度
	得分	排名	得分	排名	得分	排名	得分	排名	得分	排名	
市场成熟度	36.00	14	36.00	14	36.00	14	26.32	14	−9.68	0	中势
教育环境	58.87	9	58.87	9	57.42	9	70.00	8	11.13	1	优势
教育系统质量	30.77	13	30.77	13	32.26	15	50.00	12	19.23	1	中势
农村教育公平性	100.00	1	100.00	1	100.00	1	100.00	1	0	0	强势
技术培训可获得性	45.83	8	45.83	8	40.00	9	60.00	8	14.17	0	优势
生态可持续环境	54.36	14	56.26	15	61.35	11	62.64	9	8.28	5	优势
化肥使用密度	60.47	13	74.67	13	78.64	10	81.18	9	20.71	4	优势
农药使用密度	58.26	16	40.40	16	59.53	16	59.53	16	1.28	0	劣势
农业用水量	51.97	6	51.97	6	51.40	6	51.40	6	−0.57	0	优势
农业能源使用量	60.24	9	71.73	10	67.62	13	60.63	13	0.39	−4	中势
农业温室气体排放量	95.23	5	96.10	5	96.52	4	96.97	4	1.74	1	强势
生物燃料生产量	0	18	2.69	17	14.39	16	26.14	15	26.14	3	中势

注：数据因四舍五入存在偏差

（1）从排名变化看，2016 年意大利农业科技创新环境能力排名在 G20 中处于第 9 位，与 2001 年相比排名保持不变。

（2）从得分看，2016 年意大利农业科技创新环境能力得分为 48.24 分，与 2001 年相比，得分上升了 1.44 分。

（3）从指标动态变化趋势看，在意大利农业科技创新环境能力的 5 个三级指标中，有 2 个指标（教育环境、生态可持续环境）处于上升趋势，有 2 个指标（文化环境、商业环境）处于下降趋势，有 1 个指标（政策环境）排名保持不变；在意大利农业科技创新环境能力的 18 个四级指标中，有 5 个指标（农业科技创新支持水平、教育系统质量、化肥使用密度、农业温室气体排放量、生物燃料生产量）处于上升趋势，有 5 个指标（科技创新自由民主气氛、民众的好奇心、农业政策合理性、企业开业难易程度、农业能源使用量）处于下降趋势，其余 8 个指标（政治稳定性、知识产权保护、农业信贷支持、市场成熟度、农村教育公平性、技术培训可获得性、农药使用密度、农业用水量）排名保持不变。

（4）从指标优劣势结构来看，在意大利农业科技创新环境能力的 5 个三级指标中，强势指标 0 个；优势指标 2 个（教育环境、生态可持续环境），占指标总数的 40.00%；中势指标 3 个（文化环境、政策环境、商业环境），占指标总数的 60.00%；劣势指标 0 个；强势指标和优势指标的数量之和占指标总数的 40.00%，小于中势指标和劣势指标之和。在意大利农业科技创新环境能力的 18 个四级指标中，强势指标 3 个（农业科技创新支持水平、农村教育公平性、农业温室气体排放量），占指标总数的 16.67%；优势指标 5 个（政治稳定性、企业开业难易程度、技术培训可获得性、化肥使用密度、农业用水量），占指标总数的 27.78%；中势指标 8 个（科技创新自由民主气氛、民众的好奇心、知识产权保护、农业政策合理性、市场成熟度、教育系统质量、农业能源使用量、生物燃料生产量），占指标总数的 44.44%；劣势指标 2 个（农业信贷支持、农药使用密度），占指标总数的 11.11%；强势指标和优势指标的数量之和占指标总数的 44.44%，小于中势指标和劣势指标之和。

二、意大利农业科技创新环境能力比较分析

图 13-5 反映了 2001 年和 2016 年意大利农业科技创新环境能力与 G20 最高水平和平均水平的比较情况。

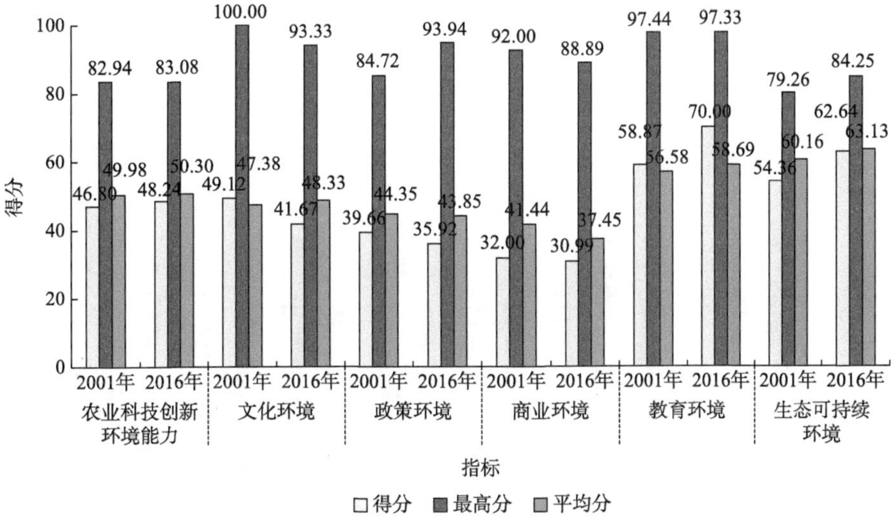

图 13-5　2001 年和 2016 年意大利农业科技创新环境能力指标得分比较

由图 13-5 可知，2001 年，意大利农业科技创新环境能力得分与 G20 最高分相比还有 36.14 分的差距，与 G20 平均分相比，低了 3.18 分；2016 年，意大利农业科技创新环境能力得分与 G20 最高分的差距为 34.84 分，低于 G20 平均分 2.06 分。总

的来说，2001~2016 年意大利农业科技创新环境能力与最高分的差距呈缩小趋势。

从具体指标得分比较来看，2016 年，科技创新自由民主气氛、知识产权保护、农业政策合理性、农业信贷支持、市场成熟度、教育系统质量、农药使用密度和生物燃料生产量共计 8 个指标的得分低于 G20 平均分。建议意大利政府注重提升上述指标，优化国家农业科技创新环境，不断提升国家农业科技创新环境能力。

第五节　意大利农业科技创新产出能力评价分析

一、意大利农业科技创新产出能力评价结果

意大利农业科技创新产出能力在 G20 中所处的位置及得分变化如图 13-6 和表 13-7 所示。

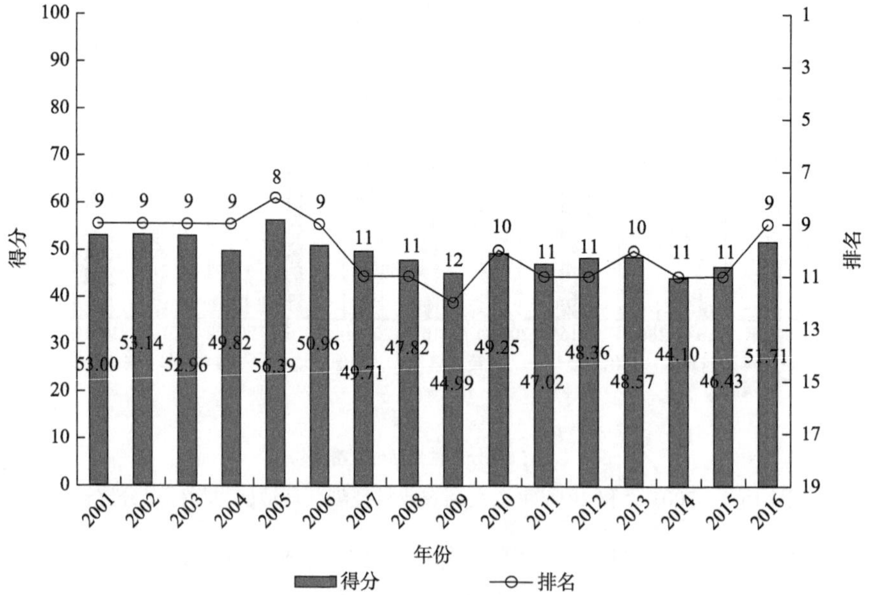

图 13-6　2001~2016 年意大利农业科技创新产出能力得分和排名变化趋势图

表 13-7 2001~2016 年意大利农业科技创新产出能力各级指标比较表

项目 / 指标	2001 年		2006 年		2011 年		2016 年		综合变化		优劣度
	得分	排名	得分	排名	得分	排名	得分	排名	得分	排名	
科技成果	10.60	10	4.50	12	4.66	12	4.68	12	−5.92	−2	中势
农业科技论文数量	29.42	6	12.76	8	12.05	11	13.52	11	−15.90	−5	中势
本国居民农业专利数量	0	15	0	15	0.28	16	0.28	16	0.28	−1	劣势
本国居民植物新品种数量	2.38	14	0.74	17	1.63	15	0.25	17	−2.13	−3	劣势
生产力水平	65.32	6	51.13	8	44.24	14	42.34	14	−22.98	−8	中势
农业生产指数	83.58	7	27.40	7	4.88	16	0	19	−83.58	−12	劣势
农业土地生产率	60.44	7	65.62	7	68.37	9	67.62	8	7.19	−1	优势
农业劳动生产率	51.93	5	60.37	5	59.46	6	59.40	6	7.47	−1	优势
经济效益	36.08	17	48.20	17	39.17	13	59.82	8	23.74	9	优势
农业年均增长率	14.92	17	49.72	16	38.72	10	71.11	5	56.19	12	强势
农产品净出口额	57.24	16	46.68	17	39.62	15	48.54	13	−8.70	3	中势
农村生活水平	100.00	1	100.00	1	100.00	1	100.00	1	0	0	强势
农村恩格尔系数	100.00	1	100.00	1	100.00	1	100.00	1	0	0	强势

注：数据因四舍五入存在偏差

（1）从排名变化看，2016 年意大利农业科技创新产出能力排名在 G20 中处于第 9 位，与 2001 年相比排名保持不变。

（2）从得分看，2016 年意大利农业科技创新产出能力得分为 51.71 分，与 2001 年相比，得分下降了 1.29 分。

（3）从指标动态变化趋势看，在意大利农业科技创新产出能力的 4 个三级指标中，有 1 个指标（经济效益）处于上升趋势，有 2 个指标（科技成果、生产力水平）处于下降趋势，有 1 个指标（农村生活水平）排名保持不变；在意大利农业科技创新产出能力的 9 个四级指标中，有 2 个指标（农业年均增长率、农产品净出口额）处于上升趋势，有 6 个指标（农业科技论文数量、本国居民农业专利数量、本国居民植物新品种数量、农业生产指数、农业土地生产率、农业劳动生产率）处于下降趋势，有 1 个指标（农村恩格尔系数）排名保持不变。

（4）从指标优劣势结构来看，在意大利农业科技创新产出能力的 4 个三级指标中，强势指标 1 个（农村生活水平），占指标总数的 25.00%；优势指标 1 个（经济效益），占指标总数的 25.00%；中势指标 2 个（科技成果、生产力水平），占指标总数的 50.00%；劣势指标 0 个；强势指标和优势指标的数量之和占指标总数的 50.00%，等于中势指标和劣势指标之和。在意大利农业科技创新产出能力的 9 个四级指标中，强势指标 2 个（农业年均增长率、农村恩格尔系数），占指标总数的 22.22%；优势指标 2 个（农业土地生产率、农业劳动生产率），占指标总数的 22.22%；中势指标 2 个（农业科技论文数量、农产品净出口额），占指标总数的 22.22%；劣势指标 3 个（本国居民农业专利数量、本国居民植物新品种数量、农业生产指数），占指标总数的 33.33%；强势指标和优势指标的数量之和占指标总数的 44.44%，小于中势指标和劣势指标之和。

二、意大利农业科技创新产出能力比较分析

图 13-7 反映了 2001 年和 2016 年意大利农业科技创新产出能力与 G20 最高水平和平均水平的比较情况。

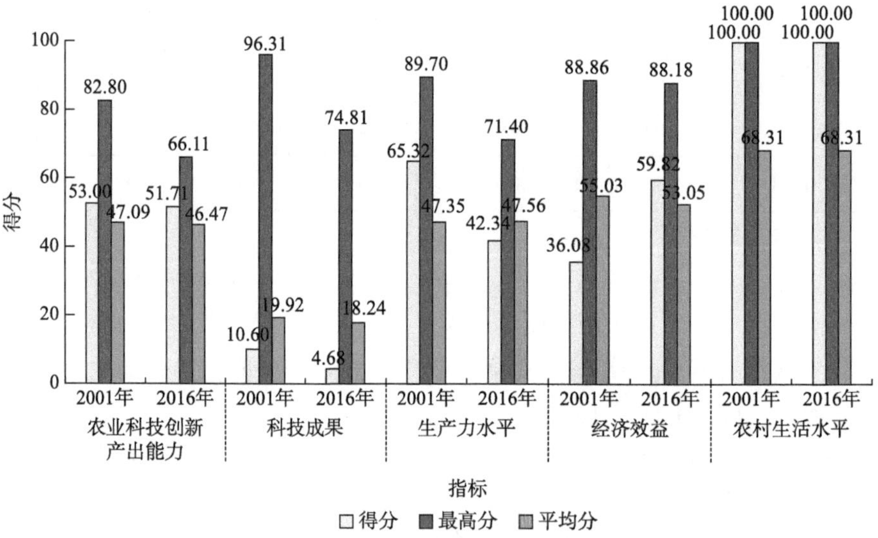

图 13-7　2001 年和 2016 年意大利农业科技创新产出能力指标得分比较

由图 13-7 可知，2001 年，意大利农业科技创新产出能力得分与 G20 最高分相比还有 29.80 分的差距，与 G20 平均分相比，高了 5.91 分；2016 年，意大利农业科技创新产出能力得分与 G20 最高分的差距为 14.40 分，高于 G20 平均分 5.24 分。总的来说，2001~2016 年意大利农业科技创新产出能力与最高分的差距呈缩小趋势。

从具体指标得分比较来看，2016 年，农业科技论文数量、本国居民农业专利数量、本国居民植物新品种数量、农业生产指数和农产品净出口额共计 5 个指标的得分低于 G20 平均分。建议意大利政府注重提升上述指标，不断提高国家农业科技创新产出水平。

第十四章　日本农业科技创新能力评价分析报告

第一节　日本农业简介

日本是位于亚洲大陆东岸外的太平洋岛国，领土由北海道、本州、四国、九州四个大岛和众多小岛组成。

日本陆地面积约 37.80 万平方千米。2016 年末，全国总人口约 12 699 万人，实现 GDP 4.94 万亿美元，人均 GDP 38 894 美元。

农业在日本是高补助与保护产业。日本是农业现代化高度发达的国家之一，拥有世界最高的精密农业成果，单位土地产量世界第一。日本有世界最大渔船船队和全球 15%的渔获量占有率，因此也是世界第二大渔业国。2014 年，农业用地面积 451.90 万公顷，占土地面积的 12%，其中耕地面积 422.30 万公顷，占农业用地面积的 93%。草地面积 42.65 万公顷，占土地面积的 1%；森林和林地面积 2 495.96 万公顷，占土地面积的 68%。日本农业用地较少，2014 年，平均每人占有耕地面积 0.03 公顷，牧场 0.003 4 公顷，森林和林地 0.20 公顷。

日本的农业生产以渔业为主。在种植业中，谷物生产以大米为主，2014 年收获面积为 157.5 万公顷，产量为 1 054.9 万吨。在畜牧业中，牛、鸡和猪是主要养殖对象，2014 年牛奶、鸡蛋、鸡肉、猪肉和牛肉的产量分别为 733.43 万吨、250.19 万吨、212.82 万吨、126.36 万吨和 50.21 万吨。

2014 年，日本农业人口 233 万人，约占总人口数的 1.83%。2015 年农业增加值 464.09 亿美元，约占 GDP 的 1%，农业工人人均增加值为 55 900.97 美元。

日本农业科技研发工作的机构主要包括国立和公立农业研究机构、高等农业院校、私营农业研究机构。日本国立农业科研机构主要从事基础、长远和重大科学研究工作。重组后的国立农业科研机构共 9 个，由日本农林水产省农林水产技术会议直接领导和协调，在农业科技研发中占主导地位，以其他科研机构作为国家农业科研系统的重要辅助机构。

第二节　日本农业科技创新能力总体评价分析

一、日本农业科技创新能力概要分析

2001~2016 年日本农业科技创新能力得分和排名变化趋势图，如图 14-1 所示。

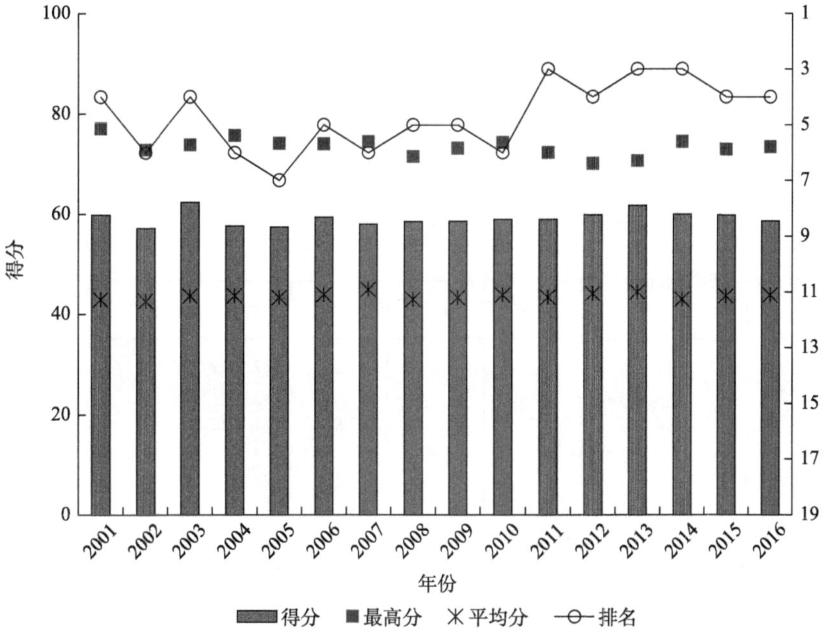

图 14-1　2001~2016 年日本农业科技创新能力得分和排名变化趋势图

从综合排位变化看，2016 年日本农业科技创新能力排名在 G20 中处于第 4 位，与 2001 年相比，排位没有发生变化。总体来看，评价期内排位波动起伏较大。

从综合得分看，2016 年日本农业科技创新能力得分为 58.56 分，比 G20 最高分低 14.80 分，比平均分高 14.77 分；与 2001 年相比，日本农业科技创新能力得分下降了 1.25 分，与当年最高分的差距缩小了 2.43 分，G20 平均分与其差距缩小了 2.16 分。

二、日本农业科技创新能力各级指标动态变化分析

2001~2016 年日本农业科技创新能力各级指标的动态变化如表 14-1 和表 14-2 所示。

表 14-1　2001~2016 年日本农业科技创新能力三级指标排名变化趋势比较表

二级指标	三级指标个数	上升		保持		下降		变化趋势
		个数	比重	个数	比重	个数	比重	
创新基础能力	6	2	33.33%	1	16.67%	3	50.00%	保持
创新环境能力	5	2	40.00%	1	20.00%	2	40.00%	保持
创新产出能力	4	0	0.00	3	75.00%	1	25.00%	上升
合计	15	4	26.67%	5	33.33%	6	40.00%	保持

表 14-2　2001~2016 年日本农业科技创新能力四级指标排名变化趋势比较表

二级指标	四级指标个数	上升		保持		下降		变化趋势
		个数	比重	个数	比重	个数	比重	
创新基础能力	17	3	17.65%	8	47.06%	6	35.29%	保持
创新环境能力	18	7	38.89%	8	44.44%	3	16.67%	保持
创新产出能力	9	4	44.44%	2	22.22%	3	33.33%	上升
合计	44	14	31.82%	18	40.91%	12	27.27%	保持

注：数据由于四舍五入加和不为 100%

表 14-1 中的数据表明，日本农业科技创新能力的 15 个三级指标中，上升的指标有 4 个，占指标总数的 26.67%；保持的指标有 5 个，占指标总数的 33.33%；下降的指标有 6 个，占指标总数的 40.00%。排名上升指标的数量小于排名下降指标的数量。

表 14-2 中的数据表明，日本农业科技创新能力的 44 个四级指标中，上升的指

标有 14 个，占指标总数的 31.82%；保持的指标有 18 个，占指标总数的 40.91%；下降的指标有 12 个，占指标总数的 27.27%。排名上升指标的数量大于排名下降指标的数量。

综上所述，由于上升的动力与下降的拉力持平，2016 年日本农业科技创新能力排名与 2001 年相比保持不变，在 G20 中居第 4 位。

三、日本农业科技创新能力各级指标优劣势分析

2016 年日本农业科技创新能力各级指标的优劣势如表 14-3 和表 14-4 所示。

表 14-3　2016 年日本农业科技创新能力三级指标排名优劣势比较表

二级指标	三级指标个数	强势		优势		中势		劣势		优劣度
		个数	比重	个数	比重	个数	比重	个数	比重	
创新基础能力	6	3	50.00%	3	50.00%	0	0.00	0	0.00	强势
创新环境能力	5	1	20.00%	3	60.00%	1	20.00%	0	0.00	优势
创新产出能力	4	2	50.00%	1	25.00%	0	0.00	1	25.00%	强势
合计	15	6	40.00%	7	46.67%	1	6.67%	1	6.67%	强势

注：数据由于四舍五入加和不为 100%

表 14-4　2016 年日本农业科技创新能力四级指标排名优劣势比较表

二级指标	四级指标个数	强势		优势		中势		劣势		优劣度
		个数	比重	个数	比重	个数	比重	个数	比重	
创新基础能力	17	10	58.82%	6	35.29%	0	0.00	1	5.88%	强势
创新环境能力	18	8	44.44%	3	16.67%	4	22.22%	3	16.67%	优势
创新产出能力	9	5	55.56%	1	11.11%	0	0.00	3	33.33%	强势
合计	44	23	52.27%	10	22.73%	4	9.09%	7	15.91%	强势

注：数据由于四舍五入加和不为 100%

从三级指标来看，日本农业科技创新能力的 15 个三级指标中，强势指标 6 个，占指标总数的 40.00%；优势指标 7 个，占指标总数的 46.67%；中势指标 1 个，占指标总数的 6.67%；劣势指标 1 个，占指标总数的 6.67%；强势指标和优势指标的

数量之和占指标总数的 86.67%，大于中势指标和劣势指标之和。

从四级指标来看，日本农业科技创新能力的 44 个四级指标中，强势指标 23 个，占指标总数的 52.27%；优势指标 10 个，占指标总数的 22.73%；中势指标 4 个，占指标总数的 9.09%；劣势指标 7 个，占指标总数的 15.91%；强势指标和优势指标的数量之和占指标总数的 75.00%，大于中势指标和劣势指标之和。

第三节　日本农业科技创新基础能力评价分析

一、日本农业科技创新基础能力评价结果

日本农业科技创新基础能力在 G20 中所处的位置及得分变化如图 14-2 和表 14-5 所示。

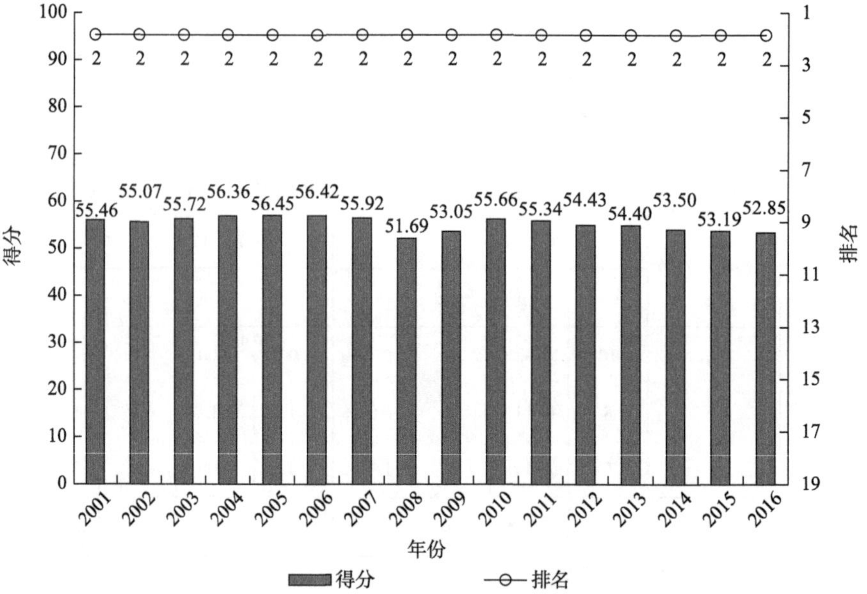

图 14-2　2001~2016 年日本农业科技创新基础能力得分和排名变化趋势图

表 14-5　2001~2016 年日本农业科技创新基础能力各级指标比较表

指标＼项目	2001 年		2006 年		2011 年		2016 年		综合变化		优劣度
	得分	排名	得分	排名	得分	排名	得分	排名	得分	排名	
经济水平	54.15	2	41.12	6	41.80	7	28.13	9	−26.02	−7	优势
GDP 水平	72.64	2	57.17	2	58.74	2	38.96	6	−33.67	−4	优势
财政收入水平	35.67	6	25.07	8	24.87	8	17.30	10	−18.37	−4	优势
基础设施	80.05	1	82.75	1	80.39	1	87.29	1	7.24	0	强势
灌溉面积比例	64.28	2	69.31	2	71.29	2	74.78	3	10.50	−1	强势
农业机械化程度	100.00	1	100.00	1	100.00	1	100.00	1	0	0	强势
信息通信技术普及率	66.95	8	72.74	7	65.88	5	77.05	3	10.11	5	强势
交通运输基础设施	88.97	2	88.97	2	84.40	5	97.35	2	8.38	0	强势
研究基础	5.88	3	5.88	3	5.88	4	5.88	6	0	−3	优势
大学与科研机构农业学科排名	0	7	0	7	0	6	0	9	0	−2	优势
农业企业研发水平	11.76	3	11.76	3	11.76	3	11.76	3	0	0	强势
人力资源	83.84	2	82.30	2	82.87	1	80.87	1	−2.97	1	强势
农业研究人员数量	100.00	1	100.00	1	100.00	1	100.00	1	0	0	强势
农民文化素质	51.52	11	46.90	10	48.60	10	42.60	10	−8.92	1	优势
健康状况	100.00	1	100.00	1	100.00	1	100.00	1	0	0	强势
资金投入	17.70	14	35.29	14	32.74	14	31.60	10	13.90	4	优势
公共教育投入	20.84	13	54.83	13	69.06	9	68.30	8	47.46	5	优势
农业研发经费投入	29.98	6	32.57	6	26.53	6	24.79	6	−5.19	0	优势
农业外国直接投资	2.27	17	18.49	17	2.64	18	1.71	17	−0.56	0	劣势
合作基础	91.17	2	91.17	2	88.34	3	83.33	3	−7.84	−1	强势
产学研合作	88.89	3	88.89	3	69.57	6	66.67	4	−22.22	−1	强势
集群发展状况	84.62	3	84.62	3	95.45	2	83.33	5	−1.28	−2	强势
国际农业研究合作	100.00	1	100.00	1	100.00	1	100.00	1	0	0	强势

注：数据因四舍五入存在偏差

（1）从排名变化看，2016 年日本农业科技创新基础能力排名在 G20 中处于第 2 位，与 2001 年相比排名保持不变。

（2）从得分看，2016 年日本农业科技创新基础能力得分为 52.85 分，与 2001 年相比，得分下降了 2.61 分。

（3）从指标动态变化趋势看，在日本农业科技创新基础能力的 6 个三级指标中，有 2 个指标（人力资源、资金投入）处于上升趋势，有 3 个指标（经济水平、研究基础、合作基础）处于下降趋势，有 1 个指标（基础设施）排名保持不变；在日本农业科技创新基础能力的 17 个四级指标中，有 3 个指标（信息通信技术普及率、农民文化素质、公共教育投入）处于上升趋势，有 6 个指标（GDP 水平、财政收入水平、灌溉面积比例、大学与科研机构农业学科排名、产学研合作、集群发展状况）处于下降趋势，其余 8 个指标（农业机械化程度、交通运输基础设施、农业企业研发水平、农业研究人员数量、健康状况、农业研发经费投入、农业外国直接投资、国际农业研究合作）排名保持不变。

（4）从指标优劣势结构来看，在日本农业科技创新基础能力的 6 个三级指标中，强势指标 3 个（基础设施、人力资源、合作基础），占指标总数的 50.00%；优势指标 3 个（经济水平、研究基础、资金投入），占指标总数的 50.00%；中势指标 0 个；劣势指标 0 个；强势指标和优势指标的数量之和占指标总数的 100.00%，大于中势指标和劣势指标之和。在日本农业科技创新基础能力的 17 个四级指标中，强势指标 10 个（灌溉面积比例、农业机械化程度、信息通信技术普及率、交通运输基础设施、农业企业研发水平、农业研究人员数量、健康状况、产学研合作、集群发展状况、国际农业研究合作），占指标总数的 58.82%；优势指标 6 个（GDP 水平、财政收入水平、大学与科研机构农业学科排名、农民文化素质、公共教育投入、农业研发经费投入），占指标总数的 35.29%；中势指标 0 个；劣势指标 1 个（农业外国直接投资），占指标总数的 5.88%；强势指标和优势指标的数量之和占指标总数的 94.12%，大于中势指标和劣势指标之和。

二、日本农业科技创新基础能力比较分析

图 14-3 反映了 2001 年和 2016 年日本农业科技创新基础能力与 G20 最高水平和平均水平的比较情况。

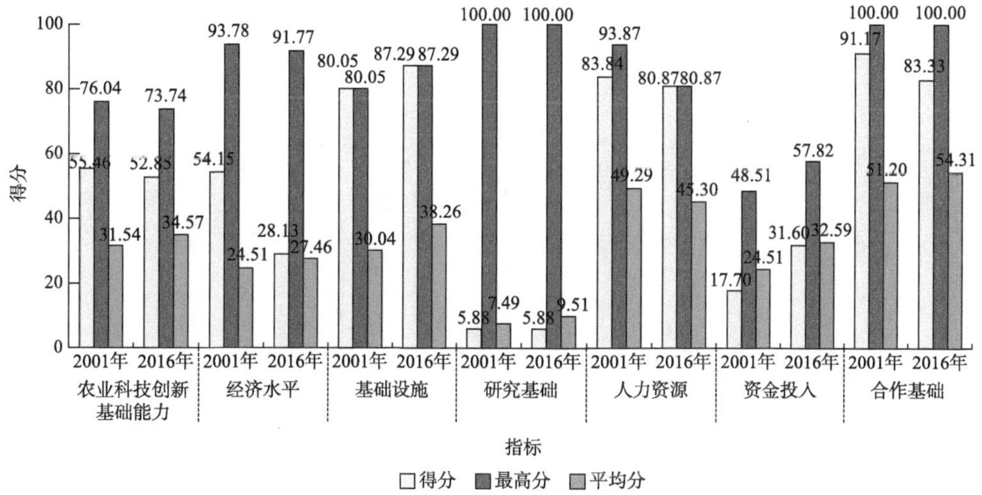

图 14-3　2001 年和 2016 年日本农业科技创新基础能力指标得分比较

由图 14-3 可知，2001 年，日本农业科技创新基础能力得分与 G20 最高分相比还有 20.58 分的差距，与 G20 平均分相比高了 23.92 分；2016 年，日本农业科技创新基础能力得分与 G20 最高分的差距为 20.89 分，高于 G20 平均分 18.28 分。总的来说，2001~2016 年日本农业科技创新基础能力与最高分的差距呈扩大趋势。

从具体指标得分比较来看，2016 年，财政收入水平、大学与科研机构农业学科排名、农民文化素质、农业研发经费投入和农业外国直接投资共计 5 个指标的得分低于 G20 平均分。建议日本政府注重提升上述指标，夯实国家农业科技创新基础，不断增强国家农业科技创新基础能力。

第四节　日本农业科技创新环境能力评价分析

一、日本农业科技创新环境能力评价结果

日本农业科技创新环境能力在 G20 中所处的位置及得分变化如图 14-4 和表 14-6 所示。

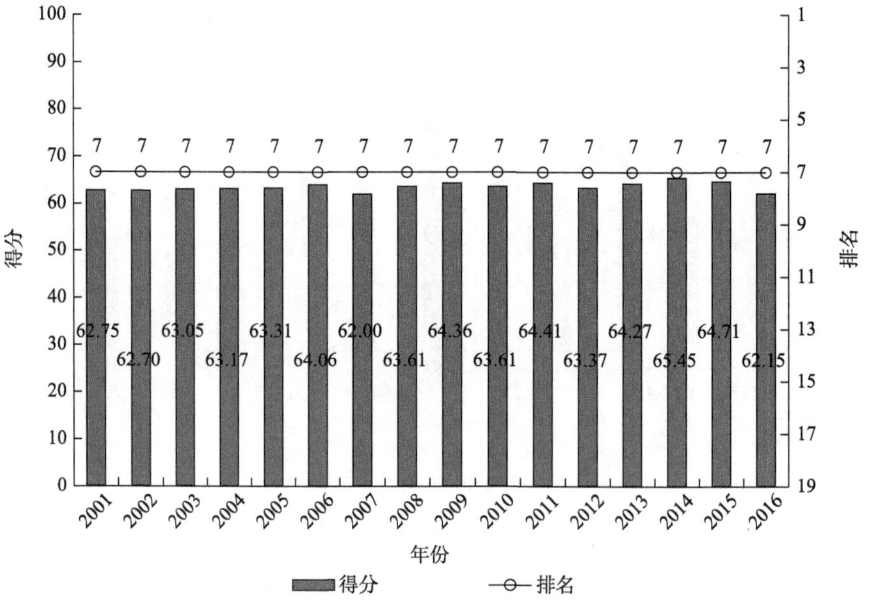

图 14-4　2001~2016 年日本农业科技创新环境能力得分和排名变化趋势图

表 14-6　2001~2016 年日本农业科技创新环境能力各级指标比较表

指标＼项目	2001 年		2006 年		2011 年		2016 年		综合变化		优劣度
	得分	排名	得分	排名	得分	排名	得分	排名	得分	排名	
文化环境	78.66	3	78.66	3	87.50	2	87.50	2	8.84	1	强势
科技创新自由民主气氛	68.42	3	68.42	3	75.00	3	75.00	3	6.58	0	强势
民众的好奇心	88.89	3	88.89	3	100.00	1	100.00	1	11.11	2	强势
政策环境	45.15	8	46.78	8	47.58	9	48.73	8	3.58	0	优势
政治稳定性	94.14	3	100.00	1	97.69	3	89.50	2	−4.64	1	强势
知识产权保护	81.08	3	81.08	3	84.85	5	92.86	3	11.78	0	强势
农业政策合理性	0	17	0	17	0	19	6.25	17	6.25	0	劣势
农业科技创新支持水平	5.37	14	6.04	15	7.77	14	6.30	14	0.93	0	中势
商业环境	50.01	7	49.59	7	50.99	6	37.45	9	−12.56	−2	优势
农业信贷支持	15.35	5	14.11	4	14.97	4	14.99	3	−0.35	2	强势
企业开业难易程度	46.67	11	46.67	11	50.00	10	50.00	11	3.33	0	中势

续表

指标 \ 项目	2001年		2006年		2011年		2016年		综合变化		优劣度
	得分	排名	得分	排名	得分	排名	得分	排名	得分	排名	
市场成熟度	88.00	3	88.00	3	88.00	3	47.37	8	−40.63	−5	优势
教育环境	97.44	1	97.44	1	80.91	7	80.67	7	−16.77	−6	优势
教育系统质量	92.31	4	92.31	4	67.74	8	70.00	8	−22.31	−4	优势
农村教育公平性	100.00	1	100.00	1	100.00	1	100.00	1	0	0	强势
技术培训可获得性	100.00	1	100.00	1	75.00	5	72.00	7	−28.00	−6	优势
生态可持续环境	42.50	17	47.84	17	55.05	15	56.41	15	13.91	2	中势
化肥使用密度	19.72	17	46.77	17	51.18	17	62.12	16	42.41	1	劣势
农药使用密度	0	19	0	19	32.50	17	32.50	17	32.50	2	劣势
农业用水量	31.08	11	31.08	11	30.26	11	30.26	11	−0.82	0	中势
农业能源使用量	90.16	4	94.44	4	97.23	3	87.32	2	−2.84	2	强势
农业温室气体排放量	97.06	3	97.38	3	97.64	3	97.88	3	0.83	0	强势
生物燃料生产量	17.01	15	17.39	15	21.51	15	28.37	14	11.36	1	中势

注：数据因四舍五入存在偏差

（1）从排名变化看，2016年日本农业科技创新环境能力排名在G20中处于第7位，与2001年相比排名保持不变。

（2）从得分看，2016年日本农业科技创新环境能力得分为62.15分，与2001年相比，得分下降0.60分。

（3）从指标动态变化趋势看，在日本农业科技创新环境能力的5个三级指标中，有2个指标（文化环境、生态可持续环境）处于上升趋势，有2个指标（商业环境、教育环境）处于下降趋势，有1个指标（政策环境）排名保持不变；在日本农业科技创新环境能力的18个四级指标中，有7个指标（民众的好奇心、政治稳定性、农业信贷支持、化肥使用密度、农药使用密度、农业能源使用量、生物燃料生产量）处于上升趋势，有3个指标（市场成熟度、教育系统质量、技术培训可获得性）处于下降趋势，其余8个指标（科技创新自由民主气氛、知识产权保护、农业政策合理性、农业科技创新支持水平、企业开业难易程度、农村教育公平性、农业用水量、农业温室气体排放量）排名保持不变。

（4）从指标优劣势结构来看，在日本农业科技创新环境能力的 5 个三级指标中，强势指标 1 个（文化环境），占指标总数的 20.00%；优势指标 3 个（政策环境、商业环境、教育环境），占指标总数的 60.00%；中势指标 1 个（生态可持续环境），占指标总数的 20.00%；劣势指标 0 个；强势指标和优势指标的数量之和占指标总数的 80.00%，大于中势指标和劣势指标之和。在日本农业科技创新环境能力的 18 个四级指标中，强势指标 8 个（科技创新自由民主气氛、民众的好奇心、政治稳定性、知识产权保护、农业信贷支持、农村教育公平性、农业能源使用量、农业温室气体排放量），占指标总数的 44.44%；优势指标 3 个（市场成熟度、教育系统质量、技术培训可获得性），占指标总数的 16.67%；中势指标 4 个（农业科技创新支持水平、企业开业难易程度、农业用水量、生物燃料生产量），占指标总数的 22.22%；劣势指标 3 个（农业政策合理性、化肥使用密度、农药使用密度），占指标总数的 16.67%；强势指标和优势指标的数量之和占指标总数的 61.11%，大于中势指标和劣势指标之和。

二、日本农业科技创新环境能力比较分析

图 14-5 反映了 2001 年和 2016 年日本农业科技创新环境能力与 G20 最高水平和平均水平的比较情况。

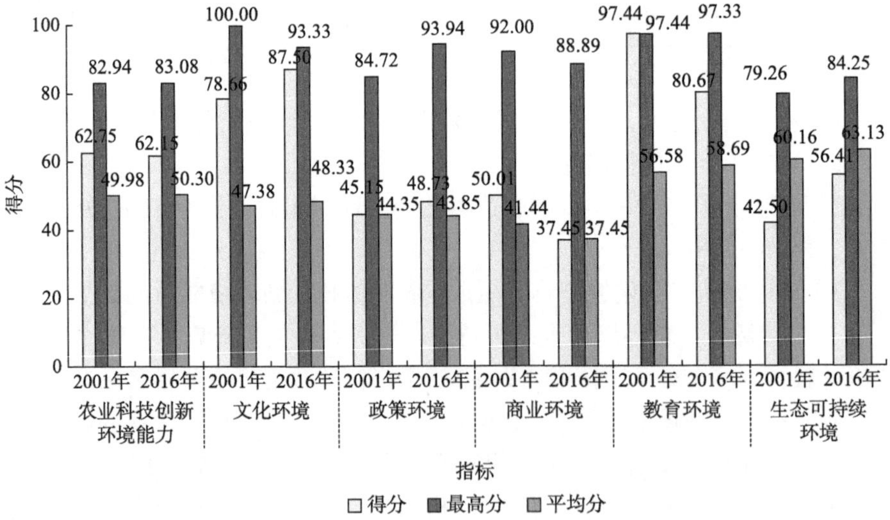

图 14-5　2001 年和 2016 年日本农业科技创新环境能力指标得分比较

由图 14-5 可知，2001 年，日本农业科技创新环境能力得分与 G20 最高分相比

还有 20.19 分的差距，与 G20 平均分相比，高了 12.77 分；2016 年，日本农业科技创新环境能力得分与 G20 最高分的差距为 20.93 分，高于 G20 平均分 11.85 分。总的来说，2001~2016 年日本农业科技创新环境能力与最高分的差距呈扩大趋势。

从具体指标得分比较来看，2016 年，农业政策合理性、农业科技创新支持水平、企业开业难易程度、化肥使用密度、农药使用密度、农业用水量和生物燃料生产量共计 7 个指标的得分低于 G20 平均分。建议日本政府注重提升上述指标，优化国家农业科技创新环境，不断提升国家农业科技创新环境能力。

第五节　日本农业科技创新产出能力评价分析

一、日本农业科技创新产出能力评价结果

日本农业科技创新产出能力在 G20 中所处的位置及得分变化如图 14-6 和表 14-7 所示。

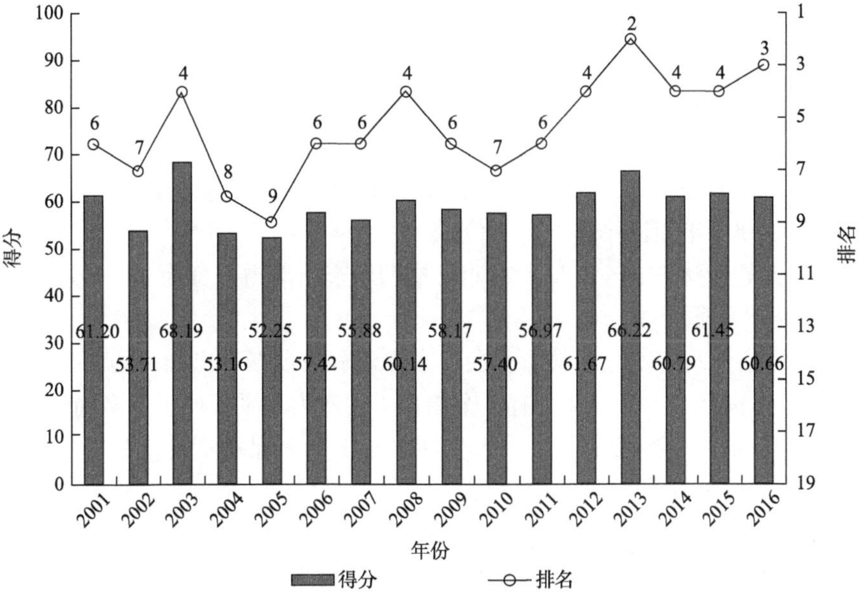

图 14-6　2001~2016 年日本农业科技创新产出能力得分和排名变化趋势图

表 14-7 2001~2016 年日本农业科技创新产出能力各级指标比较表

指标 \ 项目	2001 年		2006 年		2011 年		2016 年		综合变化		优劣度
	得分	排名	得分	排名	得分	排名	得分	排名	得分	排名	
科技成果	54.43	2	43.46	2	63.19	2	74.42	2	19.99	0	强势
农业科技论文数量	77.79	3	17.48	5	21.46	5	23.26	3	−54.53	0	强势
本国居民农业专利数量	17.38	7	38.95	6	68.11	2	100.00	1	82.62	6	强势
本国居民植物新品种数量	68.10	2	73.96	2	100.00	1	100.00	1	31.90	1	强势
生产力水平	74.28	3	55.25	6	46.38	11	47.30	10	−26.98	−7	优势
农业生产指数	92.58	4	32.56	5	0	19	4.33	18	−88.26	−14	劣势
农业土地生产率	82.68	5	80.47	6	78.46	6	75.71	6	−6.97	−1	优势
农业劳动生产率	47.58	7	52.73	7	60.68	5	61.86	4	14.29	3	强势
经济效益	16.08	19	30.97	18	18.32	19	20.93	19	4.85	0	劣势
农业年均增长率	32.16	10	61.95	14	36.65	14	26.48	16	−5.68	−6	劣势
农产品净出口额	0	19	0	19	0	19	15.37	18	15.37	1	劣势
农村生活水平	100.00	1	100.00	1	100.00	1	100.00	1	0	0	强势
农村恩格尔系数	100.00	1	100.00	1	100.00	1	100.00	1	0	0	强势

注：数据因四舍五入存在偏差

（1）从排名变化看，2016 年日本农业科技创新产出能力排名在 G20 中处于第 3 位，与 2001 年相比排名上升 3 位。

（2）从得分看，2016 年日本农业科技创新产出能力得分为 60.66 分，与 2001 年相比，得分下降 0.53 分。

（3）从指标动态变化趋势看，在日本农业科技创新产出能力的 4 个三级指标中，有 0 个指标处于上升趋势，有 1 个指标（生产力水平）处于下降趋势，其余 3 个指标（科技成果、经济效益、农村生活水平）排名保持不变；在日本农业科技创新产出能力的 9 个四级指标中，有 4 个指标（本国居民农业专利数量、本国居民植物新品种数量、农业劳动生产率、农产品净出口额）处于上升趋势，有 3 个指标（农业生产指数、农业土地生产率、农业年均增长率）处于下降趋势，其余 2 个指标（农业科技论文数量、农村恩格尔系数）排名保持不变。

（4）从指标优劣势结构来看，在日本农业科技创新产出能力的 4 个三级指标中，强势指标 2 个（科技成果、农村生活水平），占指标总数的 50.00%；优势指标 1 个（生产力水平），占指标总数的 25.00%；中势指标 0 个；劣势指标 1 个（经济效益），占指标总数的 25.00%；强势指标和优势指标的数量之和占指标总数的 75.00%，大于中势指标和劣势指标之和。在日本农业科技创新产出能力的 9 个四级指标中，强势指标 5 个（农业科技论文数量、本国居民农业专利数量、本国居民植物新品种数量、农业土地生产率、农业劳动生产率、农村恩格尔系数），占指标总数的 55.56%；优势指标 1 个（农业土地生产率），占指标总数的 11.11%；中势指标 0 个；劣势指标 3 个（农业生产指数、农业年均增长率、农产品净出口额），占指标总数的 33.33%；强势指标和优势指标的数量之和占指标总数的 66.67%，大于中势指标和劣势指标之和。

二、日本农业科技创新产出能力比较分析

图 14-7 反映了 2001 年和 2016 年日本农业科技创新产出能力与 G20 最高水平和平均水平的比较情况。

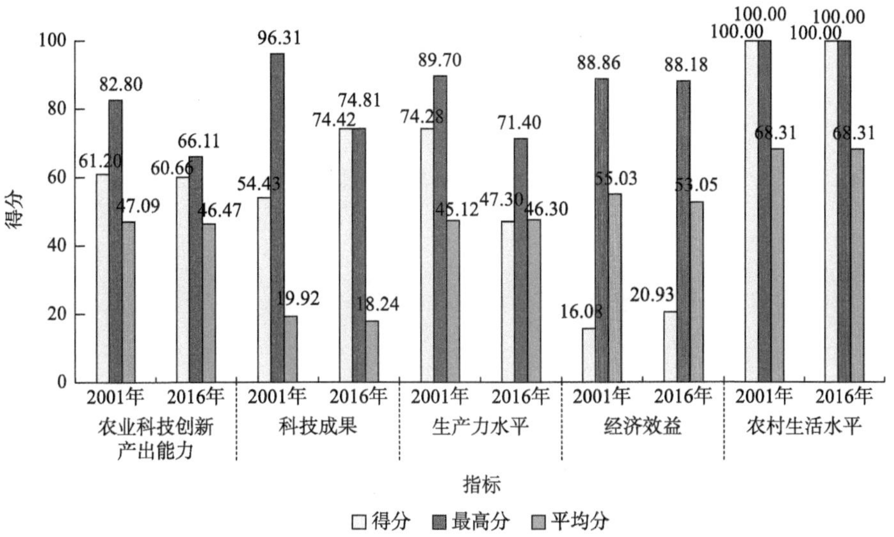

图 14-7　2001 年和 2016 年日本农业科技创新产出能力指标得分比较

由图 14-7 可知，2001 年，日本农业科技创新产出能力得分与 G20 最高分相比还有 21.60 分的差距，与 G20 平均分相比高了 14.11 分；2016 年，日本农业科技创新产出能力得分与 G20 最高分的差距 5.45 分，高于 G20 平均分 14.19 分。总的来

说，2001~2016 年日本农业科技创新产出能力与最高分的差距呈缩小趋势。

从具体指标得分比较来看，2016 年，农业生产指数、农业年均增长率和农产品净出口额共计 3 个指标的得分低于 G20 平均分。建议日本政府注重提升上述指标，不断提高国家农业科技创新产出水平。

第十五章　韩国农业科技创新能力评价分析报告

第一节　韩国农业简介

韩国位于东亚朝鲜半岛南部，北面隔着三八线非军事区与朝鲜相邻，三面环海。

韩国国土面积约 10 万平方千米。2016 年末，全国总人口约 5 124 万人，实现 GDP 1.41 万亿美元，人均 GDP 27 538 美元，是“亚洲四小龙”之一。

韩国是世界人均耕地面积最少的国家之一，农业以小规模家庭经营为主。2014 年，农业用地面积 174.83 万公顷，占土地面积的 18%，其中耕地面积 147.60 万公顷，占农业用地面积的 84%。草地面积 5.73 万公顷，占土地面积的 0.6%；森林和林地面积 619.16 万公顷，占土地面积的 64%。2014 年，平均每人占有耕地面积 0.03 公顷，牧场 0.001 公顷，森林和林地 0.12 公顷。

韩国农业资源禀赋非常稀缺，农产品较多依赖国外进口。在种植业中，谷物生产以大米为主，2014 年大米收获面积为 81.55 万公顷，产量为 563.77 万吨；经济作物以砂糖（糖料作物）、薯类为主。在畜牧业中，猪、鸡和牛是主要养殖对象，2014 年猪肉、鸡肉、鸡蛋和牛肉的产量分别为 119.65 万吨、65.09 万吨、62.50 万吨和 31.70 万吨。

2014 年，韩国农业人口 145.20 万人，约占总人口数的 2.86%。2016 年农业增加值 281.53 亿美元，约占 GDP 的 2%，农业工人人均增加值为 27 678.54 美元。

韩国农业科技研发工作的机构主要包括韩国农业振兴厅、农村振兴院、农村指导所、高等农业院校、私营农业研究机构。韩国农业振兴厅相当于国家农科院，全面负责韩国的农业科研和推广工作，承担农村生活指导、农业公务员培训等事务。

第二节　韩国农业科技创新能力总体评价分析

一、韩国农业科技创新能力概要分析

2001~2016 年韩国农业科技创新能力得分和排名变化趋势图，如图 15-1 所示。

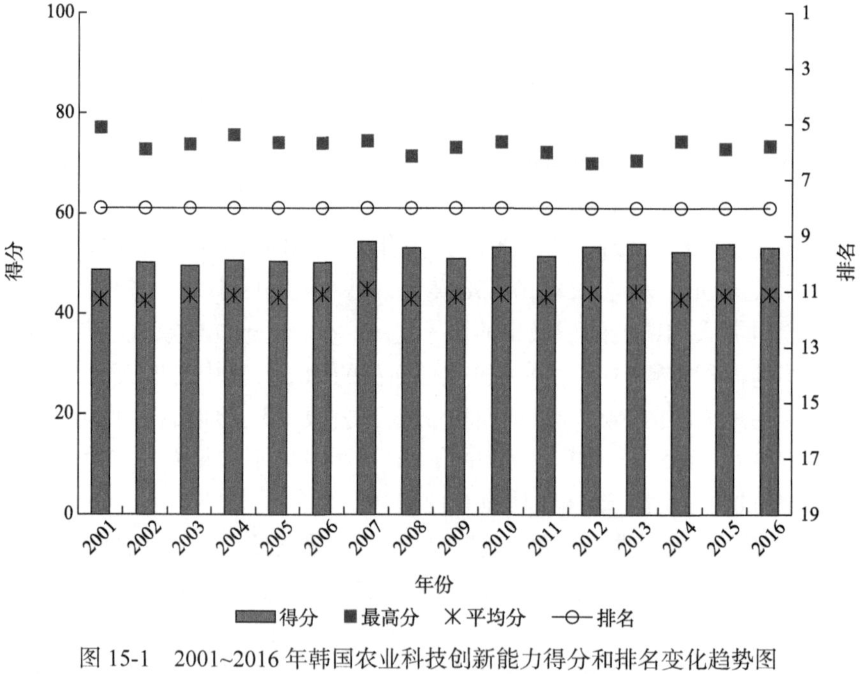

图 15-1　2001~2016 年韩国农业科技创新能力得分和排名变化趋势图

从综合排位变化看，2016 年韩国农业科技创新能力排名在 G20 中处于第 8 位，与 2001 年相比，排位保持不变。

从综合得分看，2016 年韩国农业科技创新能力得分为 53.20 分，比 G20 最高分低 20.16 分，比平均分高 9.41 分；与 2001 年相比，韩国农业科技创新能力得分上升了 4.46 分，与当年最高分的差距缩小了 8.14 分，G20 平均分与其差距扩大了 3.55 分。

二、韩国农业科技创新能力各级指标动态变化分析

2001~2016 年韩国农业科技创新能力各级指标的动态变化如表 15-1 和表 15-2 所示。

表 15-1　2001~2016 年韩国农业科技创新能力三级指标排名变化趋势比较表

二级指标	三级指标个数	上升		保持		下降		变化趋势
		个数	比重	个数	比重	个数	比重	
创新基础能力	6	2	33.33%	1	16.67%	3	50.00%	上升
创新环境能力	5	4	80.00%	0	0.00	1	20.00%	保持
创新产出能力	4	2	50.00%	1	25.00%	1	25.00%	上升
合计	15	8	53.33%	2	13.33%	5	33.33%	保持

注：数据由于四舍五入加和不为 100%

表 15-2　2001~2016 年韩国农业科技创新能力四级指标排名变化趋势比较表

二级指标	四级指标个数	上升		保持		下降		变化趋势
		个数	比重	个数	比重	个数	比重	
创新基础能力	17	7	41.18%	6	35.29%	4	23.53%	上升
创新环境能力	18	8	44.44%	7	38.89%	3	16.67%	保持
创新产出能力	9	4	44.44%	1	11.11%	4	44.44%	上升
合计	44	19	43.18%	14	31.82%	11	25.00%	保持

注：数据由于四舍五入加和不为 100%

表 15-1 中的数据表明，韩国农业科技创新能力的 15 个三级指标中，上升的指标有 8 个，占指标总数的 53.33%；保持的指标有 2 个，占指标总数的 13.33%；下降的指标有 5 个，占指标总数的 33.33%。排名上升指标的数量大于排名下降指标的数量。

表 15-2 中的数据表明，韩国农业科技创新能力的 44 个四级指标中，上升的指标有 19 个，占指标总数的 43.18%；保持的指标有 14 个，占指标总数的 31.82%；下降的指标有 11 个，占指标总数的 25.00%。排名上升指标的数量大于排名下降指

标的数量。

综上所述，由于上升的动力与下降的拉力持平，2016 年韩国农业科技创新能力排名与 2001 年相比保持不变，在 G20 中居第 8 位。

三、韩国农业科技创新能力各级指标优劣势分析

2016 年韩国农业科技创新能力各级指标的优劣势如表 15-3 和表 15-4 所示。

表 15-3　2016 年韩国农业科技创新能力三级指标排名优劣势比较表

二级指标	三级指标个数	强势		优势		中势		劣势		优劣度
		个数	比重	个数	比重	个数	比重	个数	比重	
创新基础能力	6	3	50.00%	2	33.33%	1	16.67%	0	0.00	强势
创新环境能力	5	1	20.00%	2	40.00%	2	40.00%	0	0.00	优势
创新产出能力	4	2	50.00%	0	0.00	2	50.00%	0	0.00	强势
合计	15	6	40.00%	4	26.67%	5	33.33%	0	0.00	优势

表 15-4　2016 年韩国农业科技创新能力四级指标排名优劣势比较表

二级指标	四级指标个数	强势		优势		中势		劣势		优劣度
		个数	比重	个数	比重	个数	比重	个数	比重	
创新基础能力	17	9	52.94%	6	35.29%	1	5.88%	1	5.88%	强势
创新环境能力	18	6	33.33%	5	27.78%	5	27.78%	2	11.11%	优势
创新产出能力	9	5	55.56%	1	11.11%	2	22.22%	1	11.11%	强势
合计	44	20	45.45%	12	27.27%	8	18.18%	4	9.09%	优势

注：数据由于四舍五入加和不为 100%

从三级指标来看，韩国农业科技创新能力的 15 个三级指标中，强势指标 6 个，占指标总数的 40.00%；优势指标 4 个，占指标总数的 26.67%；中势指标 5 个，占指标总数的 33.33%；劣势指标 0 个；强势指标和优势指标的数量之和占指标总数的 66.67%，大于中势指标和劣势指标之和。

从四级指标来看，韩国农业科技创新能力的 44 个四级指标中，强势指标 20 个，占指标总数的 45.45%；优势指标 12 个，占指标总数的 27.27%；中势指标 8 个，占指标总数的 18.18 %；劣势指标 4 个，占指标总数的 9.09%；强势指标和优

势指标的数量之和占指标总数的 72.73%，大于中势指标和劣势指标之和。

第三节　韩国农业科技创新基础能力评价分析

一、韩国农业科技创新基础能力评价结果

韩国农业科技创新基础能力在G20中所处的位置及得分变化如图15-2和表15-5所示。

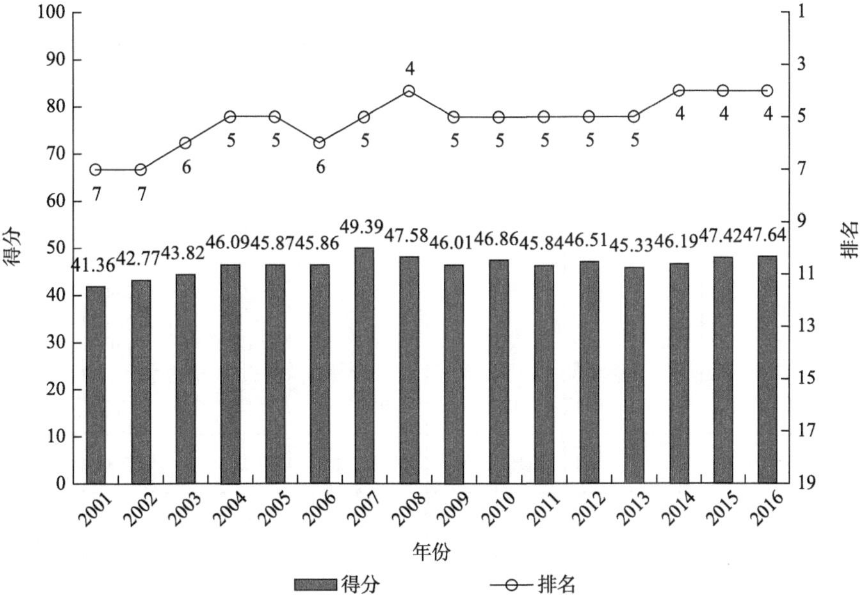

图 15-2　2001~2016 年韩国农业科技创新基础能力得分和排名变化趋势图

表 15-5　2001~2016 年韩国农业科技创新基础能力各级指标比较表

指标＼项目	2001 年		2006 年		2011 年		2016 年		综合变化		优劣度
	得分	排名	得分	排名	得分	排名	得分	排名	得分	排名	
经济水平	16.52	9	19.62	9	19.72	9	26.03	10	9.51	−1	优势

续表

指标 \ 项目	2001 年		2006 年		2011 年		2016 年		综合变化		优劣度
	得分	排名	得分	排名	得分	排名	得分	排名	得分	排名	
GDP 水平	17.69	9	23.28	9	23.06	9	26.42	10	8.72	−1	优势
财政收入水平	15.35	9	15.97	9	16.38	10	25.63	8	10.28	1	优势
基础设施	66.09	2	65.51	2	71.19	2	73.25	2	7.16	0	强势
灌溉面积比例	100	1	100	1	100	1	100	1	0	0	强势
农业机械化程度	24.58	3	24.58	3	24.58	3	24.58	3	0	0	强势
信息通信技术普及率	82.54	1	80.24	3	74.35	3	78.15	1	−4.39	0	强势
交通运输基础设施	57.24	8	57.24	8	85.82	3	90.27	5	33.02	3	强势
研究基础	0	10	0	10	0	9	0	12	0	−2	中势
大学与科研机构农业学科排名	0	7	0	7	0	6	0	9	0	−2	优势
农业企业研发水平	0	7	0	7	0	7	0	7	0	0	优势
人力资源	63.16	6	71.36	3	69.42	3	69.46	3	6.30	3	强势
农业研究人员数量	48.23	6	60.8	3	50.46	2	50.83	2	2.60	4	强势
农民文化素质	62.03	4	64.78	3	65.87	4	63.95	4	1.93	0	强势
健康状况	79.24	9	88.50	8	91.95	6	93.61	5	14.37	4	强势
资金投入	21.20	12	37.45	12	47.32	6	49.02	4	27.82	8	强势
公共教育投入	0	19	22.72	17	38.99	14	44.68	14	44.68	5	中势
农业研发经费投入	63.61	4	70.56	4	100.00	1	100.00	1	36.39	3	强势
农业外国直接投资	0	19	19.06	14	2.96	17	2.37	16	2.37	3	劣势
合作基础	81.20	3	81.20	3	67.39	7	68.06	8	−13.14	−5	优势
产学研合作	66.67	6	66.67	6	52.17	7	50.00	7	−16.67	−1	优势
集群发展状况	76.92	4	76.92	4	50.00	10	54.17	10	−22.76	−6	优势
国际农业研究合作	100.00	1	100.00	1	100.00	1	100.00	1	0	0	强势

注：数据因四舍五入存在偏差

（1）从排名变化看，2016 年韩国农业科技创新基础能力排名在 G20 中处于第 4 位，与 2001 年相比排名上升 3 位。

（2）从得分看，2016 年韩国农业科技创新基础能力得分为 47.64 分，与 2001 年相比，得分上升了 6.27 分。

（3）从指标动态变化趋势看，在韩国农业科技创新基础能力的 6 个三级指标中，有 2 个指标（人力资源、资金投入）处于上升趋势，有 3 个指标（经济水平、研究基础、合作基础）处于下降趋势，有 1 个指标（基础设施）排名保持不变；在韩国农业科技创新基础能力的 17 个四级指标中，有 7 个指标（财政收入水平、交通运输基础设施、农业研究人员数量、健康状况、公共教育投入、农业研发经费投入、农业外国直接投资）处于上升趋势，有 4 个指标（GDP 水平、大学与科研机构农业学科排名、产学研合作、集群发展状况）处于下降趋势，其余 6 个指标（灌溉面积比例、农业机械化程度、信息通信技术普及率、农业企业研发水平、农民文化素质、国际农业研究合作）排名保持不变。

（4）从指标优劣势结构来看，在韩国农业科技创新基础能力的 6 个三级指标中，强势指标 3 个（基础设施、人力资源、资金投入），占指标总数的 50.00%；优势指标 2 个（经济水平、合作基础），占指标总数的 33.33%；中势指标 1 个（研究基础），占指标总数的 16.67%；劣势指标 0 个；强势指标和优势指标的数量之和占指标总数的 83.33%，大于中势指标和劣势指标之和。在韩国农业科技创新基础能力的 17 个四级指标中，强势指标 9 个（灌溉面积比例、农业机械化程度、信息通信技术普及率、交通运输基础设施、农业研究人员数量、农民文化素质、健康状况、农业研发经费投入、国际农业研究合作），占指标总数的 52.94%；优势指标 6 个（GDP 水平、财政收入水平、大学与科研机构农业学科排名、农业企业研发水平、产学研合作、集群发展状况），占指标总数的 35.29%；中势指标 1 个（公共教育投入），占指标总数的 5.88%；劣势指标 1 个（农业外国直接投资），占指标总数的 5.88%；强势指标和优势指标的数量之和占指标总数的 88.24%，大于中势指标和劣势指标之和。

二、韩国农业科技创新基础能力比较分析

图 15-3 反映了 2001 年和 2016 年韩国农业科技创新基础能力与 G20 最高水平和平均水平的比较情况。

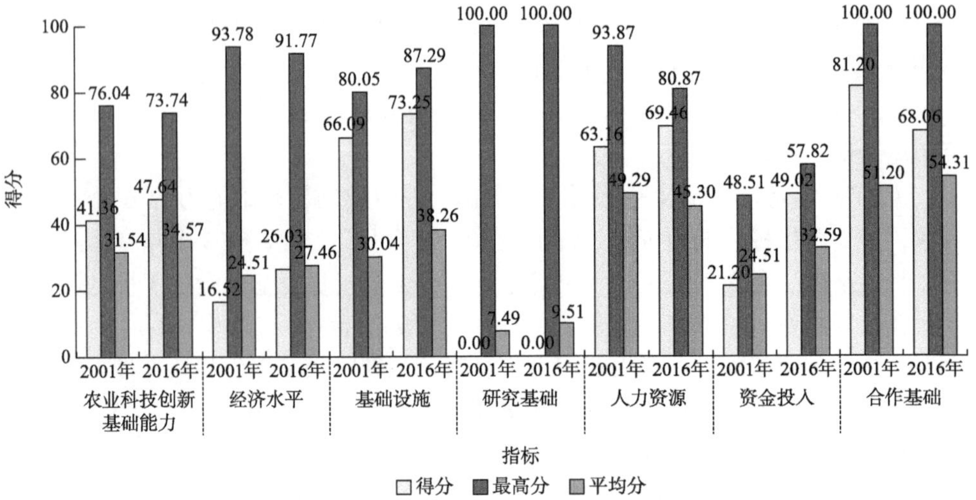

图 15-3　2001 年和 2016 年韩国农业科技创新基础能力指标得分比较

由图 15-3 可知，2001 年，韩国农业科技创新基础能力得分与 G20 最高分相比还有 34.68 分的差距，与 G20 平均分相比高了 9.82 分；2016 年，韩国农业科技创新基础能力得分与 G20 最高分的差距为 26.10 分，高于 G20 平均分 13.07 分。总的来说，2001~2016 年韩国农业科技创新基础能力与最高分的差距呈缩小趋势。

从具体指标得分比较来看，2016 年，GDP 水平、财政收入水平、大学与科研机构农业学科排名、农业企业研发水平、公共教育投入、农业外国直接投资和集群发展状况共计 7 个指标的得分低于 G20 平均分。建议韩国政府注重提升上述指标，夯实国家农业科技创新基础，不断增强国家农业科技创新基础能力。

第四节　韩国农业科技创新环境能力评价分析

一、韩国农业科技创新环境能力评价结果

韩国农业科技创新环境能力在 G20 中所处的位置及得分变化如图 15-4 和表 15-6 所示。

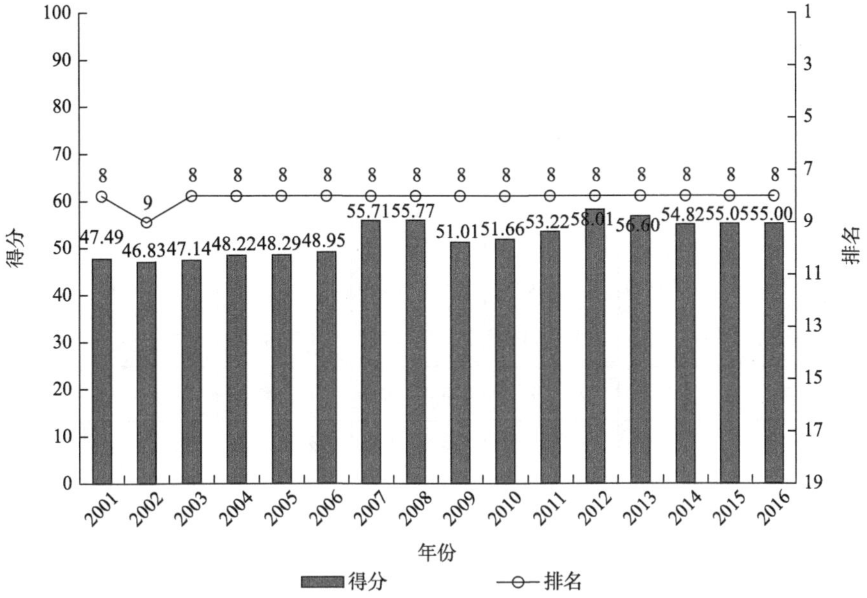

图 15-4　2001~2016 年韩国农业科技创新环境能力得分和排名变化趋势图

表 15-6　2001~2016 年韩国农业科技创新环境能力各级指标比较表

指标＼项目	2001 年		2006 年		2011 年		2016 年		综合变化		优劣度
	得分	排名	得分	排名	得分	排名	得分	排名	得分	排名	
文化环境	56.87	9	56.87	9	71.67	5	71.67	5	14.80	4	强势
科技创新自由民主气氛	52.63	7	52.63	7	70.00	5	70.00	5	17.37	2	强势
民众的好奇心	61.11	11	61.11	11	73.33	5	73.33	5	12.22	6	强势
政策环境	37.01	13	39.98	11	39.51	13	36.65	11	−0.36	2	中势
政治稳定性	69.54	9	78.43	6	71.09	9	54.59	9	−14.95	0	优势
知识产权保护	45.95	9	45.95	9	48.48	10	39.29	11	−6.66	−2	中势
农业政策合理性	28.57	11	28.57	11	26.09	15	43.75	11	15.18	0	中势
农业科技创新支持水平	3.98	15	6.99	14	12.38	11	8.99	9	5.00	6	优势
商业环境	38.88	9	40.21	9	39.68	9	47.72	6	8.84	3	优势
农业信贷支持	7.31	11	11.30	10	13.04	10	14.64	8	7.33	3	优势
企业开业难易程度	53.33	10	53.33	10	50.00	10	91.67	2	38.33	8	强势
市场成熟度	56.00	10	56.00	10	56.00	10	36.84	10	−19.16	0	优势

续表

项目 指标	2001 年		2006 年		2011 年		2016 年		综合变化		优劣度
	得分	排名	得分	排名	得分	排名	得分	排名	得分	排名	
教育环境	67.74	8	67.74	8	60.54	8	61.11	10	−6.63	−2	优势
教育系统质量	61.54	10	61.54	10	51.61	12	43.33	14	−18.21	−4	中势
农村教育公平性	100.00	1	100.00	1	100.00	1	100.00	1	0	0	强势
技术培训可获得性	41.67	10	41.67	10	30.00	11	40.00	12	−1.67	−2	中势
生态可持续环境	36.93	18	39.96	18	54.68	17	57.85	14	20.92	4	中势
化肥使用密度	0	19	0	19	35.92	18	35.65	18	35.65	1	劣势
农药使用密度	19.28	18	1.19	18	26.69	18	26.69	18	7.42	0	劣势
农业用水量	32.28	9	32.28	9	31.48	9	31.48	9	−0.80	0	优势
农业能源使用量	50.00	12	85.26	6	96.78	5	100.00	1	50.00	11	强势
农业温室气体排放量	98.76	2	98.91	2	98.89	2	98.96	2	0.19	0	强势
生物燃料生产量	21.26	14	22.11	14	38.33	12	54.30	11	33.04	3	中势

注：数据因四舍五入存在偏差

（1）从排名变化看，2016 年韩国农业科技创新环境能力排名在 G20 中处于第 8 位，与 2001 年相比排名保持不变。

（2）从得分看，2016 年韩国农业科技创新环境能力得分为 55.00 分，与 2001 年相比，得分上升了 7.51 分。

（3）从指标动态变化趋势看，在韩国农业科技创新环境能力的 5 个三级指标中，有 4 个指标（文化环境、政策环境、商业环境、生态可持续环境）处于上升趋势，有 1 个指标（教育环境）处于下降趋势；在韩国农业科技创新环境能力的 18 个四级指标中，有 8 个指标（科技创新自由民主气氛、民众的好奇心、农业科技创新支持水平、农业信贷支持、企业开业难易程度、化肥使用密度、农业能源使用量、生物燃料生产量）处于上升趋势，有 3 个指标（知识产权保护、教育系统质量、技术培训可获得性）处于下降趋势，其余 7 个指标（政治稳定性、农业政策合理性、市场成熟度、农村教育公平性、农药使用密度、农业用水量、农业温室气体排放量）排名保持不变。

（4）从指标优劣势结构来看，在韩国农业科技创新环境能力的 5 个三级指标中，强势指标 1 个（文化环境），占指标总数的 20.00%；优势指标 2 个（商业环境、教育环境），占指标总数的 40.00%；中势指标 2 个（政策环境、生态可持续环境），占指标总数的 40.00%；劣势指标 0 个；强势指标和优势指标的数量之和占指标总数的 60.00%，大于中势指标和劣势指标之和。在韩国农业科技创新环境能力的 18 个四级指标中，强势指标 6 个（科技创新自由民主气氛、民众的好奇心、企业开业难易程度、农村教育公平性、农业能源使用量、农业温室气体排放量），占指标总数的 33.33%；优势指标 5 个（政治稳定性、农业科技创新支持水平、农业信贷支持、市场成熟度、农业用水量），占指标总数的 27.78%；中势指标 5 个（知识产权保护、农业政策合理性、教育系统质量、技术培训可获得性、生物燃料生产量），占指标总数的 27.78%；劣势指标 2 个（化肥使用密度、农药使用密度），占指标总数的 11.11%；强势指标和优势指标的数量之和占指标总数的 61.11%，大于中势指标和劣势指标之和。

二、韩国农业科技创新环境能力比较分析

图 15-5 反映了 2001 年和 2016 年韩国农业科技创新环境能力与 G20 最高水平和平均水平的比较情况。

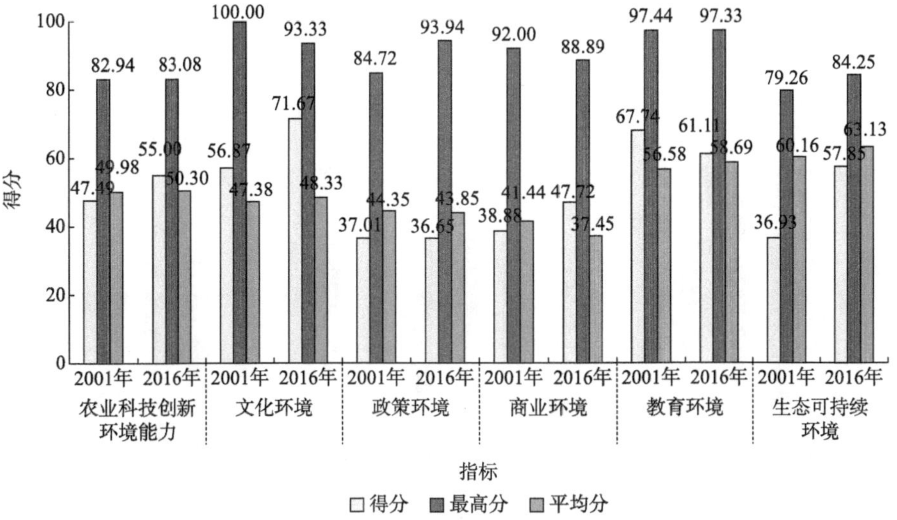

图 15-5　2001 年和 2016 年韩国农业科技创新环境能力指标得分比较

由图 15-5 可知，2001 年，韩国农业科技创新环境能力得分与 G20 最高分相比还有 35.45 分的差距，与 G20 平均分相比低了 2.49 分；2016 年，韩国农业科技创新环境能力得分与 G20 最高分的差距为 28.08 分，高于 G20 平均分 4.70 分。总的来

说，2001~2016 年韩国农业科技创新环境能力与最高分的差距呈缩小趋势。

从具体指标得分比较来看，2016 年，知识产权保护、农业政策合理性、农业科技创新支持水平、农业信贷支持、市场成熟度、教育系统质量、技术培训可获得性、化肥使用密度、农药使用密度和农业用水量共计 10 个指标的得分低于 G20 平均分。建议韩国政府注重提升上述指标，优化国家农业科技创新环境，不断提升国家农业科技创新环境能力。

第五节　韩国农业科技创新产出能力评价分析

一、韩国农业科技创新产出能力评价结果

韩国农业科技创新产出能力在 G20 中所处的位置及得分变化如图 15-6 和表 15-7 所示。

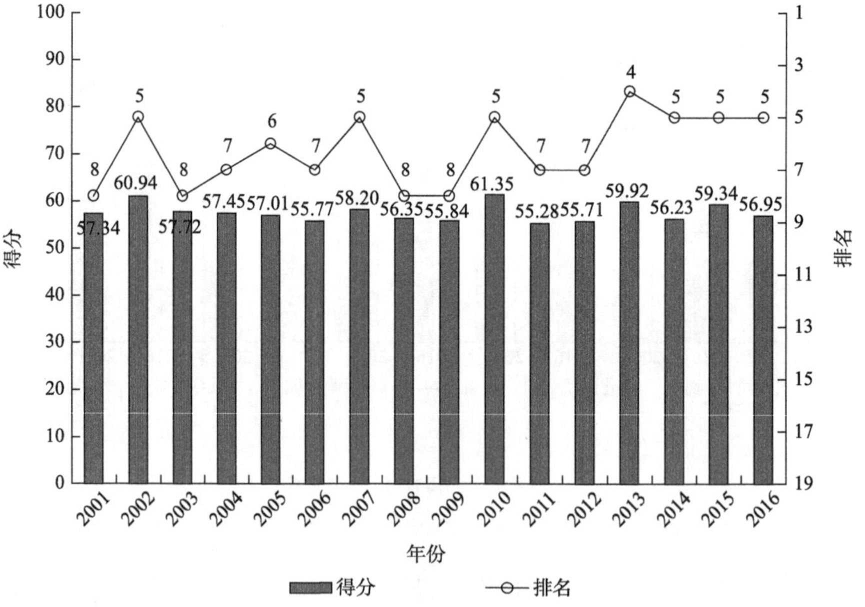

图 15-6　2001~2016 年韩国农业科技创新产出能力得分和排名变化趋势图

表 15-7　2001~2016 年韩国农业科技创新产出能力各级指标比较表

指标 \ 项目	2001 年		2006 年		2011 年		2016 年		综合变化		优劣度
	得分	排名	得分	排名	得分	排名	得分	排名	得分	排名	
科技成果	19.44	7	22.83	6	40.72	3	47.06	3	27.62	4	强势
农业科技论文数量	23.46	7	10.88	10	19.74	6	19.10	5	−4.36	2	强势
本国居民农业专利数量	9.78	8	18.19	8	32.75	8	30.38	4	20.60	4	强势
本国居民植物新品种数量	25.09	6	39.42	4	69.68	3	91.72	2	66.63	4	强势
生产力水平	64.04	7	42.18	9	44.69	13	43.63	11	−20.41	−4	中势
农业生产指数	91.38	5	21.54	13	24.17	12	21.08	15	−70.31	−10	中势
农业土地生产率	85.84	4	84.63	5	85.08	5	82.94	5	−2.90	−1	强势
农业劳动生产率	14.89	11	20.36	11	24.81	11	26.89	10	12.00	1	优势
经济效益	45.90	15	58.09	14	35.71	14	37.11	14	−8.79	1	中势
农业年均增长率	28.08	14	62.72	11	31.39	17	32.70	15	4.62	−1	中势
农产品净出口额	63.71	15	53.47	13	40.03	14	41.52	16	−22.20	−1	劣势
农村生活水平	100.00	1	100.00	1	100.00	1	100.00	1	0	0	强势
农村恩格尔系数	100.00	1	100.00	1	100.00	1	100.00	1	0	0	强势

注：数据因四舍五入存在偏差

（1）从排名变化看，2016 年韩国农业科技创新产出能力排名在 G20 中处于第 5 位，与 2001 年相比排名上升 3 位。

（2）从得分看，2016 年韩国农业科技创新产出能力得分为 56.95 分，与 2001 年相比，得分下降 0.39 分。

（3）从指标动态变化趋势看，在韩国农业科技创新产出能力的 4 个三级指标中，有 2 个指标（科技成果、经济效益）处于上升趋势，有 1 个指标（生产力水平）处于下降趋势，有 1 个指标（农村生活水平）排名保持不变；在韩国农业科技创新产出能力的 9 个四级指标中，有 4 个指标（农业科技论文数量、本国居民农业专利数量、本国居民植物新品种数量、农业劳动生产率）处于上升趋势，有 4 个指标（农业生产指数、农业土地生产率、农业年均增长率、农产品净出口额）处于下降趋势，有 1 个指标（农村恩格尔系数）排名保持不变。

（4）从指标优劣势结构来看，在韩国农业科技创新产出能力的 4 个三级指标中，强势指标 2 个（科技成果、农村生活水平），占指标总数的 50.00%；优势指标 0 个；中势指标 2 个（生产力水平、经济效益），占指标总数的 50.00%；劣势指标 0 个；强势指标和优势指标的数量之和占指标总数的 50.00%，等于中势指标和劣势指标之和。在韩国农业科技创新产出能力的 9 个四级指标中，强势指标 5 个（农业科技论文数量、本国居民农业专利数量、本国居民植物新品种数量、农业土地生产率、农村恩格尔系数），占指标总数的 55.56%；优势指标 1 个（农业劳动生产率），占指标总数的 11.11%；中势指标 2 个（农业生产指数、农业年均增长率），占指标总数的 22.22%；劣势指标 1 个（农产品净出口额），占指标总数的 11.11%；强势指标和优势指标的数量之和占指标总数的 66.67%，大于中势指标和劣势指标之和。

二、韩国农业科技创新产出能力比较分析

图 15-7 反映了 2001 年和 2016 年韩国农业科技创新产出能力与 G20 最高水平和平均水平的比较情况。

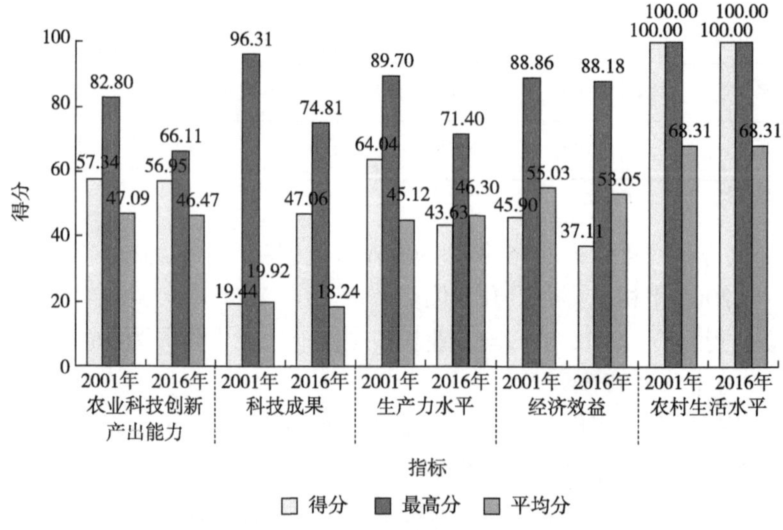

图 15-7　2001 年和 2016 年韩国农业科技创新产出能力指标得分比较

由图 15-7 可知，2001 年，韩国农业科技创新产出能力得分与 G20 最高分相比还有 25.46 分的差距，与 G20 平均分相比高了 10.25 分；2016 年，韩国农业科技创新产出能力得分与 G20 最高分的差距为 9.16 分，高于 G20 平均分 10.48 分。总的

来说，2001~2016 年韩国农业科技创新产出能力与最高分的差距呈缩小趋势。

从具体指标得分比较来看，2016 年，农业生产指数、农业劳动生产率、农业年均增长率和农产品净出口额共计 4 个指标的得分低于 G20 平均分。建议韩国政府注重提升上述指标，不断提高国家农业科技创新产出水平。

第十六章　墨西哥农业科技创新能力评价分析报告

第一节　墨西哥农业简介

墨西哥位于北美洲南部，拉丁美洲西北端，是南美洲和北美洲陆路交通的必经之地，素称“陆上桥梁”。北邻美国，南接危地马拉和伯利兹，东接墨西哥湾和加勒比海，西南临太平洋。

墨西哥国土面积约 196.44 万平方千米，是美洲面积第五大国。2016 年末，全国总人口约 12 754 万人，是拉丁美洲第二大国，实现 GDP 1.05 万亿美元，人均 GDP 8 201 美元，是拉美经济大国，北美自由贸易区成员。

2014 年，墨西哥农业用地面积 10 670.50 万公顷，占土地面积的 55%，其中耕地面积 2 299.31 万公顷，占农业用地面积的 22%。草地面积 8 103.49 万公顷，占土地面积的 42%；森林和林地面积 6 613.16 万公顷，占土地面积的 34%。墨西哥平均每人占有耕地面积 0.19 公顷，牧场 0.65 公顷，森林和林地 0.53 公顷。

墨西哥古印第安人培育出了玉米，所以该国享有“玉米的故乡”的美誉。有“绿色金子”别称的剑麻也是墨西哥引领世界风骚的农产品，其产量居世界前列。在种植业中，谷物生产以玉米、高粱和小麦为主，2014 年收获面积分别为 706.03 万公顷、201.39 万公顷和 70.66 万公顷，产量分别为 2 327.33 万吨、839.41 万吨和 366.98 万吨；经济作物以剑麻、棉花、咖啡、可可为主。在畜牧业中，牛、鸡和猪是主要养殖对象，2014 年牛奶、鸡肉、鸡蛋、牛肉和猪肉的产量分别为 1 112.96 万吨、287.97 万吨、256.72 万吨、182.72 万吨和 129.06 万吨。

2014 年，墨西哥农业人口 659.33 万人，约占总人口数的 5.31%。2016 年农业增加值 377.13 亿美元，约占 GDP 的 4%，农业工人人均增加值为 5 573.04 美元。

墨西哥农业科技研发工作的机构主要包括政府公共农业研究机构、高等教育机构、私营农业研究机构。政府公共农业研究机构是农业科研与推广活动的主体；高等教育机构在开展农业教育的同时也参与科研与推广活动；私营农业研究机构则根据市场的需求从事面向市场的农业科研活动。

第二节　墨西哥农业科技创新能力总体评价分析

一、墨西哥农业科技创新能力概要分析

2001~2016 年墨西哥农业科技创新能力得分和排名变化趋势图，如图 16-1 所示。

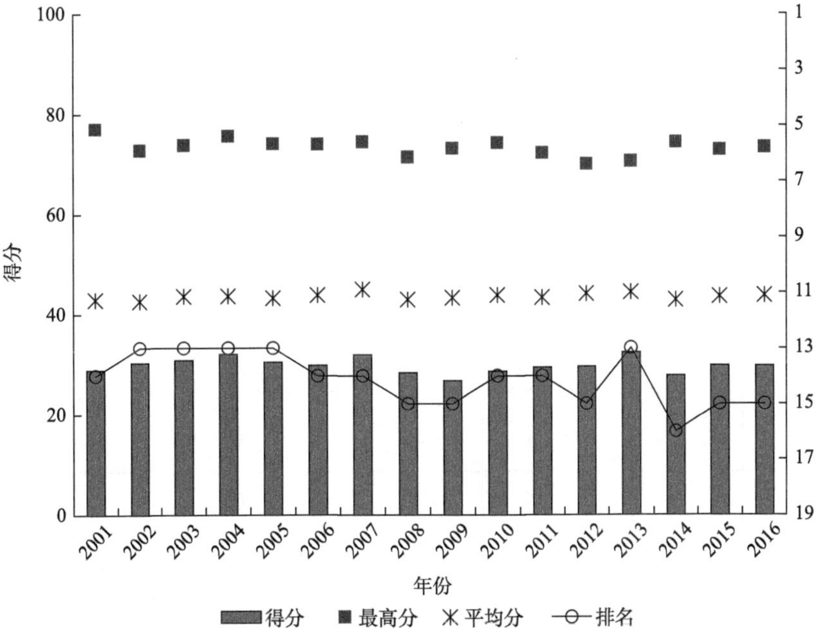

图 16-1　2001~2016 年墨西哥农业科技创新能力得分和排名变化趋势图

从综合排位变化看，2016 年墨西哥农业科技创新能力排名在 G20 中处于第 15 位，与 2001 年相比，排位下降 1 位。总体来看，评价期内呈波动下降趋势。

从综合得分看，2016 年墨西哥农业科技创新能力得分为 29.81 分，比 G20 最高分低 43.55 分，比平均分低 13.97 分；与 2001 年相比，墨西哥农业科技创新能力得分上升了 0.89 分，与当年最高分的差距缩小了 4.57 分，与 G20 平均分的差距扩大了 0.02 分。

二、墨西哥农业科技创新能力各级指标动态变化分析

2001~2016 年墨西哥农业科技创新能力各级指标的动态变化如表 16-1 和表 16-2 所示。

表 16-1　2001~2016 年墨西哥农业科技创新能力三级指标排名变化趋势比较表

二级指标	三级指标个数	上升		保持		下降		变化趋势
		个数	比重	个数	比重	个数	比重	
创新基础能力	6	1	16.67%	1	16.67%	4	66.67%	上升
创新环境能力	5	1	20.00%	0	0.00	4	80.00%	保持
创新产出能力	4	0	0.00	3	75.00%	1	25.00%	上升
合计	15	2	13.33%	4	26.67%	9	60.00%	下降

注：数据由于四舍五入加和不为 100%

表 16-2　2001~2016 年墨西哥农业科技创新能力四级指标排名变化趋势比较表

二级指标	四级指标个数	上升		保持		下降		变化趋势
		个数	比重	个数	比重	个数	比重	
创新基础能力	17	5	29.41%	4	23.53%	8	47.06%	上升
创新环境能力	18	5	27.78%	3	16.67%	10	55.56%	保持
创新产出能力	9	2	22.22%	5	55.56%	2	22.22%	上升
合计	44	12	27.27%	12	27.27%	20	45.45%	下降

注：数据由于四舍五入加和不为 100%

表 16-1 中的数据表明，墨西哥农业科技创新能力的 15 个三级指标中，上升的指标有 2 个，占指标总数的 13.33%；保持的指标有 4 个，占指标总数的 26.67%；

下降的指标有 9 个，占指标总数的 60.00%。排名上升指标的数量小于排名下降指标的数量。

表 16-2 中的数据表明，墨西哥农业科技创新能力的 44 个四级指标中，上升的指标有 12 个，占指标总数的 27.27%；保持的指标有 12 个，占指标总数的 27.27%；下降的指标有 20 个，占指标总数的 45.45%。排名上升指标的数量小于排名下降指标的数量。

综上所述，由于上升的动力小于下降的拉力，2016 年墨西哥农业科技创新能力排名与 2001 年相比下降了 1 位，在 G20 中居第 15 位。

三、墨西哥农业科技创新能力各级指标优劣势分析

2016 年墨西哥农业科技创新能力各级指标的优劣势如表 16-3 和表 16-4 所示。

表 16-3　2016 年墨西哥农业科技创新能力三级指标排名优劣势比较表

二级指标	三级指标个数	强势		优势		中势		劣势		优劣度
		个数	比重	个数	比重	个数	比重	个数	比重	
创新基础能力	6	0	0.00	1	16.67%	2	33.33%	3	50.00%	中势
创新环境能力	5	0	0.00	0	0.00	2	40.00%	3	60.00%	劣势
创新产出能力	4	0	0.00	0	0.00	2	50.00%	2	50.00%	中势
合计	15	0	0.00	1	6.67%	6	40.00%	8	53.33%	中势

表 16-4　2016 年墨西哥农业科技创新能力四级指标排名优劣势比较表

二级指标	四级指标个数	强势		优势		中势		劣势		优劣度
		个数	比重	个数	比重	个数	比重	个数	比重	
创新基础能力	17	2	11.76%	5	29.41%	6	35.29%	4	23.53%	中势
创新环境能力	18	1	5.56%	2	11.11%	8	44.44%	7	38.89%	劣势
创新产出能力	9	0	0.00	1	11.11%	7	77.78%	1	11.11%	中势
合计	44	3	6.82%	8	18.18%	21	47.73%	12	27.27%	中势

注：数据由于四舍五入加和不为 100%

从三级指标来看，墨西哥农业科技创新能力的 15 个三级指标中，强势指标 0 个；优势指标 1 个，占指标总数的 6.67%；中势指标 6 个，占指标总数的 40.00%；劣势指标 8 个，占指标总数的 53.33%；强势指标和优势指标的数量之和占指标总

数的 6.67%，小于中势指标和劣势指标之和。

从四级指标来看，墨西哥农业科技创新能力的 44 个四级指标中，强势指标 3 个，占指标总数的 6.82%；优势指标 8 个，占指标总数的 18.18%；中势指标 21 个，占指标总数的 47.73%；劣势指标 12 个，占指标总数的 27.27%；强势指标和优势指标的数量之和占指标总数的 25.00%，小于中势指标和劣势指标之和。

第三节　墨西哥农业科技创新基础能力评价分析

一、墨西哥农业科技创新基础能力评价结果

墨西哥农业科技创新基础能力在 G20 中所处的位置及得分变化如图 16-2 和表 16-5 所示。

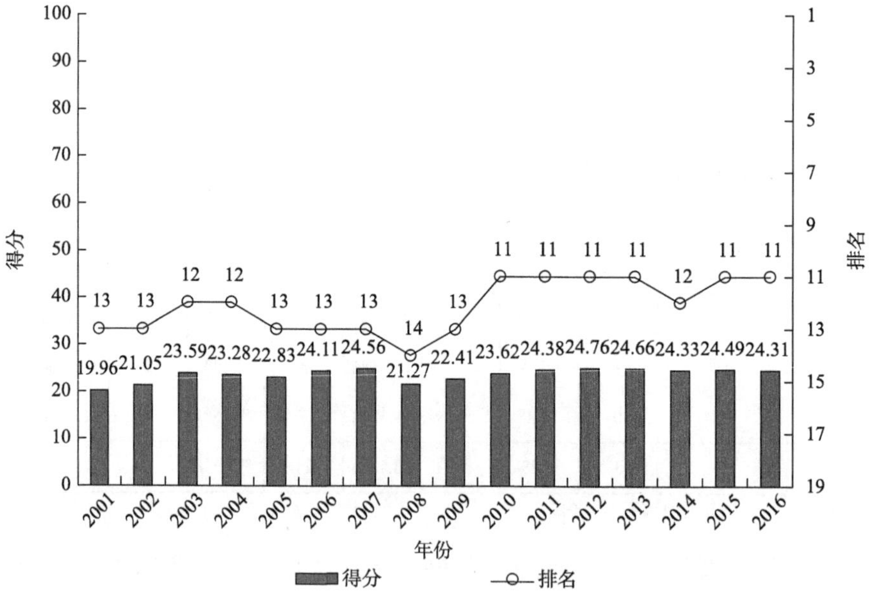

图 16-2　2001~2016 年墨西哥农业科技创新基础能力得分和排名变化趋势图

表 16-5 2001~2016 年墨西哥农业科技创新基础能力各级指标比较表

指标 \ 项目	2001 年		2006 年		2011 年		2016 年		综合变化		优劣度
	得分	排名	得分	排名	得分	排名	得分	排名	得分	排名	
经济水平	8.40	10	7.77	13	6.97	16	6.43	16	−1.97	−6	劣势
GDP 水平	11.11	11	10.81	11	9.76	15	9.11	15	−2.00	−4	中势
财政收入水平	5.69	13	4.72	14	4.18	17	3.76	17	−1.93	−4	劣势
基础设施	8.72	15	12.93	16	17.09	16	23.34	16	14.62	−1	劣势
灌溉面积比例	2.50	11	8.76	10	10.51	8	14.13	8	11.63	3	优势
农业机械化程度	2.36	12	2.15	12	2.11	12	2.11	12	−0.25	0	中势
信息通信技术普及率	13.46	14	24.27	15	21.71	16	27.55	16	14.09	−2	劣势
交通运输基础设施	16.55	15	16.55	15	34.04	15	49.56	14	33.01	1	中势
研究基础	2.94	7	2.94	7	2.94	7	2.94	10	0	−3	优势
大学与科研机构农业学科排名	0	7	0	7	0	6	0	9	0	−2	优势
农业企业研发水平	5.88	5	5.88	5	5.88	5	5.88	5	0	0	强势
人力资源	34.59	13	33.77	13	32.85	15	29.70	16	−4.89	−3	劣势
农业研究人员数量	3.84	14	3.28	15	1.60	17	1.10	17	−2.74	−3	劣势
农民文化素质	26.77	15	19.91	15	20.92	17	14.22	16	−12.55	−1	劣势
健康状况	73.15	10	78.12	10	76.04	10	73.78	10	0.63	0	优势
资金投入	15.47	15	37.59	11	33.74	13	30.66	12	15.19	3	中势
公共教育投入	24.15	11	74.69	7	76.64	7	69.57	6	45.42	5	优势
农业研发经费投入	12.94	14	17.18	12	16.43	12	16.53	11	3.59	3	中势
农业外国直接投资	9.32	6	20.89	10	8.15	8	5.88	9	−3.44	−3	优势
合作基础	49.67	12	49.67	12	52.70	11	52.78	12	3.11	0	中势
产学研合作	25.93	13	25.93	13	21.74	14	16.67	15	−9.26	−2	中势
集群发展状况	23.08	17	23.08	17	36.36	15	41.67	14	18.59	3	中势
国际农业研究合作	100.00	1	100.00	1	100.00	1	100.00	1	0	0	强势

注：数据因四舍五入存在偏差

（1）从排名变化看，2016 年墨西哥农业科技创新基础能力排名在 G20 中处于第 11 位，与 2001 年相比排名上升 2 位。

（2）从得分看，2016 年墨西哥农业科技创新基础能力得分为 24.31 分，与 2001 年相比，得分上升了 4.34 分。

（3）从指标动态变化趋势看，在墨西哥农业科技创新基础能力的 6 个三级指标中，有 1 个指标（资金投入）处于上升趋势，有 4 个指标（经济水平、基础设施、研究基础、人力资源）处于下降趋势，有 1 个指标（合作基础）排名保持不变；在墨西哥农业科技创新基础能力的 17 个四级指标中，有 5 个指标（灌溉面积比例、交通运输基础设施、公共教育投入、农业研发经费投入、集群发展状况）处于上升趋势，有 8 个指标（GDP 水平、财政收入水平、信息通信技术普及率、大学与科研机构农业学科排名、农业研究人员数量、农民文化素质、农业外国直接投资、产学研合作）处于下降趋势，其余 4 个指标（农业机械化程度、农业企业研发水平、健康状况、国际农业研究合作）排名保持不变。

（4）从指标优劣势结构来看，在墨西哥农业科技创新基础能力的 6 个三级指标中，强势指标 0 个；优势指标 1 个（研究基础），占指标总数的 16.67%；中势指标 2 个（资金投入、合作基础），占指标总数的 33.33%；劣势指标 3 个（经济水平、基础设施、人力资源），占指标总数的 50.00%；强势指标和优势指标的数量之和占指标总数的 16.67%，小于中势指标和劣势指标之和。在墨西哥农业科技创新基础能力的 17 个四级指标中，强势指标 2 个（农业企业研发水平、国际农业研究合作），占指标总数的 11.76%；优势指标 5 个（灌溉面积比例、大学与科研机构农业学科排名、健康状况、公共教育投入、农业外国直接投资），占指标总数的 29.41%；中势指标 6 个（GDP 水平、农业机械化程度、交通运输基础设施、农业研发经费投入、产学研合作、集群发展状况），占指标总数的 35.29%；劣势指标 4 个（财政收入水平、信息通信技术普及率、农业研究人员数量、农民文化素质），占指标总数的 23.53%；强势指标和优势指标的数量之和占指标总数的 41.18%，小于中势指标和劣势指标之和。

二、墨西哥农业科技创新基础能力比较分析

图 16-3 反映了 2001 年和 2016 年墨西哥农业科技创新基础能力与 G20 最高水平和平均水平的比较情况。

由图 16-3 可知，2001 年，墨西哥农业科技创新基础能力得分与 G20 最高分相比还有 56.08 分的差距，与 G20 平均分相比低了 11.58 分；2016 年，墨西哥农业

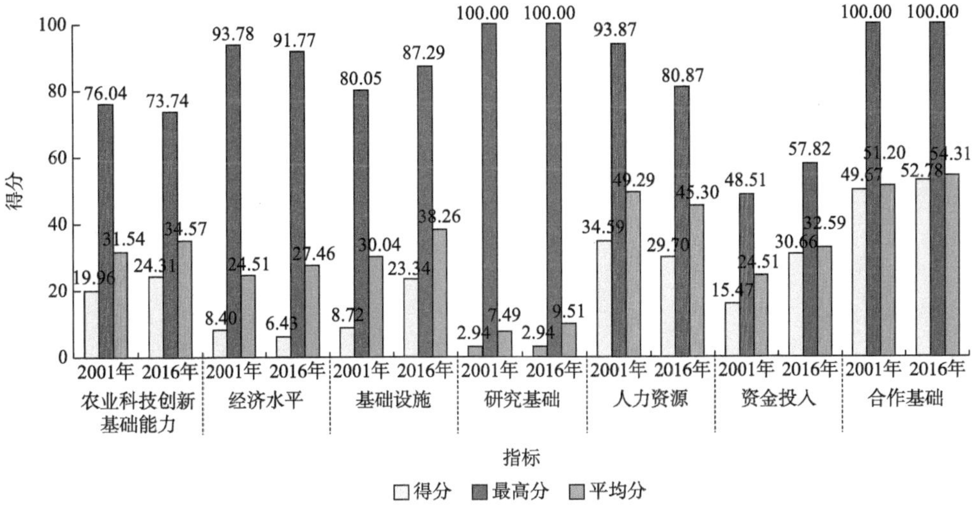

图 16-3　2001 年和 2016 年墨西哥农业科技创新基础能力指标得分比较

科技创新基础能力得分与 G20 最高分的差距为 49.43 分，低于 G20 平均分 10.26 分。总的来说，2001~2016 年墨西哥农业科技创新基础能力与最高分的差距呈缩小趋势。

从具体指标得分比较来看，2016 年，GDP 水平、财政收入水平、灌溉面积比例、农业机械化程度、信息通信技术普及率、交通运输基础设施、大学与科研机构农业学科排名、农业企业研发水平、农业研究人员数量、农民文化素质、农业研发经费投入、农业外国直接投资、产学研合作和集群发展状况共计 14 个指标的得分低于 G20 平均分。建议墨西哥政府注重提升上述指标，夯实国家农业科技创新基础，不断增强国家农业科技创新基础能力。

第四节　墨西哥农业科技创新环境能力评价分析

一、墨西哥农业科技创新环境能力评价结果

墨西哥农业科技创新环境能力在 G20 中所处的位置及得分变化如图 16-4 和

表 16-6 所示。

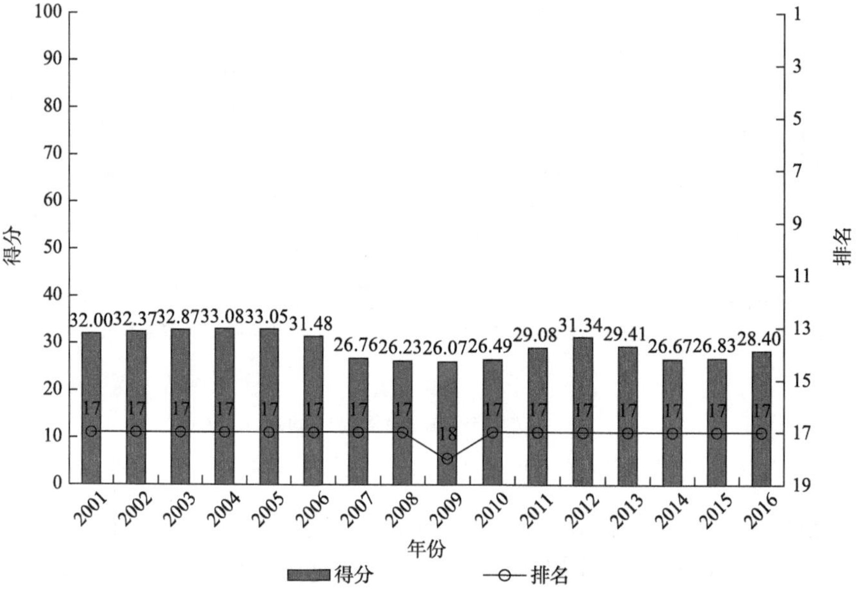

图 16-4　2001~2016 年墨西哥农业科技创新环境能力得分和排名变化趋势图

表 16-6　2001~2016 年墨西哥农业科技创新环境能力各级指标比较表

指标 \ 项目	2001 年		2006 年		2011 年		2016 年		综合变化		优劣度
	得分	排名	得分	排名	得分	排名	得分	排名	得分	排名	
文化环境	19.15	14	19.15	14	10.00	16	10.00	16	−9.15	−2	劣势
科技创新自由民主气氛	10.53	15	10.53	15	0	17	0	17	−10.53	−2	劣势
民众的好奇心	27.78	14	27.78	14	20.00	14	20.00	14	−7.78	0	中势
政策环境	27.26	16	27.08	15	22.18	15	16.65	17	−10.61	−1	劣势
政治稳定性	53.72	13	42.40	14	23.14	15	15.97	16	−37.76	−3	劣势
知识产权保护	24.32	13	24.32	13	21.21	15	32.14	15	7.82	−2	中势
农业政策合理性	19.05	15	19.05	15	26.09	15	0	19	−19.05	−4	劣势
农业科技创新支持水平	11.95	11	22.53	6	18.27	8	18.50	8	6.56	3	优势
商业环境	30.10	11	29.99	11	29.65	14	30.96	12	0.86	−1	中势
农业信贷支持	2.29	15	1.96	14	2.60	16	2.96	17	0.67	−2	劣势
企业开业难易程度	60.00	6	60.00	6	58.33	7	58.33	9	−1.67	−3	优势

续表

指标＼项目	2001 年		2006 年		2011 年		2016 年		综合变化		优劣度
	得分	排名	得分	排名	得分	排名	得分	排名	得分	排名	
市场成熟度	28.00	16	28.00	16	28.00	16	31.58	12	3.58	4	中势
教育环境	21.30	18	21.30	18	23.60	17	25.59	16	4.29	2	劣势
教育系统质量	23.08	15	23.08	15	25.81	17	23.33	17	0.26	−2	劣势
农村教育公平性	20.00	15	20.00	15	20.00	15	21.43	13	1.43	2	中势
技术培训可获得性	20.83	17	20.83	17	25.00	12	32.00	16	11.17	1	劣势
生态可持续环境	62.17	11	59.90	12	59.99	12	58.78	12	−3.39	−1	中势
化肥使用密度	87.03	7	89.33	6	88.19	6	89.46	5	2.43	2	强势
农药使用密度	87.54	8	65.42	15	75.47	12	75.47	12	−12.07	−4	中势
农业用水量	15.58	16	15.58	16	15.02	16	15.02	16	−0.56	0	劣势
农业能源使用量	49.20	13	60.90	14	53.83	15	46.83	15	−2.37	−2	中势
农业温室气体排放量	87.87	11	88.69	11	89.11	11	89.81	13	1.95	−2	中势
生物燃料生产量	45.81	13	39.46	12	38.33	12	36.09	13	−9.72	0	中势

注：数据因四舍五入存在偏差

（1）从排名变化看，2016 年墨西哥农业科技创新环境能力排名在 G20 中处于第 17 位，与 2001 年相比排名保持不变。

（2）从得分看，2016 年墨西哥农业科技创新环境能力得分为 28.40 分，与 2001 年相比，得分下降了 3.60 分。

（3）从指标动态变化趋势看，在墨西哥农业科技创新环境能力的 5 个三级指标中，有 1 个指标（教育环境）处于上升趋势，有 4 个指标（文化环境、政策环境、商业环境、生态可持续环境）处于下降趋势；在墨西哥农业科技创新环境能力的 18 个四级指标中，有 5 个指标（农业科技创新支持水平、市场成熟度、农村教育公平性、技术培训可获得性、化肥使用密度）处于上升趋势，有 10 个指标（科技创新自由民主气氛、政治稳定性、知识产权保护、农业政策合理性、农业信贷支持、企业开业难易程度、教育系统质量、农药使用密度、农业能源使用量、农业温室气体排放量）处于下降趋势，其余 3 个指标（民众的好奇心、农业用水量、生物燃料生产量）排名保持不变。

（4）从指标优劣势结构来看，在墨西哥农业科技创新环境能力的 5 个三级指标中，强势指标 0 个；优势指标 0 个；中势指标 2 个（商业环境、生态可持续环境），占指标总数的 40.00%；劣势指标 3 个（文化环境、政策环境、教育环境），占指标总数的 60.00%；强势指标和优势指标的数量之和小于中势指标和劣势指标之和。在墨西哥农业科技创新环境能力的 18 个四级指标中，强势指标 1 个（化肥使用密度），占指标总数的 5.56%；优势指标 2 个（农业科技创新支持水平、企业开业难易程度），占指标总数的 11.11%；中势指标 8 个（民众的好奇心、知识产权保护、市场成熟度、农村教育公平性、农药使用密度、农业能源使用量、农业温室气体排放量、生物燃料生产量），占指标总数的 44.44%；劣势指标 7 个（科技创新自由民主气氛、政治稳定性、农业政策合理性、农业信贷支持、教育系统质量、技术培训可获得性、农业用水量），占指标总数的 38.89%；强势指标和优势指标的数量之和占指标总数的 16.67%，小于中势指标和劣势指标之和。

二、墨西哥农业科技创新环境能力比较分析

图 16-5 反映了 2001 年和 2016 年墨西哥农业科技创新环境能力与 G20 最高水平和平均水平的比较情况。

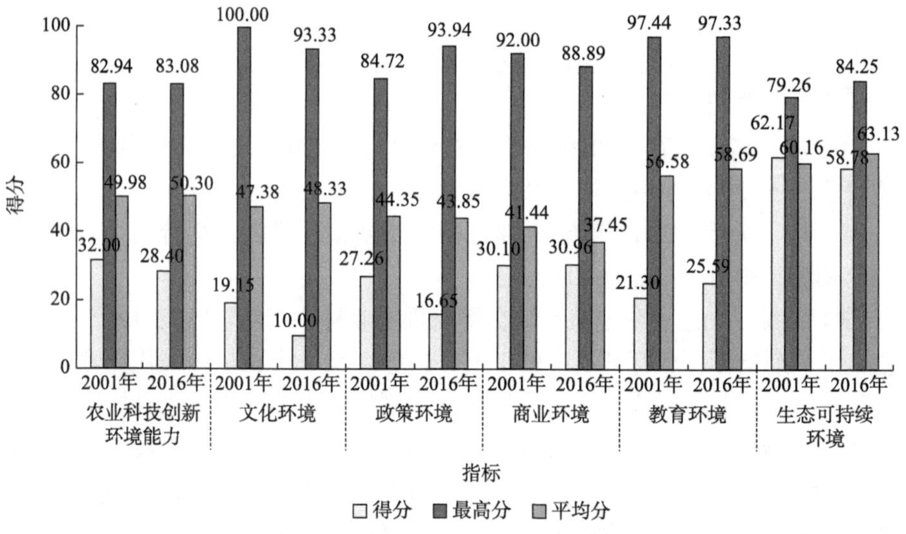

图 16-5　2001 年和 2016 年墨西哥农业科技创新环境能力指标得分比较

由图 16-5 可知，2001 年，墨西哥农业科技创新环境能力得分与 G20 最高分相比还有 50.94 分的差距，与 G20 平均分相比低了 17.98 分；2016 年，墨西哥农业科技创新环境能力得分与 G20 最高分的差距为 54.68 分，低于 G20 平均分 21.90 分。

总的来说，2001~2016 年墨西哥农业科技创新环境能力与最高分的差距呈扩大趋势。

从具体指标得分比较来看，2016 年，科技创新自由民主气氛、民众的好奇心、政治稳定性、知识产权保护、农业政策合理性、农业信贷支持、市场成熟度、教育系统质量、农村教育公平性、技术培训可获得性、农业用水量、农业能源使用量和生物燃料生产量共计 13 个指标的得分低于 G20 平均分。建议墨西哥政府注重提升上述指标，优化国家农业科技创新环境，不断提升国家农业科技创新环境能力。

第五节　墨西哥农业科技创新产出能力评价分析

一、墨西哥农业科技创新产出能力评价结果

墨西哥农业科技创新产出能力在 G20 中所处的位置及得分变化如图 16-6 和表 16-7 所示。

图 16-6　2001~2016 年墨西哥农业科技创新产出能力得分和排名变化趋势图

表 16-7　2001~2016 年墨西哥农业科技创新产出能力各级指标比较表

指标＼项目	2001 年		2006 年		2011 年		2016 年		综合变化		优劣度
	得分	排名	得分	排名	得分	排名	得分	排名	得分	排名	
科技成果	0.30	16	2.17	14	2.58	15	2.41	16	2.11	0	劣势
农业科技论文数量	0	14	4.03	12	4.78	13	3.66	14	3.66	0	中势
本国居民农业专利数量	0.32	13	0.98	13	1.79	11	0.95	13	0.63	0	中势
本国居民植物新品种数量	0.59	16	1.51	13	1.17	16	2.63	14	2.04	2	中势
生产力水平	21.11	15	12.16	17	26.06	18	27.25	18	6.14	−3	劣势
农业生产指数	37.55	14	7.81	18	39.85	9	46.17	9	8.62	5	优势
农业土地生产率	21.10	14	23.81	14	33.77	14	31.27	15	10.17	−1	中势
农业劳动生产率	4.67	16	4.87	16	4.56	16	4.31	16	−0.36	0	劣势
经济效益	51.45	11	55.66	16	44.68	11	50.90	11	−0.55	0	中势
农业年均增长率	30.59	12	49.48	17	39.33	9	46.36	14	15.77	−2	中势
农产品净出口额	72.31	12	61.84	11	50.03	11	55.44	12	−16.87	0	中势
农村生活水平	66.37	14	66.37	14	66.37	14	66.37	14	0	0	中势
农村恩格尔系数	66.37	14	66.37	14	66.37	14	66.37	14	0	0	中势

注：数据因四舍五入存在偏差

（1）从排名变化看，2016 年墨西哥农业科技创新产出能力排名在 G20 中处于第 13 位，与 2001 年相比排名上升 1 位。

（2）从得分看，2016 年墨西哥农业科技创新产出能力得分为 36.73 分，与 2001 年相比，得分上升了 1.93 分。

（3）从指标动态变化趋势看，在墨西哥农业科技创新产出能力的 4 个三级指标中，有 0 个指标处于上升趋势，有 1 个指标（生产力水平）处于下降趋势，其余 3 个指标（科技成果、经济效益、农村生活水平）排名保持不变；在墨西哥农业科技创新产出能力的 9 个四级指标中，有 2 个指标（本国居民植物新品种数量、农业生产指数）处于上升趋势，有 2 个指标（农业土地生产率、农业年均增长率）处于下降趋势，其余 5 个指标（农业科技论文数量、本国居民农业专利数量、农业劳动生产率、农产品净出口额、农村恩格尔系数）排名保持不变。

（4）从指标优劣势结构来看，在墨西哥农业科技创新产出能力的 4 个三级指标中，强势指标 0 个；优势指标 0 个；中势指标 2 个（经济效益、农村生活水平），占指标总数的 50.00%；劣势指标 2 个（科技成果、生产力水平），占指标总数的 50.00%；强势指标和优势指标的数量之和小于中势指标和劣势指标之和。在墨西哥农业科技创新产出能力的 9 个四级指标中，强势指标 0 个；优势指标 1 个（农业生产指数），占指标总数的 11.11%；中势指标 7 个（农业科技论文数量、本国居民农业专利数量、本国居民植物新品种数量、农业土地生产率、农业年均增长率、农产品净出口额、农村恩格尔系数），占指标总数的 77.78%；劣势指标 1 个（农业劳动生产率），占指标总数的 11.11%；强势指标和优势指标的数量之和占指标总数的 11.11%，小于中势指标和劣势指标之和。

二、墨西哥农业科技创新产出能力比较分析

图 16-7 反映了 2001 年和 2016 年墨西哥农业科技创新产出能力与 G20 最高水平和平均水平的比较情况。

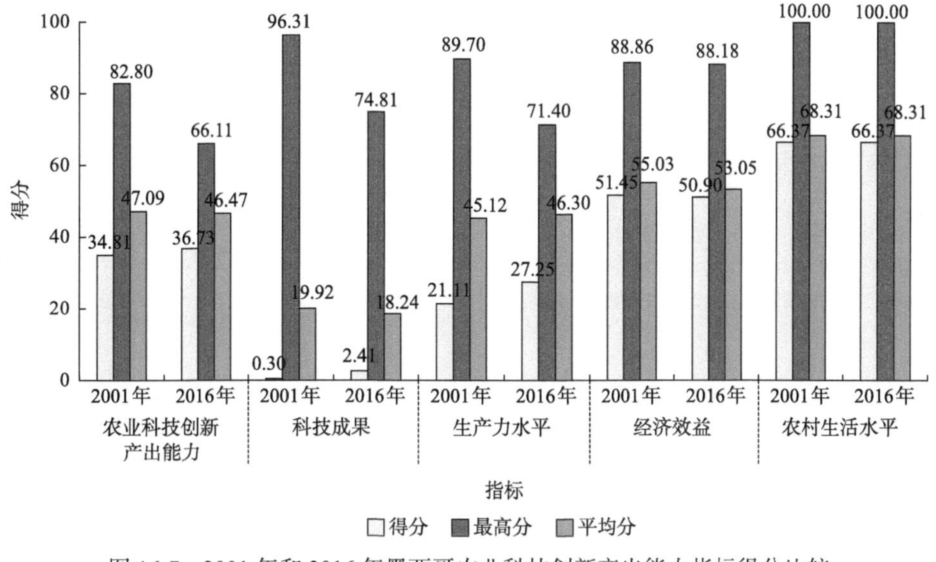

图 16-7　2001 年和 2016 年墨西哥农业科技创新产出能力指标得分比较

由图 16-7 可知，2001 年，墨西哥农业科技创新产出能力得分与 G20 最高分相比还有 47.99 分的差距，与 G20 平均分相比低了 12.28 分；2016 年，墨西哥农业科技创新产出能力得分与 G20 最高分的差距为 29.38 分，低于 G20 平均分 9.74 分。总的来说，2001~2016 年墨西哥农业科技创新产出能力与最高分的差距呈缩小趋势。

从具体指标得分比较来看，2016 年，农业科技论文数量、本国居民农业专利

数量、本国居民植物新品种数量、农业生产指数、农业土地生产率、农业劳动生产率、农业年均增长率和农村恩格尔系数共计 8 个指标的得分低于 G20 平均分。建议墨西哥政府注重提升上述指标，不断提高国家农业科技创新产出水平。

第十七章　俄罗斯农业科技创新能力评价分析报告

第一节　俄罗斯农业简介

俄罗斯是世界上面积最大的国家，地域跨越欧亚两个大洲，与多个国家接壤。绵延的海岸线从北冰洋一直伸展到北太平洋，还包括内陆海的黑海和里海。

俄罗斯国土面积约 1 709.82 万平方千米。2016 年末，全国总人口约 14 434 万人，实现 GDP 1.28 万亿美元，居世界第 12 位，人均 GDP 8 748 美元。

2014 年，俄罗斯农业用地面积 21 772.18 万公顷，占土地面积的 13%，其中耕地面积 12 312.18 万公顷，占农业用地面积的 57%。草地面积 9 300 万公顷，占土地面积的 6%；森林和林地面积 81 497.15 万公顷，占土地面积的 50%。2014 年，俄罗斯平均每人占有耕地面积 0.86 公顷，牧场 0.65 公顷，森林和林地 5.67 公顷。

俄罗斯的农业生产农牧并重。在种植业中，谷物生产以小麦、大麦和玉米为主，2014 年收获面积分别为 2 390.78 万公顷、900.25 万公顷和 259.95 万公顷，产量分别为 5 971.14 万吨、2 044.43 万吨和 1 133.21 万吨；经济作物以亚麻、向日葵和甜菜为主。在畜牧业中，牛、鸡和猪是主要养殖对象，2014 年牛奶、鸡肉、猪肉、鸡蛋和牛肉的产量分别为 3 051.10 万吨、376.97 万吨、297.39 万吨、231.35 万吨和 165.41 万吨。

2014 年，俄罗斯农业人口 481.06 万人，约占总人口的 3.34%。2016 年农业增加值 547.92 亿美元，约占 GDP 的 4%，农业工人人均增加值为 12 289.70 美元。

俄罗斯农业科技研发工作的机构主要包括俄罗斯农业食品部研究机构、俄罗斯农业科学院及各分院和私营农业研究机构。目前俄罗斯拥有 70 多所农业高等院校、300 多所农业科研单位、600 多个示范农场和超过 100 个从事农业育种方面研究的研究单位，每年有 250~300 个农业创新实验成果投入区域性的试验。俄罗斯政府积极推动农工综合体与各农业科研单位合作。

第二节　俄罗斯农业科技创新能力总体评价分析

一、俄罗斯农业科技创新能力概要分析

2001~2016 年俄罗斯农业科技创新能力得分和排名变化趋势图，如图 17-1 所示。

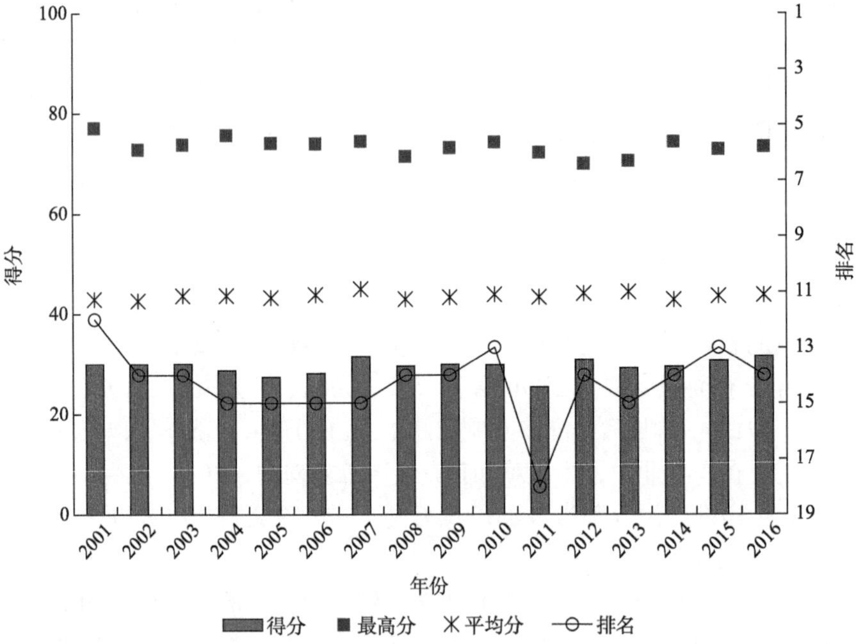

图 17-1　2001~2016 年俄罗斯农业科技创新能力得分和排名变化趋势图

从综合排位变化看，2016 年俄罗斯农业科技创新能力排名在 G20 中处于第 14

位，与2001年相比，排位下降了2位。其中，2011年的排位下降幅度较大。总体来看，评价期内呈波动下降趋势。

从综合得分看，2016年俄罗斯农业科技创新能力得分为31.63分，比G20最高分低41.73分，比平均分低12.16分；与2001年相比，俄罗斯农业科技创新能力得分上升了1.61分，与当年最高分的差距缩小了5.29分，与G20平均分的差距也缩小了0.70分。

二、俄罗斯农业科技创新能力各级指标动态变化分析

2001~2016年俄罗斯农业科技创新能力各级指标的动态变化如表17-1和表17-2所示。

表17-1　2001~2016年俄罗斯农业科技创新能力三级指标排名变化趋势比较表

二级指标	三级指标个数	上升		保持		下降		变化趋势
		个数	比重	个数	比重	个数	比重	
创新基础能力	6	3	50.00%	1	16.67%	2	33.33%	保持
创新环境能力	5	3	60.00%	1	20.00%	1	20.00%	上升
创新产出能力	4	0	0.00	2	50.00%	2	50.00%	下降
合计	15	6	40.00%	4	26.67%	5	33.33%	下降

表17-2　2001~2016年俄罗斯农业科技创新能力四级指标排名变化趋势比较表

二级指标	四级指标个数	上升		保持		下降		变化趋势
		个数	比重	个数	比重	个数	比重	
创新基础能力	17	9	52.94%	3	17.65%	5	29.41%	保持
创新环境能力	18	6	33.33%	5	27.78%	7	38.89%	上升
创新产出能力	9	2	22.22%	3	33.33%	4	44.44%	下降
合计	44	17	38.64%	11	25.00%	16	36.36%	下降

注：数据由于四舍五入加和不为100%

表17-1中的数据表明，俄罗斯农业科技创新能力的15个三级指标中，上升的指标有6个，占指标总数的40.00%；保持的指标有4个，占指标总数的26.67%；下降的指标有5个，占指标总数的33.33%。排名上升指标的数量大于排名下降指

标的数量。

表 17-2 中的数据表明，俄罗斯农业科技创新能力的 44 个四级指标中，上升的指标有 17 个，占指标总数的 38.64%；保持的指标有 11 个，占指标总数的 25.00%；下降的指标有 16 个，占指标总数的 36.36%。排名上升指标的数量大于排名下降指标的数量。

综上所述，由于上升的动力小于下降的拉力，2016 年俄罗斯农业科技创新能力排名与 2001 年相比下降了 2 位，在 G20 中居第 14 位。

三、俄罗斯农业科技创新能力各级指标优劣势分析

2016 年俄罗斯农业科技创新能力各级指标的优劣势如表 17-3 和表 17-4 所示。

表 17-3　2016 年俄罗斯农业科技创新能力三级指标排名优劣势比较表

二级指标	三级指标个数	强势		优势		中势		劣势		优劣度
		个数	比重	个数	比重	个数	比重	个数	比重	
创新基础能力	6	0	0.00	0	0.00	6	100.00%	0	0.00	中势
创新环境能力	5	1	20.00%	3	60.00%	0	0.00	1	20.00%	优势
创新产出能力	4	0	0.00	1	25.00%	1	25.00%	2	50.00%	劣势
合计	15	1	6.67%	4	26.67%	7	46.67%	3	20.00%	中势

注：数据由于四舍五入加和不为 100%

表 17-4　2016 年俄罗斯农业科技创新能力四级指标排名优劣势比较表

二级指标	四级指标个数	强势		优势		中势		劣势		优劣度
		个数	比重	个数	比重	个数	比重	个数	比重	
创新基础能力	17	2	11.76%	4	23.53%	7	41.18%	4	23.53%	中势
创新环境能力	18	5	27.78%	1	5.56%	7	38.89%	5	27.78%	优势
创新产出能力	9	1	11.11%	2	22.22%	3	33.33%	3	33.33%	劣势
合计	44	8	18.18%	7	15.91%	17	38.64%	12	27.27%	中势

注：数据由于四舍五入加和不为 100%

从三级指标来看，俄罗斯农业科技创新能力的 15 个三级指标中，强势指标 1 个，占指标总数的 6.67%；优势指标 4 个，占指标总数的 26.67%；中势指标 7 个，

占指标总数的 46.67%；劣势指标 3 个，占指标总数的 20.00%；强势指标和优势指标的数量之和占指标总数的 33.33%，小于中势指标和劣势指标之和。

从四级指标来看，俄罗斯农业科技创新能力的 44 个四级指标中，强势指标 8 个，占指标总数的 18.18%；优势指标 7 个，占指标总数的 15.91%；中势指标 17 个，占指标总数的 38.64%；劣势指标 12 个，占指标总数的 27.27%；强势指标和优势指标的数量之和占指标总数的 34.09%，小于中势指标和劣势指标之和。

第三节　俄罗斯农业科技创新基础能力评价分析

一、俄罗斯农业科技创新基础能力评价结果

俄罗斯农业科技创新基础能力在 G20 中所处的位置及得分变化如图 17-2 和表 17-5 所示。

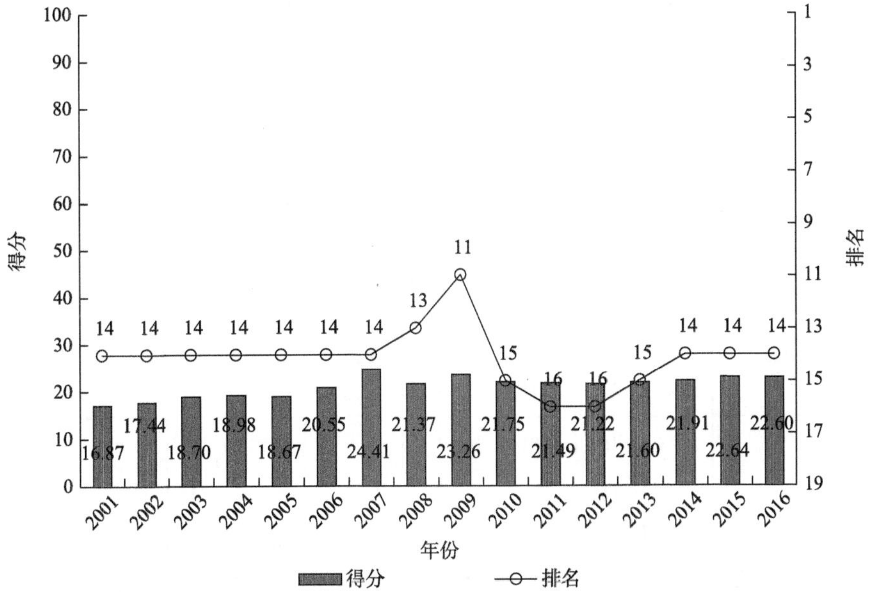

图 17-2　2001~2016 年俄罗斯农业科技创新基础能力得分和排名变化趋势图

表 17-5　2001~2016 年俄罗斯农业科技创新基础能力各级指标比较表

指标＼项目	2001 年		2006 年		2011 年		2016 年		综合变化		优劣度
	得分	排名	得分	排名	得分	排名	得分	排名	得分	排名	
经济水平	2.75	17	8.48	12	13.83	12	10.14	15	7.39	2	中势
GDP 水平	2.40	17	7.46	14	13.18	13	9.72	14	7.32	3	中势
财政收入水平	3.09	16	9.49	11	14.49	11	10.56	14	7.47	2	中势
基础设施	7.67	16	14.97	15	21.26	14	26.08	15	18.41	1	中势
灌溉面积比例	2.80	10	2.98	11	3.29	12	3.61	12	0.81	−2	中势
农业机械化程度	1.28	16	0.83	17	0.56	17	0.56	17	−0.73	−1	劣势
信息通信技术普及率	11.44	15	40.90	10	57.79	10	63.87	7	52.42	8	优势
交通运输基础设施	15.17	16	15.17	16	23.40	17	36.28	17	21.11	−1	劣势
研究基础	0	10	0	10	0	9	0	12	0	−2	中势
大学与科研机构农业学科排名	0	7	0	7	0	6.00	0	9	0	−2	优势
农业企业研发水平	0	7	0	7	0	7.00	0	7	0	0	优势
人力资源	42.52	11	35.90	12	36.93	13	32.86	14	−9.66	−3	中势
农业研究人员数量	46.14	7	30.33	8	20.22	10	13.00	9	−33.14	−2	优势
农民文化素质	43.20	12	31.35	12	39.80	12	34.57	12	−8.63	0	中势
健康状况	38.22	17	46.01	17	50.79	16	51.01	16	12.79	1	劣势
资金投入	9.99	16	25.68	15	23.55	16	23.49	14	13.50	2	中势
公共教育投入	3.64	17	25.13	16	31.86	15	30.81	15	27.17	2	中势
农业研发经费投入	18.74	12	16.26	13	15.19	13	16.53	11	−2.21	1	中势
农业外国直接投资	7.60	9	35.64	5	23.61	5	23.14	5	15.54	4	强势
合作基础	38.27	13	38.27	13	33.33	14	43.06	13	4.79	0	中势
产学研合作	14.81	16	14.81	16	0	17	20.83	13	6.02	3	中势
集群发展状况	0	19	0	19	0	19	8.33	18	8.33	1	劣势
国际农业研究合作	100.00	1	100.00	1	100.00	1	100.00	1	0	0	强势

注：数据因四舍五入存在偏差

（1）从排名变化看，2016 年俄罗斯农业科技创新基础能力排名在 G20 中处于第 14 位，与 2001 年相比排名保持不变。

（2）从得分看，2016 年俄罗斯农业科技创新基础能力得分为 22.60 分，与 2001 年相比，得分上升了 5.74 分。

（3）从指标动态变化趋势看，在俄罗斯农业科技创新基础能力的 6 个三级指标中，有 3 个指标（经济水平、基础设施、资金投入）处于上升趋势，有 2 个指标（研究基础、人力资源）处于下降趋势，有 1 个指标（合作基础）排名保持不变；在俄罗斯农业科技创新基础能力的 17 个四级指标中，有 9 个指标（GDP 水平、财政收入水平、信息通信技术普及率、健康状况、公共教育投入、农业研发经费投入、农业外国直接投资、产学研合作、集群发展状况）处于上升趋势，有 5 个指标（灌溉面积比例、农业机械化程度、交通运输基础设施、大学与科研机构农业学科排名、农业研究人员数量）处于下降趋势，其余 3 个指标（农业企业研发水平、农民文化素质、国际农业研究合作）排名保持不变。

（4）从指标优劣势结构来看，在俄罗斯农业科技创新基础能力的 6 个三级指标中，强势指标 0 个；优势指标 0 个；中势指标 6 个（经济水平、基础设施、研究基础、人力资源、资金投入、合作基础），占指标总数的 100.00%；劣势指标 0 个；强势指标和优势指标的数量之和小于中势指标和劣势指标之和。在俄罗斯农业科技创新基础能力的 17 个四级指标中，强势指标 2 个（农业外国直接投资、国际农业研究合作），占指标总数的 11.76%；优势指标 4 个（信息通信技术普及率、大学与科研机构农业学科排名、农业企业研发水平、农业研究人员数量），占指标总数的 23.53%；中势指标 7 个（GDP 水平、财政收入水平、灌溉面积比例、农民文化素质、公共教育投入、农业研发经费投入、产学研合作），占指标总数的 41.18%；劣势指标 4 个（农业机械化程度、交通运输基础设施、健康状况、集群发展状况），占指标总数的 23.53%；强势指标和优势指标的数量之和占指标总数的 35.29%，小于中势指标和劣势指标之和。

二、俄罗斯农业科技创新基础能力比较分析

图 17-3 反映了 2001 年和 2016 年俄罗斯农业科技创新基础能力与 G20 最高水平和平均水平的比较情况。

由图 17-3 可知，2001 年，俄罗斯农业科技创新基础能力得分与 G20 最高分相比还有 59.17 分的差距，与 G20 平均分相比低了 14.67 分；2016 年，俄罗斯农业科技创新基础能力得分与 G20 最高分的差距为 51.14 分，低于 G20 平均分 11.97

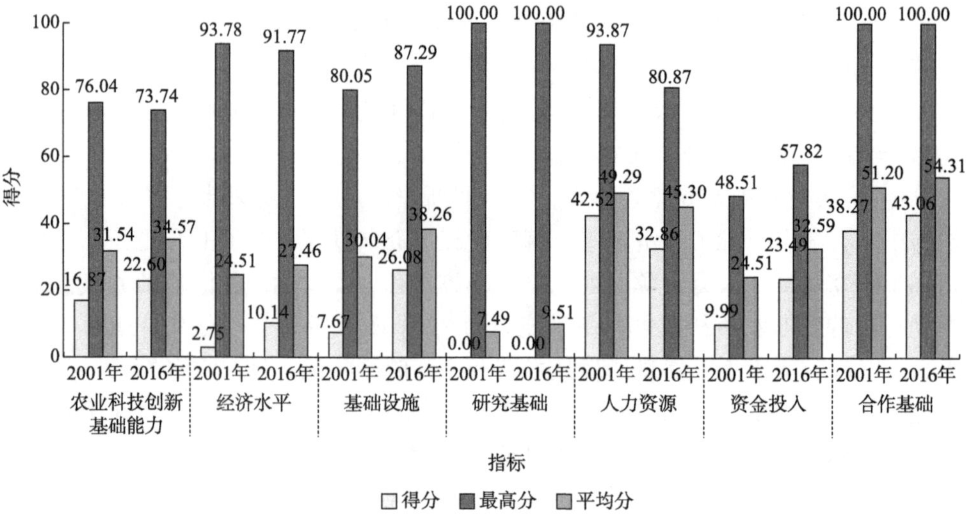

图 17-3　2001 年和 2016 年俄罗斯农业科技创新基础能力指标得分比较

分。总的来说，2001~2016 年俄罗斯农业科技创新基础能力与最高分的差距呈缩小趋势。

从具体指标得分比较来看，2016 年，GDP 水平、财政收入水平、灌溉面积比例、农业机械化程度、交通运输基础设施、大学与科研机构农业学科排名、农业企业研发水平、农业研究人员数量、农民文化素质、健康状况、公共教育投入、农业研发经费投入、产学研合作和集群发展状况共计 14 个指标的得分低于 G20 平均分。建议俄罗斯政府注重提升上述指标，夯实国家农业科技创新基础，不断增强国家农业科技创新基础能力。

第四节　俄罗斯农业科技创新环境能力评价分析

一、俄罗斯农业科技创新环境能力评价结果

俄罗斯农业科技创新环境能力在 G20 中所处的位置及得分变化如图 17-4 和表 17-6 所示。

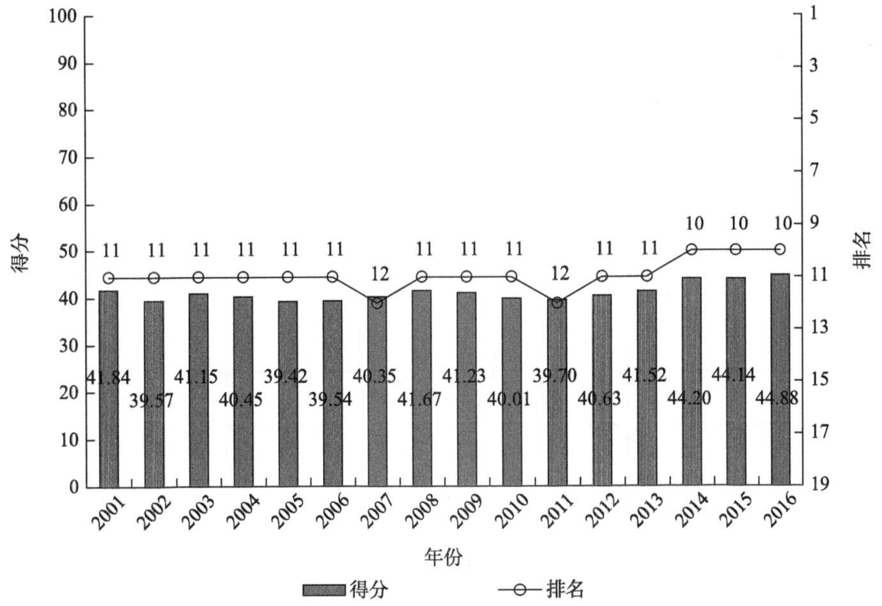

图 17-4　2001~2016 年俄罗斯农业科技创新环境能力得分和排名变化趋势图

表 17-6　2001~2016 年俄罗斯农业科技创新环境能力各级指标比较表

指标＼项目	2001 年		2006 年		2011 年		2016 年		综合变化		优劣度
	得分	排名	得分	排名	得分	排名	得分	排名	得分	排名	
文化环境	54.82	10	54.82	10	51.67	10	51.67	10	−3.15	0	优势
科技创新自由民主气氛	26.32	11	26.32	11	30.00	12	30.00	12	3.68	−1	中势
民众的好奇心	83.33	6	83.33	6	73.33	5	73.33	5	−10.00	1	强势
政策环境	23.88	17	11.41	19	12.29	19	5.59	19	−18.29	−2	劣势
政治稳定性	18.36	18	9.41	18	14.99	17	9.01	18	−9.36	0	劣势
知识产权保护	13.51	16	13.51	16	0	18	0	19	−13.51	−3	劣势
农业政策合理性	0	17	0	17	17.39	17	6.25	17	6.25	0	劣势
农业科技创新支持水平	63.64	3	22.72	5	16.77	9	7.10	13	−56.55	−10	中势
商业环境	17.11	19	15.38	19	20.13	15	35.34	10	18.23	9	优势
农业信贷支持	18.00	4	12.82	9	10.38	11	6.90	14	−11.10	−10	中势
企业开业难易程度	33.33	12	33.33	12	50.00	10	83.33	4	50.00	8	强势
市场成熟度	0	19	0	19	0	19	15.79	18	15.79	1	劣势

续表

指标＼项目	2001 年		2006 年		2011 年		2016 年		综合变化		优劣度
	得分	排名	得分	排名	得分	排名	得分	排名	得分	排名	
教育环境	48.72	11	48.72	11	45.16	10	62.22	9	13.50	2	优势
教育系统质量	46.15	11	46.15	11	35.48	13	46.67	13	0.51	−2	中势
农村教育公平性	100.00	1	100.00	1	100.00	1	100.00	1	0	0	强势
技术培训可获得性	0	19	0	19	0	19	40.00	12	40.00	7	中势
生态可持续环境	64.67	8	67.35	7	69.28	6	69.60	5	4.93	3	强势
化肥使用密度	100.00	1	100.00	1	100.00	1	100.00	1	0	0	强势
农药使用密度	74.59	12	69.00	12	74.65	13	74.65	13	0.06	−1	中势
农业用水量	78.42	4	78.42	4	78.16	4	78.16	4	−0.26	0	强势
农业能源使用量	41.77	15	69.92	11	75.14	9	74.89	7	33.12	8	优势
农业温室气体排放量	83.41	13	86.77	12	87.71	12	89.89	12	6.48	1	中势
生物燃料生产量	9.81	17	0	19	0	19	0	19	−9.81	−2	劣势

注：数据因四舍五入存在偏差

（1）从排名变化看，2016 年俄罗斯农业科技创新环境能力排名在 G20 中处于第 10 位，与 2001 年相比排名上升 1 位。

（2）从得分看，2016 年俄罗斯农业科技创新环境能力得分为 44.88 分，与 2001 年相比，得分上升了 3.04 分。

（3）从指标动态变化趋势看，在俄罗斯农业科技创新环境能力的 5 个三级指标中，有 3 个指标（商业环境、教育环境、生态可持续环境）处于上升趋势，有 1 个指标（政策环境）处于下降趋势，有 1 个指标（文化环境）排名保持不变；在俄罗斯农业科技创新环境能力的 18 个四级指标中，有 6 个指标（民众的好奇心、企业开业难易程度、市场成熟度、技术培训可获得性、农业能源使用量、农业温室气体排放量）处于上升趋势，有 7 个指标（科技创新自由民主气氛、知识产权保护、农业科技创新支持水平、农业信贷支持、教育系统质量、农药使用密度、生物燃料生产量）处于下降趋势，其余 5 个指标（政治稳定性、农业政策合理性、农村教育公平性、化肥使用密度、农业用水量）排名保持不变。

（4）从指标优劣势结构来看，在俄罗斯农业科技创新环境能力的 5 个三级指标中，强势指标 1 个（生态可持续环境），占指标总数的 20.00%；优势指标 3 个（文化环境、商业环境、教育环境），占指标总数的 60.00%；中势指标 0 个；劣势指标 1 个（政策环境），占指标总数的 20.00%；强势指标和优势指标的数量之和占指标总数的 80.00%，大于中势指标和劣势指标之和。在俄罗斯农业科技创新环境能力的 18 个四级指标中，强势指标 5 个（民众的好奇心、企业开业难易程度、农村教育公平性、化肥使用密度、农业用水量），占指标总数的 27.78%；优势指标 1 个（农业能源使用量），占指标总数的 5.56%；中势指标 7 个（科技创新自由民主气氛、农业科技创新支持水平、农业信贷支持、教育系统质量、技术培训可获得性、农药使用密度、农业温室气体排放量），占指标总数的 38.89%；劣势指标 5 个（政治稳定性、知识产权保护、农业政策合理性、市场成熟度、生物燃料生产量），占指标总数的 27.78%；强势指标和优势指标的数量之和占指标总数的 33.33%，小于中势指标和劣势指标之和。

二、俄罗斯农业科技创新环境能力比较分析

图 17-5 反映了 2001 年和 2016 年俄罗斯农业科技创新环境能力与 G20 最高水平和平均水平的比较情况。

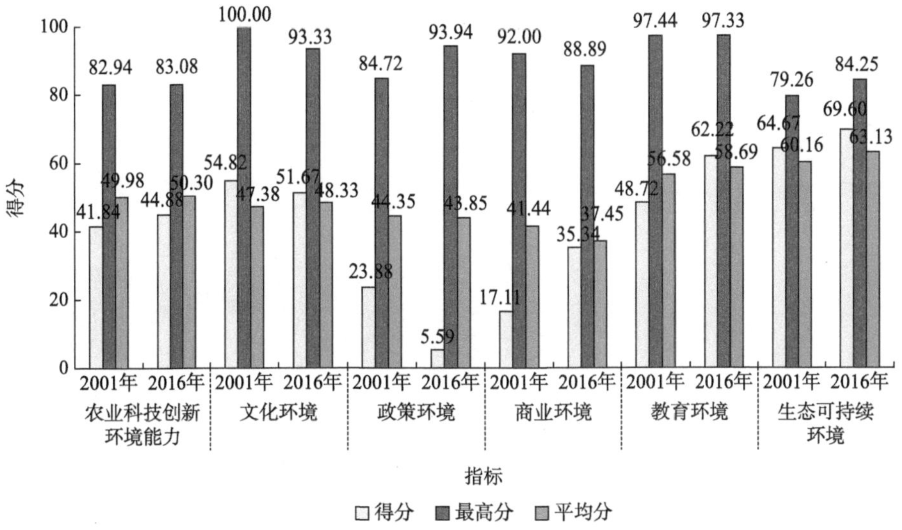

图 17-5　2001 年和 2016 年俄罗斯农业科技创新环境能力指标得分比较

由图 17-5 可知，2001 年，俄罗斯农业科技创新环境能力得分与 G20 最高分相比还有 41.10 分的差距，与 G20 平均分相比低了 8.14 分；2016 年，俄罗斯农业科技创新环境能力得分与 G20 最高分的差距为 38.20 分，低于 G20 平均分 5.42 分。总的

来说，2001~2016 年俄罗斯农业科技创新环境能力与最高分的差距呈缩小趋势。

从具体指标得分比较来看，2016 年，科技创新自由民主气氛、政治稳定性、知识产权保护、农业政策合理性、农业科技创新支持水平、农业信贷支持、市场成熟度、教育系统质量、技术培训可获得性和生物燃料生产量共计 10 个指标的得分低于 G20 平均分。建议俄罗斯政府注重提升上述指标，优化国家农业科技创新环境，不断提升国家农业科技创新环境能力。

第五节　俄罗斯农业科技创新产出能力评价分析

一、俄罗斯农业科技创新产出能力评价结果

俄罗斯农业科技创新产出能力在 G20 中所处的位置及得分变化如图 17-6 和表 17-7 所示。

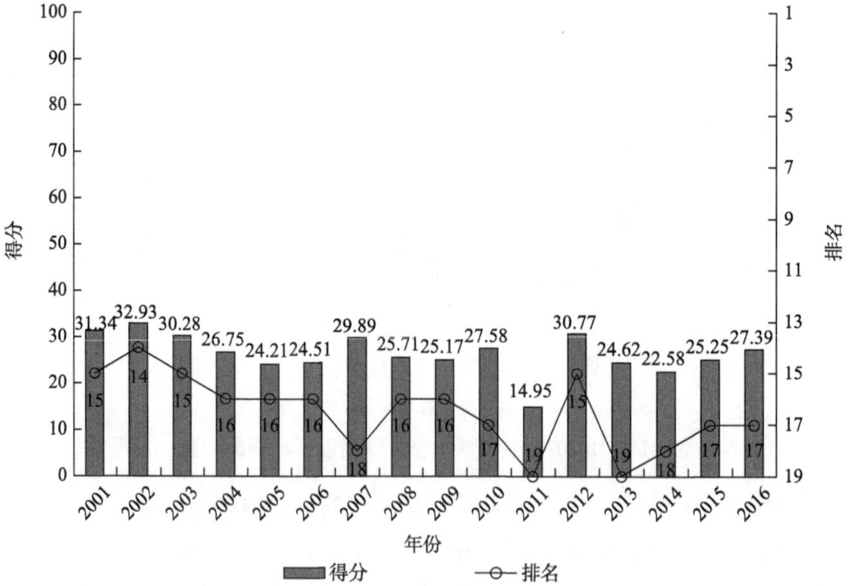

图 17-6　2001~2016 年俄罗斯农业科技创新产出能力得分和排名变化趋势图

表 17-7　2001~2016 年俄罗斯农业科技创新产出能力各级指标比较表

指标＼项目	2001 年		2006 年		2011 年		2016 年		综合变化		优劣度
	得分	排名	得分	排名	得分	排名	得分	排名	得分	排名	
科技成果	8.74	11	7.37	10	5.17	11	7.37	11	−1.37	0	中势
农业科技论文数量	0	14	1.15	15	1.01	16	1.00	17	1.00	−3	劣势
本国居民农业专利数量	0.71	11	1.70	11	1.62	12	0.72	15	0.01	−4	中势
本国居民植物新品种数量	25.52	5	19.26	5	12.86	5	20.39	5	−5.13	0	强势
生产力水平	15.97	17	9.93	19	4.73	19	22.67	19	6.70	−2	劣势
农业生产指数	39.16	13	18.65	16	2.23	18	50.33	8	11.17	5	优势
农业土地生产率	0	19	0	19	2.28	18	6.61	18	6.61	1	劣势
农业劳动生产率	8.74	12	11.14	12	9.69	13	11.07	12	2.34	0	中势
经济效益	81.38	3	61.46	10	30.61	16	60.24	7	−21.14	−4	优势
农业年均增长率	88.01	2	59.41	15	19.40	18	65.01	7	−23.00	−5	优势
农产品净出口额	74.75	10	63.51	10	41.81	13	55.47	11	−19.28	−1	中势
农村生活水平	19.29	16	19.29	16	19.29	16	19.29	16	0	0	劣势
农村恩格尔系数	19.29	16	19.29	16	19.29	16	19.29	16	0	0	劣势

注：数据因四舍五入存在偏差

（1）从排名变化看，2016 年俄罗斯农业科技创新产出能力排名在 G20 中处于第 17 位，与 2001 年相比排名下降 2 位。

（2）从得分看，2016 年俄罗斯农业科技创新产出能力得分为 27.39 分，与 2001 年相比，得分下降了 3.95 分。

（3）从指标动态变化趋势看，在俄罗斯农业科技创新产出能力的 4 个三级指标中，有 0 个指标处于上升趋势，有 2 个指标（生产力水平、经济效益）处于下降趋势，其余 2 个指标（科技成果、农村生活水平）排名保持不变；在俄罗斯农业科技创新产出能力的 9 个四级指标中，有 2 个指标（农业生产指数、农业土地生产率）处于上升趋势，有 4 个指标（农业科技论文数量、本国居民农业专利数量、农业年均增长率、农产品净出口额）处于下降趋势，其余 3 个指标（本国居民植物新品种数量、农业劳动生产率、农村恩格尔系数）排名保持不变。

（4）从指标优劣势结构来看，在俄罗斯农业科技创新产出能力的 4 个三级指标中，强势指标 0 个；优势指标 1 个（经济效益），占指标总数的 25.00%；中势指标 1 个（科技成果），占指标总数的 25.00%；劣势指标 2 个（生产力水平、农村生活水平），占指标总数的 50.00%；强势指标和优势指标的数量之和占指标总数的 25.00%，小于中势指标和劣势指标之和。在俄罗斯农业科技创新产出能力的 9 个四级指标中，强势指标 1 个（本国居民植物新品种数量），占指标总数的 11.11%；优势指标 2 个（农业生产指数、农业年均增长率），占指标总数的 22.22%；中势指标 3 个（本国居民农业专利数量、农业劳动生产率、农产品净出口额），占指标总数的 33.33%；劣势指标 3 个（农业科技论文数量、农业土地生产率、农村恩格尔系数），占指标总数的 33.33%；强势指标和优势指标的数量之和占指标总数的 33.33%，小于中势指标和劣势指标之和。

二、俄罗斯农业科技创新产出能力比较分析

图 17-7 反映了 2001 年和 2016 年俄罗斯农业科技创新产出能力与 G20 最高水平和平均水平的比较情况。

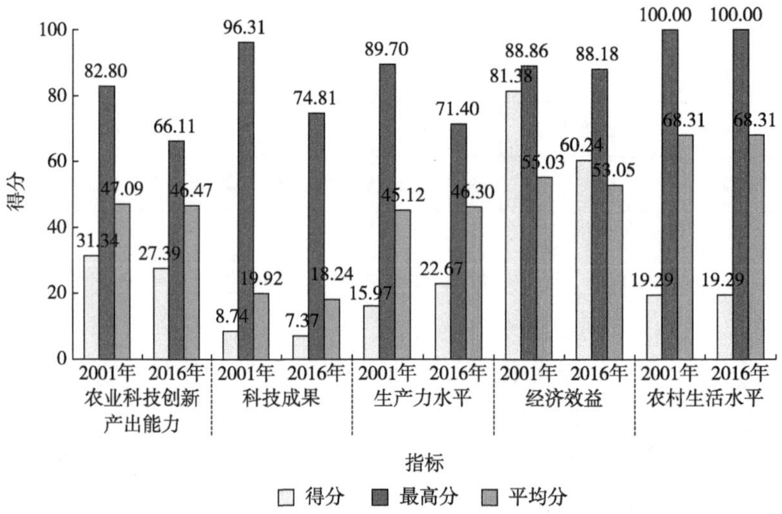

图 17-7　2001 年和 2016 年俄罗斯农业科技创新产出能力指标得分比较

由图 17-7 可知，2001 年，俄罗斯农业科技创新产出能力得分与 G20 最高分相比还有 51.46 分的差距，与 G20 平均分相比低了 15.75 分；2016 年，俄罗斯农业科技创新产出能力得分与 G20 最高分的差距为 38.72 分，低于 G20 平均分 19.08 分。总的来说，2001~2016 年俄罗斯农业科技创新产出能力与最高分的差距呈缩小趋势。

从具体指标得分比较来看，2016 年，农业科技论文数量、本国居民农业专利数量、本国居民植物新品种数量、农业土地生产率、农业劳动生产率和农村恩格尔系数共计 6 个指标的得分低于 G20 平均分。建议俄罗斯政府注重提升上述指标，不断提高国家农业科技创新产出水平。

第十八章　沙特阿拉伯农业科技创新能力评价分析报告

第一节　沙特阿拉伯农业简介

沙特阿拉伯位于亚洲西南部的阿拉伯半岛，东濒波斯湾，西临红海，同约旦、伊拉克、科威特、阿拉伯联合酋长国、阿曼、也门等国接壤。

沙特阿拉伯国土面积约 225 万平方千米。2016 年末，全国总人口约 3 227 万人，实现 GDP 6 500 亿美元，人均 GDP 20 028 美元。沙特阿拉伯是名副其实的“石油王国”，石油储量和产量均居世界首位，这使其成为世界上最富裕的国家之一。

2014 年，沙特阿拉伯农业用地面积 17 364.72 万公顷，占土地面积的 81%，其中，耕地面积 350.20 万公顷，占农业用地面积的 2%。草地面积 17 000 万公顷，占土地面积的 79%；森林和林地面积 97.70 万公顷，占土地面积的 0.5%。2014 年，沙特阿拉伯平均每人占有耕地面积 0.11 公顷，牧场 5.52 公顷，森林和林地 0.03 公顷。

沙特阿拉伯是世界上最大的大麦进口国。在种植业中，谷物生产以小麦、高粱和玉米为主，2014 年收获面积分别为 11.67 万公顷、10.20 万公顷和 1.25 万公顷，产量分别为 50 万吨、26.50 万吨和 8 万吨；园艺作物以椰枣、柑橘、葡萄和石榴为主。在畜牧业中，牛、鸡、骆驼、山羊和绵羊是主要养殖对象，2014 年，牛奶、鸡肉、鸡蛋、骆驼奶、山羊肉、绵羊奶、山羊奶、牛肉、骆驼肉和绵羊肉的产量分别为 210 万吨、61.81 万吨、23 万吨、10.59 万吨、10.16 万吨、8.19 万吨、7.19 万吨、5.42 万吨、4.25 万吨和 2.92 万吨。

2014 年，沙特阿拉伯农业人口 52.22 万人，约占总人口数的 1.7%。2016 年农业增加值 173.21 亿美元，约占 GDP 的 3%，农业工人人均增加值为 41 321.21 美元。

沙特阿拉伯农业科技研发工作的机构主要包括政府公共研究机构、农协组织、高等农业院校、私营农业研究机构。政府公共研究机构作为农业科技研究和成果推广体系中的主导力量，充分借助农协组织、高等农业院校、私营农业研究机构因地制宜地开展形式多样的农业科技研究和成果推广服务。

第二节　沙特阿拉伯农业科技创新能力总体评价分析

一、沙特阿拉伯农业科技创新能力概要分析

2001~2016 年沙特阿拉伯农业科技创新能力得分和排名变化趋势图，如图 18-1 所示。

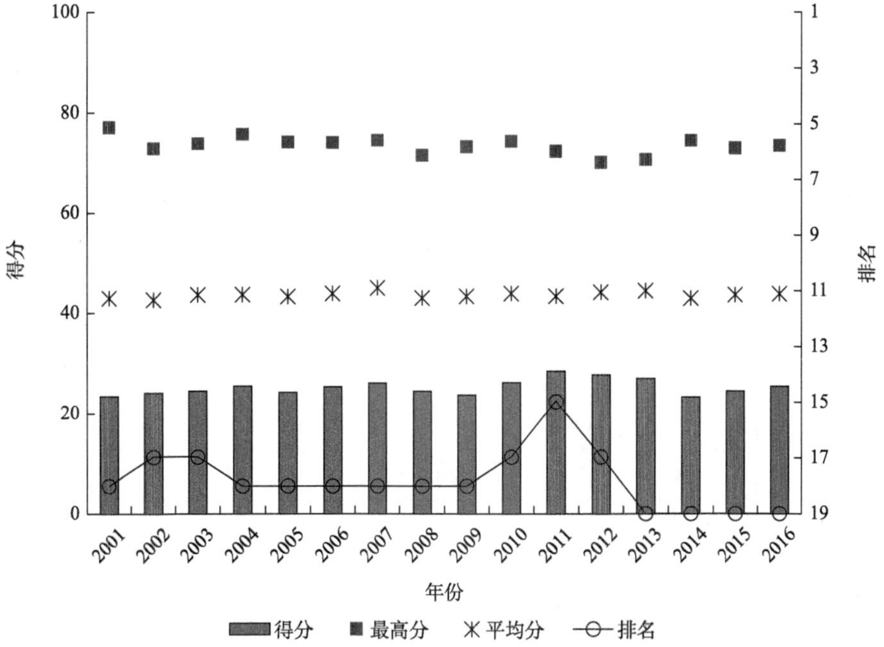

图 18-1　2001~2016 年沙特阿拉伯农业科技创新能力得分和排名变化趋势图

从综合排位变化看，2016 年沙特阿拉伯农业科技创新能力排名在 G20 中处于第 19 位，与 2001 年相比，排位下降 1 位。总体来看，除 2011 年排位显著提升至第 15 名，评价期内呈波动下降趋势。

从综合得分看，2016 年沙特阿拉伯农业科技创新能力得分为 25.41 分，比 G20 最高分低 47.95 分，比平均分低 18.38 分；与 2001 年相比，沙特阿拉伯农业科技创新能力得分上升了 2.03 分，与当年最高分的差距缩小了 5.71 分，与 G20 平均分的差距缩小了 1.12 分。

二、沙特阿拉伯农业科技创新能力各级指标动态变化分析

2001~2016 年沙特阿拉伯农业科技创新能力各级指标的动态变化如表 18-1 和表 18-2 所示。

表 18-1　2001~2016 年沙特阿拉伯农业科技创新能力三级指标排名变化趋势比较表

二级指标	三级指标个数	上升		保持		下降		变化趋势
		个数	比重	个数	比重	个数	比重	
创新基础能力	6	2	33.33%	1	16.67%	3	50.00%	保持
创新环境能力	5	1	20.00%	2	40.00%	2	40.00%	下降
创新产出能力	4	1	25.00%	2	50.00%	1	25.00%	下降
合计	15	4	26.67%	5	33.33%	6	40.00%	下降

表 18-2　2001~2016 年沙特阿拉伯农业科技创新能力四级指标排名变化趋势比较表

二级指标	四级指标个数	上升		保持		下降		变化趋势
		个数	比重	个数	比重	个数	比重	
创新基础能力	17	6	35.29%	5	29.41%	6	35.29%	保持
创新环境能力	18	7	38.89%	4	22.22%	7	38.89%	下降
创新产出能力	9	5	55.56%	1	11.11%	3	33.33%	下降
合计	44	18	40.91%	10	22.73%	16	36.36%	下降

注：数据由于四舍五入加和不为 100%

表 18-1 中的数据表明，沙特阿拉伯农业科技创新能力的 15 个三级指标中，上升的指标有 4 个，占指标总数的 26.67%；保持的指标有 5 个，占指标总数的 33.33%；下降的指标有 6 个，占指标总数的 40.00%。排名上升指标的数量小于排名下降指

标的数量。

表 18-2 中的数据表明，沙特阿拉伯农业科技创新能力的 44 个四级指标中，上升的指标有 18 个，占指标总数的 40.91%；保持的指标有 10 个，占指标总数的 22.73%；下降的指标有 16 个，占指标总数的 36.36%。排名上升指标的数量大于排名下降指标的数量。

综上所述，由于上升的动力小于下降的拉力，2016 年沙特阿拉伯农业科技创新能力排名与 2001 年相比下降了 1 位，在 G20 中居第 19 位。

三、沙特阿拉伯农业科技创新能力各级指标优劣势分析

2016 年沙特阿拉伯农业科技创新能力各级指标的优劣势如表 18-3 和表 18-4 所示。

表 18-3　2016 年沙特阿拉伯农业科技创新能力三级指标排名优劣势比较表

二级指标	三级指标个数	强势		优势		中势		劣势		优劣度
		个数	比重	个数	比重	个数	比重	个数	比重	
创新基础能力	6	0	0.00	0	0.00	4	66.67%	2	33.33%	劣势
创新环境能力	5	0	0.00	2	40.00%	2	40.00%	1	20.00%	中势
创新产出能力	4	0	0.00	1	25.00%	2	50.00%	1	25.00%	劣势
合计	15	0	0.00	3	20.00%	8	53.33%	4	26.67%	劣势

表 18-4　2016 年沙特阿拉伯农业科技创新能力四级指标排名优劣势比较表

二级指标	四级指标个数	强势		优势		中势		劣势		优劣度
		个数	比重	个数	比重	个数	比重	个数	比重	
创新基础能力	17	0	0.00	6	35.29%	5	29.41%	6	35.29%	劣势
创新环境能力	18	5	27.78%	2	11.11%	3	16.67%	8	44.44%	中势
创新产出能力	9	0	0.00	5	55.56%	2	22.22%	2	22.22%	劣势
合计	44	5	11.36%	13	29.55%	10	22.73%	16	36.36%	劣势

注：数据由于四舍五入加和不为 100%

从三级指标来看，沙特阿拉伯农业科技创新能力的 15 个三级指标中，强势指标 0 个；优势指标 3 个，占指标总数的 20.00%；中势指标 8 个，占指标总数的 53.33%；劣势指标 4 个，占指标总数的 26.67%。强势指标和优势指标的数量之和占指标总

数的 20.00%，小于中势指标和劣势指标之和。

从四级指标来看，沙特阿拉伯农业科技创新能力的 44 个四级指标中，强势指标 5 个，占指标总数的 11.36%；优势指标 13 个，占指标总数的 29.55%；中势指标 10 个，占指标总数的 22.73%；劣势指标 16 个，占指标总数的 36.36%。强势指标和优势指标的数量之和占指标总数的 40.91%，小于中势指标和劣势指标之和。

第三节　沙特阿拉伯农业科技创新基础能力评价分析

一、沙特阿拉伯农业科技创新基础能力评价结果

沙特阿拉伯农业科技创新基础能力在 G20 中所处的位置及得分变化如图 18-2 和表 18-5 所示。

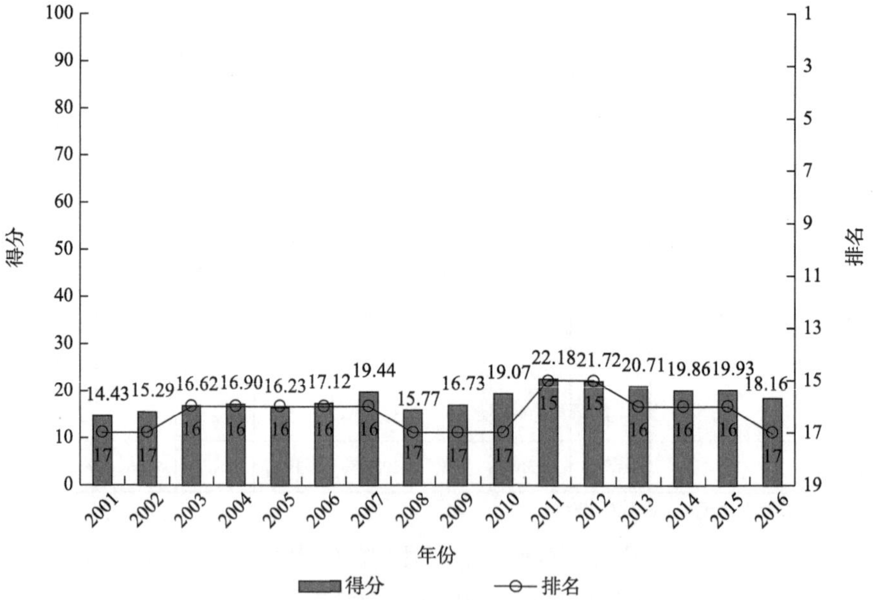

图 18-2　2001~2016 年沙特阿拉伯农业科技创新基础能力得分和排名变化趋势图

表 18-5　2001~2016 年沙特阿拉伯农业科技创新基础能力各级指标比较表

指标＼项目	2001 年		2006 年		2011 年		2016 年		综合变化		优劣度
	得分	排名	得分	排名	得分	排名	得分	排名	得分	排名	
经济水平	7.87	12	9.46	10	11.64	13	13.09	11	5.22	1	中势
GDP 水平	11.60	10	14.89	10	17.76	11	18.19	11	6.60	−1	中势
财政收入水平	4.15	15	4.03	16	5.52	16	7.99	15	3.84	0	中势
基础设施	15.61	13	19.45	13	31.39	10	27.14	14	11.53	−1	中势
灌溉面积比例	0	18	0	18	0.16	17	0.48	17	0.48	1	劣势
农业机械化程度	0	18	0	18	0	18	0	18	0	0	劣势
信息通信技术普及率	10.01	16	25.37	14	54.47	11	62.08	8	52.07	8	优势
交通运输基础设施	52.41	9	52.41	9	70.92	8	46.02	15	−6.40	−6	中势
研究基础	0	10	0	10	0	9	0	12	0	−2	中势
大学与科研机构农业学科排名	0	7	0	7	0	6	0	9	0	−2	优势
农业企业研发水平	0	7	0	7	0	7	0	7	0	0	优势
人力资源	34.17	14	32.23	14	41.62	11	38.65	12	4.48	2	中势
农业研究人员数量	1.96	18	2.35	17	1.84	16	1.35	16	−0.62	2	劣势
农民文化素质	34.43	12	23.15	14	55.15	9	50.03	9	15.59	3	优势
健康状况	66.12	12	71.19	13	67.87	14	64.59	15	−1.54	−3	中势
资金投入	3.79	19	16.43	18	9.76	18	6.44	19	2.65	0	劣势
公共教育投入	8.87	16	30.50	15	23.92	17	14.56	18	5.69	−2	劣势
农业研发经费投入	0	18	0	18	0	18	0	18	0	0	劣势
农业外国直接投资	2.50	14	18.79	15	5.35	12	4.77	10	2.27	4	优势
合作基础	25.17	15	25.17	15	38.67	13	23.61	16	−1.56	−1	劣势
产学研合作	37.04	10	37.04	10	47.83	8	12.50	16	−24.54	−6	劣势
集群发展状况	38.46	12	38.46	12	68.18	7	58.33	8	19.87	4	优势
国际农业研究合作	0	13	0	13	0	13	0	13	0	0	中势

注：数据因四舍五入存在偏差

（1）从排名变化看，2016 年沙特阿拉伯农业科技创新基础能力排名在 G20 中处于第 17 位，与 2001 年相比排名保持不变。

（2）从得分看，2016 年沙特阿拉伯农业科技创新基础能力得分为 18.16 分，与 2001 年相比，得分上升了 3.72 分。

（3）从指标动态变化趋势看，在沙特阿拉伯农业科技创新基础能力的 6 个三级指标中，有 2 个指标（经济水平、人力资源）处于上升趋势，有 3 个指标（基础设施、研究基础、合作基础）处于下降趋势，有 1 个指标（资金投入）排名保持不变；在沙特阿拉伯农业科技创新基础能力的 17 个四级指标中，有 6 个指标（灌溉面积比例、信息通信技术普及率、农业研究人员数量、农民文化素质、农业外国直接投资、集群发展状况）处于上升趋势，有 6 个指标（GDP 水平、交通运输基础设施、大学与科研机构农业学科排名、健康状况、公共教育投入、产学研合作）处于下降趋势，其余 5 个指标（财政收入水平、农业机械化程度、农业企业研发水平、农业研发经费投入、国际农业研究合作）排名保持不变。

（4）从指标优劣势结构来看，在沙特阿拉伯农业科技创新基础能力的 6 个三级指标中，强势指标 0 个；优势指标 0 个；中势指标 4 个（经济水平、基础设施、研究基础、人力资源），占指标总数的 66.67%；劣势指标 2 个（资金投入、合作基础），占指标总数的 33.33%；强势指标和优势指标的数量之和小于中势指标和劣势指标之和。在沙特阿拉伯农业科技创新基础能力的 17 个四级指标中，强势指标 0 个；优势指标 6 个（信息通信技术普及率、大学与科研机构农业学科排名、农业企业研发水平、农民文化素质、农业外国直接投资、集群发展状况），占指标总数的 35.29%；中势指标 5 个（GDP 水平、财政收入水平、交通运输基础设施、健康状况、国际农业研究合作），占指标总数的 29.41%；劣势指标 6 个（灌溉面积比例、农业机械化程度、农业研究人员数量、公共教育投入、农业研发经费投入、产学研合作），占指标总数的 35.29%；强势指标和优势指标的数量之和占指标总数的 35.29%，小于中势指标和劣势指标之和。

二、沙特阿拉伯农业科技创新基础能力比较分析

图 18-3 反映了 2001 年和 2016 年沙特阿拉伯农业科技创新基础能力与 G20 最高水平和平均水平的比较情况。

由图 18-3 可知，2001 年，沙特阿拉伯农业科技创新基础能力得分与 G20 最高分相比还有 61.61 分的差距，与 G20 平均分相比低了 17.11 分；2016 年，沙特阿拉伯农业科技创新基础能力得分与 G20 最高分的差距为 55.58 分，低于 G20 平均

分 16.41 分。总的来说，2001~2016 年沙特阿拉伯农业科技创新基础能力与最高分的差距呈缩小趋势。

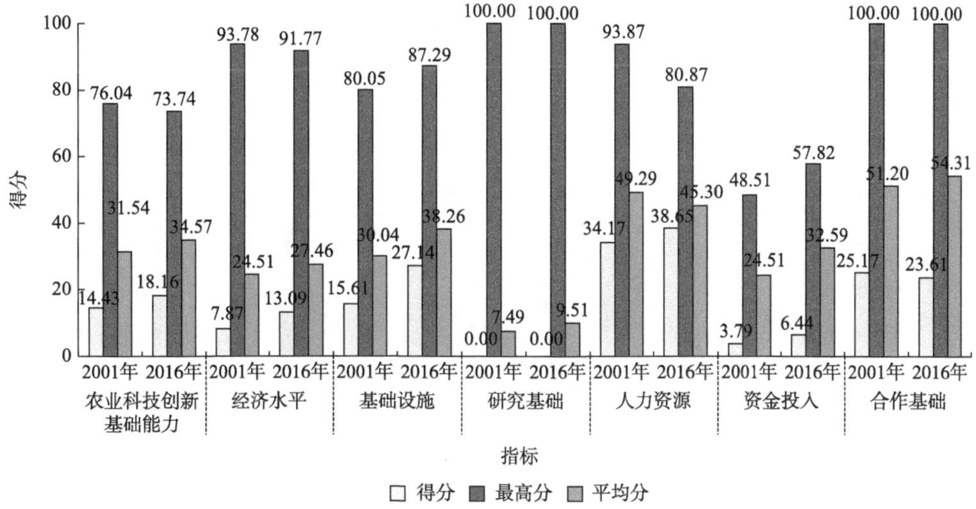

图 18-3　2001 年和 2016 年沙特阿拉伯农业科技创新基础能力指标得分比较

从具体指标得分比较来看，2016 年，GDP 水平、财政收入水平、灌溉面积比例、农业机械化程度、交通运输基础设施、大学与科研机构农业学科排名、农业企业研发水平、农业研究人员数量、健康状况、公共教育投入、农业研发经费投入、农业外国直接投资、产学研合作和国际农业研究合作共计 14 个指标的得分低于 G20 平均分。建议沙特阿拉伯政府注重提升上述指标，夯实国家农业科技创新基础，不断增强国家农业科技创新基础能力。

第四节　沙特阿拉伯农业科技创新环境能力评价分析

一、沙特阿拉伯农业科技创新环境能力评价结果

沙特阿拉伯农业科技创新环境能力在 G20 中所处的位置及得分变化如图 18-4 和表 18-6 所示。

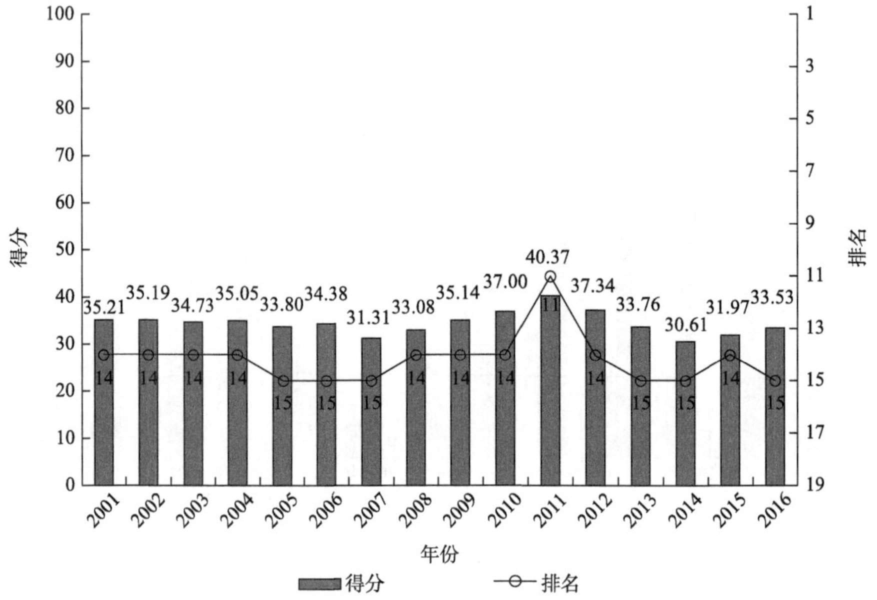

图 18-4　2001~2016 年沙特阿拉伯农业科技创新环境能力得分和排名变化趋势图

表 18-6　2001~2016 年沙特阿拉伯农业科技创新环境能力各级指标比较表

指标＼项目	2001 年		2006 年		2011 年		2016 年		综合变化		优劣度
	得分	排名	得分	排名	得分	排名	得分	排名	得分	排名	
文化环境	13.89	16	13.89	16	6.67	18	6.67	18	−7.22	−2	劣势
科技创新自由民主气氛	0	16	0	16	0	17	0	17	0	−1	劣势
民众的好奇心	27.78	14	27.78	14	13.33	16	13.33	16	−14.44	−2	劣势
政策环境	44.64	9	41.11	10	56.50	7	41.86	9	−2.78	0	优势
政治稳定性	63.90	11	49.78	13	47.23	13	29.05	13	−34.85	−2	中势
知识产权保护	43.24	10	43.24	10	78.79	7	57.14	9	13.90	1	优势
农业政策合理性	71.43	3	71.43	3	100.00	1	81.25	6	9.82	−3	优势
农业科技创新支持水平	0	17	0	17	0	17	0	17	0	0	劣势
商业环境	29.12	14	28.70	13	31.77	11	27.07	13	−2.05	1	中势
农业信贷支持	15.35	5	14.11	4	14.97	4	14.99	3	−0.35	2	强势
企业开业难易程度	0	19	0	19	8.33	15	8.33	17	8.33	2	劣势
市场成熟度	72.00	7	72.00	7	72.00	7	57.89	5	−14.11	2	强势

续表

指标 \ 项目	2001年		2006年		2011年		2016年		综合变化		优劣度
	得分	排名	得分	排名	得分	排名	得分	排名	得分	排名	
教育环境	23.82	15	23.82	15	40.81	11	30.44	15	6.62	0	中势
教育系统质量	42.31	12	42.31	12	77.42	5	63.33	11	21.03	1	中势
农村教育公平性	0	18	0	18	0	18	0	17	0	1	劣势
技术培训可获得性	29.17	14	29.17	14	45.00	8	28.00	17	−1.17	−3	劣势
生态可持续环境	64.56	9	64.39	10	66.09	9	61.60	10	−2.96	−1	优势
化肥使用密度	89.23	4	87.00	8	84.79	7	58.98	17	−30.25	−13	劣势
农药使用密度	94.29	5	92.83	3	94.71	5	94.71	5	0.42	0	强势
农业用水量	3.81	18	3.81	18	2.67	18	2.67	18	−1.14	0	劣势
农业能源使用量	100.00	1	100.00	1	100.00	1	87.08	3	−12.92	−2	强势
农业温室气体排放量	100.00	1	100.00	1	100.00	1	100.00	1	0	0	强势
生物燃料生产量	0	18	2.69	18	14.39	16	26.14	15	26.14	3	中势

注：数据因四舍五入存在偏差

（1）从排名变化看，2016 年沙特阿拉伯农业科技创新环境能力排名在 G20 中处于第 15 位，与 2001 年相比排名下降 1 位。

（2）从得分看，2016 年沙特阿拉伯农业科技创新环境能力得分为 33.53 分，与 2001 年相比，得分下降 1.68 分。

（3）从指标动态变化趋势看，在沙特阿拉伯农业科技创新环境能力的 5 个三级指标中，有 1 个指标（商业环境）处于上升趋势，有 2 个指标（文化环境、生态可持续环境）处于下降趋势，其余 2 个指标（政策环境、教育环境）排名保持不变；在沙特阿拉伯农业科技创新环境能力的 18 个四级指标中，有 7 个指标（知识产权保护、农业信贷支持、企业开业难易程度、市场成熟度、教育系统质量、农村教育公平性、生物燃料生产量）处于上升趋势，有 7 个指标（科技创新自由民主气氛、民众的好奇心、政治稳定性、农业政策合理性、技术培训可获得性、化肥使用密度、农业能源使用量）处于下降趋势，其余 4 个指标（农业科技创新支持水平、农药使用密度、农业用水量、农业温室气体排放量）排名保持不变。

（4）从指标优劣势结构来看，在沙特阿拉伯农业科技创新环境能力的 5 个三级指标中，强势指标 0 个；优势指标 2 个（政策环境、生态可持续环境），占指标总数的 40.00%；中势指标 2 个（商业环境、教育环境），占指标总数的 40.00%；劣势指标 1 个（文化环境），占指标总数的 20.00%；强势指标和优势指标的数量之和占指标总数的 40.00%，小于中势指标和劣势指标之和。在沙特阿拉伯农业科技创新环境能力的 18 个四级指标中，强势指标 5 个（农业信贷支持、市场成熟度、农药使用密度、农业能源使用量、农业温室气体排放量），占指标总数的 27.78%；优势指标 2 个（知识产权保护、农业政策合理性），占指标总数的 11.11%；中势指标 3 个（政治稳定性、教育系统质量、生物燃料生产量），占指标总数的 16.67%；劣势指标 8 个（科技创新自由民主气氛、民众的好奇心、农业科技创新支持水平、企业开业难易程度、农村教育公平性、技术培训可获得性、化肥使用密度、农业用水量），占指标总数的 44.44%；强势指标和优势指标的数量之和占指标总数的 38.89%，小于中势指标和劣势指标之和。

二、沙特阿拉伯农业科技创新环境能力比较分析

图 18-5 反映了 2001 年和 2016 年沙特阿拉伯农业科技创新环境能力与 G20 最高水平和平均水平的比较情况。

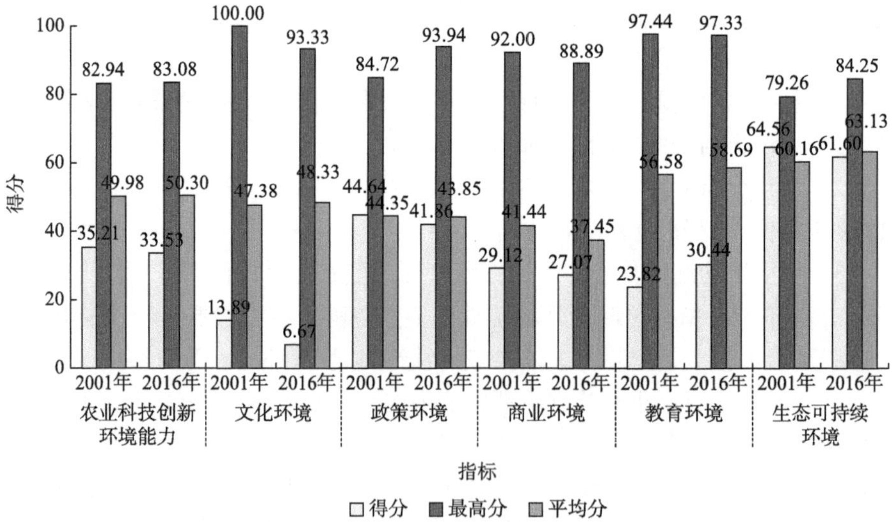

图 18-5　2001 年和 2016 年沙特阿拉伯农业科技创新环境能力指标得分比较

由图 18-5 可知，2001 年，沙特阿拉伯农业科技创新环境能力得分与 G20 最高分相比还有 47.73 分的差距，与 G20 平均分相比低了 14.77 分；2016 年，沙特阿拉伯农业科技创新环境能力得分与 G20 最高分的差距为 49.55 分，低于 G20 平均分 16.77 分。总的来说，2001~2016 年沙特阿拉伯农业科技创新环境能力与最高分

的差距呈扩大趋势。

从具体指标得分比较来看，2016年，科技创新自由民主气氛、民众的好奇心、政治稳定性、农业科技创新支持水平、企业开业难易程度、农村教育公平性、技术培训可获得性、化肥使用密度、农业用水量和生物燃料生产量共计10个指标的得分低于G20平均分。建议沙特阿拉伯政府注重提升上述指标，优化国家农业科技创新环境，不断提升国家农业科技创新环境能力。

第五节　沙特阿拉伯农业科技创新产出能力评价分析

一、沙特阿拉伯农业科技创新产出能力评价结果

沙特阿拉伯农业科技创新产出能力在G20中所处的位置及得分变化如图18-6和表18-7所示。

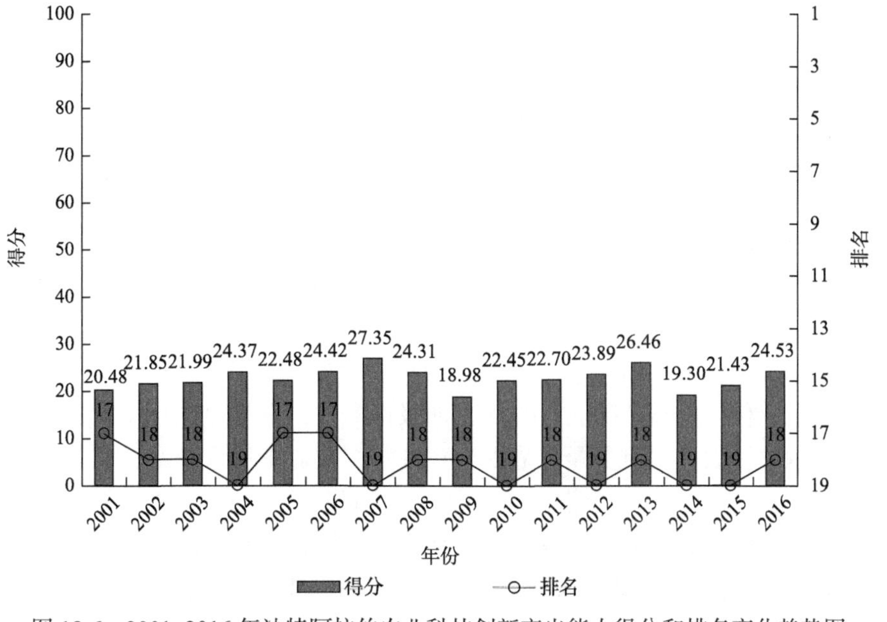

图18-6　2001~2016年沙特阿拉伯农业科技创新产出能力得分和排名变化趋势图

表 18-7　2001~2016 年沙特阿拉伯农业科技创新产出能力各级指标比较表

项目 指标	2001 年		2006 年		2011 年		2016 年		综合变化		优劣度
	得分	排名	得分	排名	得分	排名	得分	排名	得分	排名	
科技成果	1.22	14	0.53	17	1.55	16	3.30	14	2.08	0	中势
农业科技论文数量	0	14	0.49	16	2.38	15	7.19	12	7.19	2	中势
本国居民农业专利数量	0	15	0	15	1.11	13	1.75	10	1.75	5	优势
本国居民植物新品种数量	3.66	13	1.11	14	1.16	17	0.95	16	−2.71	−3	劣势
生产力水平	25.58	14	37.35	11	49.82	7	47.52	9	21.94	5	优势
农业生产指数	15.24	17	27.08	8	45.71	8	45.36	10	30.12	7	优势
农业土地生产率	34.41	10	54.22	9	71.89	8	63.03	9	28.62	1	优势
农业劳动生产率	27.10	9	30.76	9	31.86	9	34.17	8	7.07	1	优势
经济效益	55.13	8	59.81	12	39.42	12	47.30	12	−7.83	−4	中势
农业年均增长率	42.15	7	62.00	13	36.60	15	51.56	10	9.41	−3	优势
农产品净出口额	68.12	14	57.62	12	42.24	12	43.05	15	−25.07	−1	中势
农村生活水平	0	18	0	18	0	18	0	18	0	0	劣势
农村恩格尔系数	0	18	0	18	0	18	0	18	0	0	劣势

注：数据因四舍五入存在偏差

（1）从排名变化看，2016 年沙特阿拉伯农业科技创新产出能力排名在 G20 中处于第 18 位，与 2001 年相比排名下降 1 位。

（2）从得分看，2016 年沙特阿拉伯农业科技创新产出能力得分为 24.53 分，与 2001 年相比，得分上升了 4.05 分。

（3）从指标动态变化趋势看，在沙特阿拉伯农业科技创新产出能力的 4 个三级指标中，有 1 个指标（生产力水平）处于上升趋势，有 1 个指标（经济效益）处于下降趋势，其余 2 个指标（科技成果、农村生活水平）排名保持不变；在沙特阿拉伯农业科技创新产出能力的 9 个四级指标中，有 5 个指标（农业科技论文数量、本国居民农业专利数量、农业生产指数、农业土地生产率、农业劳动生产率）处于上升趋势，有 3 个指标（本国居民植物新品种数量、农业年均增长率、农产品净出口额）处于下降趋势，有 1 个指标（农村恩格尔系数）排名保持不变。

（4）从指标优劣势结构来看，在沙特阿拉伯农业科技创新产出能力的 4 个三级指标中，强势指标 0 个；优势指标 1 个（生产力水平），占指标总数的 25.00%；

中势指标 2 个（科技成果、经济效益），占指标总数的 50.00%；劣势指标 1 个（农村生活水平），占指标总数的 25.00%；强势指标和优势指标的数量之和占指标总数的 25.00%，小于中势指标和劣势指标之和。在沙特阿拉伯农业科技创新产出能力的 9 个四级指标中，强势指标 0 个；优势指标 5 个（本国居民农业专利数量、农业生产指数、农业土地生产率、农业劳动生产率、农业年均增长率），占指标总数的 55.56%；中势指标 2 个（农业科技论文数量、农产品净出口额），占指标总数的 22.22%；劣势指标 2 个（本国居民植物新品种数量、农村恩格尔系数），占指标总数的 22.22%；强势指标和优势指标的数量之和占指标总数的 55.56%，大于中势指标和劣势指标之和。

二、沙特阿拉伯农业科技创新产出能力比较分析

图 18-7 反映了 2001 年和 2016 年沙特阿拉伯农业科技创新产出能力与 G20 最高水平和平均水平的比较情况。

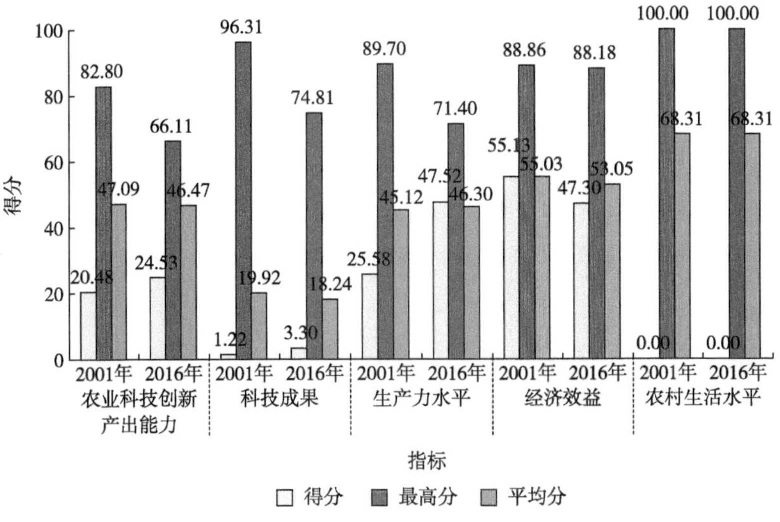

图 18-7　2001 年和 2016 年沙特阿拉伯农业科技创新产出能力指标得分比较

由图 18-7 可知，2001 年，沙特阿拉伯农业科技创新产出能力得分与 G20 最高分相比还有 62.32 分的差距，与 G20 平均分相比低了 26.61 分；2016 年，沙特阿拉伯农业科技创新产出能力得分与 G20 最高分的差距为 41.58 分，低于 G20 平均分 21.94 分。总的来说，2001~2016 年沙特阿拉伯农业科技创新产出能力与最高分的差距呈缩小趋势。

从具体指标得分比较来看，2016 年，农业科技论文数量、本国居民农业专利数量、本国居民植物新品种数量、农业生产指数、农业劳动生产率、农业年均增长率、农产品净出口额和农村恩格尔系数共计 8 个指标的得分低于 G20 平均分。建议沙特阿拉伯政府注重提升上述指标，不断提高国家农业科技创新产出水平。

第十九章　南非农业科技创新能力评价分析报告

第一节　南非农业简介

南非位于非洲大陆的最南部，东、西、南三面被印度洋和大西洋环抱。

南非国土面积约 121.91 万平方千米。2016 年末，全国总人口约 5 590 万人，实现 GDP 2 900 亿美元，人均 GDP 5 273 美元，是非洲的第二大经济体。

南非是非洲农业大国，农业是南非经济的四大支柱之一。2014 年，农业用地面积 9 684.10 万公顷，占土地面积的 80%，其中耕地面积 1 250 万公顷，占农业用地面积的 13%。草地面积 8 392.80 万公顷，占土地面积的 69%；森林和林地面积 924.10 万公顷，占土地面积的 8%。2014 年，南非平均每人占有耕地面积 0.23 公顷，牧场 1.55 公顷，森林和林地 0.17 公顷。

农牧业是南非的传统农业，且形成了比较稳定的“畜产品产值最高、农产品第二、园艺产品第三”的产业格局。南非甘蔗出口位居世界前列，同时也是非洲最大的养羊国、世界第四大羊毛出口国、世界第十大产糖国、国际著名的葡萄酒产地。在种植业中，谷物生产以玉米、小麦、大麦和高粱为主，2014 年收获面积分别为 268.82 万公顷、47.66 万公顷、8.51 万公顷和 7.88 万公顷，产量分别为 1 425 万吨、175 万吨、30.20 万吨和 26.50 万吨；经济作物以甘蔗、向日葵、烟草和棉花为主，园艺作物以蔬菜、水果和花卉为主。在畜牧业中，牛、绵羊、山羊和猪是主要养殖对象，2014 年牛奶、鸡肉、牛肉、鸡蛋、猪肉、山羊肉和绵羊肉的产量分别为 333.70 万吨、171.72 万吨、100.07 万吨、49.92 万吨、23.45 万吨、18.40 万吨和 3.58 万吨。2013 年，羊毛的产量为 3.99 万吨。

2014 年，南非农业人口 74.00 万人，约占总人口数的 1.37%。2016 年农业增加值 64.18 亿美元，约占 GDP 的 2%，农业工人人均增加值为 9 020.53 美元。

南非十分重视农业科学技术的研究与开发。1990 年，南非政府根据《农业研究委员会法案》，在 15 个政府特别研究所的基础上组建了农业研究委员会（Agricultural Research Council，ARC）。1992 年，ARC 正式从南非农业部分离出来，成为一个独立的国有科研机构，主要负责农业科研、技术推广，以及技术转让等工作。ARC 拥有 17 个研究所和分布在全国各地的 40 个试验站，与各省农业研究机构和大学的农学院共同形成了较为完善的全国农业研究体系。

第二节　南非农业科技创新能力总体评价分析

一、南非农业科技创新能力概要分析

2001~2016 年南非农业科技创新能力得分和排名变化趋势图，如图 19-1 所示。

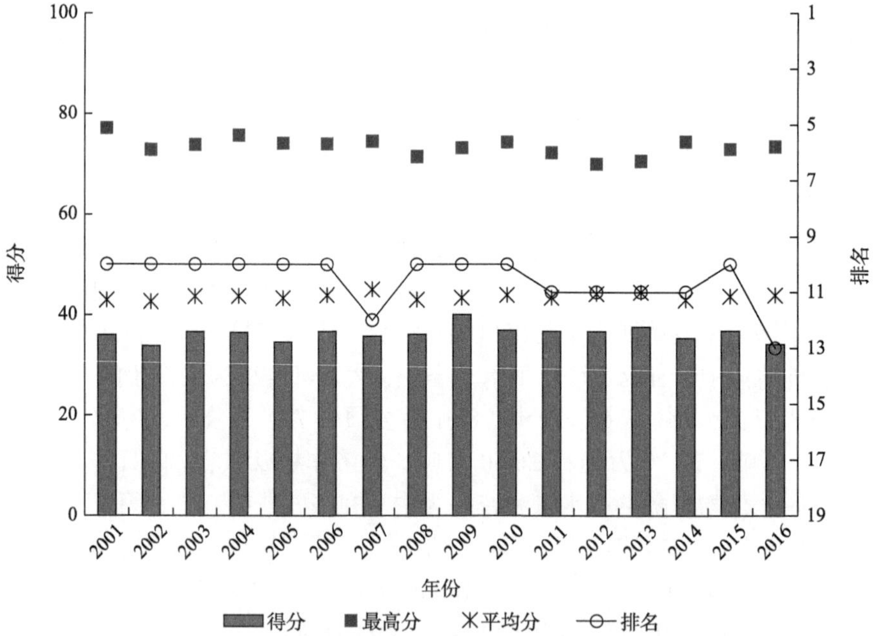

图 19-1　2001~2016 年南非农业科技创新能力得分和排名变化趋势图

从综合排位变化看，2016 年南非农业科技创新能力排名在 G20 中处于第 13 位，与 2001 年相比，排位下降 3 位。总体来看，评价期内呈波动下降趋势。

从综合得分看，2016 年南非农业科技创新能力得分为 34.16 分，比 G20 最高分低 39.20 分，比平均分低 9.63 分；与 2001 年相比，南非农业科技创新能力得分下降了 1.85 分，与当年最高分的差距缩小了 1.83 分，与 G20 平均分的差距扩大了 2.76 分。

二、南非农业科技创新能力各级指标动态变化分析

2001~2016 年南非农业科技创新能力各级指标的动态变化如表 19-1 和表 19-2 所示。

表 19-1　2001~2016 年南非农业科技创新能力三级指标排名变化趋势比较表

二级指标	三级指标个数	上升		保持		下降		变化趋势
		个数	比重	个数	比重	个数	比重	
创新基础能力	6	0	0.00	0	0.00	6	100.00%	下降
创新环境能力	5	1	20.00%	1	20.00%	3	60.00%	下降
创新产出能力	4	0	0.00	1	25.00%	3	75.00%	下降
合计	15	1	6.67%	2	13.33%	12	80.00%	下降

表 19-2　2001~2016 年南非农业科技创新能力四级指标排名变化趋势比较表

二级指标	四级指标个数	上升		保持		下降		变化趋势
		个数	比重	个数	比重	个数	比重	
创新基础能力	17	4	23.53%	6	35.29%	7	41.18%	下降
创新环境能力	18	6	33.33%	6	33.33%	6	33.33%	下降
创新产出能力	9	3	33.33%	2	22.22%	4	44.44%	下降
合计	44	13	29.55%	14	31.82%	17	38.64%	下降

注：数据由于四舍五入加和不为 100%

表 19-1 中的数据表明，南非农业科技创新能力的 15 个三级指标中，上升的指标有 1 个，占指标总数的 6.67%；保持的指标有 2 个，占指标总数的 13.33%；下降的指标有 12 个，占指标总数的 80.00%。排名上升指标的数量小于排名下降指标

的数量。

表 19-2 中的数据表明，南非农业科技创新能力的 44 个四级指标中，上升的指标有 13 个，占指标总数的 29.55%；保持的指标有 14 个，占指标总数的 31.82%；下降的指标有 17 个，占指标总数的 38.64%。排名上升指标的数量小于排名下降指标的数量。

综上所述，由于上升的动力小于下降的拉力，2016 年南非农业科技创新能力排名与 2001 年相比下降了 3 位，在 G20 中居第 13 位。

三、南非农业科技创新能力各级指标优劣势分析

2016 年南非农业科技创新能力各级指标的优劣势如表 19-3 和表 19-4 所示。

表 19-3　2016 年南非农业科技创新能力三级指标排名优劣势比较表

二级指标	三级指标个数	强势		优势		中势		劣势		优劣度
		个数	比重	个数	比重	个数	比重	个数	比重	
创新基础能力	6	0	0.00	2	33.33%	2	33.33%	2	33.33%	中势
创新环境能力	5	1	20.00%	2	40.00%	1	20.00%	1	20.00%	中势
创新产出能力	4	0	0.00	0	0.00	3	75.00%	1	25.00%	中势
合计	15	1	6.67%	4	26.67%	6	40.00%	4	26.67%	中势

注：数据由于四舍五入加和不为 100%

表 19-4　2016 年南非农业科技创新能力四级指标排名优劣势比较表

二级指标	四级指标个数	强势		优势		中势		劣势		优劣度
		个数	比重	个数	比重	个数	比重	个数	比重	
创新基础能力	17	3	17.65%	4	23.53%	5	29.41%	5	29.41%	中势
创新环境能力	18	6	33.33%	5	27.78%	4	22.22%	3	16.67%	中势
创新产出能力	9	0	0.00	3	33.33%	5	55.56%	1	11.11%	中势
合计	44	9	20.45%	12	27.27%	14	31.82%	9	20.45%	中势

注：数据由于四舍五入加和不为 100%

从三级指标来看，南非农业科技创新能力的 15 个三级指标中，强势指标 1 个，占指标总数的 6.67%；优势指标 4 个，占指标总数的 26.67%；中势指标 6 个，占

指标总数的 40.00%；劣势指标 4 个，占指标总数的 26.67%。强势指标和优势指标的数量之和占指标总数的 33.33%，小于中势指标和劣势指标之和。

从四级指标来看，南非农业科技创新能力的 44 个四级指标中，强势指标 9 个，占指标总数的 20.45%；优势指标 12 个，占指标总数的 27.27%；中势指标 14 个，占指标总数的 31.82%；劣势指标 9 个，占指标总数的 20.45%。强势指标和优势指标的数量之和占指标总数的 47.73%，小于中势指标和劣势指标之和。

第三节　南非农业科技创新基础能力评价分析

一、南非农业科技创新基础能力评价结果

南非农业科技创新基础能力在G20中所处的位置及得分变化如图19-2和表19-5所示。

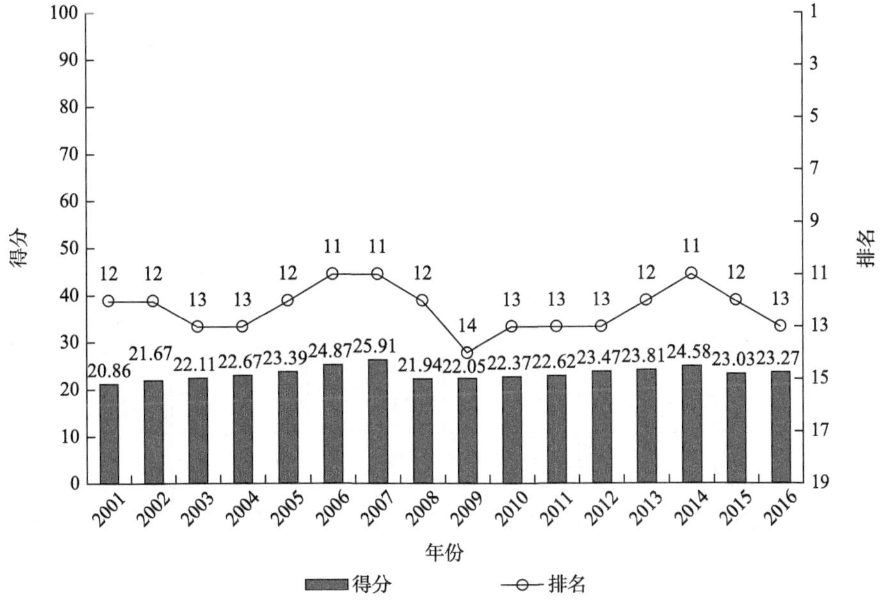

图 19-2　2001~2016 年南非农业科技创新基础能力得分和排名变化趋势图

表 19-5　2001~2016 年南非农业科技创新基础能力各级指标比较表

指标 \ 项目	2001 年		2006 年		2011 年		2016 年		综合变化		优劣度
	得分	排名	得分	排名	得分	排名	得分	排名	得分	排名	
经济水平	3.94	16	5.80	16	6.20	17	4.36	17	0.42	−1	劣势
GDP 水平	3.59	16	5.65	16	5.99	17	3.77	18	0.18	−2	劣势
财政收入水平	4.28	14	5.95	13	6.41	15	4.95	16	0.67	−2	劣势
基础设施	17.73	12	19.80	12	20.36	15	27.90	13	10.17	−1	中势
灌溉面积比例	1.91	13	2.03	13	2.45	14	2.89	15	0.98	−2	中势
农业机械化程度	1.11	17	0.97	16	0.86	16	0.86	16	−0.25	1	劣势
信息通信技术普及率	15.50	12	23.78	16	19.99	17	46.80	13	31.30	−1	中势
交通运输基础设施	52.41	9	52.41	9	58.16	10	61.06	11	8.65	−2	中势
研究基础	0	10	0	10	0	9	0	12	0	−2	中势
大学与科研机构农业学科排名	0	7	0	7	0	6	0	9	0	−2	优势
农业企业研发水平	0	7	0	7	0	7	0	7	0	0	优势
人力资源	13.12	18	9.35	19	8.10	19	3.09	19	−10.03	−1	劣势
农业研究人员数量	2.93	15	2.48	16	1.86	15	1.68	15	−1.26	0	中势
农民文化素质	36.44	13	25.57	13	22.44	15	7.59	18	−28.85	−5	劣势
健康状况	0	19	0	19	0	19	0	19	0	0	劣势
资金投入	27.00	7	50.88	6	41.19	8	37.59	8	10.59	−1	优势
公共教育投入	36.75	8	75.48	6	82.77	6	79.69	4	42.94	4	强势
农业研发经费投入	41.74	5	58.38	5	35.46	5	28.32	5	−13.42	0	强势
农业外国直接投资	2.50	14	18.79	15	5.35	12	4.77	10	2.27	4	优势
合作基础	63.39	8	63.39	8	59.88	9	66.67	9	3.28	−1	优势
产学研合作	55.56	7	55.56	7	47.83	8	50.00	7	−5.56	0	优势
集群发展状况	34.62	14	34.62	14	31.82	16	50.00	13	15.38	1	中势
国际农业研究合作	100.00	1	100.00	1	100.00	1	100.00	1	0	0	强势

注：数据因四舍五入存在偏差

（1）从排名变化看，2016 年南非农业科技创新基础能力排名在 G20 中处于第 13 位，与 2001 年相比排名下降 1 名。

（2）从得分看，2016 年南非农业科技创新基础能力得分为 23.27 分，与 2001 年相比，得分上升 2.40 分。

（3）从指标动态变化趋势看，在南非农业科技创新基础能力的 6 个三级指标中，有 0 个指标处于上升趋势，有 6 个指标（经济水平、基础设施、研究基础、人力资源、资金投入、合作基础）处于下降趋势；在南非农业科技创新基础能力的 17 个四级指标中，有 4 个指标（农业机械化程度、公共教育投入、农业外国直接投资、集群发展状况）处于上升趋势，有 7 个指标（GDP 水平、财政收入水平、灌溉面积比例、信息通信技术普及率、交通运输基础设施、大学与科研机构农业学科排名、农民文化素质）处于下降趋势，其余 6 个指标（农业企业研发水平、农业研究人员数量、健康状况、农业研发经费投入、产学研合作、国际农业研究合作）排名保持不变。

（4）从指标优劣势结构来看，在南非农业科技创新基础能力的 6 个三级指标中，强势指标 0 个；优势指标 2 个（资金投入、合作基础），占指标总数的 33.33%；中势指标 2 个（基础设施、研究基础），占指标总数的 33.33%；劣势指标 2 个（经济水平、人力资源），占指标总数的 33.33%；强势指标和优势指标的数量之和占指标总数的 33.33%，小于中势指标和劣势指标之和。在南非农业科技创新基础能力的 17 个四级指标中，强势指标 3 个（公共教育投入、农业研发经费投入、国际农业研究合作），占指标总数的 17.65%；优势指标 4 个（大学与科研机构农业学科排名、农业企业研发水平、农业外国直接投资、产学研合作），占指标总数的 23.53%；中势指标 5 个（灌溉面积比例、信息通信技术普及率、交通运输基础设施、农业研究人员数量、集群发展状况），占指标总数的 29.41%；劣势指标 5 个（GDP 水平、财政收入水平、农业机械化程度、农民文化素质、健康状况），占指标总数的 29.41%；强势指标和优势指标的数量之和占指标总数的 41.18 %，小于中势指标和劣势指标之和。

二、南非农业科技创新基础能力比较分析

图 19-3 反映了 2001 年和 2016 年南非农业科技创新基础能力与 G20 最高水平和平均水平的比较情况。

由图 19-3 可知，2001 年，南非农业科技创新基础能力得分与 G20 最高分相比还有 55.18 分的差距，与 G20 平均分相比低了 10.68 分；2016 年，南非农业科技创

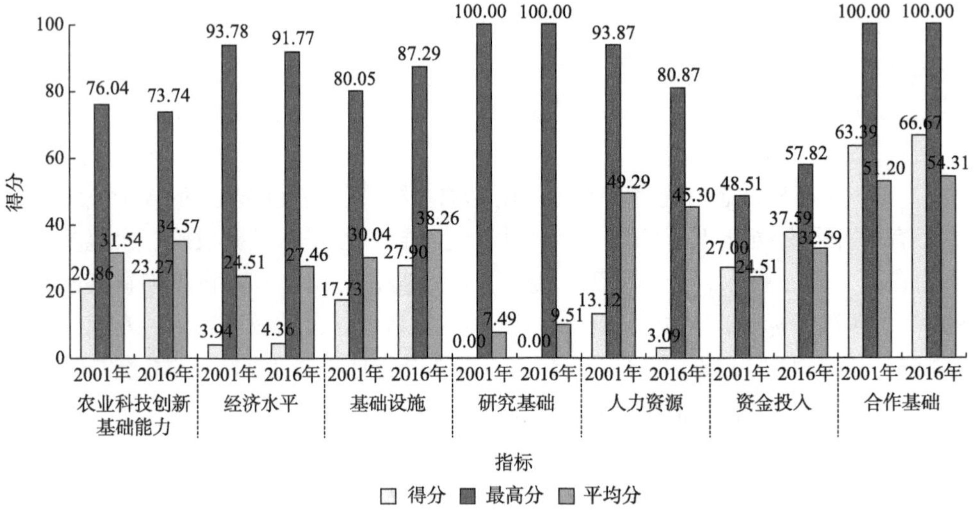

图 19-3　2001 年和 2016 年南非农业科技创新基础能力指标得分比较

新基础能力得分与 G20 最高分的差距为 50.47 分，高于 G20 平均分 11.30 分。总的来说，2001~2016 年南非农业科技创新基础能力与最高分的差距呈缩小趋势。

从具体指标得分比较来看，2016 年，GDP 水平、财政收入水平、灌溉面积比例、农业机械化程度、信息通信技术普及率、交通运输基础设施、大学与科研机构农业学科排名、农业企业研发水平、农业研究人员数量、农民文化素质、健康状况、农业外国直接投资和集群发展状况共计 13 个指标的得分低于 G20 平均分。建议南非政府注重提升上述指标，夯实国家农业科技创新基础，不断增强国家农业科技创新基础能力。

第四节　南非农业科技创新环境能力评价分析

一、南非农业科技创新环境能力评价结果

南非农业科技创新环境能力在 G20 中所处的位置及得分变化如图 19-4 和表 19-6 所示。

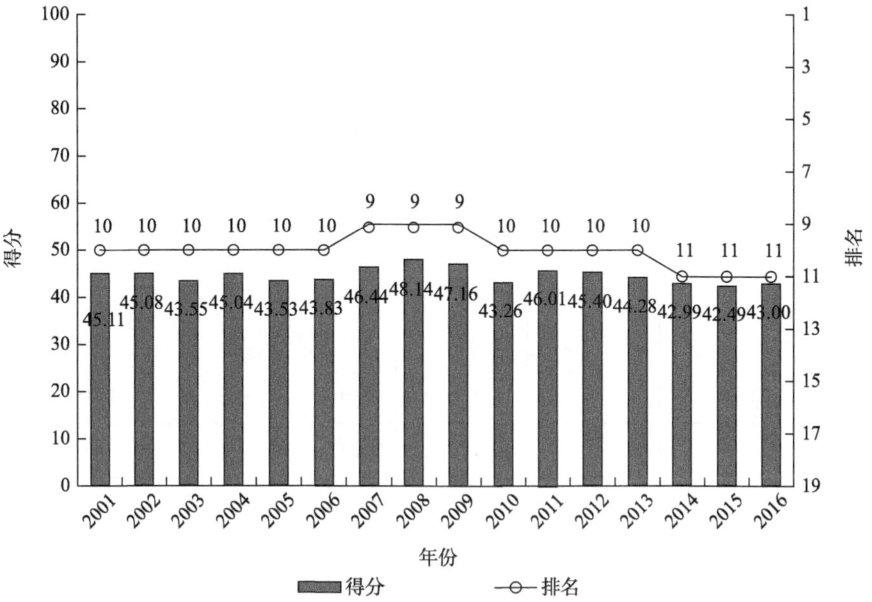

图 19-4　2001~2016 年南非农业科技创新环境能力得分和排名变化趋势图

表 19-6　2001~2016 年南非农业科技创新环境能力各级指标比较表

指标＼项目	2001 年		2006 年		2011 年		2016 年		综合变化		优劣度
	得分	排名	得分	排名	得分	排名	得分	排名	得分	排名	
文化环境	11.11	17	11.11	17	21.67	14	21.67	14	10.56	3	中势
科技创新自由民主气氛	0	16	0	16	10.00	16	10.00	16	10.00	0	劣势
民众的好奇心	22.22	16	22.22	16	33.33	13	33.33	13	11.11	3	中势
政策环境	69.78	2	60.84	3	69.32	3	50.08	7	−19.70	−5	优势
政治稳定性	53.01	14	54.02	11	56.82	11	43.69	11	−9.32	3	中势
知识产权保护	59.46	8	59.46	8	75.76	8	85.71	8	26.25	0	优势
农业政策合理性	66.67	5	66.67	5	60.87	6	37.50	13	−29.17	−8	中势
农业科技创新支持水平	100.00	1	63.21	2	83.82	2	33.42	3	−66.58	−2	强势
商业环境	43.78	8	43.37	8	45.88	8	43.74	8	−0.04	0	优势
农业信贷支持	15.35	5	14.11	4	14.97	4	14.99	3	−0.35	2	强势
企业开业难易程度	60.00	6	60.00	6	66.67	4	58.33	9	−1.67	−3	优势

续表

指标 \ 项目	2001 年		2006 年		2011 年		2016 年		综合变化		优劣度
	得分	排名	得分	排名	得分	排名	得分	排名	得分	排名	
市场成熟度	56.00	10	56.00	10	56.00	10	57.89	5	1.89	5	强势
教育环境	24.40	14	24.40	14	13.33	19	20.00	18	−4.40	−4	劣势
教育系统质量	11.54	17	11.54	17	0	19	0	19	−11.54	−2	劣势
农村教育公平性	20.00	15	20.00	15	20.00	15	0	17	−20.00	−2	劣势
技术培训可获得性	41.67	10	41.67	10	20.00	15	60.00	8	18.33	2	优势
生态可持续环境	76.48	2	79.44	2	79.87	3	79.53	3	3.05	−1	强势
化肥使用密度	88.04	6	94.37	4	92.45	4	92.71	4	4.67	2	强势
农药使用密度	89.87	7	87.45	7	90.61	7	90.61	7	0.74	0	优势
农业用水量	31.52	10	31.52	10	30.71	10	30.71	10	−0.81	0	优势
农业能源使用量	53.61	11	67.07	12	69.07	11	66.39	11	12.78	0	中势
农业温室气体排放量	95.82	4	96.25	4	96.40	5	96.74	5	0.92	−1	强势
生物燃料生产量	100.00	1	100.00	1	100.00	1	100.00	1	0	0	强势

注：数据因四舍五入存在偏差

（1）从排名变化看，2016 年南非农业科技创新环境能力排名在 G20 中处于第 11 位，与 2001 年相比排名下降 1 位。

（2）从得分看，2016 年南非农业科技创新环境能力得分为 43.00 分，与 2001 年相比，得分下降 2.11 分。

（3）从指标动态变化趋势看，在南非农业科技创新环境能力的 5 个三级指标中，有 1 个指标（文化环境）处于上升趋势，有 3 个指标（政策环境、教育环境、生态可持续环境）处于下降趋势，有 1 个指标（商业环境）排名保持不变；在南非农业科技创新环境能力的 18 个四级指标中，有 6 个指标（民众的好奇心、政治稳定性、农业信贷支持、市场成熟度、技术培训可获得性、化肥使用密度）处于上升趋势，有 6 个指标（农业政策合理性、农业科技创新支持水平、企业开业难易程度、教育系统质量、农村教育公平性、农业温室气体排放量）处于下降趋势，其余 6 个指标（科技创新自由民主气氛、知识产权保护、农药使用密度、农业用水量、农业能源使用量、生物燃料生产量）排名保持不变。

（4）从指标优劣势结构来看，在南非农业科技创新环境能力的 5 个三级指标中，强势指标 1 个（生态可持续环境），占指标总数的 20.00%；优势指标 2 个（政策环境、商业环境），占指标总数的 40.00%；中势指标 1 个（文化环境），占指标总数的 20.00%；劣势指标 1 个（教育环境），占指标总数的 20.00%；强势指标和优势指标的数量之和占指标总数的 60.00%，大于中势指标和劣势指标之和。在南非农业科技创新环境能力的 18 个四级指标中，强势指标 6 个（农业科技创新支持水平、农业信贷支持、市场成熟度、化肥使用密度、农业温室气体排放量、生物燃料生产量），占指标总数的 33.33%；优势指标 5 个（知识产权保护、企业开业难易程度、技术培训可获得性、农药使用密度、农业用水量），占指标总数的 27.78%；中势指标 4 个（民众的好奇心、政治稳定性、农业政策合理性、农业能源使用量），占指标总数的 22.22%；劣势指标 3 个（科技创新自由民主气氛、教育系统质量、农村教育公平性），占指标总数的 16.67%；强势指标和优势指标的数量之和占指标总数的 61.11%，大于中势指标和劣势指标之和。

二、南非农业科技创新环境能力比较分析

图 19-5 反映了 2001 年和 2016 年南非农业科技创新环境能力与 G20 最高水平和平均水平的比较情况。

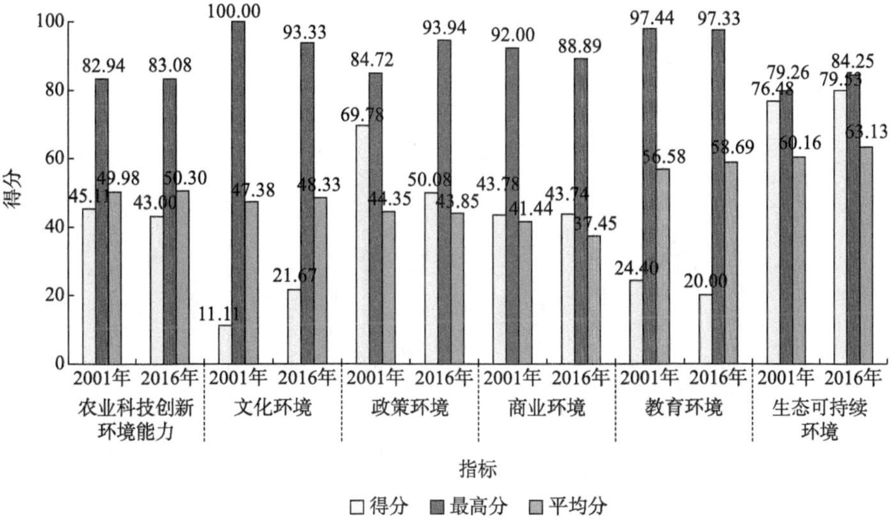

图 19-5　2001 年和 2016 年南非农业科技创新环境能力指标得分比较

由图 19-5 可知，2001 年，南非农业科技创新环境能力得分与 G20 最高分相比

还有 37.83 分的差距，与 G20 平均分相比低了 4.87 分；2016 年，南非农业科技创新环境能力得分与 G20 最高分的差距为 40.08 分，低于 G20 平均分 7.30 分。总的来说，2001~2016 年南非农业科技创新环境能力与最高分的差距呈扩大趋势。

从具体指标得分比较来看，2016 年，科技创新自由民主气氛、民众的好奇心、政治稳定性、农业政策合理性、教育系统质量、农村教育公平性和农业用水量共计 7 个指标的得分低于 G20 平均分。建议南非政府注重提升上述指标，优化国家农业科技创新环境，不断提升国家农业科技创新环境能力。

第五节　南非农业科技创新产出能力评价分析

一、南非农业科技创新产出能力评价结果

南非农业科技创新产出能力在 G20 中所处的位置及得分变化如图 19-6 和表 19-7 所示。

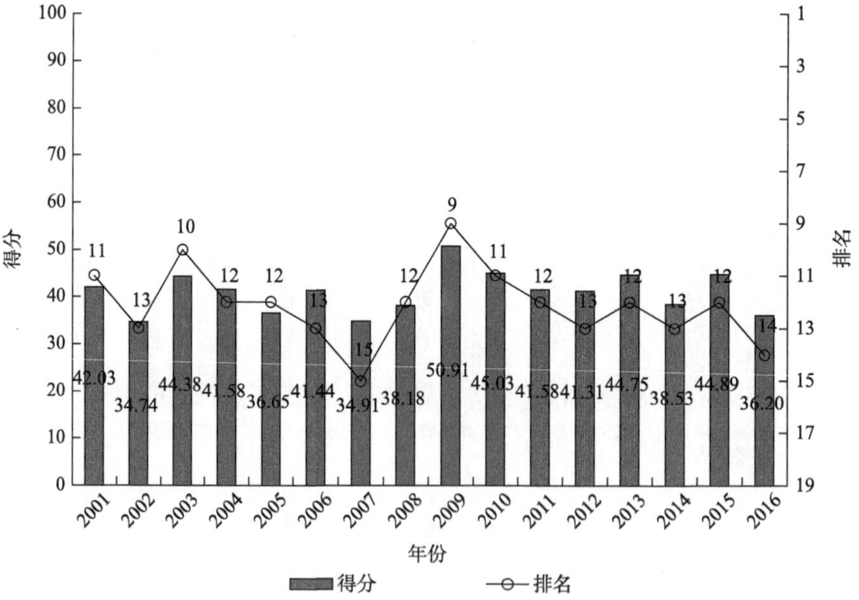

图 19-6　2001~2016 年南非农业科技创新产出能力得分和排名变化趋势图

表 19-7　2001~2016 年南非农业科技创新产出能力各级指标比较表

指标＼项目	2001 年		2006 年		2011 年		2016 年		综合变化		优劣度
	得分	排名	得分	排名	得分	排名	得分	排名	得分	排名	
科技成果	5.36	12	3.03	13	4.33	13	3.14	15	−2.22	−3	中势
农业科技论文数量	5.68	10	1.70	14	3.02	14	3.21	15	−2.47	−5	中势
本国居民农业专利数量	2.16	9	2.32	10	1.11	13	1.50	12	−0.65	−3	中势
本国居民植物新品种数量	8.23	11	5.06	11	8.86	8	4.70	10	−3.53	1	优势
生产力水平	31.42	10	25.80	13	45.01	12	42.73	13	11.31	−3	中势
农业生产指数	66.16	8	41.94	3	80.10	5	67.19	6	1.03	2	优势
农业土地生产率	21.12	13	27.16	12	46.08	12	52.21	12	31.09	1	中势
农业劳动生产率	6.98	14	8.30	15	8.85	15	8.80	15	1.82	−1	中势
经济效益	61.57	7	67.16	8	47.20	9	29.12	18	−32.45	−11	劣势
农业年均增长率	46.28	6	65.75	9	37.68	11	0	19	−46.28	−13	劣势
农产品净出口额	76.85	9	68.56	8	56.72	9	58.24	9	−18.62	0	优势
农村生活水平	69.80	11	69.80	11	69.80	11	69.80	11	0	0	中势
农村恩格尔系数	69.80	11	69.80	11	69.80	11	69.80	11	0	0	中势

注：数据因四舍五入存在偏差

（1）从排名变化看，2016 年南非农业科技创新产出能力排名在 G20 中处于第 14 位，与 2001 年相比排名下降 3 位。

（2）从得分看，2016 年南非农业科技创新产出能力得分为 36.20 分，与 2001 年相比，得分下降 5.84 分。

（3）从指标动态变化趋势看，在南非农业科技创新产出能力的 4 个三级指标中，有 0 个指标处于上升趋势，有 3 个指标（科技成果、生产力水平、经济效益）处于下降趋势，有 1 个指标（农村生活水平）排名保持不变；在南非农业科技创新产出能力的 9 个四级指标中，有 3 个指标（本国居民植物新品种数量、农业生产指数、农业土地生产率）处于上升趋势，有 4 个指标（农业科技论文数量、本国居民农业专利数量、农业劳动生产率、农业年均增长率）处于下降趋势，其余 2 个指标（农产品净出口额、农村恩格尔系数）排名保持不变。

（4）从指标优劣势结构来看，在南非农业科技创新产出能力的 4 个三级指标中，强势指标 0 个；优势指标 0 个；中势指标 3 个（科技成果、生产力水平、农村生活水平），占指标总数的 75.00%；劣势指标 1 个（经济效益），占指标总数的 25.00%；强势指标和优势指标的数量之和小于中势指标和劣势指标之和。在南非农业科技创新产出能力的 9 个四级指标中，强势指标 0 个；优势指标 3 个（本国居民植物新品种数量、农业生产指数、农产品净出口额），占指标总数的 33.33%；中势指标 5 个（农业科技论文数量、本国居民农业专利数量、农业土地生产率、农业劳动生产率、农村恩格尔系数），占指标总数的 55.56%；劣势指标 1 个（农业年均增长率），占指标总数的 11.11%；强势指标和优势指标的数量之和占指标总数的 33.33%小于中势指标和劣势指标之和。

二、南非农业科技创新产出能力比较分析

图 19-7 反映了 2001 年和 2016 年南非农业科技创新产出能力与 G20 最高水平和平均水平的比较情况。

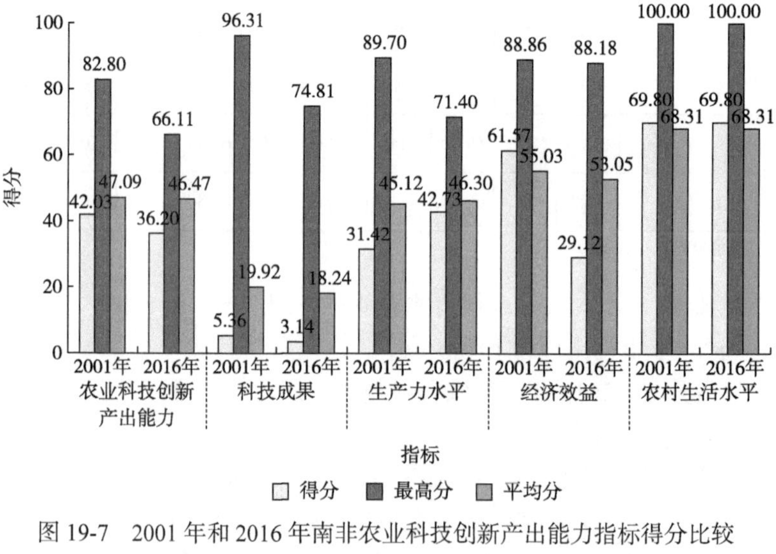

图 19-7　2001 年和 2016 年南非农业科技创新产出能力指标得分比较

由图 19-7 可知，2001 年，南非农业科技创新产出能力得分与 G20 最高分相比还有 40.77 分的差距，与 G20 平均分相比低了 5.06 分；2016 年，南非农业科技创新产出能力得分与 G20 最高分的差距为 29.91 分，低于 G20 平均分 10.27 分。总的来说，2001~2016 年南非农业科技创新产出能力与最高分的差距呈缩小趋势。

从具体指标得分比较来看，2016 年，农业科技论文数量、本国居民农业专利数量、本国居民植物新品种数量、农业土地生产率、农业劳动生产率和农业年均增长率共计 6 个指标的得分低于 G20 平均分。建议南非政府注重提升上述指标，不断提高国家农业科技创新产出水平。

第二十章　土耳其农业科技创新能力评价分析报告

第一节　土耳其农业简介

土耳其横跨欧亚两洲，东南与叙利亚、伊拉克接壤，西与希腊和保加利亚接壤，东部与格鲁吉亚、亚美尼亚、阿塞拜疆和伊朗接壤，北临黑海，南临地中海，西临爱琴海。

土耳其国土面积约 78.54 万平方千米。2016 年末，全国总人口约 7 951 万人，实现 GDP 8 600 亿美元，人均 GDP 10 787 美元。

2014 年，土耳其农业用地面积 3 856.10 万公顷，占土地面积的 50%，其中，耕地面积 2 070.60 万公顷，占农业用地面积的 54%。草地面积 1 461.70 万公顷，占土地面积的 19%；森林和林地面积 1 161.26 万公顷，占土地面积的 15%。2014 年，土耳其平均每人占有耕地面积 0.27 公顷，牧场 0.19 公顷，森林和林地 0.15 公顷。

土耳其是中东地区最大的小麦生产国，世界最主要的大麦生产国之一。在种植业中，谷物生产以小麦、大麦和玉米为主，2014 年收获面积分别为 782.08 万公顷、271.90 万公顷和 65.57 万公顷，产量分别为 1 900 万吨、630 万吨和 595 万吨；经济作物以甜菜、棉花和烟草为主。在畜牧业中，绵羊、牛和山羊是主要养殖对象，2014 年，牛奶、鸡肉、山羊奶、鸡蛋、牛肉、绵羊奶、山羊肉、绵羊肉和羊毛的产量分别为 1 699.89 万吨、189.47 万吨、111.39 万吨、107.16 万吨、88.20 万吨、46.33 万吨、31.25 万吨、6.33 万吨和 5.12 万吨。

2014 年，土耳其农业人口 546.75 万人，约占总人口数的 7.1%。2016 年农业增加值 523.26 亿美元，约占 GDP 的 7%，农业工人人均增加值为 10 723.61 美元。

土耳其农业科技研发工作的机构主要包括土耳其食品农业与牧业部、农业和农村事务部（农业部）、区域发展事务部及农村基层组织。其中，食品农业与牧业部、农业和农村事务部占主导地位，是农业科研与推广活动的主体，区域发展事务部负责组织和协调农村基层组织进行农业创新活动。

第二节　土耳其农业科技创新能力总体评价分析

一、土耳其农业科技创新能力概要分析

2001~2016 年土耳其农业科技创新能力得分和排名变化趋势图，如图 20-1 所示。

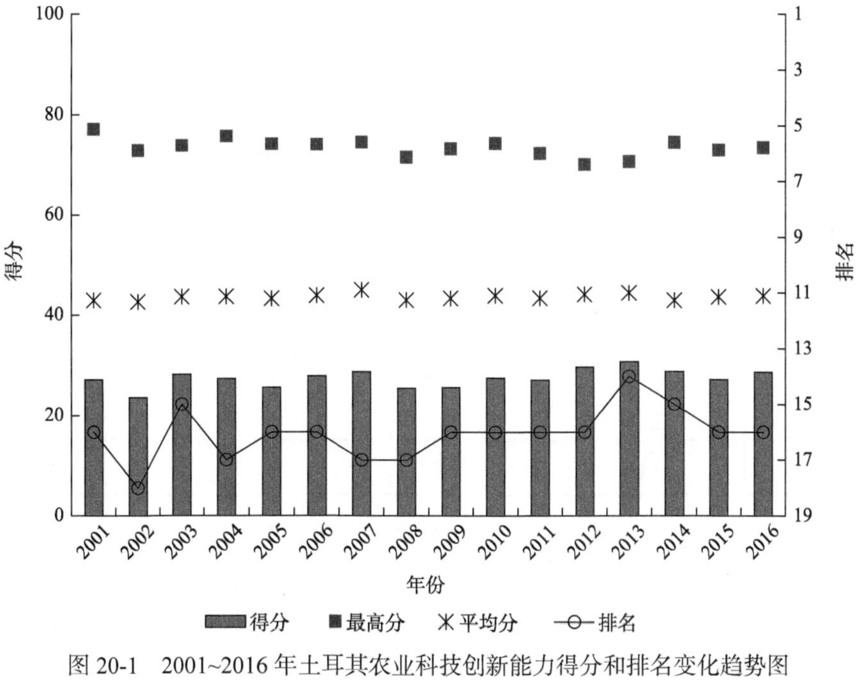

图 20-1　2001~2016 年土耳其农业科技创新能力得分和排名变化趋势图

从综合排位变化看，2016 年土耳其农业科技创新能力排名在 G20 中处于第 16 位，与 2001 年相比，排位没有发生变化。总体来看，评价期内呈波动保持趋势。

从综合得分看，2016 年土耳其农业科技创新能力得分为 28.70 分，比 G20 最高分低 44.66 分，比平均分低 15.08 分；与 2001 年相比，土耳其农业科技创新能力得分上升了 1.59 分，与当年最高分的差距缩小了 5.27 分，与 G20 平均分的差距也缩小了 0.68 分。

二、土耳其农业科技创新能力各级指标动态变化分析

2001~2016 年土耳其农业科技创新能力各级指标的动态变化如表 20-1 和表 20-2 所示。

表 20-1　2001~2016 年土耳其农业科技创新能力三级指标排名变化趋势比较表

二级指标	三级指标个数	上升		保持		下降		变化趋势
		个数	比重	个数	比重	个数	比重	
创新基础能力	6	2	33.33%	1	16.67%	3	50.00%	保持
创新环境能力	5	2	40.00%	0	0.00	3	60.00%	保持
创新产出能力	4	2	50.00%	1	25.00%	1	25.00%	下降
合计	15	6	40.00%	2	13.33%	7	46.67%	保持

表 20-2　2001~2016 年土耳其农业科技创新能力四级指标排名变化趋势比较表

二级指标	四级指标个数	上升		保持		下降		变化趋势
		个数	比重	个数	比重	个数	比重	
创新基础能力	17	6	35.29%	3	17.65%	8	47.06%	保持
创新环境能力	18	4	22.22%	7	38.89%	7	38.89%	保持
创新产出能力	9	5	55.56%	2	22.22%	2	22.22%	下降
合计	44	15	34.09%	12	27.27%	17	38.64%	保持

表 20-1 中的数据表明，土耳其农业科技创新能力的 15 个三级指标中，上升的指标有 6 个，占指标总数的 40.00%；保持的指标有 2 个，占指标总数的 13.33%；下降的指标有 7 个，占指标总数的 46.67%。排名上升指标的数量小于排名下降指标的数量。

表 20-2 中的数据表明，土耳其农业科技创新能力的 44 个四级指标中，上升的指标有 15 个，占指标总数的 34.09%；保持的指标有 12 个，占指标总数的 27.27%；下降的指标有 17 个，占指标总数的 38.64%。排名上升指标的数量小于排名下降指标的数量。

综上所述，由于上升的动力与下降的拉力持平，2016 年土耳其农业科技创新能力排名与 2001 年相比保持不变，在 G20 中居第 16 位。

三、土耳其农业科技创新能力各级指标优劣势分析

2016 年土耳其农业科技创新能力各级指标的优劣势如表 20-3 和表 20-4 所示。

表 20-3　2016 年土耳其农业科技创新能力三级指标排名优劣势比较表

二级指标	三级指标个数	强势		优势		中势		劣势		优劣度
		个数	比重	个数	比重	个数	比重	个数	比重	
创新基础能力	6	0	0.00	0	0.00	4	66.67%	2	33.33%	劣势
创新环境能力	5	0	0.00	0	0.00	0	0.00	5	100.00%	劣势
创新产出能力	4	1	25.00%	1	25.00%	1	25.00%	1	25.00%	中势
合计	15	1	6.67%	1	6.67%	5	33.33%	8	53.33%	劣势

表 20-4　2016 年土耳其农业科技创新能力四级指标排名优劣势比较表

二级指标	四级指标个数	强势		优势		中势		劣势		优劣度
		个数	比重	个数	比重	个数	比重	个数	比重	
创新基础能力	17	1	5.88%	4	23.53%	7	41.18%	5	29.41%	劣势
创新环境能力	18	0	0.00	3	16.67%	4	22.22%	11	61.11%	劣势
创新产出能力	9	2	22.22%	2	22.22%	3	33.33%	2	22.22%	中势
合计	44	3	6.82%	9	20.45%	14	31.82%	18	40.91%	劣势

注：数据由于四舍五入加和不为 100%

从三级指标来看，土耳其农业科技创新能力的 15 个三级指标中，强势指标 1 个，占指标总数的 6.67%；优势指标 1 个，占指标总数的 6.67%；中势指标 5 个，占指标总数的 33.33%；劣势指标 8 个，占指标总数的 53.33%。强势指标和优势指标的数量之和占指标总数的 13.33%，小于中势指标和劣势指标之和。

从四级指标来看，土耳其农业科技创新能力的 44 个四级指标中，强势指标 3 个，占指标总数的 6.82%；优势指标 9 个，占指标总数的 20.45%；中势指标 14 个，占指标总数的 31.82%；劣势指标 18 个，占指标总数的 40.91%。强势指标和优势指标的数量之和占指标总数的 27.27%，小于中势指标和劣势指标之和。

第三节　土耳其农业科技创新基础能力评价分析

一、土耳其农业科技创新基础能力评价结果

土耳其农业科技创新基础能力在 G20 中所处的位置及得分变化如图 20-2 和表 20-5 所示。

图 20-2　2001~2016 年土耳其农业科技创新基础能力得分和排名变化趋势图

表 20-5　2001~2016 年土耳其农业科技创新基础能力各级指标比较表

指标＼项目	2001年		2006年		2011年		2016年		综合变化		优劣度
	得分	排名	得分	排名	得分	排名	得分	排名	得分	排名	
经济水平	6.94	13	9.11	11	11.48	14	10.40	14	3.46	−1	中势
GDP 水平	5.75	15	8.43	13	9.90	14	8.02	16	2.27	−1	劣势
财政收入水平	8.13	10	9.80	10	13.06	13	12.79	12	4.66	−2	中势
基础设施	18.95	11	21.41	11	27.79	12	30.35	11	11.40	0	中势
灌溉面积比例	22.29	6	23.49	6	26.45	5	29.16	4	6.87	2	强势
农业机械化程度	8.68	7	8.68	7	8.68	7	8.68	7	0	0	优势
信息通信技术普及率	26.89	10	35.53	11	30.64	14	28.68	15	1.79	−5	中势
交通运输基础设施	17.93	14	17.93	14	45.39	12	54.87	12	36.94	2	中势
研究基础	0	10	0	10	0	9	0	12	0	−2	中势
大学与科研机构农业学科排名	0	7	0	7	0	6	0	9	0	−2	优势
农业企业研发水平	0	7	0	7	0	7	0	7	0	0	优势
人力资源	31.34	15	32.01	15	39.07	12	40.14	11	8.80	4	中势
农业研究人员数量	11.95	12	10.59	12	14.07	11	10.53	10	−1.42	2	优势
农民文化素质	25.94	16	16.64	16	33.92	14	41.76	11	15.81	5	中势
健康状况	56.11	15	68.79	14	69.24	13	68.12	13	12.01	2	中势
资金投入	9.08	17	19.03	17	11.82	17	7.17	18	−1.91	−1	劣势
公共教育投入	19.40	14	32.16	14	25.79	16	15.35	17	−4.05	−3	劣势
农业研发经费投入	5.35	15	5.58	15	2.17	16	1.62	16	−3.73	−1	劣势
农业外国直接投资	2.50	14	19.36	13	7.52	10	4.54	12	2.04	2	中势
合作基础	16.38	18	16.38	18	4.55	19	12.50	17	−3.88	1	劣势
产学研合作	22.22	15	22.22	15	0	17	12.50	16	−9.72	−1	劣势
集群发展状况	26.92	16	26.92	16	13.64	17	25.00	17	−1.92	−1	劣势
国际农业研究合作	0	13	0	13	0	13	0	13	0	0	中势

注：数据因四舍五入存在偏差

（1）从排名变化看，2016 年土耳其农业科技创新基础能力排名在 G20 中处于第 18 位，与 2001 年相比排名保持不变。

（2）从得分看，2016 年土耳其农业科技创新基础能力得分为 16.76 分，与 2001 年相比，得分上升了 2.98 分。

（3）从指标动态变化趋势看，在土耳其农业科技创新基础能力的 6 个三级指标中，有 2 个指标（人力资源、合作基础）处于上升趋势，有 3 个指标（经济水平、研究基础、资金投入）处于下降趋势，有 1 个指标（基础设施）排名保持不变；在土耳其农业科技创新基础能力的 17 个四级指标中，有 6 个指标（灌溉面积比例、交通运输基础设施、农业研究人员数量、农民文化素质、健康状况、农业外国直接投资）处于上升趋势，有 8 个指标（GDP 水平、财政收入水平、信息通信技术普及率、大学与科研机构农业学科排名、公共教育投入、农业研发经费投入、产学研合作、集群发展状况）处于下降趋势，其余 3 个指标（农业机械化程度、农业企业研发水平、国际农业研究合作）排名保持不变。

（4）从指标优劣势结构来看，在土耳其农业科技创新基础能力的 6 个三级指标中，强势指标 0 个；优势指标 0 个；中势指标 4 个（经济水平、基础设施、研究基础、人力资源），占指标总数的 66.67%；劣势指标 2 个（资金投入、合作基础），占指标总数的 33.33%；强势指标和优势指标的数量之和小于中势指标和劣势指标之和。在土耳其农业科技创新基础能力的 17 个四级指标中，强势指标 1 个（灌溉面积比例），占指标总数的 5.88%；优势指标 4 个（农业机械化程度、大学与科研机构农业学科排名、农业企业研发水平、农业研究人员数量），占指标总数的 23.53%；中势指标 7 个（财政收入水平、信息通信技术普及率、交通运输基础设施、农民文化素质、健康状况、农业外国直接投资、国际农业研究合作），占指标总数的 41.18%；劣势指标 5 个（GDP 水平、公共教育投入、农业研发经费投入、产学研合作、集群发展状况），占指标总数的 29.41%；强势指标和优势指标的数量之和占指标总数的 29.41%，小于中势指标和劣势指标之和。

二、土耳其农业科技创新基础能力比较分析

图 20-3 反映了 2001 年和 2016 年土耳其农业科技创新基础能力与 G20 最高水平和平均水平的比较情况。

由图 20-3 可知，2001 年，土耳其农业科技创新基础能力得分与 G20 最高分相比还有 62.26 分的差距，与 G20 平均分相比低了 17.76 分；2016 年，土耳其农业科技创新基础能力得分与 G20 最高分的差距为 56.98 分，低于 G20 平均分 17.81

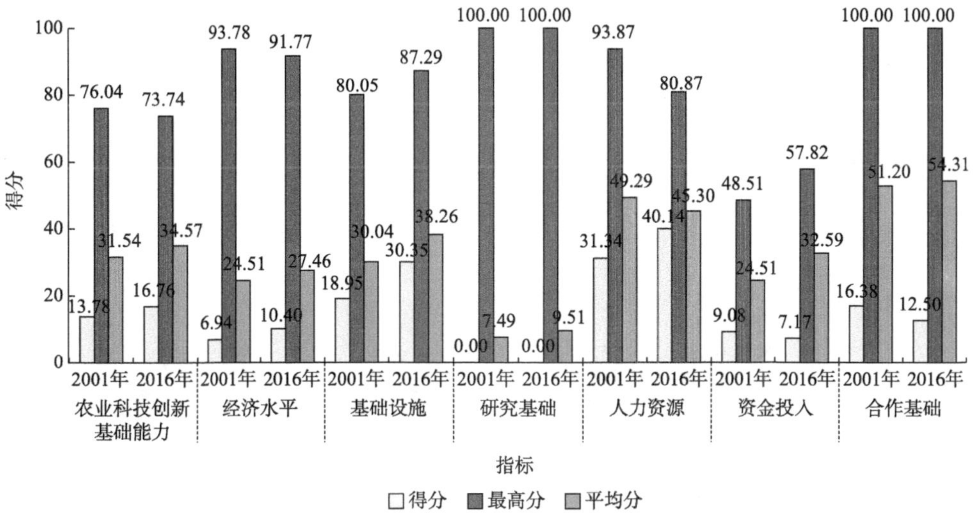

图 20-3　2001 年和 2016 年土耳其农业科技创新基础能力指标得分比较

分。总的来说，2001~2016 年土耳其农业科技创新基础能力与最高分的差距呈缩小趋势。

从具体指标得分比较来看，2016 年，GDP 水平、财政收入水平、农业机械化程度、信息通信技术普及率、交通运输基础设施、大学与科研机构农业学科排名、农业企业研发水平、农业研究人员数量、农民文化素质、健康状况、公共教育投入、农业研发经费投入、农业外国直接投资、产学研合作、集群发展状况和国际农业研究合作共计 16 个指标的得分低于 G20 平均分。建议土耳其政府注重提升上述指标，夯实国家农业科技创新基础，不断增强国家农业科技创新基础能力。

第四节　土耳其农业科技创新环境能力评价分析

一、土耳其农业科技创新环境能力评价结果

土耳其农业科技创新环境能力在 G20 中所处的位置及得分变化如图 20-4 和表 20-6 所示。

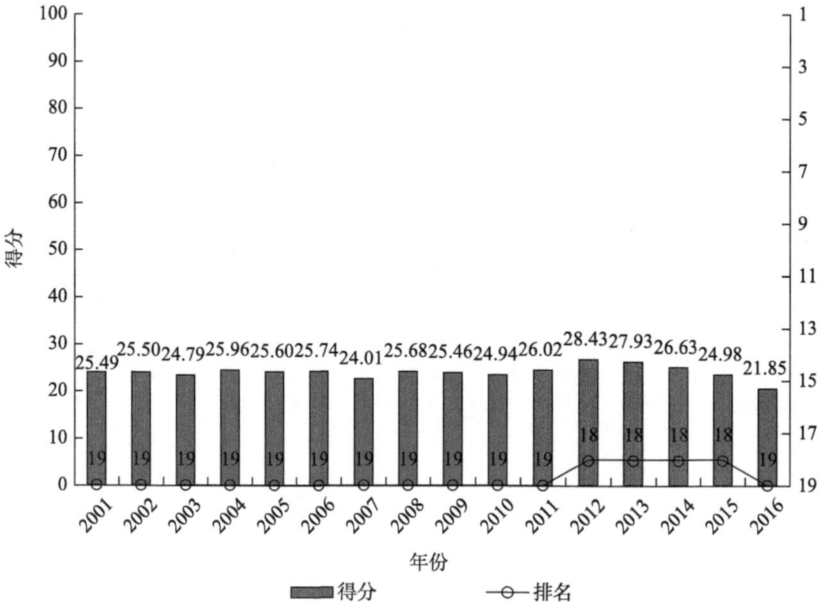

图 20-4　2001~2016 年土耳其农业科技创新环境能力得分和排名变化趋势图

表 20-6　2001~2016 年土耳其农业科技创新环境能力各级指标比较表

指标＼项目	2001 年		2006 年		2011 年		2016 年		综合变化		优劣度
	得分	排名	得分	排名	得分	排名	得分	排名	得分	排名	
文化环境	11.11	17	11.11	17	6.67	18	6.67	18	−4.44	−1	劣势
科技创新自由民主气氛	0	16	0	16	0	17	0	17	0	−1	劣势
民众的好奇心	22.22	16	22.22	16	13.33	16	13.33	16	−8.89	0	劣势
政策环境	11.69	19	11.75	18	17.17	17	9.93	18	−1.76	1	劣势
政治稳定性	35.39	16	35.91	16	14.62	18	0	19	−35.39	−3	劣势
知识产权保护	10.81	17	10.81	17	6.06	17	14.29	17	3.47	0	劣势
农业政策合理性	0	17	0	17	47.83	10	25.00	14	25.00	3	中势
农业科技创新支持水平	0.57	16	0.27	16	0.15	16	0.42	16	−0.15	0	劣势
商业环境	25.68	15	25.45	15	36.91	10	18.62	17	−7.06	−2	劣势
农业信贷支持	2.38	14	1.69	15	4.39	14	5.87	15	3.49	−1	中势
企业开业难易程度	26.67	17	26.67	17	58.33	7	50.00	11	23.33	6	中势
市场成熟度	48.00	12	48.00	12	48.00	12	0	19	−48.00	−7	劣势

续表

指标 \ 项目	2001年		2006年		2011年		2016年		综合变化		优劣度
	得分	排名	得分	排名	得分	排名	得分	排名	得分	排名	
教育环境	19.53	19	19.53	19	14.64	18	21.43	17	1.90	2	劣势
教育系统质量	26.92	14	26.92	14	32.26	15	30.00	16	3.08	−2	劣势
农村教育公平性	6.67	17	6.67	17	6.67	17	14.29	16	7.62	1	劣势
技术培训可获得性	25.00	15	25.00	15	5.00	18	20.00	18	−5.00	−3	劣势
生态可持续环境	59.46	12	60.87	11	54.73	16	52.59	17	−6.87	−5	劣势
化肥使用密度	85.14	8	88.13	7	83.52	8	83.87	7	−1.26	1	优势
农药使用密度	93.68	6	90.22	6	92.32	6	92.32	6	−1.36	0	优势
农业用水量	18.06	15	19.36	15	18.40	15	18.40	15	0.34	0	中势
农业能源使用量	6.02	18	29.77	18	4.14	18	0.20	18	−5.82	0	劣势
农业温室气体排放量	94.66	6	95.53	6	95.80	6	96.13	6	1.47	0	优势
生物燃料生产量	59.18	7	42.22	11	34.21	14	24.61	17	−34.57	−10	劣势

注：数据因四舍五入存在偏差

（1）从排名变化看，2016 年土耳其农业科技创新环境能力排名在 G20 中处于第 19 位，与 2001 年相比排名保持不变。

（2）从得分看，2016 年土耳其农业科技创新环境能力得分为 21.85 分，与 2001 年相比，得分下降了 3.65 分。

（3）从指标动态变化趋势看，在土耳其农业科技创新环境能力的 5 个三级指标中，有 2 个指标（政策环境、教育环境）处于上升趋势，有 3 个指标（文化环境、商业环境、生态可持续环境）处于下降趋势；在土耳其农业科技创新环境能力的 18 个四级指标中，有 4 个指标（农业政策合理性、企业开业难易程度、农村教育公平性、化肥使用密度）处于上升趋势，有 7 个指标（科技创新自由民主气氛、政治稳定性、农业信贷支持、市场成熟度、教育系统质量、技术培训可获得性、生物燃料生产量）处于下降趋势，其余 7 个指标（民众的好奇心、知识产权保护、农业科技创新支持水平、农药使用密度、农业用水量、农业能源使用量、农业温室气体排放量）排名保持不变。

（4）从指标优劣势结构来看，在土耳其农业科技创新环境能力的 5 个三级指标中，强势指标 0 个；优势指标 0 个；中势指标 0 个；劣势指标 5 个（文化环境、政策环境、商业环境、教育环境、生态可持续环境），占指标总数的 100.00%；强势指标和优势指标的数量之和小于中势指标和劣势指标之和。在土耳其农业科技创新环境能力的 18 个四级指标中，强势指标 0 个；优势指标 3 个（化肥使用密度、农药使用密度、农业温室气体排放量），占指标总数的 16.67%；中势指标 4 个（农业政策合理性、农业信贷支持、企业开业难易程度、农业用水量），占指标总数的 22.22%；劣势指标 11 个（科技创新自由民主气氛、民众的好奇心、政治稳定性、知识产权保护、农业科技创新支持水平、市场成熟度、教育系统质量、农村教育公平性、技术培训可获得性、农业能源使用量、生物燃料生产量），占指标总数的 61.11%；强势指标和优势指标的数量之和占指标总数的 16.67%，小于中势指标和劣势指标之和。

二、土耳其农业科技创新环境能力比较分析

图 20-5 反映了 2001 年和 2016 年土耳其农业科技创新环境能力与 G20 最高水平和平均水平的比较情况。

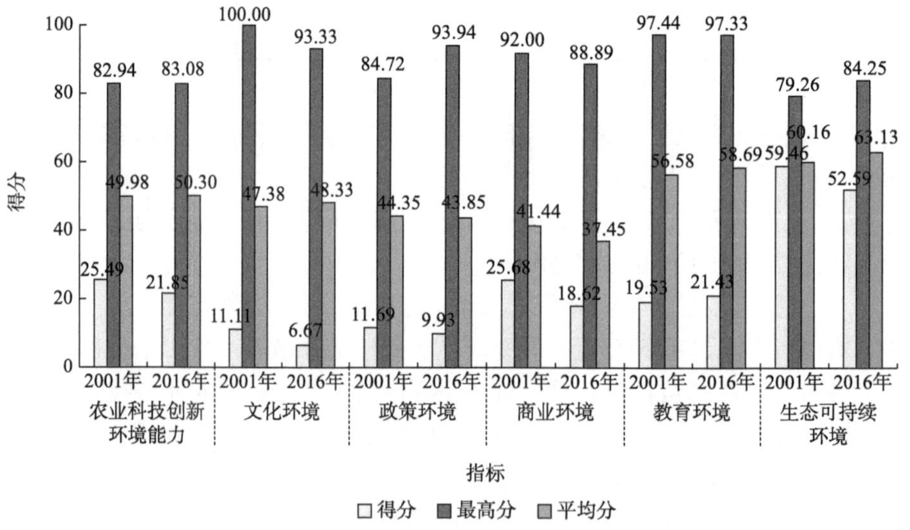

图 20-5　2001 年和 2016 年土耳其农业科技创新环境能力指标得分比较

由图 20-5 可知，2001 年，土耳其农业科技创新环境能力得分与 G20 最高分相比还有 57.45 分的差距，与 G20 平均分相比低了 24.49 分；2016 年，土耳其农业科技创新环境能力得分与 G20 最高分的差距为 61.23 分，低于 G20 平均分 28.45 分。总的来说，2001~2016 年土耳其农业科技创新环境能力与最高分的差距呈扩大趋势。

从具体指标得分比较来看，2016 年，科技创新自由民主气氛、民众的好奇心、政治稳定性、知识产权保护、农业政策合理性、农业科技创新支持水平、农业信贷支持、企业开业难易程度、市场成熟度、教育系统质量、农村教育公平性、技术培训可获得性、农业用水量、农业能源使用量和生物燃料生产量共计 15 个指标的得分低于 G20 平均分。建议土耳其政府注重提升上述指标，优化国家农业科技创新环境，不断提升国家农业科技创新环境能力。

第五节　土耳其农业科技创新产出能力评价分析

一、土耳其农业科技创新产出能力评价结果

土耳其农业科技创新产出能力在 G20 中所处的位置及得分变化如图 20-6 和表 20-7 所示。

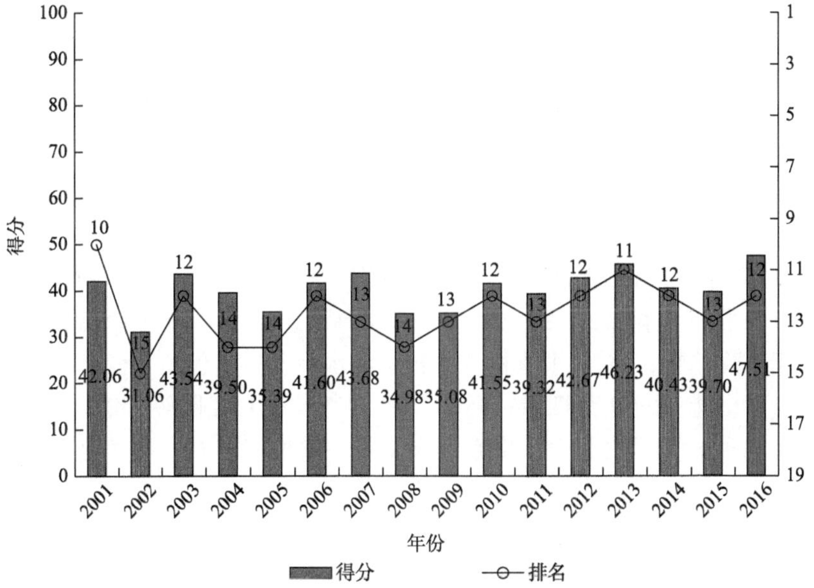

图 20-6　2001~2016 年土耳其农业科技创新产出能力得分和排名变化趋势图

表 20-7　2001~2016 年土耳其农业科技创新产出能力各级指标比较表

指标＼项目	2001 年		2006 年		2011 年		2016 年		综合变化		优劣度
	得分	排名	得分	排名	得分	排名	得分	排名	得分	排名	
科技成果	0.35	15	1.60	15	3.37	14	3.55	13	3.20	2	中势
农业科技论文数量	0	14	3.98	13	7.46	12	5.91	13	5.91	1	中势
本国居民农业专利数量	0	15	0	15	0.26	17	0.26	17	0.26	−2	劣势
本国居民植物新品种数量	1.05	15	0.82	16	2.40	13	4.47	11	3.42	4	中势
生产力水平	26.76	13	18.67	14	31.65	16	36.03	16	9.27	−3	劣势
农业生产指数	58.09	10	31.71	6	66.89	6	77.66	5	19.58	5	强势
农业土地生产率	13.50	16	14.41	16	19.08	16	21.32	16	7.82	0	劣势
农业劳动生产率	8.70	13	9.90	13	8.99	14	9.10	14	0.40	−1	中势
经济效益	66.53	5	71.52	5	47.63	8	75.84	3	9.31	2	强势
农业年均增长率	58.69	4	75.13	5	41.85	6	95.27	2	36.58	2	强势
农产品净出口额	74.36	11	67.92	9	53.41	10	56.41	10	−17.95	1	优势
农村生活水平	74.61	10	74.61	10	74.61	10	74.61	10	0	0	优势
农村恩格尔系数	74.61	10	74.61	10	74.61	1	74.61	10	0	0	优势

注：数据因四舍五入存在偏差

（1）从排名变化看，2016 年土耳其农业科技创新产出能力排名在 G20 中处于第 12 位，与 2001 年相比排名下降了 2 位。

（2）从得分看，2016 年土耳其农业科技创新产出能力得分为 47.51 分，与 2001 年相比，得分上升了 5.44 分。

（3）从指标动态变化趋势看，在土耳其农业科技创新产出能力的 4 个三级指标中，有 2 个指标（科技成果、经济效益）处于上升趋势，有 1 个指标（生产力水平）处于下降趋势，有 1 个指标（农村生活水平）排名保持不变；在土耳其农业科技创新产出能力的 9 个四级指标中，有 5 个指标（农业科技论文数量、本国居民植物新品种数量、农业生产指数、农业年均增长率、农产品净出口额）处于上升趋势，有 2 个指标（本国居民农业专利数量、农业劳动生产率）处于下降趋势，其余 2 个指标（农业土地生产率、农村恩格尔系数）排名保持不变。

（4）从指标优劣势结构来看，在土耳其农业科技创新产出能力的 4 个三级指标中，强势指标 1 个（经济效益），占指标总数的 25.00%；优势指标 1 个（农村生活水平），占指标总数的25.00%；中势指标1个（科技成果），占指标总数的25.00%；劣势指标1个（生产力水平），占指标总数的25.00%；强势指标和优势指标的数量之和占指标总数的50.00%，等于中势指标和劣势指标之和。在土耳其农业科技创新产出能力的9个四级指标中，强势指标2个（农业生产指数、农业年均增长率），占指标总数的22.22%；优势指标2个（农产品净出口额、农村恩格尔系数），占指标总数的22.22%；中势指标3个（农业科技论文数量、本国居民植物新品种数量、农业劳动生产率），占指标总数的33.33%；劣势指标2个（本国居民农业专利数量、农业土地生产率），占指标总数的22.22%；强势指标和优势指标的数量之和占指标总数的44.44%，小于中势指标和劣势指标之和。

二、土耳其农业科技创新产出能力比较分析

图20-7反映了2001年和2016年土耳其农业科技创新产出能力与G20最高水平和平均水平的比较情况。

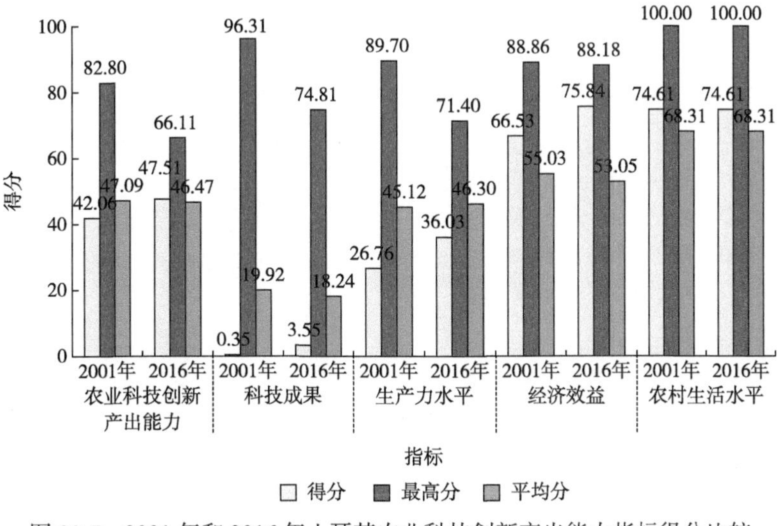

图20-7　2001年和2016年土耳其农业科技创新产出能力指标得分比较

由图20-7可知，2001年，土耳其农业科技创新产出能力得分与G20最高分相比还有40.74分的差距，与G20平均分相比低了5.03分；2016年，土耳其农业科技创新产出能力得分与G20最高分的差距为18.60分，高于G20平均分1.04分。总的来说，2001~2016年土耳其农业科技创新产出能力与最高分的差距呈缩小趋势。

从具体指标得分比较来看，2016 年，农业科技论文数量、本国居民农业专利数量、本国居民植物新品种数量、农业土地生产率和农业劳动生产率共计 5 个指标的得分低于 G20 平均分。建议土耳其政府注重提升上述指标，不断提高国家农业科技创新产出水平。

第二十一章　英国农业科技创新能力评价分析报告

第一节　英国农业简介

英国是由大不列颠岛上的英格兰、威尔士、苏格兰、爱尔兰岛东北部的北爱尔兰，以及一系列附属岛屿共同组成的一个西欧岛国。被北海、英吉利海峡、凯尔特海、爱尔兰海和大西洋包围。

英国国土面积约 24.36 万平方千米。2016 年末，全国总人口约 6 563 万人，实现 GDP 2.62 万亿美元，人均 GDP 39 899 美元，是欧洲四大经济体之一和世界第五大经济体系。

英国是世界上主要农产品进口国之一。2014 年，农业用地面积 1 723.20 万公顷，占土地面积的 71%，其中，耕地面积 623.35 万公顷，占农业用地面积的 36%。草地面积 1 095.37 万公顷，占土地面积的 45%；森林和林地面积 312.70 万公顷，占土地面积的 13%。英国人口密度较高，2014 年，平均每人占有耕地面积 0.10 公顷，牧场 0.17 公顷，森林和林地 0.05 公顷。

英国农业结构以畜牧业为主导，英国畜牧业在农业中的地位远远超出种植业。在种植业中，谷物生产以小麦和大麦为主，2014 年收获面积分别为 193.60 万公顷和 108 万公顷，产量分别为 1 660.60 万吨和 691.10 万吨；经济作物以马铃薯、油菜和甜菜为主；园艺作物以蔬菜、水果和花卉为主。在畜牧业中，牛、猪和家禽是主要养殖对象，2014 年牛奶、鸡肉、牛肉、猪肉和鸡蛋的产量分别为 1 505 万吨、144.20 万吨、87.70 万吨、86.30 万吨和 68 万吨。

2014 年，英国农业人口 38.22 万人，约占总人口数的 0.59%。2016 年农业增加值 142.28 亿美元，约占 GDP 的 0.6%，农业工人人均增加值为 41 717.81 美元。

英国农业科技研发工作的机构主要包括国家公立农业研究机构、农业研究理事会、高等农业院校和私营农业研究机构。国家公立农业研究机构作为农业科技研究和成果推广体系中的主导力量，不受国家政府管理，而是由农业研究理事会进行间接支持；高等教育机构在开展农业教育的同时也参与科研与推广活动，并与私营农业研究机构联合申请国家和区域的创新项目。

第二节 英国农业科技创新能力总体评价分析

一、英国农业科技创新能力概要分析

2001~2016 年英国农业科技创新能力得分和排名变化趋势图，如图 21-1 所示。

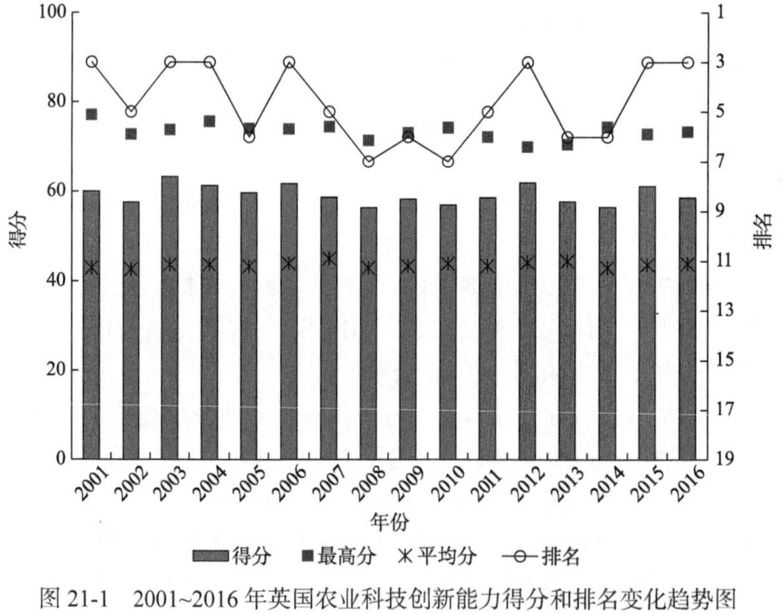

图 21-1 2001~2016 年英国农业科技创新能力得分和排名变化趋势图

从综合排位变化看，2016 年英国农业科技创新能力排名在 G20 中处于第 3 位，与 2001 年相比，排位没有发生变化。总体来看，评价期内呈波动保持趋势。

从综合得分看，2016 年英国农业科技创新能力得分为 58.57 分，比 G20 最高分低 14.79 分，比平均分高 14.79 分；与 2001 年相比，英国农业科技创新能力得分下降了 1.34 分，与当年最高分的差距缩小了 2.34 分，G20 平均分与其差距缩小了 2.25 分。

二、英国农业科技创新能力各级指标动态变化分析

2001~2016 年英国农业科技创新能力各级指标的动态变化如表 21-1 和表 21-2 所示。

表 21-1　2001~2016 年英国农业科技创新能力三级指标排名变化趋势比较表

二级指标	三级指标个数	上升		保持		下降		变化趋势
		个数	比重	个数	比重	个数	比重	
创新基础能力	6	3	50.00%	0	0.00	3	50.00%	保持
创新环境能力	5	2	40.00%	1	20.00%	2	40.00%	保持
创新产出能力	4	1	25.00%	1	25.00%	2	50.00%	下降
合计	15	6	40.00%	2	13.33%	7	46.67%	保持

表 21-2　2001~2016 年英国农业科技创新能力四级指标排名变化趋势比较表

二级指标	四级指标个数	上升		保持		下降		变化趋势
		个数	比重	个数	比重	个数	比重	
创新基础能力	17	4	23.53%	9	52.94%	4	23.53%	保持
创新环境能力	18	9	50.00%	4	22.22%	5	27.78%	保持
创新产出能力	9	1	11.11%	3	33.33%	5	55.56%	下降
合计	44	14	31.82%	16	36.36%	14	31.82%	保持

表 21-1 中的数据表明，英国农业科技创新能力的 15 个三级指标中，上升的指标有 6 个，占指标总数的 40.00%；保持的指标有 2 个，占指标总数的 13.33%；下降的指标有 7 个，占指标总数的 46.67%。排名上升指标的数量小于排名下降指标的数量。

表 21-2 中的数据表明，英国农业科技创新能力的 44 个四级指标中，上升的指标有 14 个，占指标总数的 31.82%；保持的指标有 16 个，占指标总数的 36.36%；下降的指标有 14 个，占指标总数的 31.82%。排名上升指标的数量等于排名下降指标的数量。

综上所述，由于上升的动力与下降的拉力持平，2016 年英国农业科技创新能力排名与 2001 年相比保持不变，在 G20 中居第 3 位。

三、英国农业科技创新能力各级指标优劣势分析

2016 年英国农业科技创新能力各级指标的优劣势如表 21-3 和表 21-4 所示。

表 21-3　2016 年英国农业科技创新能力三级指标排名优劣势比较表

二级指标	三级指标个数	强势		优势		中势		劣势		优劣度
		个数	比重	个数	比重	个数	比重	个数	比重	
创新基础能力	6	3	50.00%	3	50.00%	0	0.00	0	0.00	强势
创新环境能力	5	4	80.00%	1	20.00%	0	0.00	0	0.00	强势
创新产出能力	4	1	25.00%	2	50.00%	1	25.00%	0	0.00	优势
合计	15	8	53.33%	6	40.00%	1	6.67%	0	0.00	强势

表 21-4　2016 年英国农业科技创新能力四级指标排名优劣势比较表

二级指标	四级指标个数	强势		优势		中势		劣势		优劣度
		个数	比重	个数	比重	个数	比重	个数	比重	
创新基础能力	17	10	58.82%	6	35.29%	0	0.00	1	5.88%	强势
创新环境能力	18	11	61.11%	6	33.33%	1	5.56%	0	0.00	强势
创新产出能力	9	2	22.22%	3	33.33%	2	22.22%	2	22.22%	优势
合计	44	23	52.27%	15	34.09%	3	6.82%	3	6.82%	强势

注：数据由于四舍五入加和不为 100%

从三级指标来看，英国农业科技创新能力的 15 个三级指标中，强势指标 8 个，占指标总数的 53.33%；优势指标 6 个，占指标总数的 40.00%；中势指标 1 个，占指标总数的 6.67%；劣势指标 0 个。强势指标和优势指标的数量之和占指标总数的

93.33%，大于中势指标和劣势指标之和。

从四级指标来看，英国农业科技创新能力的 44 个四级指标中，强势指标 23 个，占指标总数的 52.27%；优势指标 15 个，占指标总数的 34.09%；中势指标 3 个，占指标总数的 6.82%；劣势指标 3 个，占指标总数的 6.82%。强势指标和优势指标的数量之和占指标总数的 86.36%，大于中势指标和劣势指标之和。

第三节　英国农业科技创新基础能力评价分析

一、英国农业科技创新基础能力评价结果

英国农业科技创新基础能力在 G20 中所处的位置及得分变化如图 21-2 和表 21-5 所示。

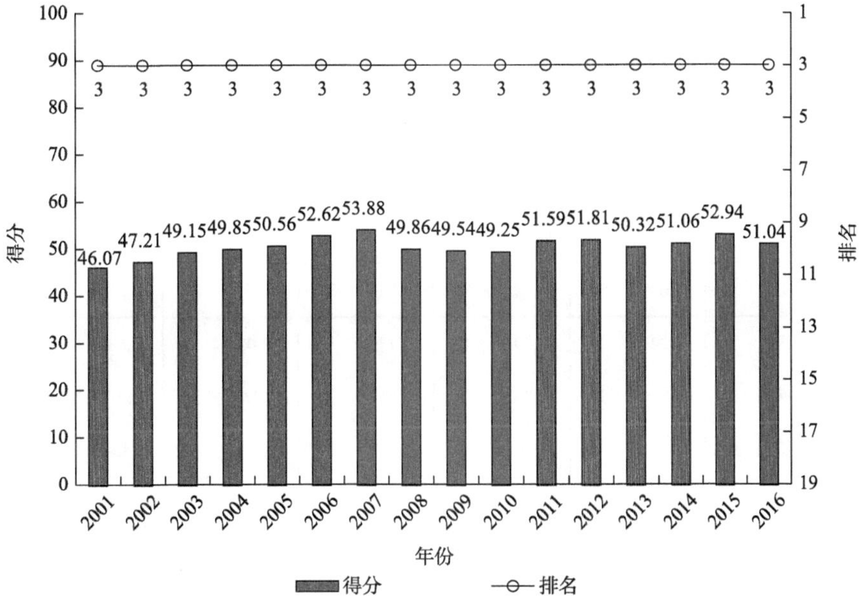

图 21-2　2001~2016 年英国农业科技创新基础能力得分和排名变化趋势图

表 21-5　2001~2016 年英国农业科技创新基础能力各级指标比较表

指标＼项目	2001 年		2006 年		2011 年		2016 年		综合变化		优劣度
	得分	排名	得分	排名	得分	排名	得分	排名	得分	排名	
经济水平	53.18	3	60.88	2	49.30	4	54.10	2	0.92	1	强势
GDP 水平	44.45	3	55.76	3	44.03	7	45.81	3	1.36	0	强势
财政收入水平	61.90	3	65.99	3	54.58	3	62.40	3	0.50	0	强势
基础设施	43.33	5	45.55	5	42.26	6	44.64	6	1.31	−1	优势
灌溉面积比例	1.45	15	1.34	17	0	19	0	19	−1.45	−4	劣势
农业机械化程度	15.09	5	13.98	5	13.23	5	13.23	5	−1.86	0	强势
信息通信技术普及率	79.55	2	89.63	2	77.11	1	77.71	2	−1.84	0	强势
交通运输基础设施	77.24	4	77.24	4	78.72	6	87.61	6	10.37	−2	优势
研究基础	5.57	5	5.57	5	8.82	3	2.94	10	−2.63	−5	优势
大学与科研机构农业学科排名	5.26	3	5.26	3	11.76	2	0	9	−5.26	−6	优势
农业企业研发水平	5.88	5	5.88	5	5.88	5	5.88	5	0	0	强势
人力资源	61.59	7	60.56	7	58.09	8	56.12	8	−5.47	−1	优势
农业研究人员数量	34.27	8	27.38	9	20.31	9	15.62	8	−18.65	0	优势
农民文化素质	63.73	3	63.75	4	62.53	7	61.21	6	−2.52	−3	优势
健康状况	86.79	7	90.53	6	91.42	7	91.52	7	4.73	0	优势
资金投入	31.66	5	62.12	4	55.61	2	54.01	2	22.35	3	强势
公共教育投入	22.32	12	83.19	4	97.14	3	100.00	1	77.68	11	强势
农业研发经费投入	68.56	3	77.76	3	61.61	3	54.48	3	−14.07	0	强势
农业外国直接投资	4.10	11	25.40	8	8.09	9	7.53	8	3.43	3	优势
合作基础	81.05	4	81.05	4	95.45	1	94.44	2	13.39	2	强势
产学研合作	77.78	4	77.78	4	100.00	1	87.50	3	9.72	1	强势
集群发展状况	65.38	6	65.38	6	86.36	3	95.83	2	30.45	4	强势
国际农业研究合作	100.00	1	100.00	1	100.00	1	100.00	1	0	0	强势

注：数据因四舍五入存在偏差

（1）从排名变化看，2016 年英国农业科技创新基础能力排名在 G20 中处于第 3 位，与 2001 年相比排名保持不变。

（2）从得分看，2016 年英国农业科技创新基础能力得分为 51.04 分，与 2001 年相比，得分上升了 4.98 分。

（3）从指标动态变化趋势看，在英国农业科技创新基础能力的 6 个三级指标中，有 3 个指标（经济水平、资金投入、合作基础）处于上升趋势，有 3 个指标（基础设施、研究基础、人力资源）处于下降趋势；在英国农业科技创新基础能力的 17 个四级指标中，有 4 个指标（公共教育投入、农业外国直接投资、产学研合作、集群发展状况）处于上升趋势，有 4 个指标（灌溉面积比例、交通运输基础设施、大学与科研机构农业学科排名、农民文化素质）处于下降趋势，其余 9 个指标（GDP 水平、财政收入水平、农业机械化程度、信息通信技术普及率、农业企业研发水平、农业研究人员数量、健康状况、农业研发经费投入、国际农业研究合作）排名保持不变。

（4）从指标优劣势结构来看，在英国农业科技创新基础能力的 6 个三级指标中，强势指标 3 个（经济水平、资金投入、合作基础），占指标总数的 50.00%；优势指标 3 个（基础设施、研究基础、人力资源），占指标总数的 50.00%；中势指标 0 个；劣势指标 0 个；强势指标和优势指标的数量之和占指标总数的 100.00%，大于中势指标和劣势指标之和。在英国农业科技创新基础能力的 17 个四级指标中，强势指标 10 个（GDP 水平、财政收入水平、农业机械化程度、信息通信技术普及率、农业企业研发水平、公共教育投入、农业研发经费投入、产学研合作、集群发展状况、国际农业研究合作），占指标总数的 58.82%；优势指标 6 个（交通运输基础设施、大学与科研机构农业学科排名、农业研究人员数量、农民文化素质、健康状况、农业外国直接投资），占指标总数的 35.29%；中势指标 0 个；劣势指标 1 个（灌溉面积比例），占指标总数的 5.88%；强势指标和优势指标的数量之和占指标总数的 94.12%，大于中势指标和劣势指标之和。

二、英国农业科技创新基础能力比较分析

图 21-3 反映了 2001 年和 2016 年英国农业科技创新基础能力与 G20 最高水平和平均水平的比较情况。

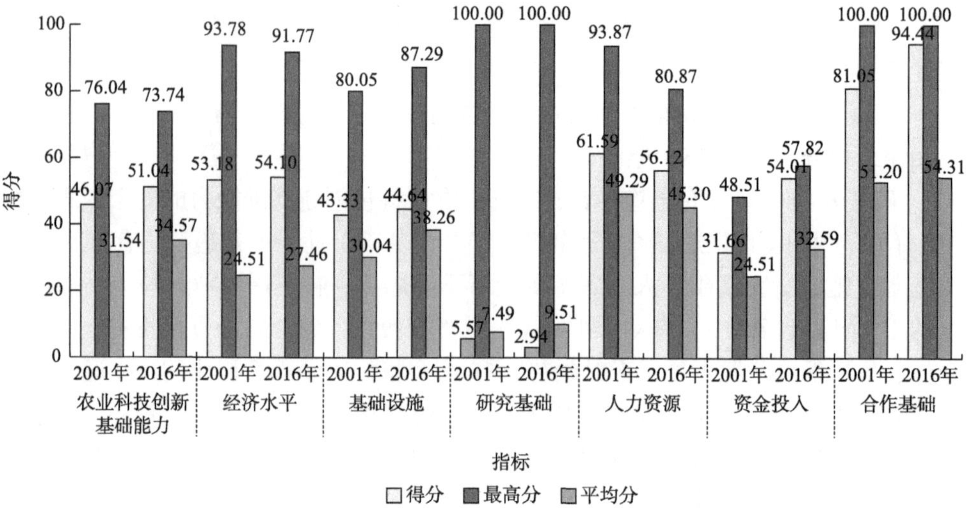

图 21-3　2001 年和 2016 年英国农业科技创新基础能力指标得分比较

由图 21-3 可知，2001 年，英国农业科技创新基础能力得分与 G20 最高分相比还有 29.97 分的差距，与 G20 平均分相比高了 14.53 分；2016 年，英国农业科技创新基础能力得分与 G20 最高分的差距为 22.70 分，高于 G20 平均分 16.47 分。总的来说，2001~2016 年英国农业科技创新基础能力与最高分的差距呈缩小趋势。

从具体指标得分比较来看，2016 年，灌溉面积比例、农业机械化程度、大学与科研机构农业学科排名、农业企业研发水平、农业研究人员数量和农业外国直接投资共计 6 个指标的得分低于 G20 平均分。建议英国政府注重提升上述指标，夯实国家农业科技创新基础，不断增强国家农业科技创新基础能力。

第四节　英国农业科技创新环境能力评价分析

一、英国农业科技创新环境能力评价结果

英国农业科技创新环境能力在 G20 中所处的位置及得分变化如图 21-4 和表 21-6 所示。

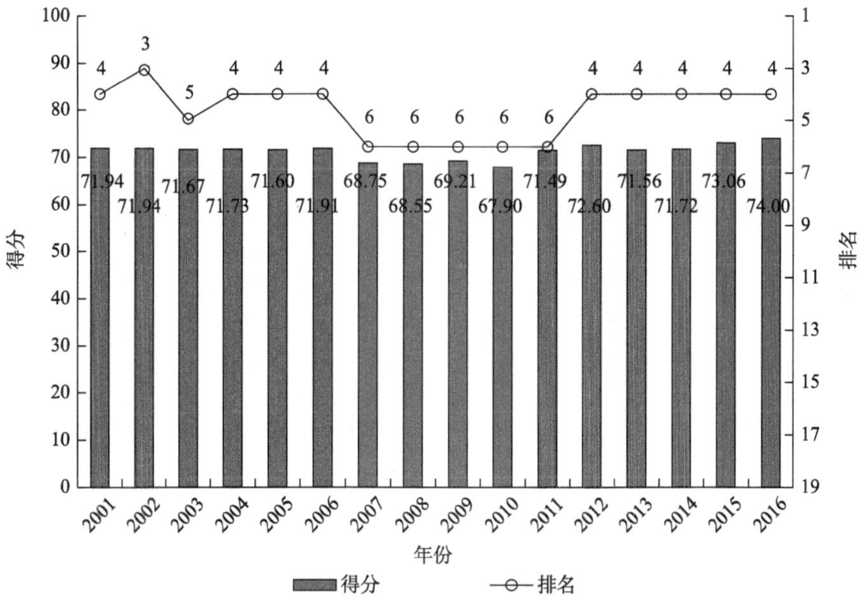

图 21-4　2001~2016 年英国农业科技创新环境能力得分和排名变化趋势图

表 21-6　2001~2016 年英国农业科技创新环境能力各级指标比较表

指标＼项目	2001 年		2006 年		2011 年		2016 年		综合变化		优劣度
	得分	排名	得分	排名	得分	排名	得分	排名	得分	排名	
文化环境	70.47	6	70.47	6	64.17	9	64.17	9	−6.30	−3	优势
科技创新自由民主气氛	63.16	4	63.16	4	55.00	9	55.00	9	−8.16	−5	优势
民众的好奇心	77.78	9	77.78	9	73.33	5	73.33	5	−4.44	4	强势
政策环境	60.10	4	54.04	5	62.57	6	68.17	5	8.07	−1	强势
政治稳定性	89.85	6	63.89	8	76.48	8	72.78	6	−17.06	0	优势
知识产权保护	89.19	2	89.19	2	96.97	2	100.00	1	10.81	1	强势
农业政策合理性	47.62	9	47.62	9	56.52	8	81.25	6	33.63	3	优势
农业科技创新支持水平	13.75	7	15.47	8	20.29	4	18.64	4	4.90	3	强势
商业环境	65.12	2	64.70	2	60.54	3	62.60	2	−2.52	0	强势
农业信贷支持	15.35	5	14.11	4	14.97	4	14.99	3	−0.35	2	强势
企业开业难易程度	80.00	3	80.00	3	66.67	4	83.33	4	3.33	−1	强势

续表

指标 \ 项目	2001 年		2006 年		2011 年		2016 年		综合变化		优劣度
	得分	排名	得分	排名	得分	排名	得分	排名	得分	排名	
市场成熟度	100.00	1	100.00	1	100.00	1	89.47	2	−10.53	−1	强势
教育环境	90.92	5	90.92	5	90.22	3	94.44	4	3.52	1	强势
教育系统质量	76.92	8	76.92	8	80.65	4	83.33	5	6.41	3	强势
农村教育公平性	100.00	1	100.00	1	100.00	1	100.00	1	0	0	强势
技术培训可获得性	95.83	3	95.83	3	90.00	2	100.00	1	4.17	2	强势
生态可持续环境	73.08	3	79.43	3	79.95	2	80.63	2	7.55	1	强势
化肥使用密度	23.35	16	58.67	16	52.77	16	65.74	14	42.39	2	中势
农药使用密度	79.80	11	74.09	9	85.49	9	85.49	9	5.68	2	优势
农业用水量	91.07	2	91.07	2	88.95	2	88.95	2	−2.11	0	强势
农业能源使用量	91.97	3	96.24	3	96.84	4	85.87	5	−6.10	−2	强势
农业温室气体排放量	92.48	7	93.80	7	94.55	7	95.47	7	2.98	0	优势
生物燃料生产量	59.83	6	62.74	6	61.13	8	62.23	10	2.40	−4	优势

注：数据因四舍五入存在偏差

（1）从排名变化看，2016 年英国农业科技创新环境能力排名在 G20 中处于第 4 位，与 2001 年相比排名保持不变。

（2）从得分看，2016 年英国农业科技创新环境能力得分为 74.00 分，与 2001 年相比，得分上升了 2.06 分。

（3）从指标动态变化趋势看，在英国农业科技创新环境能力的 5 个三级指标中，有 2 个指标（教育环境、生态可持续环境）处于上升趋势，有 2 个指标（文化环境、政策环境）处于下降趋势，有 1 个指标（商业环境）排名保持不变；在英国农业科技创新环境能力的 18 个四级指标中，有 9 个指标（民众的好奇心、知识产权保护、农业政策合理性、农业科技创新支持水平、农业信贷支持、教育系统质量、技术培训可获得性、化肥使用密度、农药使用密度）处于上升趋势，有 5 个指标（科技创新自由民主气氛、企业开业难易程度、市场成熟度、农业能源使用量、生物燃料生产量）处于下降趋势，其余 4 个指标（政治稳定性、农村教育公平性、农业用水量、农业温室气体排放量）排名保持不变。

（4）从指标优劣势结构来看，在英国农业科技创新环境能力的 5 个三级指标中，强势指标 4 个（政策环境、商业环境、教育环境、生态可持续环境），占指标总数的 80.00%；优势指标 1 个（文化环境），占指标总数的 20.00%；中势指标 0 个；劣势指标 0 个；强势指标和优势指标的数量之和占指标总数的 100.00%，大于中势指标和劣势指标之和。在英国农业科技创新环境能力的 18 个四级指标中，强势指标 11 个（民众的好奇心、知识产权保护、农业科技创新支持水平、农业信贷支持、企业开业难易程度、市场成熟度、教育系统质量、农村教育公平性、技术培训可获得性、农业用水量、农业能源使用量），占指标总数的 61.11%；优势指标 6 个（科技创新自由民主气氛、政治稳定性、农业政策合理性、农药使用密度、农业温室气体排放量、生物燃料生产量），占指标总数的 33.33%；中势指标 1 个（化肥使用密度），占指标总数的 5.56%；劣势指标 0 个；强势指标和优势指标的数量之和占指标总数的 94.44%，大于中势指标和劣势指标之和。

二、英国农业科技创新环境能力比较分析

图 21-5 反映了 2001 年和 2016 年英国农业科技创新环境能力与 G20 最高水平和平均水平的比较情况。

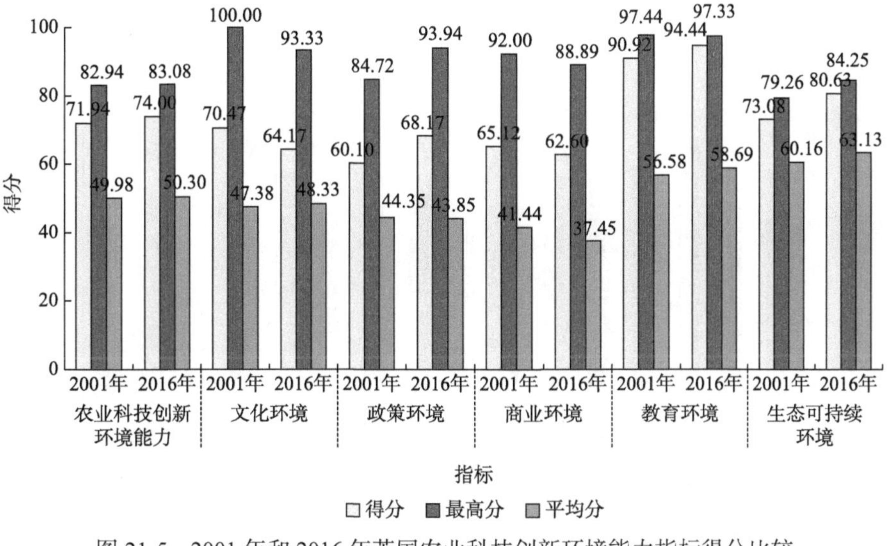

图 21-5　2001 年和 2016 年英国农业科技创新环境能力指标得分比较

由图 21-5 可知，2001 年，英国农业科技创新环境能力得分与 G20 最高分相比还有 11.00 分的差距，与 G20 平均分相比高了 21.96 分；2016 年，英国农

业科技创新环境能力得分与 G20 最高分的差距为 9.08 分，高于 G20 平均分 23.70 分。总的来说，2001~2016 年英国农业科技创新环境能力与最高分的差距呈缩小趋势。

从具体指标得分比较来看，2016 年，化肥使用密度的得分低于 G20 平均分。建议英国政府注重提升上述指标，优化国家农业科技创新环境，不断提升国家农业科技创新环境能力。

第五节　英国农业科技创新产出能力评价分析

一、英国农业科技创新产出能力评价结果

英国农业科技创新产出能力在 G20 中所处的位置及得分变化如图 21-6 和表 21-7 所示。

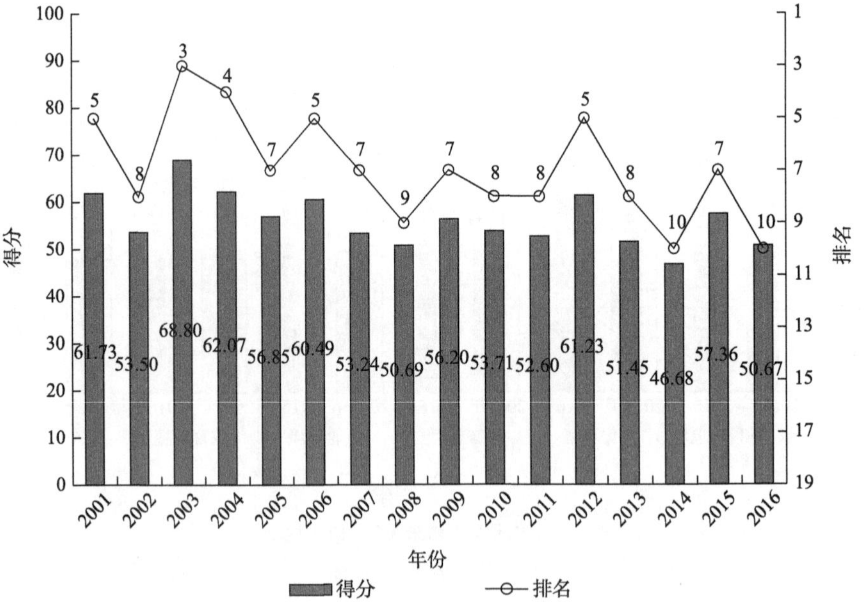

图 21-6　2001~2016 年英国农业科技创新产出能力得分和排名变化趋势图

表 21-7　2001~2016 年英国农业科技创新产出能力各级指标比较表

指标＼项目	2001 年		2006 年		2011 年		2016 年		综合变化		优劣度
	得分	排名	得分	排名	得分	排名	得分	排名	得分	排名	
科技成果	24.27	6	24.70	5	23.77	7	11.31	9	−12.96	−3	优势
农业科技论文数量	17.46	8	22.99	4	18.75	7	15.87	8	−1.60	0	优势
本国居民农业专利数量	40.16	3	42.96	3	48.63	4	16.21	8	−23.96	−5	优势
本国居民植物新品种数量	15.19	8	8.15	9	3.94	12	1.86	15	−13.33	−7	中势
生产力水平	80.94	2	61.43	4	53.94	3	50.03	8	−30.91	−6	优势
农业生产指数	93.41	3	26.44	9	17.97	14	12.53	16	−80.87	−13	劣势
农业土地生产率	98.68	2	100.00	1	99.34	2	93.39	4	−5.29	−2	强势
农业劳动生产率	50.72	6	57.85	6	44.50	7	44.18	7	−6.54	−1	优势
经济效益	41.71	16	55.82	15	32.70	15	41.34	13	−0.37	3	中势
农业年均增长率	28.66	13	76.76	3	37.25	12	51.52	11	22.86	2	中势
农产品净出口额	54.75	17	34.87	18	28.14	17	31.15	17	−23.60	0	劣势
农村生活水平	100.00	1	100.00	1	100.00	1	100.00	1	0	0	强势
农村恩格尔系数	100.00	1	100.00	1	100.00	1	100.00	1	0	0	强势

注：数据因四舍五入存在偏差

（1）从排名变化看，2016 年英国农业科技创新产出能力排名在 G20 中处于第 10 位，与 2001 年相比排名下降了 5 名。

（2）从得分看，2016 年英国农业科技创新产出能力得分为 50.67 分，与 2001 年相比，得分下降了 11.06 分。

（3）从指标动态变化趋势看，在英国农业科技创新产出能力的 4 个三级指标中，有 1 个指标（经济效益）处于上升趋势，有 2 个指标（科技成果、生产力水平）处于下降趋势，有 1 个指标（农村生活水平）排名保持不变；在英国农业科技创新产出能力的 9 个四级指标中，有 1 个指标（农业年均增长率）处于上升趋势，有 5 个指标（本国居民农业专利数量、本国居民植物新品种数量、农业生产指数、农业土地生产率、农业劳动生产率）处于下降趋势，其余 3 个指标（农业科技论文数量、农产品净出口额、农村恩格尔系数）排名保持不变。

（4）从指标优劣势结构来看，在英国农业科技创新产出能力的 4 个三级指标中，强势指标 1 个（农村生活水平），占指标总数的 25.00%；优势指标 2 个（科技成果、生产力水平），占指标总数的 50.00%；中势指标 1 个（经济效益），占指标总数的 25.00%；劣势指标 0 个；强势指标和优势指标的数量之和占指标总数的 75.00%，大于中势指标和劣势指标之和。在英国农业科技创新产出能力的 9 个四级指标中，强势指标 2 个（农业土地生产率、农村恩格尔系数），占指标总数的 22.22%；优势指标 3 个（农业科技论文数量、本国居民农业专利数量、农业劳动生产率），占指标总数的 33.33%；中势指标 2 个（本国居民植物新品种数量、农业年均增长率），占指标总数的 22.22%；劣势指标 2 个（农业生产指数、农产品净出口额），占指标总数的 22.22%；强势指标和优势指标的数量之和占指标总数的 55.56%，大于中势指标和劣势指标之和。

二、英国农业科技创新产出能力比较分析

图 21-7 反映了 2001 年和 2016 年英国农业科技创新产出能力与 G20 最高水平和平均水平的比较情况。

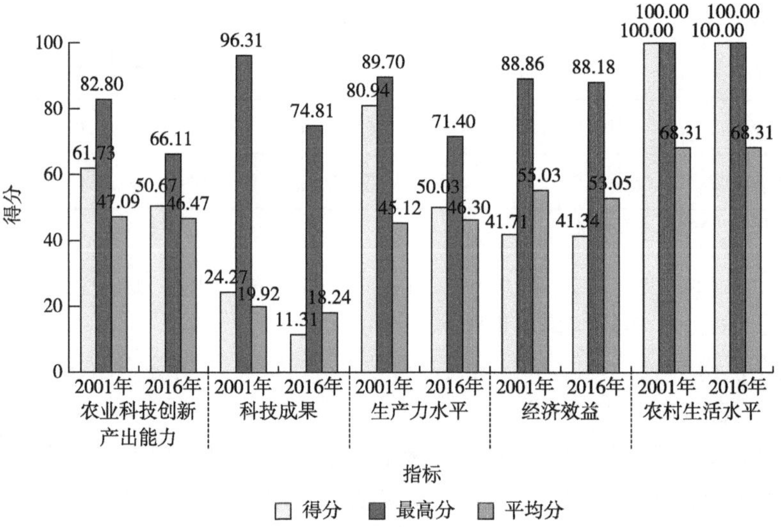

图 21-7　2001 年和 2016 年英国农业科技创新产出能力指标得分比较

由图 21-7 可知，2001 年，英国农业科技创新产出能力得分与 G20 最高分相比还有 21.07 分的差距，与 G20 平均分相比高了 14.64 分；2016 年，英国农业科技创新产出能力得分与 G20 最高分的差距为 15.44 分，高于 G20 平均分 4.20 分。总的来说，2001~2016 年英国农业科技创新产出能力与最高分的差距呈缩小趋势。

从具体指标得分比较来看，2016 年，农业科技论文数量、本国居民农业专利

数量、本国居民植物新品种数量、农业生产指数、农业年均增长率和农产品净出口额共计 6 个指标的得分低于 G20 平均分。建议英国政府注重提升上述指标，不断提高国家农业科技创新产出水平。

第二十二章　美国农业科技创新能力评价分析报告

第一节　美国农业简介

美国位于北美洲中部，该州领土还包括北美洲西北部的阿拉斯加和太平洋中部的夏威夷群岛。地势西高东低，北与加拿大接壤，南靠墨西哥湾，西临太平洋，东濒大西洋。

美国国土面积约 937 万平方千米，是美洲第二大的国家。2016 年末，全国总人口约 32 312 万人，实现 GDP 18.57 万亿美元，居美洲和世界第一位，人均 GDP 57 466 美元。

美国是世界上最大农产品出口国，是世界上主要谷物生产国。2014 年，农业用地面积 40 820.47 万公顷，其中，耕地面积 15 460.47 万公顷，占农业用地面积的 38%；草地面积 25 100 万公顷，占土地面积的 27%；森林和林地面积 30 982 万公顷，占土地面积的 34%。2014 年，美国平均每人占有耕地面积 0.49 公顷，牧场 0.79 公顷，森林和林地 0.97 公顷。

美国畜牧业和种植业并重，畜产品在世界上占有巨大的份额。美国是世界第一玉米生产国、第一大豆生产国和第三棉花生产国。在种植业中，谷物生产以玉米、小麦、高粱、水稻和大麦为主，2014 年收获面积分别为 3 364.43 万公顷、1 877.16 万公顷、259.04 万公顷、118.70 万公顷和 101.05 万公顷，产量分别为 36 109.11 万吨、5 514.71 万吨、1 098.79 万吨、1 007.95 万吨和 395.26 万吨；经济作物以大豆、甜菜、棉花和花生为主；园艺作物以蔬菜和水果为主。在畜牧业中，牛、鸡和猪是主要养殖对象，2014 年牛奶、鸡肉、牛肉、猪肉、鸡蛋和火鸡肉的产量分别为 9 346.09

万吨、1 772.23 万吨、1 145.33 万吨、1 036.82 万吨、597.40 万吨和 261.07 万吨。

2014 年，美国农业人口 223.70 万人，约占总人口数的 0.7%。2015 年农业增加值为 1 837.21 亿美元，约占 GDP 的 1%，农业工人人均增加值为 80 537.73 美元。

美国的联邦政府和州政府在美国农业教育、科研和推广方面进行着密切的协调和配合，在农业现代化进程中逐步构建了三方（农业部、州立大学和农业企业）合作、三大法案（《莫雷尔法案》、《哈奇法案》和《史密斯—利弗法案》）、三路财源（税收、捐赠和科研成果）、三级联合（联邦、州和县三级政府协同合作）与三位一体（州立大学所形成的科研、教育和服务一体的核心体制）的农业科技创新体系。就联邦政府层面而言，国家食品与农业研究所（National Intitute of Food and Agriculture，NIFA）、农业研究服务局（Agricultural Research Service，ARS）、经济研究服务局（Economic Research Service，ERS）和国家农业统计服务局（National Agricultural Statistics Service，NASS）是美国农业部众多部门机构中专门从事农业科学研究、教育及涉农经济研究的四个最主要机构。

第二节　美国农业科技创新能力总体评价分析

一、美国农业科技创新能力概要分析

2001~2016 年美国农业科技创新能力得分和排名变化趋势图，如图 22-1 所示。

从综合排位变化看，2016 年美国农业科技创新能力排名在 G20 中处于第 1 位，与 2001 年相比，排位保持不变。总体来看，评价期内一直保持创新能力排名领先地位。

从综合得分看，2016 年美国农业科技创新能力得分为 73.36 分，作为 G20 的最高分比平均分高 29.58 分；与 2001 年相比，美国农业科技创新能力得分下降了 3.68 分，G20 集团平均分与其差距缩小了 4.59 分。

二、美国农业科技创新能力各级指标动态变化分析

2001~2016 年美国农业科技创新能力各级指标的动态变化如表 22-1 和表 22-2 所示。

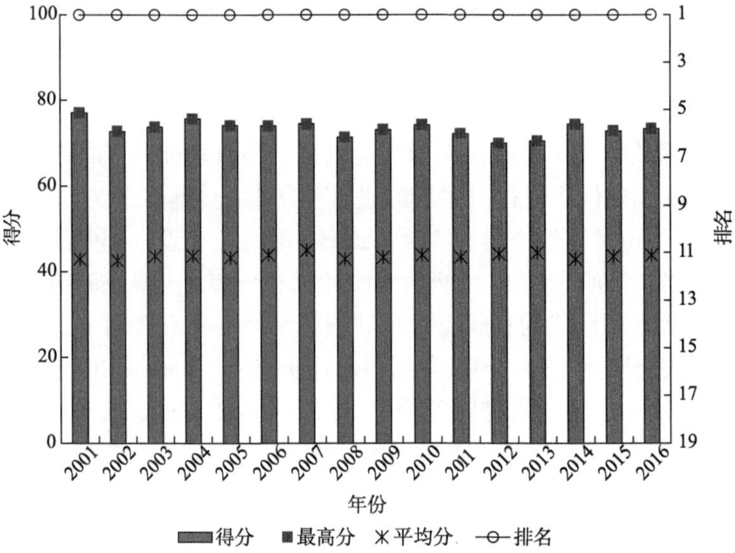

图 22-1　2001~2016 年美国农业科技创新能力得分和排名变化趋势图

表 22-1　2001~2016 年美国农业科技创新能力三级指标排名变化趋势比较表

二级指标	三级指标个数	上升		保持		下降		变化趋势
		个数	比重	个数	比重	个数	比重	
创新基础能力	6	0	0.00	5	83.33%	1	16.67%	保持
创新环境能力	5	1	20.00%	2	40.00%	2	40.00%	保持
创新产出能力	4	1	25.00%	1	25.00%	2	50.00%	上升
合计	15	2	13.33%	8	53.33%	5	33.33%	保持

注：数据由于四舍五入加和不为 100%

表 22-2　2001~2016 年美国农业科技创新能力四级指标排名变化趋势比较表

二级指标	四级指标个数	上升		保持		下降		变化趋势
		个数	比重	个数	比重	个数	比重	
创新基础能力	17	3	17.65%	10	58.82%	4	23.53%	保持
创新环境能力	18	7	38.89%	6	33.33%	5	27.78%	保持
创新产出能力	9	4	44.44%	1	11.11%	4	44.44%	上升
合计	44	14	31.82%	17	38.64%	13	29.55%	保持

注：数据由于四舍五入加和不为 100%

表 22-1 中的数据表明，美国农业科技创新能力的 15 个三级指标中，上升的指标有 2 个，占指标总数的 13.33%；保持的指标有 8 个，占指标总数的 53.33%；下降的指标有 5 个，占指标总数的 33.33%。排名上升指标的数量小于排名下降指标的数量。

表 22-2 中的数据表明，美国农业科技创新能力的 44 个四级指标中，上升的指标有 14 个，占指标总数的 31.82%；保持的指标有 17 个，占指标总数的 38.64%；下降的指标有 13 个，占指标总数的 29.55%。排名上升指标的数量大于排名下降指标的数量。

综上所述，由于上升的动力与下降的拉力持平，2016 年美国农业科技创新能力排名与 2001 年相比保持不变，在 G20 中居第 1 位。

三、美国农业科技创新能力各级指标优劣势分析

2016 年美国农业科技创新能力各级指标的优劣势如表 22-3 和表 22-4 所示。

表 22-3 2016 年美国农业科技创新能力三级指标排名优劣势比较表

二级指标	三级指标个数	强势		优势		中势		劣势		优劣度
		个数	比重	个数	比重	个数	比重	个数	比重	
创新基础能力	6	4	66.67%	2	33.33%	0	0.00	0	0.00	强势
创新环境能力	5	4	80.00%	1	20.00%	0	0.00	0	0.00	强势
创新产出能力	4	2	50.00%	2	50.00%	0	0.00	0	0.00	强势
合计	15	10	66.67%	5	33.33%	0	0.00	0	0.00	强势

表 22-4 2016 年美国农业科技创新能力四级指标排名优劣势比较表

二级指标	四级指标个数	强势		优势		中势		劣势		优劣度
		个数	比重	个数	比重	个数	比重	个数	比重	
创新基础能力	17	10	58.82%	5	29.41%	2	11.76%	0	0.00	强势
创新环境能力	18	11	61.11%	6	33.33%	0	0.00	1	5.56%	强势
创新产出能力	9	4	44.44%	4	44.44%	1	11.11%	0	0.00%	强势
合计	44	25	56.82%	15	34.09%	3	6.82%	1	2.27%	强势

注：数据由于四舍五入加和不为 100%

从三级指标来看，美国农业科技创新能力的 15 个三级指标中，强势指标 10 个，占指标总数的 66.67%；优势指标 5 个，占指标总数的 33.33%；中势指标 0 个；劣势指标 0 个。强势指标和优势指标的数量之和占指标总数的 100.00%，大于中势指标和劣势指标之和。

从四级指标来看，美国农业科技创新能力的 44 个四级指标中，强势指标 25 个，占指标总数的 56.82%；优势指标 15 个，占指标总数的 34.09%；中势指标 3 个，占指标总数的 6.82%；劣势指标 1 个，占指标总数的 2.27%。强势指标和优势指标的数量之和占指标总数的 90.91%，大于中势指标和劣势指标之和。

第三节　美国农业科技创新基础能力评价分析

一、美国农业科技创新基础能力评价结果

美国农业科技创新基础能力在 G20 中所处的位置及得分变化如图 22-2 和表 22-5 所示。

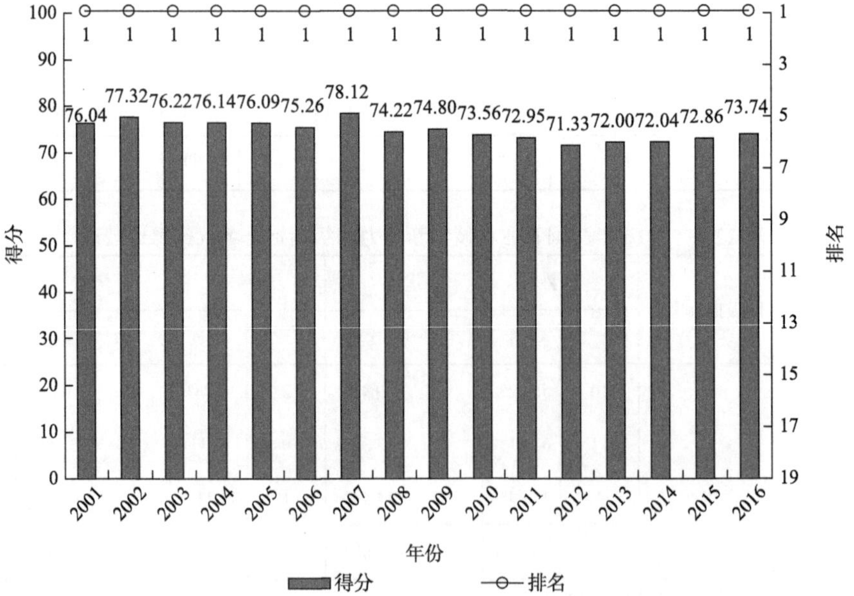

图 22-2　2001~2016 年美国农业科技创新基础能力得分和排名变化趋势图

表 22-5　2001~2016 年美国农业科技创新基础能力各级指标比较表

指标＼项目	2001 年		2006 年		2011 年		2016 年		综合变化		优劣度
	得分	排名	得分	排名	得分	排名	得分	排名	得分	排名	
经济水平	93.78	1	88.25	1	84.47	1	91.77	1	−2.01	0	强势
GDP 水平	98.85	1	100.00	1	96.56	1	99.82	1	0.97	0	强势
财政收入水平	88.72	1	76.50	1	72.39	1	83.71	1	−5.01	0	强势
基础设施	41.00	7	41.20	7	38.34	8	42.95	7	1.95	0	优势
灌溉面积比例	8.96	9	9.71	9	10.17	10	11.33	9	2.37	0	优势
农业机械化程度	5.63	8	5.93	8	6.20	8	6.47	8	0.84	0	优势
信息通信技术普及率	78.37	4	78.11	4	59.68	9	59.31	10	−19.06	−6	优势
交通运输基础设施	71.03	6	71.03	6	77.30	7	94.69	4	23.66	2	强势
研究基础	100.00	1	100.00	1	100.00	1	100.00	1	0	0	强势
大学与科研机构农业学科排名	100.00	1	100.00	1	100.00	1	100.00	1	0	0	强势
农业企业研发水平	100.00	1	100.00	1	100.00	1	100.00	1	0	0	强势
人力资源	72.98	4	58.21	8	56.90	9	49.91	10	−23.07	−6	优势
农业研究人员数量	78.10	3	31.56	7	21.22	8	8.44	12	−69.65	−9	中势
农民文化素质	58.42	8	57.69	7	64.61	5	60.61	7	2.19	1	优势
健康状况	82.41	8	85.39	9	84.88	9	80.68	9	−1.73	−1	优势
资金投入	48.51	1	63.89	3	63.98	1	57.82	1	9.31	0	强势
公共教育投入	37.27	7	65.17	9	66.52	11	48.48	13	11.21	−6	中势
农业研发经费投入	100.00	1	100.00	1	100.00	1	100.00	1	0	0	强势
农业外国直接投资	8.25	7	26.50	7	25.43	4	24.98	4	16.73	3	强势
合作基础	100.00	1	100.00	1	94.01	2	100.00	1	0	0	强势
产学研合作	100.00	1	100.00	1	95.65	2	100.00	1	0	0	强势
集群发展状况	100.00	1	100.00	1	86.36	3	100.00	1	0	0	强势
国际农业研究合作	100.00	1	100.00	1	100.00	1	100.00	1	0	0	强势

注：数据因四舍五入存在偏差

（1）从排名变化看，2016 年美国农业科技创新基础能力排名在 G20 中处于第 1 位，与 2001 年相比排名保持不变。

（2）从得分看，2016 年美国农业科技创新基础能力得分为 73.74 分，与 2001 年相比，得分下降了 2.30 分。

（3）从指标动态变化趋势看，在美国农业科技创新基础能力的 6 个三级指标中，有 0 个指标处于上升趋势，有 1 个指标（人力资源）处于下降趋势，其余 5 个指标（经济水平、基础设施、研究基础、资金投入、合作基础）排名保持不变；在美国农业科技创新基础能力的 17 个四级指标中，有 3 个指标（交通运输基础设施、农民文化素质、农业外国直接投资）处于上升趋势，有 4 个指标（信息通信技术普及率、农业研究人员数量、健康状况、公共教育投入）处于下降趋势，其余 10 个指标（GDP 水平、财政收入水平、灌溉面积比例、农业机械化程度、大学与科研机构农业学科排名、农业企业研发水平、农业研发经费投入、产学研合作、集群发展状况、国际农业研究合作）排名保持不变。

（4）从指标优劣势结构来看，在美国农业科技创新基础能力的 6 个三级指标中，强势指标 4 个（经济水平、研究基础、资金投入、合作基础），占指标总数的 66.67%；优势指标 2 个（基础设施、人力资源），占指标总数的 33.33%；中势指标 0 个；劣势指标 0 个；强势指标和优势指标的数量之和占指标总数的 100.00%，大于中势指标和劣势指标之和。在美国农业科技创新基础能力的 17 个四级指标中，强势指标 10 个（GDP 水平、财政收入水平、交通运输基础设施、大学与科研机构农业学科排名、农业企业研发水平、农业研发经费投入、农业外国直接投资、产学研合作、集群发展状况、国际农业研究合作），占指标总数的 58.82%；优势指标 5 个（灌溉面积比例、农业机械化程度、信息通信技术普及率、农民文化素质、健康状况），占指标总数的 29.41%；中势指标 2 个（农业研究人员数量、公共教育投入），占指标总数的 11.76%；劣势指标 0 个；强势指标和优势指标的数量之和占指标总数的 88.23%，大于中势指标和劣势指标之和。

二、美国农业科技创新基础能力比较分析

图 22-3 反映了 2001 年和 2016 年美国农业科技创新基础能力与 G20 最高水平和平均水平的比较情况。

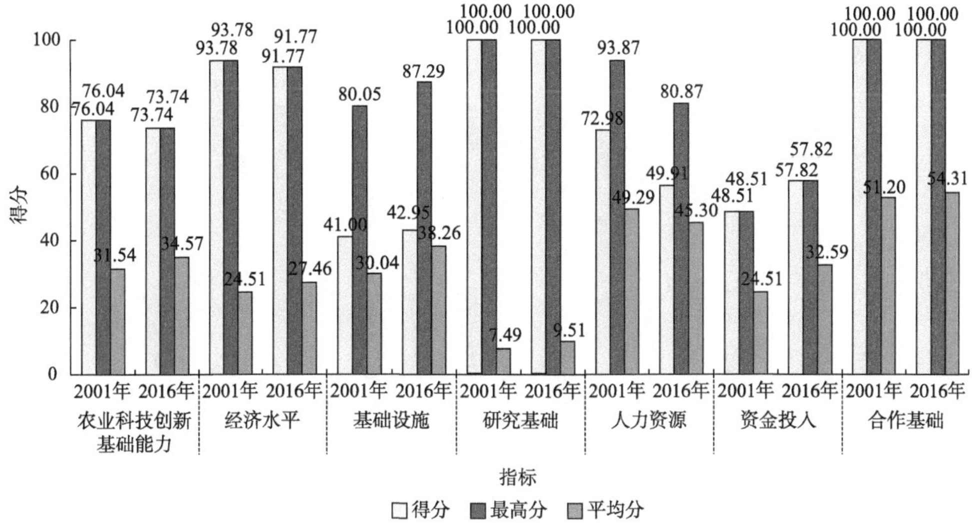

图 22-3　2001 年和 2016 年美国农业科技创新基础能力指标得分比较

由图 22-3 可知，2001 年，美国农业科技创新基础能力在 G20 中得分最高，与 G20 平均分相比高了 44.50 分；2016 年，美国农业科技创新基础能力在 G20 中仍为最高分，高于 G20 平均分 39.17 分。总的来说，2001~2016 年美国农业科技创新基础能力得分始终保持最高分。

从具体指标得分比较来看，2016 年，灌溉面积比例、农业机械化程度、农业研究人员数量和公共教育投入共计 4 个指标的得分低于 G20 平均分。建议美国政府注重提升上述指标，夯实国家农业科技创新基础，不断增强国家农业科技创新基础能力。

第四节　美国农业科技创新环境能力评价分析

一、美国农业科技创新环境能力评价结果

美国农业科技创新环境能力在 G20 中所处的位置及得分变化如图 22-4 和表 22-6 所示。

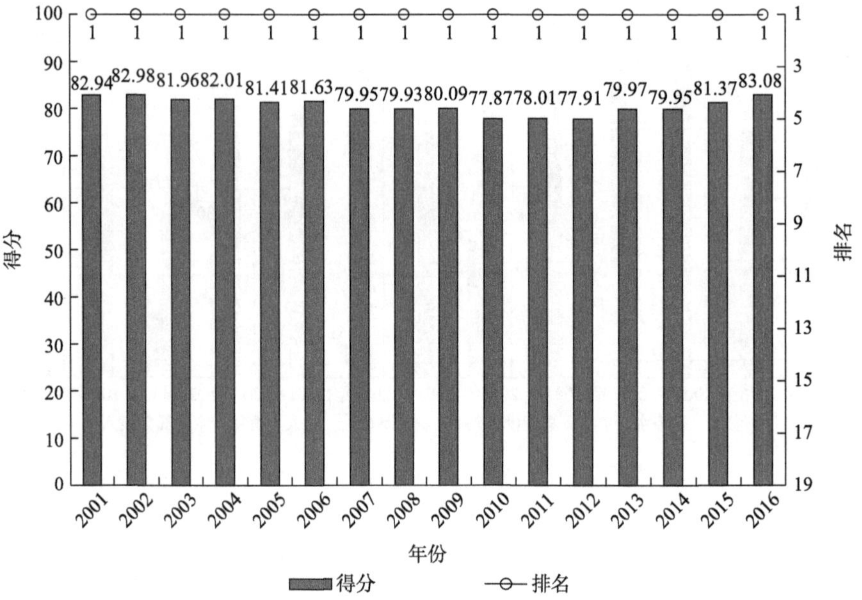

图 22-4　2001~2016 年美国农业科技创新环境能力得分和排名变化趋势图

表 22-6　2001~2016 年美国农业科技创新环境能力各级指标比较表

指标＼项目	2001 年		2006 年		2011 年		2016 年		综合变化		优劣度
	得分	排名	得分	排名	得分	排名	得分	排名	得分	排名	
文化环境	100.00	1	100.00	1	93.33	1	93.33	1	−6.67	0	强势
科技创新自由民主气氛	100.00	1	100.00	1	100.00	1	100.00	1	0	0	强势
民众的好奇心	100.00	1	100.00	1	86.67	2	86.67	2	−13.33	−1	强势
政策环境	58.09	6	49.63	6	53.15	8	70.04	3	11.95	3	强势
政治稳定性	90.74	5	56.44	10	78.08	7	78.43	5	−12.30	0	强势
知识产权保护	75.68	6	75.68	6	75.76	8	92.86	3	17.18	3	强势
农业政策合理性	57.14	6	57.14	6	47.83	10	100.00	1	42.86	5	强势
农业科技创新支持水平	8.82	12	9.27	13	10.95	12	8.87	10	0.04	2	优势
商业环境	92.00	1	92.00	1	87.56	1	88.89	1	−3.11	0	强势
农业信贷支持	100.00	1	100.00	1	100.00	1	100.00	1	0	0	强势
企业开业难易程度	80.00	3	80.00	3	66.67	4	66.67	7	−13.33	−4	优势

续表

指标＼项目	2001年		2006年		2011年		2016年		综合变化		优劣度
	得分	排名	得分	排名	得分	排名	得分	排名	得分	排名	
市场成熟度	96.00	2	96.00	2	96.00	2	100.00	1	4.00	1	强势
教育环境	97.33	2	97.33	2	85.81	5	93.78	5	−3.55	−3	强势
教育系统质量	96.15	2	96.15	2	77.42	5	93.33	4	−2.82	−2	强势
农村教育公平性	100.00	1	100.00	1	100.00	1	100.00	1	0	0	强势
技术培训可获得性	95.83	3	95.83	3	80.00	4	88.00	5	−7.83	−2	强势
生态可持续环境	67.28	5	69.17	5	70.21	5	69.37	6	2.09	−1	优势
化肥使用密度	75.17	10	83.09	9	79.76	9	79.24	10	4.07	0	优势
农药使用密度	86.68	9	83.72	8	87.59	8	87.59	8	0.91	1	优势
农业用水量	54.77	5	56.19	5	55.67	5	55.67	5	0.89	0	强势
农业能源使用量	88.96	5	89.47	5	88.44	6	77.02	6	−11.93	−1	优势
农业温室气体排放量	44.26	17	47.60	16	51.10	16	53.68	16	9.42	1	劣势
生物燃料生产量	53.82	10	54.93	9	58.72	9	63.01	9	9.19	1	优势

注：数据因四舍五入存在偏差

（1）从排名变化看，2016 年美国农业科技创新环境能力排名在 G20 中处于第 1 位，与 2001 年相比排名保持不变。

（2）从得分看，2016 年美国农业科技创新环境能力得分为 83.08 分，与 2001 年相比，得分上升了 0.14 分。

（3）从指标动态变化趋势看，在美国农业科技创新环境能力的 5 个三级指标中，有 1 个指标（政策环境）处于上升趋势，有 2 个指标（教育环境、生态可持续环境）处于下降趋势，其余 2 个指标（文化环境、商业环境）排名保持不变；在美国农业科技创新环境能力的 18 个四级指标中，有 7 个指标（知识产权保护、农业政策合理性、农业科技创新支持水平、市场成熟度、农药使用密度、农业温室气体排放量、生物燃料生产量）处于上升趋势，有 5 个指标（民众的好奇心、企业开业难易程度、教育系统质量、技术培训可获得性、农业能源使用量）处于下降趋势，其余 6 个指标（科技创新自由民主气氛、政治稳定性、农业信贷支持、农村教育公平性、化肥使用密度、农业用水量）排名保持不变。

（4）从指标优劣势结构来看，在美国农业科技创新环境能力的 5 个三级指标中，强势指标 4 个（文化环境、政策环境、商业环境、教育环境），占指标总数的 80.00%；优势指标 1 个（生态可持续环境），占指标总数的 20.00%；中势指标 0 个；劣势指标 0 个；强势指标和优势指标的数量之和占指标总数的 100.00%，大于中势指标和劣势指标之和。在美国农业科技创新环境能力的 18 个四级指标中，强势指标 11 个（科技创新自由民主气氛、民众的好奇心、政治稳定性、知识产权保护、农业政策合理性、农业信贷支持、市场成熟度、教育系统质量、农村教育公平性、技术培训可获得性、农业用水量），占指标总数的 61.11%；优势指标 6 个（农业科技创新支持水平、企业开业难易程度、化肥使用密度、农药使用密度、农业能源使用量、生物燃料生产量），占指标总数的 33.33%；中势指标 0 个；劣势指标 1 个（农业温室气体排放量），占指标总数的 5.56%；强势指标和优势指标的数量之和占指标总数的 94.44%，大于中势指标和劣势指标之和。

二、美国农业科技创新环境能力比较分析

图 22-5 反映了 2001 年和 2016 年美国农业科技创新环境能力与 G20 最高水平和平均水平的比较情况。

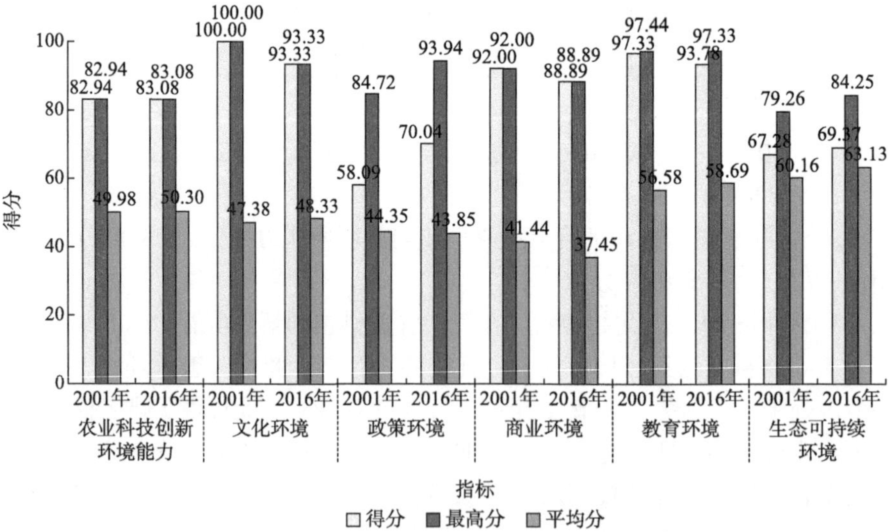

图 22-5　2001 年和 2016 年美国农业科技创新环境能力指标得分比较

由图 22-5 可知，2001 年，美国农业科技创新环境能力在 G20 中得分最高，与 G20 平均分相比高了 32.96 分；2016 年，美国农业科技创新环境能力在 G20 中仍

为最高分，高于 G20 平均分 32.78 分。总的来说，2001~2016 年美国农业科技创新环境能力得分始终保持最高分。

从具体指标得分比较来看，2016 年，农业科技创新支持水平和农业温室气体排放量共计 2 个指标的得分低于 G20 平均分。建议美国政府注重提升上述指标，优化国家农业科技创新环境，不断提升国家农业科技创新环境能力。

第五节　美国农业科技创新产出能力评价分析

一、美国农业科技创新产出能力评价结果

美国农业科技创新产出能力在 G20 中所处的位置及得分变化如图 22-6 和表 22-7 所示。

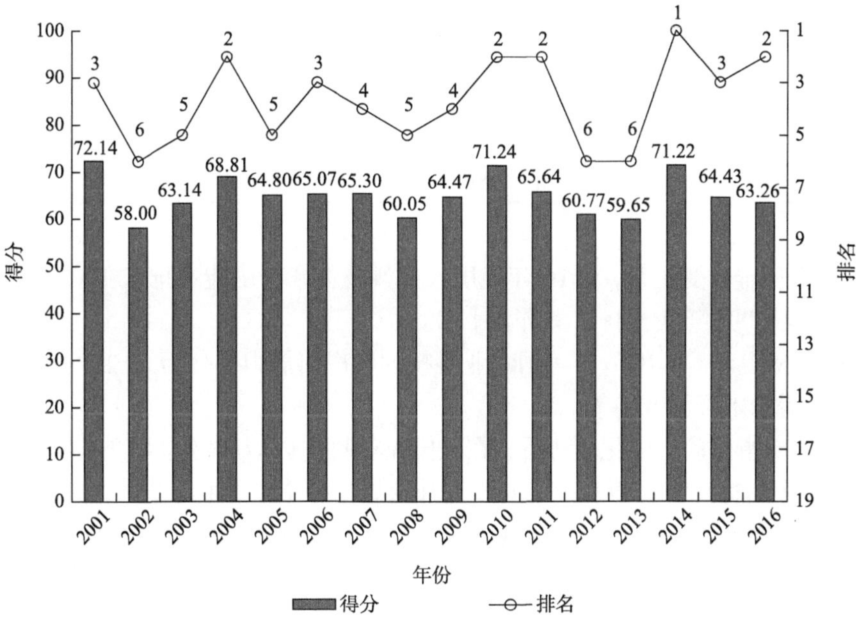

图 22-6　2001~2016 年美国农业科技创新产出能力得分和排名变化趋势图

表 22-7 2001~2016 年美国农业科技创新产出能力各级指标比较表

项目 指标	2001 年		2006 年		2011 年		2016 年		综合变化		优劣度
	得分	排名	得分	排名	得分	排名	得分	排名	得分	排名	
科技成果	28.33	5	27.44	4	28.64	5	20.81	6	−7.52	−1	优势
农业科技论文数量	46.10	5	32.64	3	26.61	3	16.99	6	−29.10	−1	优势
本国居民农业专利数量	28.85	4	43.23	2	47.75	5	35.30	3	6.46	1	强势
本国居民植物新品种数量	10.05	10	6.45	10	11.56	7	10.12	8	0.07	2	优势
生产力水平	71.36	4	67.51	2	76.43	1	71.40	1	0.04	3	强势
农业生产指数	65.96	9	20.61	15	37.89	10	34.26	12	−31.70	−3	中势
农业土地生产率	75.59	6	86.02	4	100.00	1	100.00	1	24.41	5	强势
农业劳动生产率	72.54	4	95.89	2	91.40	2	79.94	3	7.40	1	强势
经济效益	88.86	1	65.34	9	57.50	3	60.85	6	−28.01	−5	优势
农业年均增长率	100.00	1	78.75	2	40.32	7	63.34	8	−36.66	−7	优势
农产品净出口额	77.72	6	51.94	14	74.68	3	58.36	8	−19.37	−2	优势
农村生活水平	100.00	1	100.00	1	100.00	1	100.00	1	0	0	强势
农村恩格尔系数	100.00	1	100.00	1	100.00	1	100.00	1	0	0	强势

注：数据因四舍五入存在偏差

（1）从排名变化看，2016 年美国农业科技创新产出能力排名在 G20 中处于第 2 位，与 2001 年相比排名上升了 1 名。

（2）从得分看，2016 年美国农业科技创新产出能力得分为 63.26 分，与 2001 年相比，得分下降了 8.88 分。

（3）从指标动态变化趋势看，在美国农业科技创新产出能力的 4 个三级指标中，有 1 个指标（生产力水平）处于上升趋势，有 2 个指标（科技成果、经济效益）处于下降趋势，有 1 个指标（农村生活水平）排名保持不变；在美国农业科技创新产出能力的 9 个四级指标中，有 4 个指标（本国居民农业专利数量、本国居民植物新品种数量、农业土地生产率、农业劳动生产率）处于上升趋势，有 4 个指标（农业科技论文数量、农业生产指数、农业年均增长率、农产品净出口额）处于下降趋势，有 1 个指标（农村恩格尔系数）排名保持不变。

（4）从指标优劣势结构来看，在美国农业科技创新产出能力的 4 个三级指标中，强势指标 2 个（生产力水平、农村生活水平），占指标总数的 50.00%；优势指标 2 个（科技成果、经济效益），占指标总数的 50.00%；中势指标 0 个；劣势指标 0 个；强势指标和优势指标的数量之和占指标总数的 100.00%，大于中势指标和劣势指标之和。在美国农业科技创新产出能力的 9 个四级指标中，强势指标 4 个（本国居民农业专利数量、农业土地生产率、农业劳动生产率、农村恩格尔系数），占指标总数的 44.44%；优势指标 4 个（农业科技论文数量、本国居民植物新品种数量、农业年均增长率、农产品净出口额），占指标总数的 44.44%；中势指标 1 个（农业生产指数），占指标总数的 11.11%；劣势指标 0 个；强势指标和优势指标的数量之和占指标总数的 88.89%，大于中势指标和劣势指标之和。

二、美国农业科技创新产出能力比较分析

图 22-7 反映了 2001 年和 2016 年美国农业科技创新产出能力与 G20 最高水平和平均水平的比较情况。

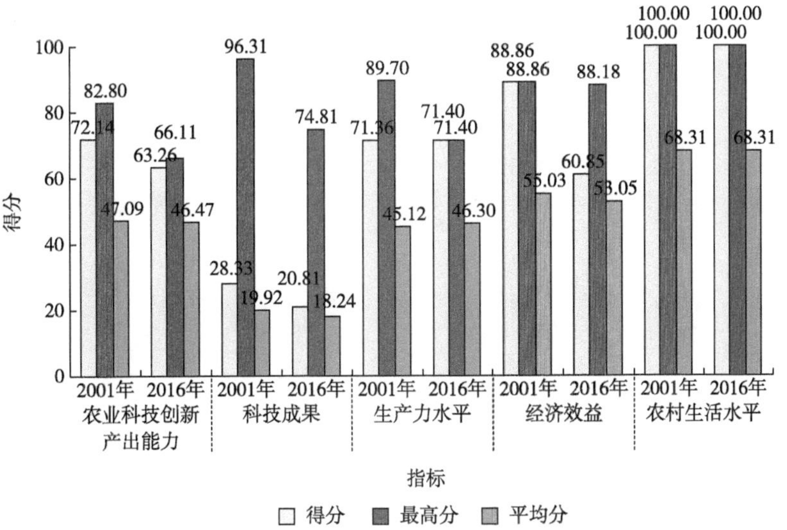

图 22-7　2001 年和 2016 年美国农业科技创新产出能力指标得分比较

由图 22-7 可知，2001 年，美国农业科技创新产出能力得分与 G20 最高分相比还有 10.66 分的差距，与 G20 平均分相比高了 25.05 分；2016 年，美国农业科技创新产出能力得分与 G20 最高分的差距为 2.85 分，高于 G20 平均分 16.79 分。总的来说，2001~2016 年美国农业科技创新产出能力与最高分的差距呈缩小趋势。

从具体指标得分比较来看，2016 年，本国居民植物新品种数量和农业生产指数共计 2 个指标的得分低于 G20 平均分。建议美国政府注重提升上述指标，不断提高国家农业科技创新产出水平。

第三篇　理论与方法

第二十三章　国家农业科技创新的基本理论

21 世纪农业的发展将面临巨大的挑战。面对人口增加、水资源短缺、耕地减少、生态环境恶化、全球气候变化等问题的严峻威胁，实现农业持续稳定发展、确保农产品有效供给的根本出路在于科技进步。以科技进步促进农业生产力的提高，将成为农业增长的主要源泉，以及满足人们不断增长的农产品需求的主要手段，也是突破资源环境约束的必然选择。因此，加强农业科技创新能力条件建设，对于优化科技资源配置、转变农业发展方式、发挥农业科技整体效率、提高农业可持续发展能力，具有十分重要的意义。正是基于这一原因，农业科技创新研究引起理论界、学术界和各国战略决策者越来越广泛的关注。

第一节　国家农业科技创新的内涵

一、农业科技创新的发展

科技是科学技术的总称，科学和技术紧密相连、互相制约、互相促进。科学是反映自然、社会、思维等客观规律的知识体系，是人们对客观世界的系统认识。科学知识是以感性材料为对象，经过人类理性思维的加工形成的。从效益来看，科学更侧重于社会效益。而技术则是把这种反映客观规律的科学原理应用到生产中的过程，是科学知识的实用形态，是人们改造客观世界的技能和方法，其包括生产劳动的经验、知识、操作技巧和生产手段。从效益上看，技术更侧重于经济效益。农业科技是科技与农业产业相结合的产物。类似于科技的定义，农业科技是指农业生产领域的科学与技术，是揭示农业生产领域发展规律的知识体系及其在生产中应用成果的总称。农业科技产生于自然再生产与经济再生产相统一的农业生产，与此同时，基于农业生产的需求，农业科技亦得到了不断的发展。

“创新”一词最早是由美籍奥地利经济学家熊彼特在其成名作《经济发展理论》一书中首先提出的，并在 20 世纪 60 年代引起了经济学界对创新研究的关注。国外农业科技创新的研究也开始于 20 世纪 60 年代，且研究初期多集中于对农业科技创新理论的完善。美国经济学家舒尔茨（Schultz，1964）在《改造传统农业》中表明农业技术创新在改造传统农业中起到巨大作用，是推进传统农业发展和转换变动的决定性因素。舒尔茨还强调市场机制、政府、农民的需求，以及人力资本在现代农业生产要素引入过程中的重要性，即市场机制有助于实现“技术的生产要素化”；政府在农业科研与推广方面具有重要作用，主要是因为农业技术创新的外部性和不可分性；凝结在生产要素中的农业技术研发水平直接决定着现代生产要素的供给状况；农民对农业技术的需求对于农业现代生产要素顺利引入农业生产的过程起到至关重要的作用。另外，培育能够掌握一定现代生产要素的人力资本是关键。希克斯在《工资理论》一书中首先引入了诱导性技术进步的概念，他把技术创新区分为“节约劳动”的技术创新（使资本边际产出的增加大于劳动）、“节约资本”的技术创新（使劳动边际产出的增加大于资本）和“中性”技术创新（同比例地增加劳动和资本的边际产出）。20 世纪 70 年代，在诱导性技术进步的基础上，速水佑次郎和费农·拉坦在《农业发展的国际分析》中提出诱导性农业技术创新理论，即农业生产资源禀赋条件决定农业技术变迁的路径，生产诱导能够促进农业技术创新的产生，而农业生产要素价格的变动是农业生产诱导的原因，不同类型的农业技术要素产生于农业生产要素价格的变动诱导。在市场机制作用条件下，农民将受要素价格变化的影响和诱导，首先寻求的是那些能够替代日益稀缺的生产要素的技术选择。农业技术的供给者主要依靠市场价格响应农民的技术需求，进而促使研发技术产生变革。具备发育的市场是进行诱导性创新的必要前提，农业技术研发和推广应用的责任必须由政府来承担，政府要有专门针对科学家和科技管理人员的激励机制。

二、农业科技创新的特征

与工业部门不同，农业生产对象是有生命的植物和动物，农业再生产是经济再生产与自然再生产的统一，农业科技创新是以生物资源的利用、控制和改造为中心的，因此农业科技创新与其他行业的科技创新相比具有很大的特殊性，主要表现为以下几点。

（一）公共产品特性

农业科技创新成果可分为私人产品和公共物品两类，农业机械、农药、种子、农业生物技术，以及农产品加工技术等具有一定竞争性和排他性的农业专利成果属于私人产品；而农业科技创新过程及成果中亦有很大一部分成果为公共物品。例如，农业基础设施建设、农业生态环境保护、农业减灾防灾工程等农业科技创新成果的供给过程均需要大量的资本、人员等要素的投入，且其收益不具独占性，在成果消费上呈现出非竞争性（当一个人利用这种知识时，其他人利用这种知识的机会不会减少）与非排他性（无法排除任何人利用其获利的可能）。上述农业科技创新成果的外溢性较强，容易产生“免费搭便车”的问题。农业科技创新的公共产品属性，决定了农业科技的研究与推广是离不开各级政府的财政支持和补贴的。

（二）区域性与季节性

农业生产活动在时空上具有明显的区域性与季节性，不同地区的农业生产条件及其形成的社会经济背景，均存在一定的差异。与此同时，随着区域经济发展水平的变化，以及农业生产条件的改变，农业生产活动亦会产生变化，呈现出不同的时序演进特征。因此，无论从农业科技创新的需求产生背景、研究开发条件来看，还是从其成果的应用与推广的过程来看，农业科技创新必须基于当地的区域资源情况、生态环境条件，并符合当地社会经济发展的阶段特征，即农业科技创新活动具备空间上的区域性。此外，在农业生产活动中植物、畜禽和水产的生长发育，均具有一定的周期与季节规律，并且农业科技基础研究与应用研究的展开需结合农业生物的属性。因此，农业科技创新亦具有一定的季节性。综上所述，基于农业科技材料的生物属性，农业科技创新不仅需要考虑当地的气候、地形、土壤、水文和生物等生态环境，还需要考虑当地的科技创新体制、市场发育、产业政策等社会经济因素。

（三）过程复杂且周期长

农业科技创新拥有众多参与主体的特征，这决定了科技创新过程复杂程度较高、难度较大，农业科技创新涵盖了农业生产的产前、产中与产后等多个领域，即农业生产活动的整个价值链都可能存在并形成相应的科技创新成果，加之农业科技创新的区域性特点，共同导致了农业科技创新过程具有较为复杂的属性。农业科技创新亦呈现出明显的时滞性，具体表现为：农业新技术从研究开发到推广应用的过程，以及对比研究现存技术与新技术应用效果的过程均受自然条件和农作物生长周期的影响，因此，这些过程相对于其他部门来说所花费的时间更长；政府部门对于农业科技创新成果的认可及如何在行业中树立标准、建立创新成果应用的配套环境、引导创新成果广泛投入应用均要经过较长的时间；农业新科技的需求和应用受到农民素质的约束和农户经营规模的制约，农民较低的文化素质和农户小规模分散经营均会限制农业科技成果的应用效果；农业科技创新的投资收益本身具有一定的滞后性，当年的农业科技创新投资收益一般需要若干年后才会得到回报。

（四）不确定性和风险性

农业科技创新过程包含研究探索过程、农业知识转移过程，以及创新者与应用者之间相互作用的过程，并且农业科技创新与生物特性、自然条件多样性等紧密相连。因此，农业科技创新较其他领域创新隐藏着更多的不确定因素。不确定性具体表现为：农业科技创新人员对各生产要素变数的把握需要艰难的观察和探索，对创新的发展方向及其最终可能形成的结果存在不确定性；在大自然各种条件的约束下生产要素的重新构架组合是否受到冲击或破坏无可预测；对农业科技创新成果能否通过市场需求；对创新成果推广过程中区域农业资源禀赋和农民素质等因素的差异导致的成果转化的效果也有很大的不确定性。农业科技创新还存在一定的风险性，其主要风险来源于时滞风险、自然风险、制度风险、经济风险、市场风险、政策风险，以及新技术本身真实性导致的技术成果的“柠檬市场”的风险，等等。

三、国家农业科技创新的定义与内涵

国家农业科技创新作为多个行为主体参与、多重环节构成的复杂系统过程，较其他行业的科技创新相比具有特殊性，简单的线性分析方法很难全面透彻地理解这一过程。基于上述考虑，本书将国家农业科技创新定义为参与农业科技创新过程的一系列主体（政府、涉农企业、农业高校、农业科研机构、农业中介服务机构与农民），基于国家特定的农业科技创新基础和农业科技创新环境，通过协同互动创造新知识，发明新品种、新技术，并将其应用推广到农业生产实践中，从而实现经济效益、社会效益与生态效益协调统一的全过程。国家农业科技创新的内涵分析如下。

（1）国家农业科技创新包括六个主要的创新主体，各创新主体间彼此联系、相互作用，其协调性与整合性决定着国家农业科技创新的能力水平。参与农业科技创新的创新主体主要有政府、涉农企业、农业高校、农业科研机构、农业中介服务机构与农民。政府的主要职能是培育农业科技创新主体和创造良好的技术创新环境。作为国家创新体系的重要因素，政府通过制定和实施科技创新政策来协调各创新主体在科技创新上的合作关系，以各种方式介入其他要素的交互作用中，是基础知识、产业共性技术和技术创新基础设施的提供者，是国家职能的主要体现者和执行者。涉农企业是科技创新的主要力量。涉农企业的创新活动是受市场驱使的经济活动，其创新活动以创造收益、扩大市场占有率为主要动机，受市场需求的引导，因此，大部分涉农企业的技术研发主要集中在应用技术和新产品研发中。科技创新的不确定性决定了涉农企业在创新过程中必然要承担各种风险，这成为阻碍涉农企业创新的瓶颈，因此，政府应制定相关政策来促进并引导企业创新。农业高校在国家农业科技创新体系中的作用主要体现在：第一，农业高校通过教育和培训为国家农业科技创新体系提供强大的人力资源支撑；第二，现代的科学知识已经远非科学体系的内生产物，而是以网络互联的方式为科学系统和产业提供基础保障平台，知识生产活动是在科学-产业共同组成的网络中运行的。农业高校以宽泛的界面同涉农企业对接，形成多渠道、多层面的科技创新链接网络。科研机构专门从事科学研究与实验开发，可以分为基础研究、应用研究和技术开发机构。科研机构与涉农企业性质不同，其创新活动一般属于非营利性，注重基础研究。国家科研机构主要开展与国家利益紧密相关，涉及国计民生的高风险、耗资大的技术研究。科研机构的主要功能是提供各种形式的科技成果，包括学术论文、科技专著、技术专利等。农业中介服务机构是联结各个创新主体的纽带和桥梁。完善的中介服务机构可以促进知识、技术、信息、人才和资本的快速流动，从而提高创新的效率、加速农业科技成果转化和产业化进程。因此，农业中介服务机构被称作各种创新主体的黏合剂和农业科技创新活动的催化剂。农民是农业生产和消费的主体，农民在农业科技创新中扮演双重角色。一方面，农民作为消费者使用农业企业和农业科研机构提供的农业科技产品（成果），从而促进农业科技创新；另一方面，农民是农业科技特别是农业生产技能和农业生产工艺的实际使用者，扮演着农业科技应用与扩散的角色。

（2）国家农业科技创新基于国家特定的科技创新基础和科技创新环境。农业科技创新基础是支撑整个国家农业科技创新活动的公共平台和提升国家农业科技创新能力的重要基础，具有基础性、公共性、连续性等特点。农业科技创新基础既反映了一个国家经济与社会发展的基础和水平，又体现了国家对农业科技创新发展的重视程度、投入和贡献。农业科技创新环境是一个国家通过合适的制度安排，在农业政策设计、法规框架、社会组织、文化氛围等方面为各类主体创新提供的环境。良好的科技创新环境能够集聚创新资源，不仅有利于利用本国资源，还有利于吸引和配置国外资源；不仅能有效配置当前资源，还能有效吸收利用未来的资源。科技创新环境决定一个国家是否能够集聚并优化配置创新资源、激发创新积极性、协调创新活动。

（3）国家农业科技创新包含科技创新成果产出、推广、应用及效益实现四个主要层次。农业科技创新的第一个层次是农业科学研究与技术开发，即科技创新成果产出，这是科技创新的源泉。第二个层次是农业教育培训的开展与进步、农业科技知识的普及，以及农业科技创新成果的推广。农业科技创新成果的推广效率既受推广人员、推广组织结构及其所处的生存空间与环境的影响，又与农民的知识水平、自身素质、接受新事物和新方法的能力与积极性等密切相关。第三个层次是农业科技成果的应用，即科技需求者将创新成果运用于实践，生产出产品。影响农业生产者采用技术的因素主要包括：技术本身；技术应用者的文化素质、思想观念、组织化程度等；技术应用基础和环境，包括生产设施、文化传统、政府政策等。第四个层次的科技创新是指效益的实现。通过流通消费环节，实现从产品到商品的转化，获得产品的附加值，提高产品的市场竞争力，进而提高经济效益和社会效益。

（4）国家农业科技创新的最终目标是实现经济效益、社会效益与生态效益协调统一。1987 年，世界环境与发展委员会发表的《我们共同的未来》研究报告正式提出了“可持续发展”的理念。“可持续发展”是指既满足当代人的需求，又不损害后代人满足需要的能力的发展。换句话说，就是指经济、社会、资源和环境保护协调发展，它们是一个密不可分的系统，既要达到发展经济的目的，又要保护好人类赖以生存的大气、淡水、海洋、土地和森林等自然资源和环境，使子孙后代能够永续发展和安居乐业。“可持续发展”同样是推动农业走上健康发展的必由之路。1991 年，联合国粮食及农业组织（以下简称联合国粮农组织）在荷兰召开了“持续农业和农村发展”大会，发表了《关于可持续农业和农村发展的丹波宣言和行动纲领》，确定了“可持续农业”发展模式。《关于可持续农业和农村发展的丹波宣言和行动纲领》将“农业可持续发展”定义为“采取某种使用和维护自然资源的基础的方式，以及实行技术变革和机制性改革，重点集中于解决重大的稀缺农业资源和重大自然资源问题，以确保当代人类及其后代对农产品需求得到满足，这种可持续的发展（包括农业、林业和渔业）维护土地、水、动植物遗传资源，是一种环境不退化、技术上应用适当、经济上能生存下去，以及社会能够接受”的农业体系。要实现农业的可持续发展，必须依靠科技创新，因此，农业科技创新不能只着眼于经济效益而忽视社会效益和生态效益，农业科技的创新不能以牺牲环境、消费能源为代价，而是要体现“生态、低碳、循环经济”等理念，要用长远的战略眼光来进行科技创新。

第二节 国家农业科技创新系统

系统理论的提出为分析一个国家的农业科技创新过程提供了重要的理论依据。按照系统论的观点，系统是由相互联系及相互作用的诸要素有机结合而形成的特定网络结构，系统方法要求打破以往将知识流动简单描述为投入-产出或上游-中游-下游的单一线性创新模式，转向一种链环互动的创新整体系统模式。创新系统理论和方法适用于分析国家创新的效率，分析不同制度、不同组织、不同政策的协调程度，从而找出问题并有效解决问题。因此，将创新系统方法引入国家农业科技创新领域，通过构建国家农业科技创新系统研究系统内各机构之间、各要素之间，以及它们与政府政策联系的失配和系统的失灵，有助于提高创新性能和整体竞争力，科学地指导农业科技创新政策的制定。

农业创新系统方法经历了从国家农业科研系统（national agricultural research systems，NARS）、农业知识信息系统（agricultural knowledge and information system，AKIS）和农业创新系统（agricultural innovation system，AIS）三个阶段的演化过程。国家农业科研系统方法出现于20世纪70年代，强调知识从源地（科研机构）到终端用户（农户）的线性流动。20世纪80年代，更加复杂的农业知识信息系统产生，其强调产学研之间在技术变革中的联系，但在分析公共部门之外的关系，即主体间的异质性及制度背景方面，存在明显不足。于是在20世纪90年代末，农业创新系统方法应运而生。农业创新系统方法借鉴了国家创新系统（Freeman，1987；Nelson，1993；Lundvall，2007；Edquist，2011）的理论，包含更为广泛的行为主体，更注重主体之间的互动学习与创新。Spielman等（2008）从演化经济学和系统理论角度提出了发展中国家农业创新系统框架及一系列异质性行为者之间相互作用与发展的战略模式，并通过行为博弈和人口博弈派生出创新系统模型，框架中应用程序包括行为者和行为者的行为、机构条件及它们之间的互动。综上所述，农业创新系统方法各具特点，国家农业科研系统注重知识的产生，农业知识信息系统注重知识的扩散，而农业创新系统注重知识的产生、扩散和应用。

一、国家农业科技创新系统特征

国家农业科技创新系统的概念来自创新过程中系统方法和思想的应用，国内外学者从不同的视角出发剖析各国、各地区的农业科技创新系统的内部构成和创新要素之间的联系。尽管研究角度和研究的主要对象不同，但国家农业科技创新系统的共性特征主要表现为以下几个方面。

（一）非线性

国家农业科技创新系统中科学技术知识的生产及其在创新过程参与者之间的循环流转与应用，强调各行为主体间的相互关联、协同发展。系统中性质各异的因素相互联系和纵横交错，以及环境扰动等因素，都可能导致科技创新行为的状态变量随时间推移呈现非线性变化。在多目标、多功能、多干扰、多投入和多产出等复杂特性的共同作用下，国家农业科技创新系统表现出强烈的非线性特征。

（二）多样性

创新是由社会诸多要素组成的综合体，主要包括政府、涉农企业、农业高校、农业科研机构、农业中介服务机构与农民在内的多元创新主体。由于资源禀赋、产业结构、科研能力、科技优势、教育培训等存在差异，一国的国家农业科技创新系统不可能与他国相同。虽然各方面的客观条件相似，但由于制度、组织、文化观念等因素的影响，创新体系效率的高低也不尽相同。

（三）动态性

国家农业科技创新系统作为一种网络系统，由于外部技术或市场环境的不确定性和不可预测性，网络中各创新组织及其相互之间的网络联系处于发展变化中，网络中流动的创新资源也在不断更新。农业科技创新系统的运行是一个进化的动态过程，创新组织的优胜劣汰、创新组织联系的建立或中断与增强或减弱、创新资源的供给和消费均会引起创新网络的动态变化。

（四）开放性

国家农业科技创新系统是一个相对开放的系统，存在着国际的互动。国际科技交流与合作及国际贸易是国家农业科技创新系统与国际环境互动的一个十分重要的“接口”，政府必须实行全方位、多层次、宽领域的开放政策，建立开放的格局，才能保证畅通物质、资金、知识流动渠道，消除各种交流障碍，不断促进创新绩效的提高。

（五）时滞性

农业科技创新投入自其投入时间起便参与整个创新系统的运作，通过与其他创新要素之间的交互作用对创新产出产生正向影响。国家农业科技创新系统的复杂性，导致农业科技创新投入的效果需要经历一段时期才能逐渐显现出来。国家农业科技创新系统现在的创新成果是过去各种科技创新行为综合作用的结果，即农业科技创新成果的产生存在时滞性。

二、国家农业科技创新系统结构模型

本书基于国内外学者对农业创新系统研究的成果，综合上述关于国家农业科技创新定义和特征的界定，参考 Porter 的钻石模型，Furman、Porter 和 Stern 提出的 FP&S 模型，以及 Hu 和 Mathews 的 M&J 模型等国家创新系统模型与 Spielman 模型等农业创新系统模型，构建国家农业科技创新系统结构模型，如图 23-1 所示。国家农业科技创新系统是由农业教育与研究系统、农业科技创新应用系统、农业科技创新价值实现系统、农业科技创新中介服务系统和农业科技创新支撑条件系统五个子系统构成的统一整体，子系统之间协调发展，共同推动国家农业科技创新能力的全面提升。

（一）农业教育与研究系统

农业教育与研究系统是国家农业科技创新的动力源泉。

（1）农业教育系统包含农业基础教育、农业高等教育和农业职业教育，优质的农业教育系统有助于为现代农业发展提供重要的人才支撑。人是科学技术的创造者，同时也是应用者，人的素质是农业水平真正的衡量尺度。1979 年诺贝尔经济学奖获得者舒尔茨认为：“在解释农业生产的增长量和增长率的差别时，土地的差别是最不重要的，物质资本的质的差别是相当重要的，而农民能力的差别是最重要的。”农民素质的差距主要在于农民所接受的教育的差别，一支没有受过良好培训的农业人才队伍将无法完成高质量的农业生产。发达国家在农业教育方面起步较早，各国通过制定一系列农业教育政策来开发农业人力资源。例如，因美国联邦政府于 1862 年颁布的《莫雷尔法案》而成立的“农工学院”“赠地学院”，英

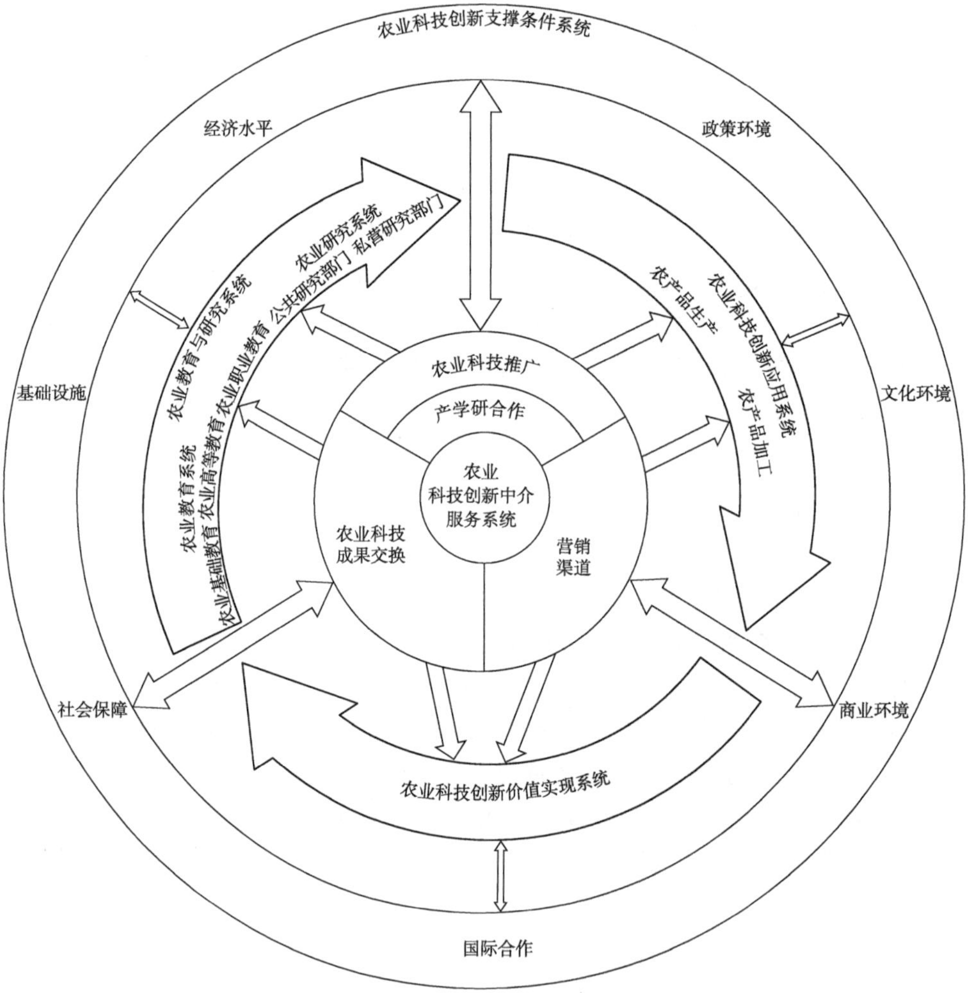

图 23-1　国家农业科技创新系统结构模型

国教育和科学部于 1967 年颁布的《农业教育法令》，以及英国政府于 1986 年向议会提交的 9823 号教育白皮书《教育与培训并重》。

（2）农业研究系统包含公共研究部门和私营研究部门，高水平的农业研究系统有助于通过发展农业生物技术和信息技术等先进技术，在新品种培育、新型农药和新型肥料开发等方面取得新的突破，抢占国际农业高技术领域的制高点。同时，高水平的农业研究系统应该把提高资源利用率、拓展资源范围作为依靠科技提高农业综合生产能力的重要内容，应加快资源保护利用、农业节水、节能减排、应对气候变化和防灾减灾等关键技术开发，发展资源节约、环境友好型农业。

（二）农业科技创新应用系统

农业科技创新成果应用，即科技需求者将科技创新成果付诸生产实践。农业科技创新应用系统，主要包括农产品生产和农产品加工两个主要环节。科技创新是农产品生产和加工环节转型升级的重要手段和途径，高产量、高品质、高附加值的农产品更适应市场经济和人们健康的要求。

（1）农业科学技术通过渗透于生产力三要素的物化形式，使诸要素的综合效能得到有效发挥，促进农村生产力持续发展。农业科技与劳动者有机融合，促使农业劳动者的技能、智力水平，以及文化综合素质显著提高，从而减轻劳动强度，提高劳动效率。农业科技创新物化为劳动资料、创新的生产工具，能不断推动劳动资料的改造、完善，使劳动手段更加现代化，提高农业资源利用效率。农业科技的发展使劳动对象发生了根本性的变化，拓宽了农业资源的利用范围。20世纪六七十年代以来，现代优良品种的育成和扩散、优质高效化肥的广泛应用、灌溉农业的发展、动植物保护技术的创新和应用、农业机械化的推进，不断推动世界各国从传统农业向现代农业转变。发达国家改造传统农业起步阶段所选择的技术路线，主要由该国的国情和资源禀赋决定，归纳起来有三种模式：一是以美国、加拿大、澳大利亚等国为代表的农业机械化模式，其首要目的是提高劳动生产率；二是以日本、荷兰、以色列等国为代表的生物技术化模式，其首要目的是提高土地产出率；三是以法国、德国等国为代表的农业机械化和生物技术化兼顾模式。无论从哪种模式起步，各国最终都转向了以机械化、良种化、化学化、电气化、信息化等为主要内容的全面农业现代化，进入基本趋同的发展阶段。

（2）农产品加工业是以人工生产的农业物料和野生动植物资源为原料进行工业生产活动的总和。狭义的农产品加工业，是指以农、林、牧、渔产品及其加工品为原料所进行的工业生产活动。广义的农产品加工业，是指以人工生产的农业物料和野生动植物资源及其加工品为原料所进行的工业生产活动。随着物质生活水平的改善提高和人们对健康的重视，人们对食品需求增多的同时，对其质量要求也越来越高。因此，提高农产品深加工能力，增强农产品的市场竞争能力和增加市场占有份额变得愈来愈重要。科技创新是农产品加工业转型升级的重要手段和途径，有助于提高农产品的质量和研究开发高附加值、高档次、高质量的农产品，适应市场经济和人们健康的要求。

（三）农业科技创新价值实现系统

农业科技创新价值实现，是指通过流通消费环节，实现农产品到商品的转化，获取农产品的附加值，进而增加农民收入，提升农村居民生活水平，促进农村经济发展。

影响农业科技创新价值实现的因素，主要是农业市场的完善程度。农产品是带有基础性、公共性的商品，需要通过政府这只有形的手来推动农业产业的发展，但政府行政推力这只有形的手不能完全代替市场这只无形的手，而且真正起关键性作用的是市场机制。因此，应重点调整市场结构、完善市场机制，以提高经济系统对农业科技的有效需求水平。

农业科技创新价值实现的主要目的是增加农民收入，提高农村居民生活消费水平。农民收入关系全局，农民收入上不去，生活得不到改善，积极性被损伤，最后会影响农产品的供给，农村的稳定也成了问题。农业发展应始终把增加农民收入放在主要位置，有利于提高农民生活水平、调动农民积极性、促进农业和农村经济发展；有利于开拓农村市场、扩大国内需求、促进国民经济增长；有利于实现社会稳定、确保国家的长治久安。

（四）农业科技创新中介服务系统

农业科技创新中介服务系统包含以下四个模块。

（1）农业科技推广是指通过试验、示范、培训、指导及咨询服务等，把应用于种植业、林业、畜牧业、渔业的科技成果和实用技术普及应用于农业生产的产前、产中、产后全过程的活动。农业科技推广是将农业科技成果转化为现实生产力的关键环节，也是农村公共服务体系建设的一项重要内容。加强农业科技推广，是世界各国保护农业、提高科技转化率和贡献率、增强农业竞争力的主要途径之一。

（2）农业产学研合作是指涉农企业、农业高等院校和科研机构共同从事科研、开发、产业化等农业科技创新活动。涉农企业的强项是了解市场需求、研发资金充裕等，但技术储备不足。农业高等院校和科研机构的优势在于科技信息丰富、高层次人才多等方面，弱势在于对市场需求了解欠缺、研发经费不足等方面。良好的产学研合作创新有助于实现企业、高等院校和科研机构的优势互补，降低科技创新的难度、成本及风险。

（3）农产品营销渠道，是一切促使农产品顺利地被使用或消费的相互依存的组织或个人。美国市场营销学权威菲利普·科特勒认为营销渠道是指某种货物或劳务从生产者向消费者移动时，取得这种货物或劳务所有权或帮助转移其所有权的所有企业或个人。简单地说，营销渠道就是商品和服务从生产者向消费者转移过程的具体通道或路径。根据科特勒的营销思想，农产品营销渠道是一切促使农产品顺利地被使用或消费的相互依存的组织或个人，它包括供应商、经销商（批发商、零售商等）、代理商（经纪人、销售代理等）、辅助商（运输公司、独立仓库、银行、广告代理、咨询机构等）。

（4）农业科技成果交换主要通过农业技术市场来完成，为促进科技与经济的结合，加速科技成果转化，发挥了重要作用。农业技术市场是从事技术中介服务和农业技术商品经营活动的场所。它以推动农业科技成果向现实生产力转化为宗旨，具体开展技术开发、技术转让、技术咨询、技术服务、技术承包；生产或经销科研中试产品和科技新产品；组织和开展技术成果的推广与应用等，技术覆盖面涉及所有农业技术领域。

（五）农业科技创新支撑条件系统

农业科技创新支撑条件为农业科技进步提供了物质基础、制度保障和文化支撑。本书将农业科技创新支撑条件系统划分为经济水平、基础设施、社会保障、国际合作等基础支撑条件，以及文化环境、政策环境和商业环境等环境支撑条件。

1. 基础支撑条件

（1）经济水平。经济发展水平所决定的市场需求度是影响科技创新活动的重要变量，即经济发展水平较高和市场机制良好的国家对于科技创新产品的接受度和需求度越高，越有利于科技创新主体获得更大的利益，进而激发科技创新主体的创新欲望，“诱使”科技创新成果的产生。

（2）基础设施。21世纪初，八国集团在冲绳发表的《全球信息社会冲绳宪章》中认为：“信息通信技术是21世纪社会发展的最强有力的动力之一，并将迅速成为世界经济增长的重要动力。”近年来，信息通信技术在经济社会发展中已经逐渐占据主要战略地位。随着“互联网+”概念深入人心，移动支付、移动医疗、远程教育、智慧家庭等创新模式的出现正在悄然改变并惠及着人们的生活，信息通信技术始终以其不断创新的姿态驱动着各行各业的创新。在万物互联的数字化时代，信息通信技术基础能力的不断提升是助推农业科技创新的关键要素。

（3）社会保障。国民营养与健康状况是反映一个国家或地区经济与社会发展、卫生保健水平和人口素质的重要指标。良好的营养和健康状况既是社会经济发展的基础，也是社会经济发展的重要目标。

（4）国际合作。外资对东道国经济的各个方面都会产生深远的影响，外商直接投资的大量进入可以弥补东道国资本积累不足的缺陷，外商投资企业有助于提高东道国劳动者的素质，使其经营管理水平和技术开发、创新等能力得到提高。不仅从总量上扩大东道国的对外贸易额，而且有利于改善和提升东道国的出口贸易结构。特别是外商以技术、设备合资的方式进入，可以带来外国的先进技术，再结合东道国的实际加以消化、吸收、创新，这对东道国的产业结构调整和升级有着重大意义。合作基础根据其参与主体的不同，可以分为企业间合作的创新和国内外组织间合作的创新。合作创新是集群企业良性发展的有效模式，集群企业合作创新具有节约交易成本、共享知识技术、获取互补资源、提高创新效率、共担研发风险和实现组织学习等诸多优势。随着世界多极化和经济全球化的发展及气候变化、粮食危机等问题的凸显，国与国之间相互依存日益紧密，农业领域的国际合作尤其是科技合作也越来越广泛。通过农业国际合作实现农业科技创新，是加快农业科技进步、缩小国家间农业科技差距的重要渠道，是增强本国农业竞争力、发挥比较优势的重要途径，也是实现发达国家与发展中国家共赢、促进全球农业经济发展的重要举措。同时，农业国际合作有助于推进国家间政治关系，政治关系的增进反过来又会进一步促进农业科技创新。

2. 环境支撑条件

（1）文化环境。美国人类学家林顿在《涵化研究备忘录》中提出，社会文化是“某特定社会的成员所共享并相互传递的知识、态度、习惯性行为模式等的总和”。所谓科技创新的文化环境，是指与科技创新活动有关的价值观、态度、信念、取向的文化形态，是科技创新活动的外部文化境况。科技创新文化贯穿于创新发展的全过程和各个环节，通过影响科技创新主体的价值观念、思维方式和行为方法，对创新起着内在的无形的推动作用，决定着科技创新活动的水平、重点、方式和规范。

（2）政策环境。稳定的政策环境为科技创新提供保障，政治稳定是指一定社会的政治系统保持动态的有序性和连续性。具体说来，它是指没有全局性的政治动荡和社会骚乱，政权不发生突发性质变，公民不是用非法手段来参与政治或夺取权力，政府也不采用暴力或强制手段压制公民政治行为以维护社会秩序。政府的科技创新政策以法治为科技创新活动提供制度保障，科技创新政策关系到科技创新指向的正确与否、创新规模的大小、创新速度的快慢；关系到科技创新活力的强弱；关系到科技创新条件的得失；关系到科技创新氛围的优劣；等等。

（3）商业环境。纵观历史，每一次重大的科技革命和产业变革背后，都伴随着金融资本和金融创新的强力支撑，“始于科技，成于金融”。正如《商业周刊》首席经济学家迈克尔·曼德尔所说：“如果说技术是美国新经济的引擎，那么金融就是燃料。”各国应引导带动金融资本在产品、组织和服务模式等方面与农业科技不断融合，金融业必须围绕农业科技创新链、农业产业链的服务需求，找准薄弱环节，加快金融创新步伐。

综上所述，国家农业科技创新系统划分为农业教育与研究、农业科技创新应用、农业科技创新价值实现、农业科技创新中介服务和农业科技创新支撑条件五个功能模块，但是并不能将其看成割裂的五个部分，恰恰相反，这五个子系统正是通过相互的作用来完成国家农业科技创新系统运行的。国家农业科技创新系统能力导向的概念框架的建立，也是以各个功能模块及它们之间的关系为基础的。

三、国家农业科技创新系统要素分析

国家农业科技创新系统构成要素数量众多、功能各异。本书将国家农业科技创新系统构成要素归纳为三个方面，即农业科技创新基础、农业科技创新环境和农业科技创新产出。三类要素蕴含于国家农业科技创新系统的五个子系统（农业教育与研究系统、农业科技创新应用系统、农业科技创新价值实现系统、农业科技创新中介服务系统和农业科技创新支撑条件系统），并存在互动关系，良性的互动可以加快农业科技创新进程，推动国家农业科技创新系统绩效的提升，进而推动国家农业科技创新能力的提升。

（一）国家农业科技创新基础要素

国家农业科技创新基础是支撑整个国家农业科技创新活动的公共平台和提升国家农业科技创新能力的重要基础，具有基础性、连续性、公共性等特点。农业科技创新基础不仅反映了一个国家经济与社会发展的基础和水平，还体现国家对农业科技创新发展的重视程度、投入和贡献。

1. 经济水平

农业科技创新的目的是促进农业经济发展，而且越来越受市场的驱动。市场经济发展到一定程度，企业越来越成为技术创新的主体，这使得创新与需求关系紧密，科技成果的产生及向生产力转化的速度加快。需求拉力的实现，就是要提高经济系统对科技的有效需求水平，进一步改善社会经济运行机制的状况。因此，经济具有持续向好发展的巨大潜力、韧性和回旋余地，综合国力再上新台阶，必将为科技创新的加速突破提供坚实基础。与此同时，科技创新作为经济发展的核心动力，在促进经济平衡性、包容性和可持续性发展中的作用愈加突出。科技带动经济快速发展，经济又给科技发展以强有力的支撑，科技发展与经济发展相辅相成、相互促进。

2. 基础设施

农业科技创新基础设施作为农业基础设施的重要组成部分，是保证农业科技成果推广、应用、转化和农产品流通能够在适宜条件下顺利进行的各种具有公共服务职能的设施。本书将基础设施界定为物质性基础设施，或称为生产性基础设施。良好和完备的农业科技创新基础设施能够为农业科技创新提供方便快捷的条件。例如，发达的农业机械、普及的信息通信技术、便捷顺畅的交通运输等能够降低科技创新活动开展的成本，有效促进农业科技创新成果在科技创新系统内高效地流动。农业基础设施建设投资较多，建设周期较长，但意义深远。经济发达国家都把建设农业基础设施作为发展农业生产的一项重要措施；发展中国家的农业基础设施虽然比较薄弱，但随着工农业的发展，农业基础设施的建设日益受到人们的重视。

3. 研究基础

广义上的创新主体是多元的，包括企业、高等院校和科研院所等，而狭义的创新主体主要是指技术创新主体——企业。一个国家和地区的科技水平、创新能力和竞争力，最终要体现在促进经济发展和社会进步上，其关键在于企业主体的创新能力。许多重大科学发现和发明虽产生于大学或实验室，但转化为现实生产力往往依赖于企业。据统计，从 17 世纪初到 20 世纪 70 年代，被经济学家认为改变了人类生活的 160 种主要创新中，80%以上都是由公司完成的。凭借着持续创新的传统，西门子至今在电气设备制造行业领先于世界，造就了德国制造业的持续辉煌。IBM（International Business Machines Corporation，国际商业机器公司）、惠普、英特尔、微软、谷歌、苹果等美国企业相继领导了世界信息化潮流。韩国用了不到 30 年的时间一跃成为创新型国家，得益于现代、三星、LG 等高创新性企业群体的骨干作用。与此同时，各国也需要强化高等院校和科研院所对企业技术创新的源头支持。鼓励高等院校和科研院所与企业共建研发机构，共建学科专业，实施合作项目，加强对企业技术创新的理论、基础和前沿先导技术支持。

4. 人力资源

人力资本是体现在人身上的“非物力资本”，即对生产者进行教育、职业培训等支出及其在接受教育时的机会成本等的总和，表现为蕴含于人身上的各种生产知识、劳动与管理技能，以及健康素质的存量总和。人力资本理论创始人美国经济学家舒尔茨指出，人的知识、能力、健康等人力资本的提高对经济增长的贡献远比物质资本、劳动力数量的增加重要得多。农业科技创新人力资源，是指实际从事或有潜力从事系统性农业科学和技术知识的产生、发展、传播和应用活动的人力资源。在农业科技创新过程中，农业科技研究人员、农业科技推广人员和作为科技应用者的农民是三类主要的农业科技人力资源。农业科技研究人员，是指从事农业基础研究和应用基础研究的人员，农业科技研究人员作为科技成果的创造者负责提供新成果和新技术；农业科技推广人员作为科技成果的转化者将农业科技成果推广应用于生产；农民作为科技成果的应用者，其科技文化素质决定着对先进农业技术及工具的采用，决定着对农产品市场信息的捕捉、分析与判断。

5. 资金投入

任何一种科技创新，无论是原始性创新、集成创新，还是引进消化吸收再创新，都必须要有大量的资金作为支撑。资金是国家用于农业科学研究的重要物资基础，农业科技创新资金的投入在一定程度上制约着农业科技的进步。根据资金来源的不同，农业科技资金主要可分为政府财政拨款、金融机构贷款、企业或个人的民间投资，以及来自国外的农业投资；根据资金用途的不同，农业科技资金主要包含用于农业科技创新研究和农业科技创新推广转化的资金。目前，世界各国都非常重视科技研发资金的投入问题，并通过制定科技发展战略来促使科技研发资金迅速增加。

6. 合作基础

合作创新是一种突破传统边界的外部科学技术协同创新活动。合作创新通常以合作伙伴的共同利益为基础，以资源共享或优势互补为前提，有明确的合作目标、合作期限和合作规则。合作各方在科技创新的全过程或某些环节共同投入、共同参与、共享成果、共担风险。根据参与主体的不同，合作创新可以分为产学研合作创新、企业间合作创新和国内外组织间合作创新三种类型。

（二）国家农业科技创新环境要素

国家农业科技创新环境是国家通过合适的制度安排，在社会文化氛围、农业政策设计、法规框架制定等方面为各类主体创新提供的环境。良好的科技创新环境能够集聚创新资源，不仅有利于利用本国资源，还有利于吸引和配置国外资源；不仅能有效配置当前资源，还能有效吸收利用未来的资源。

1. 文化环境

文化是一种比较复杂的社会现象，不同地域的社会文化不同，特别是乡村地区社会文化的差异，造成了农业的发展特色不同，直接影响着农业科技创新系统的发展特点。科技创新能够促进文化的发展，反过来由于长期的历史积淀而形成的文化也影响着科技创新活动。各国各地区应努力营造一种有利于科技创新的良好社会文化氛围，鼓励竞争意识、创新胆识、善待挫折、宽容失败，引导创新者不屈不挠、不断进取，形成全社会的创新、创业意识和精神。

2. 政策环境

国家政治系统保持动态的有序性和连续性，将为科技创新活动提供稳定的保障。合理的农业科技创新政策为科技创新活动提供制度保障，一是要制定配套的农业科技创新政策，既有国家科技创新战略，又有鼓励人们科技创新的具体措施，如建立合理的科技创新收益分配政策、知识产权保护政策、科技创新人才培养和激励政策、企业创新政策等；二是要制定科技创新管理的有关政策，如制度对国家创新体系、知识创新工程、创新组织、创新产业、市场创新等管理相关的政策；三是要根据科技创新实践不断补充、完善和发展科技创新政策，特别是进行科技创新政策的创新。

3. 商业环境

良好的商业环境，包括完备的金融服务和健全的市场机制。金融对于整个经济社会的发展具有辅助支撑作用，其在科技创新支持上的地位是毋庸置疑的。各国应紧紧把握创新的不断变化、科技的持续进步和发展的阶段特征，积极推动与之相适应的金融产品、服务和业态创新，增强科技金融资源配置能力和影响力；积极推动科技金融市场协调发展，拓展科技金融市场的广度和深度；着力推动科技金融创新，完善市场运行机制，强化科技金融制度政策和基础设施建设；促进要素的自由流动，不断健全多样化、多元化、多层次、多渠道的科技投融资体系；通过完善科技金融服务功能，发展新兴金融和互联网金融，丰富科技金融产品和工具，不断增强科技金融配置资源的能力和影响力。舒尔茨强调了市场机制在现代农业生产要素引入过程中的重要性，市场机制有助于实现“技术的生产要素化”。良好的市场机制是形成市场对科技需求的基础，创新活动是受市场驱使的经济活动，创新活动以创造收益、扩大市场占有率为主要动机，受市场需求的引导。

4. 教育环境

农业发展的根本出路在科技，关键在人才，基础在教育。农业教育对现代农业发展具有基础性、先导性和全局性作用。政府应重视发展农业教育，优化教育结构布局，突出农业行业特色，加大改革创新力度，不断提升农业教育整体水平。涉农高校在保障科技人才培养数量的同时应更注重人才培养质量，努力为社会输送更多具备健全人格、基础理论扎实、知识结构合理、科研能力和创新能力突出、国际视野宽广的研究型农业科技人才。充分发挥各部门各行业作用，加大各类农村人才培养计划实施力度，培养具有专业知识、素质高、技能强的农村实用人才队伍，对于发展现代农业具有重要意义。农民是现代农业发展的中坚力量，提高农民的文化素质和科学素养，培育和造就一批有文化、懂科学、会经营的新型农民，是推进现代农业发展的必然要求。农民不仅是农业和农村经济结构调整的主体，更是农民增收的主体，只有培养出觉悟高、懂技术、善经营的高素质农民，才能使农民持续稳定增收。要提高农民科技文化素质，迫切需要加强农业科技教育培训力度，提高农业科技教育培训水平。

5. 生态可持续环境

为应对化学农药对生态环境造成的日益严重的污染、水源质量下降、水土流失严重、农业温室气体排放量逐年递增等生态退化的问题，在“可持续发展”思想的指导下，可持续农业这种新型的农业生产模式应运而生。可持续农业的核心是“可持续”，是指不会耗尽资源和损害环境的农业生产模式。这种新的农业生产模式可以在保持农业生产水平与农民纯收入水平的同时，减少农业生产对环境的影响；在生态环境可接受的条件下满足未来对食品和纤维需求的同时，保持自然资源基础。因此，可持续农业与环境保护有着密不可分的关系，它是一种综合农业生产模式，是一种长远、合理利用自然资源和保护与改善环境，能使农业和农村经济得到可持续、稳定全面的发展。农业科技在种业创新、耕地地力提升、化学肥料农药减施、高效节水、农田生态、农业废弃物资源化利用、环境治理、气候变化、草原生态保护、渔业水域生态环境修复等方面发挥着至关重要的作用。农业科技是农业生态可持续发展的强大支撑和驱动力，与此同时，农业生态可持续发展水平也体现了各国农业科技创新水平。

（三）国家农业科技创新产出要素

国家农业科技创新产出涵盖从农业科技创新成果产出、转化到价值实现全过程，即包括农业科技创新原始创新成果的数量（农业科技论文、农业发明专利和植物新品种等）、农业科技创新成果提高现实生产力的水平（农业生产指数、农业土地生产率和劳动生产率等）、农业科技创新产生的经济效益（农业增加值和农产品出口额等），以及农业科技创新带动农村生活水平的提高。农业科技创新产出是前期的科技创新成果，也是后续科技创新的基础。因此，农业科技创新产出和农业科技创新基础、农业科技创新环境之间存在互动关系，这种良性互动的结果就是促进科技创新进程的推进。

第三节　农业科技创新能力的内涵

国家农业科技创新系统是国家农业科技创新活动的组织和运行载体，而国家农业科技创新能力是国家农业科技创新系统的功能和系统绩效的实现。因此，农业科技创新能力是国家农业科技创新系统构建的落脚点。国家农业科技创新系统结构的层次性，决定了国家农业科技创新能力形成机理的复杂性。科技创新能力，是指对科技要素创造性集成的能力，即在科技创新过程中，在不断将知识、技术、信息、人力、设备等要素纳入科技生产过程中使其互补匹配并产出具有经济价值、社会价值和生态价值的新思想、新理论、新方法和新发明的能力，是对一个国家、地区、科研机构或行业的知识创新能力、技术创新能力及发展状况的综合反映。本书根据农业科技创新的内涵、特征和国家农业科技创新系统的结构、特征，从创新能力是“对科技创新要素创造性集成的能力”这一本质特性来界定国家农业科技创新能力，即国家农业科技创新能力，是指一个国家有效利用和优化配置农业科技创新系统内各种科技创新要素，通过科学研究、发明、创造，以及科技成果推广、转化和应用等各种科技创新活动，产出高水平农业科技创新成果并提高农业生产能力和获取最大经济效益、社会效益与生态效益的综合能力。农业科技创新能力是农业科技创新系统结构优化与功能发挥程度的反映，是多种科技创新能力要素彼此匹配、相互作用的结果，其强弱是衡量一个国家农业科技创新系统绩效的重要尺度。由此可见，国家农业科技创新能力遵循了“组织结构—资源要素—创新绩效”的形成路径（图 23-2）。

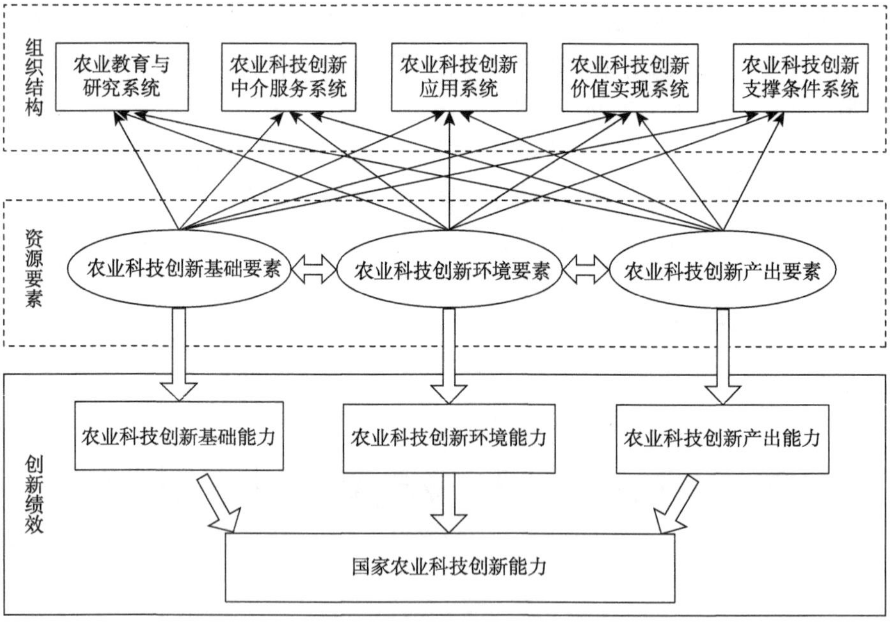

图 23-2 国家农业科技创新能力的形成路径

国家农业科技创新能力是将国家农业科技创新的诸多方面进行系统集成的内涵丰富的综合性概念。依据以上对国家农业创新能力形成路径的分析，我们认为国家农业科技创新能力由农业科技创新基础能力、农业科技创新环境能力和农业科技创新产出能力三个方面共同构成，具体函数模型如下：

$$\text{NASTIC}=F(\text{NASTIFC}, \text{NASTIEC}, \text{NASTIOC})$$

国家农业科技创新基础能力是影响国家农业科技创新能力的重要因素。农业科技创新基础能力一方面考察国家经济社会发展基础和水平对农业科技创新能力的支撑作用，科技创新资源的投入是科技创新能力的物质基础，科技创新资源投入的规模、质量和结构优化程度决定着科技创新效率的高低；另一方面则考察国家农业科技创新能力的内在需求，农业科技创新基础能力既是国家经济与社会发展的基础和水平的体现，又是国家对农业科技创新能力提升的重视程度与对农业科技创新发展投入和贡献的体现，是国家农业科技创新能力的评价基础。

国家农业科技创新环境能力是国家农业科技创新能力发展的必要条件。良好的农业科技创新环境不但能够有效聚集创新资源，而且能够培育出具有较强竞争力的创新主体（政府、涉农企业、农业高校、农业科研机构、农业中介服务机构与农民），同时优越的创新环境能够促进农业科技创新成果的市场化实现，进而提高创新绩效、积蓄创新成长能力。

国家农业科技创新产出是国家农业科技创新活动的成果和价值实现。国家农业科技创新产出能力是国家农业科技创新能力形成的实现载体，创新产出的数量和质量直接决定了创新能力的高低，体现了创新活动顺利开展和执行的力度。农业科技创新产出能力综合反映了国家农业科技创新行为的执行能力，是提升国家农业科技创新能力的主要内容。

第二十四章　国家农业科技创新能力评价体系的构建

国家农业科技创新系统建设的最终目的是提高国家农业科技创新能力，为现代农业发展提供科技支撑。国家农业科技创新系统是通过各个科技创新主体，在特定的农业科技创新基础和科技创新环境下，充分利用科技创新资源形成网络关系进行农业科技成果的研究、开发、转移并应用的系统。国家农业科技创新能力是国家农业科技创新系统绩效的综合表现，需要各个子系统的多项相互独立的指标层层深入进行标度，然后再确定各个指标的合理权重，获得国家农业科技创新能力的综合指数。因此，国家农业科技创新能力评价的关键在于构建科学合理的指标体系和评价模型。

第一节　国家农业科技创新能力指标体系的建立原则

国家农业科技创新涉及的内容非常广泛，包含各方面的因素，而且各方面因素间的关系非常复杂。因此，建立国家农业科技创新能力指标体系必须要遵循一定的原则，以保证指标体系中的各项指标具有科学性、典型性、代表性和系统性，是一个统一整体的一部分，同时相互之间又存在着有机的联系，绝不是一些指标的简单组合。总体来说，构建国家农业科技创新能力指标体系需要遵循以下几项重要原则。

一、系统性和层次性相结合原则

国家农业科技创新体系是由农业教育与研究系统、农业科技创新应用系统、农业科技创新价值实现系统、农业科技创新中介服务系统和农业科技创新支撑条件系统五个子系统构成的一个有机的整体。因此，若想全面、科学、准确地反映整个国家农业科技创新体系的水平和特征，应该遵循系统性原则。国家农业科技创新体系作为一个总系统，可以进一步将其分为若干个多层次的子系统，共同影响国家农业科技创新水平的高低。而且从人们认识复杂系统问题方法的角度来看，需要将复杂的总系统分解为多个层次、多个子系统，由全局到局部、由抽象到具体、由表及里逐步深入，即采用分层递阶的方法，遵循层次性原则。系统性与层次性相结合的原则就是既要考虑复杂巨系统的特征，又能将该系统分成几个层次，便于分析，使各指标表达不同层次指标的从属关系和相互作用。上层指标是下层指标的综合，指导下层指标的建立，下层指标是上层指标的分解，从而构成一个有序的、系统的层次结构，也便于以后操作和应用。

二、完备性和独立性相结合原则

国家农业科技创新能力指标体系作为一个有机整体，所选择的指标及模型既要尽量从各个不同角度、全面完整地反映各个国家整个农业科技创新体系的全部特征和综合状况，又要反映系统的主要信息，力求精简和保证指标的相对独立性。同一层次的各项指标要能各自说明该层次系统的某一方面，尽可能不互相重叠或成为互相包含的因果关系，以尽可能少的指标体现出系统的整体发展状况。

三、一般性和可比性相结合原则

国家农业科技创新能力指标体系中的指标应该能够为大多数人所理解和接受，要具有一般性，能够充分反映各国的特征，真实、准确、直接地反映各国农业科技创新能力的状况。而在考虑指标一般性的同时，也必然要考虑指标的可比性，确保指标能够在时间和空间上进行比较。既要能够同自己的过去和将来对比，又要能够同其他国家的相应指标进行比较，以便了解和把握不同国家农业科技创新能力的实际水平和变化趋势。

四、科学性和可操作性相结合原则

在构建国家农业科技创新能力指标体系的过程中，选择的具体指标应该建立在充分认识、研究国家农业科技创新体系的科学基础上，要能够科学、客观地反映出国家农业科技创新能力的内涵、要求、内在作用关系和现实状况，逻辑严谨，经得起不同观点和意见的质疑、推敲和论证，经得起事实和历史的检验。在满足科学性的基础上，又要注意指标体系的可操作性。所选取的指标应该概念明确，尽可能采用国际上通用的名称、概念，并避免内容的相互交叉和重复。指标的统计口径要一致，数据也要容易采集，有权威、可靠的数据来源。此外，指标和数学模型的统计、计算、比较和分析要方便易懂。

五、动态性和稳定性相结合原则

国家农业科技创新体系是一个历史的、动态的、连续的、发展的系统，同时在某一个时段上又是静态的，具有一定的稳定性，是动态和静态的统一。构建国家农业科技创新指标体系要反映创新体系的动态特点，必须随着创新体系的发展、变化，及时对指标体系进行补充、完善和修订。而与此同时，指标体系一旦建立，其内容不宜频繁变动，在一定时期内，应该保持其相对的稳定性，这样才能有效比较和分析系统的发展过程。

第二节　国家农业科技创新能力指标体系的建立

一、国家农业科技创新能力预选指标

本书将遵循构建指标体系的五大原则，吸收已有的关于科技创新能力评价指标的精华，并考虑指标数据的可获得性，基于国家农业科技创新系统的五个子系统（农业教育与研究系统、农业科技创新应用系统、农业科技创新价值实现系统、农业科技创新中介服务系统和农业科技创新支撑条件系统），分别从三大系统要素

（农业科技创新基础要素、农业科技创新环境要素和农业科技创新产出要素）预选出有代表性、有针对性、可操作的评价指标，构建国家农业科技创新能力预选指标体系，如表 24-1 所示。

表 24-1　国家农业科技创新能力预选指标体系

系统结构	系统要素		
	农业科技创新基础要素	农业科技创新环境要素	农业科技创新产出要素
农业教育与研究系统	研究基础（大学与科研机构农业学科排名、农业企业研发水平）、人力资源（农业研究人员、农业技术人员数量）、资金投入（公共教育投入、生均教育投入、农业研发经费投入）	教育环境（教育系统质量、农村教育公平性）	科技成果（农业科技论文、农业专利和植物新品种数量）
农业科技创新应用系统	基础设施（灌溉面积比例、农业机械化程度）、研究基础（农业深加工技术水平）、人力资源（农民文化素质）	生态可持续环境（化肥使用密度、农药使用密度、农业用水量、农业能源使用量、农业温室气体排放量、生物燃料生产量）	生产力水平（农业生产指数、农业土地生产率和农业劳动生产率）、经济效益（农产品加工业规模）
农业科技创新价值实现系统	—	商业环境（企业开业难易程度、市场成熟度）	经济效益（农业年均增长率、农产品净出口额）、农村生活水平（农民人均纯收入、农村恩格尔系数）
农业科技创新中介服务系统	基础设施（交通运输基础设施）、人力资源（农业科技推广人员数量）、资金投入（农业科技推广经费投入）、合作基础（产学研合作）	商业环境（农产品营销渠道完善度、技术市场成熟度）、教育环境（技术培训可获得性）	—
农业科技创新支撑条件系统	经济水平（GDP 总额、人均 GDP、财政收入总额、人均财政收入）、基础设施（每百人中互联网用户数、固定电话用户数及移动电话用户数）、人力资源（健康状况）、资金投入（农业外国直接投资）、合作基础（集群发展、国际农业研究合作）	文化环境（科技创新自由民主气氛、对创新的鼓励、对失败的包容、民众的好奇心和抗挫折能力）、政策环境（政治稳定性、知识产权保护、农业政策合理性和农业科技创新支持水平）、商业环境（农村金融服务、农业信贷支持水平）	—

（一）农业教育与研究系统要素指标

1. 农业教育系统要素指标

教育是科技创新的根本，教育投入有助于增加科技人才数量、提升科技人才质量，进而促进科技创新成果产出。教育投入是支撑国家长远发展的基础性、战略性投资，是发展教育事业的重要物质基础。本书采用“公共教育投入”和“生均教育投入”两项指标来衡量国家农业教育系统的资金投入情况。在加大财政教育投入的同时，各国还应该注重优化教育结构，合理配置教育资源，促进教育公平，全面提高教育质量。要统筹区域间教育协调发展，重点向农村地区、边远地区、贫困地区倾斜，加快缩小教育差距，促进基本公共服务均等化。本书采用“教育系统质量”和“农村教育公平性”两项指标来衡量国家农业教育系统的教育环境。

2. 农业研究系统要素指标

农业科学技术研究是农业科技创新的源泉，各国应努力推进有特色、高水平农业大学和科研院所建设，鼓励涉农企业开展基础性前沿性创新研究，重视颠覆性技术创新。明确涉农企业、农业高等院校和科研机构等农业科技创新主体的功能定位，增强涉农企业的创新主体地位和主导作用，发挥国家科研机构的骨干和引领作用，发挥高等学校的基础和生力军作用，鼓励和引导新型研发机构等发展，充分发挥农业科技类社会组织的作用，激发各类农业创新主体活力，系统提升农业科技创新主体能力。本书采用“大学与科研机构农业学科排名”和“农业企业研发水平”两项指标来衡量国家农业研究系统的研究基础；采用“农业研究人员数量”和“农业技术人员数量”两项指标来衡量国家农业研究系统的人力资源基础；采用“农业研发经费投入”指标来衡量国家农业研究系统的资金投入情况。科技论文作为知识创新重要的产出形式，反映出一种基础的、原始的、理性的自主知识创新能力。科技论文数量及科技论文在其他国家或机构的认可度是衡量科技产出的重要指标。专利处于作为基础研究成果的论文和反映市场应用成果的技术许可收入的中间环节，它既是基础研发成果向生产力转化的中间环节，又是许可收入的技术源头。专利数量通常分为专利申请数量和专利授权数量，专利授权数量受到专利审批政策和效率的影响，缺乏实效性，因此，专利申请数量常作为科技创新产出的衡量指标。植物新品种保护也叫“植物育种者权利”，同专利、商标、著作权一样，是知识产权保护的一种形式。完成育种的单位或者个人对其授权品种享有排他的独占权。任何单位或者个人未经品种权所有人许可，不得为商业目的生产或者销售该授权品种的繁殖材料，不得为商业目的将该授权品种的繁殖材料重复使用于生产另一品种的繁殖材料。本书采用“农业科技论文数量”、“本国居民农业专利数量”和“本国居民植物新品种数量”三项指标来衡量国家农业研究系统的科技成果产出能力。

（二）农业科技创新应用系统要素指标

1. 农产品生产环节要素指标

农业科学技术有助于提高生产力三要素的综合效能，首先，农业科技促使农业劳动者的技能、智力水平，以及文化综合素质显著提高，从而擅长使用先进的农业技术及工具、减轻劳动强度、提高劳动效率。其次，农业科技创新物化为劳动资料、创新的生产工具，将不断推动劳动资料的改造、完善，使劳动手段更加现代化，提高农业资源利用效率。本书采用“农民文化素质”指标来衡量农业人力资源基础能力。最后，农业科技的发展使劳动对象发生根本性的变化，拓宽农业资源的利用范围。农田水利设施建设和农业机械配备是农产品生产环节的重要基础，本书采用“灌溉面积比例”和“农业机械化程度”两项指标来衡量农产品生产环节的基础设施能力。化肥和农药的施用、水和能源的消耗，以及农业温室气体的排放都对生态环境和资源方面造成了严重破坏。农药和化肥的过度施用将对大气、水体、土壤等造成不可逆的影响，已成为目前影响生态环境质量的重要污染源之一。联合国发布的一项研究报告指出，农业过度用水是世界淡水资源的最大威胁，并估计在2020年之前，其产生的破坏作用将不断恶化。能源是农业生产的重要投入之一，农业生产能源消费，是指与农业生产活动相关的农、林、牧、渔业各种活动所需要的能源。联合国粮农组织在《2016年粮食及农业状况》中指出，气候变化威胁粮食安全，消除饥饿和贫困的努力必须与农业和粮食系统快速转型相结合以应对全球气候变暖。联合国粮农组织有关温室气体的最新估计显示，农业、林业和渔业的排放量在过去50年里几乎翻了一番，如果不加大减排力度，到2050年或将再增加30%。农业科技在化肥农药减施、高效节水、农田生态、资源高效利用和气候变化等方面发挥着至关重要的作用。本书采用“化肥使用密度”“农药使用密度”“农业用水量”“农业能源使用量”“农业温室气体排放量”五项指标来衡量农产品生产环节的生态可持续环境能力。科技创新实现农业生产力要素优化组合，进而实现农业生产力水平的提升，本书采用“农业生产指数”、“农业土地生产率”和“农业劳动生产率”三项指标来衡量农业生产力水平。

2. *农产品加工环节要素指标*

农产品深加工，是指对农业产品进行深度加工制作以体现其效益最大化的生产环节，与“农产品粗加工”概念相对应。农产品的深加工在农业生产中的作用愈来愈重要，其发展状况标志着一个国家农业现代化的发展水平。本书采用“农业深加工技术水平”指标来衡量农产品加工环节的研究基础能力。生物燃料泛指由生物质组成或萃取的固体、液体或气体燃料，可以替代由石油制取的汽油和柴油。生物质是指利用大气、水、土地等通过光合作用而产生的各种有机体，即一切有生命的可以生长的有机物质通称为生物质。生物燃料取自可再生的生物质资源，在生产、消费、再生产的过程中保持碳的平衡。大力发展生物燃料在改善大气环境和能源结构的同时，还有利于调整农业种植结构，提高农民收入，是发展循环经济、建设环境友好型社会的积极实践。本书采用“生物燃料生产量”指标来衡量农产品加工环节的生态可持续环境能力。采用“农产品加工业规模”，即农产品工业收入占农业总产值比重指标来衡量国家农产品加工环节所带来的经济效益。

（三）农业科技创新价值实现系统要素指标

1. 农业科技创新价值实现的环境要素指标

农业科技创新价值实现系统的环境要素主要为商业环境。企业是科技创新的重要主体，促进科技进步必须强化企业在创新决策、研发投入、科研组织和成果应用中的主体地位，逐步完善激励企业创新的政策措施，为产业升级和结构调整提供良好的商业环境。本书采用“企业开业难易程度”和“市场成熟度”两项指标来衡量国家农业科技创新价值实现系统的商业环境完善程度。

2. 农业科技创新价值实现的产出要素指标

（1）经济效益。农业科技的创新有利于提高农产品的产量，提升农产品的质量，促进农产品产出的增长及农业中间消耗的下降，即实现高产和低成本，进而促进农业增加值的增长及扩大农产品的出口。农业增加值指项目在报告期（一年）内农、林、牧、渔及农、林、牧、渔业生产货物或提供活动而增加的价值，为农业、林业、牧业、渔业现价总产值扣除农业、林业、牧业、渔业现价中间投入后的余额。本书采用“农业年均增长率”和“农产品净出口额”两项指标来衡量国家农业经济效益。

（2）农村生活水平。农民纯收入，指农村住户当年从各个来源得到的总收入相应地扣除所发生的费用后的收入总和。纯收入主要用于再生产投入和当年生活消费支出，也可用于储蓄和各种非义务性支出。农民人均纯收入是按人口平均的纯收入水平，反映一个国家或地区农村居民收入的平均水平。恩格尔系数是食品支出总额占个人消费支出总额的比重。19 世纪德国统计学家恩格尔根据统计资料，对消费结构的变化得出一个规律：一个家庭收入越少，家庭收入中（或总支出中）用来购买食物的支出所占的比例就越大，随着家庭收入的增加，家庭收入中（或总支出中）用来购买食物的支出比例会下降。联合国根据恩格尔系数的大小，对世界各国的生活水平有一个划分标准，即一个国家平均家庭恩格尔系数大于 60%为贫穷；50%~60%为温饱；40%~50%为小康；30%~40%属于相对富裕；20%~30%为富足；20%以下为极其富裕。本书采用“农民人均纯收入”“农村恩格尔系数”两项指标来衡量农村生活水平。

（四）农业科技创新中介服务系统要素指标

1. 农业科技推广要素指标

农业科技推广是农业科技成果转化为现实生产力的桥梁和纽带，是农业科技发展的主要组成部分。本书采用“农业科技推广人员数量”作为国家农业科技创新中介服务系统的人力资源基础指标；采用“农业科技推广经费投入”作为资金投入基础指标；采用“技术培训可获得性”作为教育环境指标来衡量农业科技推广水平。

2. 农业产学研合作要素指标

产学研合作是指企业、科研院所和高等学校之间的合作，通常指以企业为技术需求方，与以科研院所或高等学校为技术供给方之间的合作，其实质是促进科技创新所需各种生产要素的有效组合。农业产学研合作是实现农业资源整合和优化、加快农业科技向现实生产力转化的有效途径。本书采用“产学研合作”作为国家农业科技创新中介服务系统的合作基础指标。

3. 农产品营销渠道要素指标

农产品营销渠道就是完成农产品从生产者到消费者的转移，农产品只有通过市场交换，才能到达消费者手中，才能实现其商品价值和使用价值，企业才能盈利。本书采用“农产品营销渠道完善度”作为国家农业科技创新中介服务系统的商业环境指标。交通运输在推动国家农业经济社会发展方面，发挥了基础性、先导性、服务性作用。交通运输网络的完善和服务水平的提高，推动了农业经济运行效率提升，降低了物流成本。本书采用“交通运输基础设施”指标衡量国家农业物流运输服务水平。

4. 农业科技成果交换要素指标

农业技术市场是农业科技成果转化为现实生产力的桥梁。本书采用“技术市场成熟度”作为国家农业科技创新中介服务系统的商业环境指标。

（五）农业科技创新支撑条件系统要素指标

1. 农业科技创新支撑条件的基础要素

（1）经济水平。GDP 水平反映了一个国家的居民收入、生活水平及在社会建设方面的投入状况，在强调人均 GDP 的过程时，还应注重提高本国居民的人均收入水平和社会公平程度。财政收入，是指政府为履行其职能、实施公共政策和提供公共物品与服务需要而筹集的一切资金的总和。财政收入是衡量一国政府财力的重要指标，政府在社会经济活动中提供公共物品和服务的范围和数量，在很大程度上取决于财政收入的充裕状况。本书采用“GDP 总额”“人均 GDP”“财政收入总额”“人均财政收入”四项指标来衡量国家经济发展水平。

（2）基础设施。当今农业正朝着新型农业、智慧农业、互联网农业迈进，信息通信技术在农业中的应用已经显得越来越重要。“互联网+农业”是充分利用移动互联网、大数据、云计算、物联网等新一代信息技术与农业的跨界融合，创新基于互联网平台的现代农业新产品、新模式与新业态。本书采用“每百人中互联网用户数”、“每百人中固定电话用户数”和“每百人中移动电话用户数”三项指标来衡量国家信息通信技术基础设施普及情况。

（3）人力资源。健康的身体是工作最大的保证，本书采用“出生时的预期寿命（总体）”指标来衡量农业从业人员健康状况。

（4）资金投入。外资于东道国而言在扩大资本存量、促进产品出口、创造就业、开发人力资本、发展关联产业、促进产业结构调整和升级等方面都具有重要作用。本书采用“农业外国直接投资”来衡量国家农业领域吸引外商投资的情况。

（5）合作基础。产业集群，是指集中于一定区域内特定产业的众多具有分工合作关系的不同规模等级的企业及与其发展有关的各种机构、组织等行为主体，通过纵横交错的网络关系紧密联系在一起的空间积聚体，代表着介于市场和等级制之间的一种新的空间经济组织形式。通常产业集群通过多种途径，如降低成本、刺激创新、提高效率、加剧竞争等，形成一种集群竞争力。在其他条件相同的条件下，集群将比非集群更具有竞争力。集群加剧了竞争，竞争是产业获得核心竞争力的重要动力。竞争不仅仅表现在对市场的争夺上，还表现在合作上。农业科技创新应加强国际技术交流与合作，借助多边、双边和区域合作机制，加强农业资源环境与生态等方面的农业科技交流合作，加大国外先进环境治理技术的引进、消化、吸收和再创新力度。本书采用“国内产业集群发展状况”“各国参与国际著名农业科学技术研究组织的情况”两项指标来衡量国家农业科技创新合作基础支撑情况。

2. 农业科技创新支撑条件的环境要素

（1）文化环境。社会文化是某一特定人类社会在其长期发展历史过程中形成的，它主要由特定的价值观念、行为方式、伦理道德规范、审美观念、宗教信仰及风俗习惯等内容构成，它影响和制约着人们的消费观念、需求欲望及特点、购买行为和生活方式等。社会创新文化环境主要是指“科技创新自由民主气氛”、“对创新的鼓励”、“对失败的包容”、“民众的好奇心”和“抗挫折能力”等。良好的社会创新环境可以善待挫折、宽容失败、鼓励探索、激励成功，有助于形成全社会的创新意识和创新精神。

（2）政策环境。创新政策环境，是指政府针对农业科技创新活动提供的政策保障。政府是维护国家安全、消除社会隐患、促进科学技术进步、提高国民生产能力、优化社会结构、研究社会现象的特殊机构。政府是制度创新的推进主体，政府政策可以改变创新资源的数量，引导创新资源的分配。本书采用“政治稳定性”“知识产权保护”“农业政策合理性”“农业科技创新支持水平”四项指标来衡量国家农业科技创新政策环境支撑情况。

（3）商业环境。对于破解农业科技与金融结合的困境，未来仍需不断创新农业科技金融产品与服务，发挥农村金融在农业产业链发展和整合中的作用，根据农业产业链不同环节的风险和收益特点，设计相应的金融产品和服务，通过加强薄弱环节来加快农业现代化、产业化进程。本书采用“农村金融服务水平”“农业信贷支持”两项指标来衡量国家农业科技创新商业环境支撑情况。

二、国家农业科技创新能力评价指标体系

（一）国家农业科技创新能力评价指标体系确定

为增强指标的科学性、合理性和可操作性，本书基于上述预选指标进行如下优化：首先，采取频度统计法、专家德尔菲法优化评价指标体系，确保指标的科学性和权威性；其次，采取测评指标相关分析、鉴别力分析进一步优化评价指标体系；最后，输入部分国家的指标数据模拟系统运行，检验运行结果。最终获得的指标体系包括 3 项二级指标、15 项三级指标和 44 项四级指标，如表 24-2 所示。

表 24-2　国家农业科技创新能力评价指标体系

二级指标	三级指标	四级指标	单位	数据源
农业科技创新基础能力	经济水平	GDP 水平	美元	WB
		财政收入水平	美元	WB
	基础设施	灌溉面积比例	%	WB
		农业机械化程度	台数	WB
		信息通信技术普及率	人数	ITU
		交通运输基础设施	指数（1~7 分）	WEF-GCR

续表

二级指标	三级指标	四级指标	单位	数据源
农业科技创新基础能力	研究基础	大学与科研机构农业学科排名	个数	RCCSE
		农业企业研发水平	个数	RIIET
	人力资源	农业研究人员数量	人数	UNESCO-UIS，FAO
		农民文化素质	年数	UNESCO-UIS
		健康状况	岁数	WB
	资金投入	公共教育投入	%	WB
		农业研发经费投入	%	UNESCO-UIS，FAO
		农业外国直接投资	美元	FAO
	合作基础	产学研合作	指数（1~7 分）	WEF-GCR
		集群发展状况	指数（1~7 分）	WEF-GCR
		国际农业研究合作	个数	CGIAR
农业科技创新环境能力	文化环境	科技创新自由民主气氛	专家打分（1~10 分）	调查问卷
		民众的好奇心	专家打分（1~10 分）	调查问卷
	政策环境	政治稳定性	指数（−2.5~2.5 分）	WB-WGI
		知识产权保护	指数（1~7 分）	WEF-GCR
		农业政策合理性	指数（1~7 分）	WEF-GCR
		农业科技创新支持水平	%	OECD
	商业环境	农业信贷支持	美元	FAO
		企业开业难易程度	步骤数	WB
		市场成熟度	指数（1~7 分）	WEF-GCR
	教育环境	教育系统质量	指数（1~7 分）	WEF-GCR
		农村教育公平性	指数（1~6 分）	IFAD
		技术培训可获得性	指数（1~7 分）	WEF-GCR
	生态可持续环境	化肥使用密度	千克/公顷	WB
		农药使用密度	千克/公顷	FAO

续表

二级指标	三级指标	四级指标	单位	数据源
农业科技创新环境能力	生态可持续环境	农业用水量	%	FAO
		农业能源使用量	%	FAO
		农业温室气体排放量	百万千克	FAO
		生物燃料生产量	%	FAO
农业科技创新产出能力	科技成果	农业科技论文数量	篇数	Web of Science 数据库
		本国居民农业专利数量	个数	WIPO
		本国居民植物新品种数量	个数	WIPO
	生产力水平	农业生产指数	指数	WB
		农业土地生产率	千克/公顷	WB
		农业劳动生产率	美元	WB
	经济效益	农业年均增长率	%	WB
		农产品净出口额	美元	WTO
	农村生活水平	农村恩格尔系数	%	WB

注：WB（World Bank）为世界银行；ITU（International Telecommunication Union）为国际电信联盟；WEF（World Economic Forum）为世界经济论坛；GCR（The Global Competitiveness Report）为《全球竞争力报告》；RCCSE（Research Center for Chinese Science Evaluation）为武汉大学中国科学评价研究中心《世界一流大学与科研机构竞争力评价报告》；RIIET［Research Institute of International Economic and Trade（Beijing）］为北京市国际经济贸易研究所情报中心跨国公司信息汇编系列四—农业；UNESCO-UIS 为联合国教育、科学及文化组织（United Nations Educational，Scientific，and Cultural Organization）统计研究所（UNESCO Institute for Statistics）；FAO（Food and Agriculture Organization）为联合国粮农组织；CGIAR（Consultative Group on International Agricultural Research）为国际农业研究磋商组织；调查问卷：本书从政府、企业、高等院校与科研机构等部门选择科技创新相关领域的专家，采用电子邮件和现场访谈等多种方式征求专家意见，本书以 84 份有效打分表为基础计算指标的平均值；WB-WGI（The Worldwide Governance Indicators）为世界银行全球治理指标；OECD（Organization for Economic Co-operation and Development）为经济合作与发展组织；IFAD（The International Fund for Agricultural Development）为国际农业发展基金；WIPO（World Intellectual Property Organization）为世界知识产权组织；WTO（World Trade Organization）为世界贸易组织

（二）国家农业科技创新能力评价指标详解

1. 农业科技创新基础能力指标

1）经济水平

（1）GDP 水平。

采用 GDP 总额和人均 GDP 的均值，单位：美元。

数据源：世界银行。

（2）财政收入水平。

采用财政收入总额和人均财政收入的均值，单位：美元。

数据源：世界银行。

2）基础设施

（1）灌溉面积比例。

采用农业灌溉用地占农业用地总量的百分比，单位：%。

数据源：世界银行。

（2）农业机械化程度。

采用每 100 平方千米耕地拥有的拖拉机数量，单位：台数。

数据源：世界银行。

（3）信息通信技术普及率。

采用每百人互联网、固定电话和移动电话用户数的均值，单位：人数。

数据源：国际电信联盟。

（4）交通运输基础设施。

采用公路、铁路、航运和空运的均值，单位：指数（1~7 分）。

数据源：世界经济论坛《全球竞争力报告》。

3）研究基础

（1）大学与科研机构农业学科排名。

采用各国进入排名前 30 位的机构数量，单位：个数。

数据源：武汉大学中国科学评价研究中心《世界一流大学与科研机构竞争力评价报告》。

（2）农业企业研发水平。

采用各国拥有世界著名农业企业数量，单位：个数。

数据源：北京市国际经济贸易研究所情报中心跨国公司信息汇编系列四—农业。

4）人力资源

（1）农业研究人员数量。

采用每百万名农村居民农业研究人员数量，单位：人数。

数据源：联合国教育、科学及文化组织统计研究所、联合国粮农组织。

（2）农民文化素质。

采用受教育年限，单位：年数。

数据源：联合国教育、科学及文化组织统计研究所。

（3）健康状况。

采用出生时的预期寿命（总体），单位：岁数。

数据源：世界银行。

5）资金投入

（1）公共教育投入。

采用公共教育经费比重和生均教育支出比重的均值，单位：%。

数据源：世界银行。

（2）农业研发经费投入。

采用农业研发经费占农业增加值的比例，单位：%。

数据源：联合国教育、科学及文化组织统计研究所，联合国粮农组织。

（3）农业外国直接投资。

采用农业外国直接投资，单位：美元。

数据源：联合国粮农组织。

6）合作基础

（1）产学研合作。

采用产学研合作，单位：指数（1~7分）。

数据源：世界经济论坛《全球竞争力报告》。

（2）集群发展状况。

采用集群发展状况，单位：指数（1~7分）。

数据源：世界经济论坛《全球竞争力报告》。

（3）国际农业研究合作。

采用参与国际农业研究组织情况，单位：个数。

数据源：国际农业研究磋商组织。

2. 农业科技创新环境能力指标

1）文化环境

（1）科技创新自由民主气氛。

采用科技创新的自由民主气氛，单位：专家打分（1~10分）。

数据源：调查问卷。

（2）民众的好奇心。

采用民众对科技创新的好奇心，单位：专家打分（1~10分）。

数据源：调查问卷。

2）政策环境

（1）政治稳定性。

采用政治不稳定、有政治动机的暴力行为，包括恐怖主义的可能性，单位：指数（−2.5~2.5分）。

数据源：世界银行全球治理指标。

（2）知识产权保护。

采用知识产权保护，单位：指数（1~7 分）。

数据源：世界经济论坛《全球竞争力报告》。

（3）农业政策合理性。

采用农业政策合理性，单位：指数（1~7 分）。

数据源：世界经济论坛《全球竞争力报告》。

（4）农业科技创新支持水平。

采用农业知识与技术创新系统支持力度，单位：%。

数据源：经济合作与发展组织。

3）商业环境

（1）农业信贷支持。

采用农业信贷，单位：美元。

数据源：联合国粮农组织。

（2）企业开业难易程度。

采用企业注册的启动程序，单位：步骤数。

数据源：世界银行。

（3）市场成熟度。

采用市场成熟度，单位：指数（1~7 分）。

数据源：世界经济论坛《全球竞争力报告》。

4）教育环境

（1）教育系统质量。

采用教育系统质量，单位：指数（1~7 分）。

数据源：世界经济论坛《全球竞争力报告》。

（2）农村教育公平性。

采用农村教育公平性，单位：指数（1~6 分）。

数据源：国际农业发展基金。

（3）技术培训可获得性。

采用技术培训可获得性，单位：指数（1~7 分）。

数据源：世界经济论坛《全球竞争力报告》。

5）生态可持续环境

（1）化肥使用密度。

采用单位面积化肥使用量，单位：千克/公顷。

数据源：世界银行。

（2）农药使用密度。
采用单位面积农药使用量，单位：千克/公顷。
数据源：联合国粮农组织。
（3）农业用水量。
采用农业用水占全部用水比重，单位：%。
数据源：联合国粮农组织。
（4）农业能源使用量。
采用农业能源使用量占全部能源使用量比重，单位：%。
数据源：联合国粮农组织。
（5）农业温室气体排放量。
采用农业温室气体排放量，单位：百万千克。
数据源：联合国粮农组织。
（6）生物燃料生产量。
采用生物能源生产占可再生能源总产量的比重，单位：%。
数据源：联合国粮农组织。

3. 农业科技创新产出能力指标

1）科技成果
（1）农业科技论文数量。
采用每百万名农村居民农业科技论文发表数量，单位：篇数。
数据源：Web of Science 数据库。
（2）本国居民农业专利数量。
采用每百万名农村居民本国居民农业专利申请量，单位：个数。
数据源：世界知识产权组织。
（3）本国居民植物新品种数量。
采用植物新品种申请量和植物新品种授权量的均值，单位：个数。
数据源：世界知识产权组织。
2）生产力水平
（1）农业生产指数。
采用作物生产、食品生产和畜牧业生产指数的均值，单位：指数。
数据源：世界银行。
（2）农业土地生产率。
采用单位面积谷类产量，单位：千克/公顷。
数据源：世界银行。

（3）农业劳动生产率。

采用农业工人人均增加值，单位：美元。

数据源：世界银行。

3）经济效益

（1）农业年均增长率。

采用农业增加值年均增长率，单位：%。

数据源：世界银行。

（2）农产品净出口额。

采用农产品出口额与进口额的差值，单位：美元。

数据源：世界贸易组织。

4）农村生活水平

农村恩格尔系数。

采用农村食品支出总额占个人消费支出总额的比重，单位：%。

数据源：世界银行。

（三）指标数据收集与整理方法

国家农业科技创新能力评价指标体系的一级、二级和三级指标属于合成性的间接指标；四级指标属于客观性的直接可测量的指标，是国家农业科技创新能力评价的基础。由于四级指标数据类型多样、数据量大且数据源庞杂，故在数据收集与整理过程中，会面临一些需要处理的问题，本书根据具体情况制订了相应的解决方案。

（1）数据核算口径差异性。尽管目前绝大多数国家的国民经济核算都采用联合国推荐的国民账户体系（the system of national accounts，SNA），用统一的核算框架采集、计算并发布指标数据，但由于各国不同的经济结构和社会特点，部分指标核算的口径仍存在很大差别。为了避免国家间的差异，本书尽量采用国际机构统一发布的数据，提高可比性。

（2）数据时效性。部分指标的核算需要经历一定时间过程，因此，指标数据发布的时间会有一些差别。为了减少这种误差，本书尽量采用最新数据，即同一个类型的数据按发布时间排序，采用最新发布的数据。

（3）价值尺度的不同选择。由于国家农业科技创新能力评价指标体系中有部分指标是价值型指标，指标按当前价还是按不变价进行核算存在一定差距，按不变价格核算的优点是避免物价变动对实质投入产出量的影响，但本书主要按同一年度横向对比，历史年份的变化趋势不会影响不同国家之间的横向比较，所以本书采用当前价格核算的指标数据。

（4）数据缺失情况。我们尽最大可能从不同渠道收集相关指标数据，但仍然有部分指标的个别国家或个别年份数据难以获得，本书一般采用两种方法来弥补数据：一种是常用的插值法，用于弥补中间空缺年份的数据；另外一种是趋势法，用以弥补后面年份没有最新的数据，尽管没有真实数据，但假定某个指标在时间序列上平稳增长是合理的做法，测算数据与实际的差距不会太大。

第三节　国家农业科技创新能力评价模型的建立

一、指标数据的标准化处理

不同评价指标往往具有不同的量纲和量纲单位，指标间的量纲会影响数据分析的准确性。为了消除指标间量纲的影响，需要进行数据标准化处理，以保证数据指标间的可比性。原始数据经过数据标准化处理后，各指标处于同一数量级，适合进行综合对比评价。本书采用极大标准化方法对原始数据进行无量纲化处理，无量纲化后的每个指标的数值都在0~100，并且极性一致。

当指标为正向指标（指标值增加对创新能力有积极影响）时，x_i的无量纲化值X_i为

$$X_i = \frac{x_i - x_{\min}}{x_{\max} - x_{\min}} \times 100 \quad （24\text{-}1）$$

当指标为逆向指标（指标值增加对创新能力有消极影响）时，x_i的无量纲化值X_i为

$$X_i = \frac{x_{\max} - x_i}{x_{\max} - x_{\min}} \times 100 \quad （24\text{-}2）$$

其中，$x_{\max}$和$x_{\min}$分别为参加比较的同类指标中的最大原始值和最小原始值。

二、指标权重选择

指标权重，是指标在评价过程中不同重要程度的反映，是决策（或评估）问题

中指标相对重要程度的一种度量。权重的赋值合理与否对评价结果的科学合理性起着至关重要的作用，若某一因素的权重发生变化，将会影响整个评判结果。因此，权重的赋值必须做到科学和客观，这就要求寻求合适的权重确定方法。本书的指标权重值采用国际权威国家创新能力评价报告通用的平均权重方法来确定。

三、国家农业科技创新能力评价模型确定

本书采用线性加权测评法计算国家农业科技创新能力的评价分值，评价分值越高说明该国家的整体农业科技创新能力越强；反之，说明该国家的整体农业科技创新能力较弱。具体计算模型为

$$Y = \sum Y_i w_i \tag{24-3}$$

$$Y_i = \sum Y_j w_j \tag{24-4}$$

$$Y_j = \sum x_{jk} w_{jk} \tag{24-5}$$

其中，Y 为国家农业科技创新能力的综合评价分值；Y_i 为第 i 个二级指标的评价分值；w_i 为第 i 个二级指标的权重；Y_j 为第 j 个三级指标的评价分值；w_j 为第 j 个三级指标的权重；x_{jk} 为第 j 项三级指标下第 k 项四级指标标准化后的数据值；w_{jk} 为第 j 项三级指标下第 k 项四级指标的权重。

国家农业科技创新能力评价模型，由于各指标的权重固定，只需要输入各国的基础层指标的无量纲数据值即可得到各国各级指标的农业科技创新能力评价分值，进而可以对各国的农业科技创新能力进行综合评价。

参考文献

曹琼，李成标. 2013. 基于熵权 TOPSIS 法的农业科技创新能力评价——以湖北省为例[J]. 南方农业学报，44（10）：1751-1756.

陈慧女，周伯. 2014. 中国农业科技创新模式变迁及策略选择[J]. 科技进步与对策，31（17）：70-74.

陈丽佳，张振刚. 2008. 基于因子分析的广东农业科技竞争力研究[J]. 科技管理研究，（6）：96-99，102.

程华. 2001. 外部性、农业科技创新与政府作用[J]. 科技进步与对策，18（1）：61-62.

戴小枫，边全乐，汪学军. 2000. 关于如何建立新的农业科技创新体系[J]. 农业科技管理，（1）：2-5.

戴小枫，吴敬学，陈印军. 2002. 我国农业科技发展战略思考[J]. 中国软科学，（10）：5-11.

丁中文，陈奇榕，黄耀东. 2004. 农业科技成果转化概论[M]. 北京：中国农业科学技术出版社.

董明涛. 2014. 我国农业科技创新资源的配置效率及影响因素研究[J]. 华东经济管理，28（2）：53-58.

窦营，邓远建，陈胜. 2016. 中国农业环境污染现状及治理的科技创新路径[J]. 科学管理研究，（4）：76-79.

杜娟. 2013. 基于 DEA 模型的我国农业科技创新投入产出分析[J]. 科技进步与对策，30（8）：82-85.

杜俊娟. 2016. 安徽农业科技创新能力评价研究[J]. 安庆师范学院学报（社会科学版），35（2）：99-104.

顾海英. 1997. 农业技术创新的界定[J]. 科学管理研究，（5）：32-35.

郭翔宇，曾福生，王新利，等. 2012. 农业经济管理前沿问题研究[M]. 北京：中国财政经济出版社.

韩长赋. 2012. 加快推进农业科技创新与推广[J]. 求是，（5）：33-36.

胡瑞法，黄季焜，李立秋. 2004. 中国农技推广：现状、问题及解决对策[J]. 管理世界，（5）：50-57.

黄钢，徐玖平. 2005. 论科技价值链管理与农业科技创新[J]. 农业科技管理，（4）：1-5.

黄季焜. 2013. 深化农业科技体系改革 提高农业科技创新能力[J]. 农业经济与管理，（2）：5-8.

黄俊. 2011. 对我国农业科技创新体系建设若干问题的思考——美国农业科技创新体系的启发与借鉴[J]. 农业科技管理，30（3）：1-3.

姜峰，崔乃文，郭燕锋. 2016. 农业科技服务体系的美国模式探析[J]. 教育教学论坛，（51）：66-67.

蒋和平，刘学瑜. 2014. 我国农业科技创新体系研究评述[J]. 中国农业科技导报，（4）：1-9.

蒋和平，薛桂霞，黄仁. 1999. 建立农业科技创新体系的思路与对策[J]. 大自然探索，（3）：1-7.

金丽馥. 2000. 应对 WTO：中国农业与科技创新[J]. 经济问题，（10）：33-35.

金莹，陈秉谱，马燕玲. 2016. 甘肃省主要城市农业科技竞争力综合评价研究[J]. 中国农业科技导报，18（1）：200-208.

旷宗仁，章瑾，左停. 2012. 中国农业科技创新投入产出分析[J]. 中国科技论坛，（7）：132-136.

兰徐民，赵冬缓. 2002. 我国农业科技进步障碍因素分析与对策探讨[J]. 农业技术经济，（3）：15-18.

黎红梅，汪邹霞. 2013. 金融支持农业科技创新的国际经验[J]. 世界农业，（1）：79-83.

李炳军，杨旭，梁广华. 2007. 我国省市农业科技综合实力评价体系及实证分析[J]. 农机化研究，（4）：66-68.

李大胜，李琴. 2007. 农业技术进步对农户收入差距的影响机理及实证研究[J]. 农业技术经济，（3）：124-128.

李洪文，黎东升. 2013. 农业科技创新能力评价研究——以湖北省为例[J]. 农业技术经济，2（10）：114-119.

李建平，李闽榕，赵新力. 2016. 二十国集团（G20）国家创新竞争力发展报告（2015-2016）[M]. 北京：社会科学文献出版社.

李丽莎. 2002. 农业科技创新体系综述[J]. 安徽农业科学，40（9）：5722-5724.

李苗，苗红萍，苏武峥，等. 2016. 农业科技创新评价模型的构建与应用研究[J]. 新疆农业科学，53（6）：1159-1165.

李维生. 2007. 构建我国多元化农业技术推广体系研究[M]. 北京：中国农业科学技

术出版社.
李文. 2011. 农业科技创新存在的问题及对策建议[J]. 农业经济,(6):79,94.
李杨,杨锦秀,傅新红. 2009. 我国区域农业技术创新能力评价[J]. 中国软科学,(1):84-89.
林伯德. 2010a. 基于科技创新链的农业科技创新能力的影响因素探讨[J]. 福建农业学报,25(1):114-117.
林伯德. 2010b. 农业科技创新能力评价的理论模型探讨[J]. 福建农林大学学报(哲学社会科学版),13(3):54-59.
林梅,陈奇榕. 2009. 福建农业科技创新模式绩效评价指标体系的研究[J]. 福建农业学报,24(4):375-379.
刘敦虎,赖廷谦,杨力. 2015. 基于时滞效应的农业科技进步评价研究[J]. 农村经济,(9):95-99.
刘进宝,刘洪. 2004. 农业技术进步与农民农业收入增长弱相关性分析[J]. 中国农村经济,(9):26-30.
刘梅,鲁德银,易法海. 2003. 对我国农业科技创新机制的探讨[J]. 科技进步与对策,20(7):47-49.
刘蓉蓉,徐志宇. 2016. 农业供给侧结构性改革与科技创新[J]. 农业科技管理,35(5):11-14.
刘婷. 2002. 浅论农业科技创新与农业技术创新[J]. 中国农学通报,(1):90-92.
刘英杰. 2014. 德国农业科技创新[J]. 世界农业,(12):1-3.
龙云安,荣霞. 2012. 现代农业科技创新及推广机制[J]. 技术经济,31(8):96-99.
卢江勇,蒋和平. 2008. 我国农业科技创新能力实证研究[J]. 中国农业科技导报,(S1):78-85.
吕阳,李成标. 2015. 基于因子分析法的农业科技创新能力评价研究——以中部六省为例[J]. 湖北农业科学,54(23):6109-6113.
罗强,张晨,俞美莲,等. 2014. 上海农业科技创新能力评价研究[J]. 上海农业学报,30(6):13-19.
马胜杰,王俊. 2001. 知识经济与我国农业科技创新体系的优化[J]. 中国农村经济,(12):10-15.
莫鸣,曾福生. 2004. 农业科技创新政策的基本内涵[J]. 湖南农业大学学报(社会科学版),(4):19-22.
潘鸿,刘志强. 2010. 国外农业科技进步系统运行特点及对我国的启示[J]. 农业经济与管理,(6):84-90.
彭宏祥,何新华. 2001. 论现代信息技术与农业科技创新[J]. 中国农业科技导报,

3（3）：71-74.
乔治，廖和平，谢银花. 2014. 基于 AHP 模型的湖南省农业科技创新能力评价研究[J]. 山东农业工程学院学报，31（6）：25-27.
单玉丽. 2004. 农业科技创新体系及运行机制的探索[J]. 福建农业科技，(3)：45-48.
邵立民，邵晨阳. 2012. 黑龙江省现代农业科技创新体系的对策研究[J]. 农业经济与管理，(5)：12-17.
史济春，曹湘洪. 2007. 生物燃料与可持续发展[M]. 北京：中国石化出版社.
速水佑次郎，拉坦 V W. 2000. 农业发展的国际分析[M]. 郭熙保，张进铭，等译. 北京：中国社会科学出版社.
唐珂. 2014a. 法国农业[M]. 北京：中国农业出版社.
唐珂. 2014b. 南非农业[M]. 北京：中国农业出版社.
唐珂. 2014c. 美国农业[M]. 北京：中国农业出版社.
唐珂. 2016a. 澳大利亚农业[M]. 北京：中国农业出版社.
唐珂. 2016b. 巴西农业[M]. 北京：中国农业出版社.
涂俊，吴贵生. 2006. 基于 DEA-Tobit 两步法的区域农业创新系统评价及分析[J]. 数量经济技术经济研究，(4)：136-145.
王广，郭翔宇. 2016. 农业科技创新动力机制影响因素与创新[J]. 学术交流，(5)：136-141.
王济民. 2012. 建设现代农业迫切需要农业科技创新[J]. 中国合作经济，(3)：8-9.
王如松，蒋菊生. 2001. 从生态农业到生态产业——论中国农业的生态转型[J]. 中国农业科技导报，3（5）：7-12.
王绍芳，王环，温立武. 2014. 生态农业发展的科技支持困境及对策研究[J]. 科技管理研究，(12)：33-36.
王伟，糜志勤，王章红，等. 2009. 中国农业科技创新能力评价[J]. 科技导报，27(12)：104-105.
王雅鹏，吕明，范俊楠，等. 2015. 我国现代农业科技创新体系构建：特征、现实困境与优化路径[J]. 农业现代化研究，36（2）：161-167.
翁伯琦，刘荣章. 2004. 试论农业科技创新与农村小康建设[J]. 中国科技论坛，(3)：96-99.
吴林海. 2009. 我国农业科技创新供给的影响因素及对策探讨[J]. 上海经济研究，(1)：30-35.
解宗方. 1999. 农业科技创新战略构想[J]. 科学学与科学技术管理，6（6）：13-15.
熊彼特 J A. 1990. 经济发展理论[M]. 何畏，等译. 北京：商务印书馆.
薛喜梅，白献晓. 2003. 中外农业技术创新主体培育比较与启示[J]. 科技与经济，

16（4）：15-18.
杨起全. 2012. 如何才能加快推进农业科技创新——优化农业科技创新生态系统[J]. 中国科技论坛，（3）：5.
杨起全，张峭，刘冬梅，等. 2012. 如何才能加快推进农业科技创新[J]. 中国科技论坛，（3）：5.
杨易，于敏，姜明伦. 2013. 从农业国际合作视角看我国农业科技创新[J]. 科技进步与对策，30（9）：75-79.
杨永军，涂俊，吴贵生. 2006. 县域农业创新系统效率评价及分析——对河北、山东两省的实证研究[J]. 科学学与科学技术管理，（7）：61-66.
姚延婷，陈万明. 2012. 区域农业技术创新能力评价：基于因子分析的实证研究[J]. 江苏农业科学，40（8）：378-381.
姚延婷，陈万明，刘光岭. 2014. 我国农业创新系统参与主体的网络功能研究——基于典型样本的分析[J]. 农业经济问题，35（6）：82-89.
张来武. 2012. 以农业科技创新创业带动现代农业发展[J]. 中国科技论坛，（4）：5-8.
张平，于珊珊，邬德林. 2014. 政策视角下我国农业科技国际合作效果评价研究[J]. 科技进步与对策，31（7）：120-124.
张霞，蔡宗寿，李欢. 2015. 我国农业生产能源消费现状分析[J]. 江苏农业科学，43（5）：441-443.
张小彦，曹方，叶得明，等. 2014. 基于灰色综合评价法的甘肃农业科技创新能力分析[J]. 广东农业科学，41（22）：191-195.
张应禄，沈贵银. 2005. 农业科研、教学和技术推广三结合的农业科技创新体系建设研究[J]. 科技导报，23（6）：34-38.
张永林，李子奈，刘玲玲. 2001. 农业科技创新扩散、要素流动与我国农业的规模经济性研究[J]. 管理工程学报，15（3）：51-55.
张跃强，陈池波. 2015. 财政农业科技投入对农业科技创新绩效的影响[J]. 科技进步与对策，32（10）：50-54.
赵新力，李闽荣，黄茂兴. 2017. 金砖国家综合创新竞争力发展报告（2017）[M]. 北京：社会科学文献出版社.
周曙东. 2012. 农业技术经济学[M]. 北京：中国农业出版社.
朱希刚. 2004. 依靠技术创新促进产业结构调整[J]. 农业技术经济，（1）：3-10.
Acs Z J，Anselin L，Varga A. 2002. Patents and innovation counts as measures of regional production of new knowledge[J]. Research Policy，31（7）：1069-1085.
Aerni P，Nichterlein K，Rudgard S，et al. 2015. Making agricultural innovation systems（AIS）work for development in tropical countries[J]. Sustainability，7（1）：

831-850.

Asheim B T，Isaksen A. 2002. Regional innovation systems：the integration of local "sticky" and global "ubiquitous" knowledge[J]. Journal of Technology Transfer，27：77-86.

Bayissa D D. 2015. Scrutinizing factors impeding research-farmer relationship in the context of the agriculture innovation system[J]. American Journal of Business and Management，4（4）：180-188.

Bergek A，Jacobsson S，Carlsson B，et al. 2008. Analyzing the functional dynamics of technological innovation systems：a scheme of analysis[J]. Research Policy，37（3）：407-429.

Bonacelli M P M，Fuck M P. 2009. Institutions and technological learning：public-private linkages in agricultural research in Brazil and Argentina[J]. Journal of Technology Management and Innovation，4（2）：33-43.

Busse M，Schwerdtner W，Siebert R，et al. 2015. Analysis of animal monitoring technologies in Germany from an innovation system perspective[J]. Agricultural Systems，138：55-65.

Butlin J A. 2010. The effect of Canadian business cycles on the adoption of technological innovations in Canadian agriculture 1926/1967[J]. Canadian Journal of Agricultural Economics/Revue Canadienne Dagroeconomie，19（2）：61-71.

Carberry P S，Bruce S E，Walcott J J，et al. 2011. Innovation and productivity in dryland agriculture：a return-risk analysis for Australia[J]. Journal of Agricultural Science，149（S1）：77-89.

Castellacci F，Natera J M. 2013. The dynamics of national innovation systems：a panel cointegration analysis of the coevolution between innovative capability and absorptive capacity[J]. Research Policy，42（3）：579-594.

Clark N. 2002. Innovation systems，institutional change and the new knowledge market：implications for third world agricultural development[J]. Economics of Innovation and New Technology，11（4~5）：353-368.

Crépon B，Duguet E. 1997. Estimating the innovation function from patent numbers：GMM on count panel data[J]. Journal of Applied Econometrics，12（3）：243-263.

Douthwaite B，Hoffecker E. 2017. Towards a complexity-aware theory of change for participatory research programs working within agricultural innovation systems[J]. Agricultural Systems，155：88-102.

Dutta S，Lanvin B，Wunsch-Vincent S. 2017. The global innovation index 2017：

innovation feeding the word[R].

Edquist C. 2011. Systems of innovation: perspectives and challenges[J]. African Journal of Science, Technology, Innovation and Development, 2 (3): 14-43.

Ekboir J M, Vera-Cruz A O. 2012. Intermediary organisations to foster the agricultural system of innovation: the Mexican produce foundation[J]. International Journal of Technological Learning Innovation and Development, 5 (1~2): 111-125.

Ekboir J, Parellada G, Byerlee D, et al. 2002. Public-private interactions and technology policy in innovation processes for zero tillage in Argentina[J]. Agricultural Research Policy in an Era of Privatization: 137-154.

Filho J E R V. 2013. Public policies concerning technological innovation in agriculture: assessing the sectoral funds[J]. Brazilian Journal of Innovation, 13 (1): 109-132.

Filippetti A, Archibugi D. 2011. Innovations in time of crisis: national systems of innovation, structure and demand[J]. Research Policy, 40 (2): 179-192.

Foley J A, Ramankutty N, Brauman K A, et al. 2011. Solutions for a cultivated planet [J]. Nature, 478 (7369): 337-342.

Franco C, Leoncini R. 2013. Measuring China's innovative capacity: a stochastic frontier exercise[J]. Economics of Innovation and New Technology, 22 (2): 199-217.

Freeman C. 1987. Technology and Economic Performance: Lessons from Japan[M]. London: Frances Pinter.

Furman J L, Porter M E, Stern S. 2002. The determinants of national innovative capacity[J]. Research Policy, 31 (6): 899-933.

Ghadim A K A, Pannell D J. 1999. A conceptual framework of adoption of an agricultural innovation[J]. Agricultural Economics of Agricultural Economists, 21 (2): 145-154.

Gras C, Hernández V. 2016. Hegemony, technological innovation and corporate identities: 50 years of agricultural revolutions in Argentina[J]. Journal of Agrarian Change, 16 (4): 675-683.

Hall A, Sulaiman V R, Clark N, et al. 2003. From measuring impact to learning institutional lessons: an innovation systems perspective on improving the management of international agricultural research[J]. Agricultural Systems, 78 (2): 213-241.

Hayami Y. 1969. Resource endowments and technological change in agriculture: U.S. and Japanese experiences in international perspective[J]. American Journal of Agricultural Economics, 51 (5): 1293-1303.

Hermans F, Stuiver M, Beers P J, et al. 2013. The distribution of roles and functions for upscaling and outscaling innovations in agricultural innovation systems[J]. Agricultural Systems，115（2）：117-128.

Horbulyk T M. 1993. Intellectual property rights and technological innovation in agriculture[J]. Technological Forecasting and Social Change，43（3~4）：259-270.

Hounkonnou D，Kossou D，Kuyper T W，et al. 2012. An innovation systems approach to institutional change：smallholder development in West Africa[J]. Agricultural Systems，108（4）：74-83.

Hu M C，Mathews J A. 2005. National innovative capacity in East Asia[J]. Research Policy，34（9）：1322-1349.

Klerkx L，Gildemacher P R. 2012. The role of innovation brokers in agricultural innovation systems[J]. The Word Bank，30（213）：221-230.

Klerkx L，Hall A，Leeuwis C. 2009. Strengthening agricultural innovation capacity：are innovation brokers the answer？[J]. International Journal of Agricultural Resources Governance and Ecology，8（5）：409-438.

Klerkx L，Aarts N，Leeuwis C. 2010. Adaptive management in agricultural innovation systems：the interactions between innovation networks and their environment[J]. Agricultural Systems，103（6）：390-400.

König B. 2012. Analysing agricultural innovation systems：a multilevel mixed methods approach[J]. Astrophysical Journal Letters，618（2）：63-66.

Lafarga C V，Balderrama J I L. 2015. Efficiency of Mexico' s regional innovation systems：an evaluation applying data envelopment analysis（DEA）[J]. African Journal of Science Technology Innovation and Development，7（1）：36-44.

Lamprinopoulou C，Renwick A，Klerkx L，et al. 2014. Application of an integrated systemic framework for analysing agricultural innovation systems and informing innovation policies：comparing the Dutch and Scottish agrifood sectors[J]. Agricultural Systems，129：40-54.

Läpple D，Renwick A，Thorne F. 2015. Measuring and understanding the drivers of agricultural innovation：evidence from Ireland[J]. Food Policy，51：1-8.

Long T B，Blok V，Coninx I. 2016. Barriers to the adoption and diffusion of technological innovations for climate-smart agriculture in Europe：evidence from the Netherlands，France，Switzerland and Italy[J]. Journal of Cleaner Production，112：9-21.

Lundvall B Å. 2007. National innovation systems — analytical concept and development tool[J]. Industry and Innovation，14（1）：95-119.

Lundvall B Å. 2010. National Systems of Innovation：Toward a Theory of Innovation and Interactive Learning[M]. London：Anthem Press.

Ma C S，Yu J T. 2013. Group innovation ability of agricultural technological innovation strategic alliance[J]. Asian Agricultural Research，（4）：1-3.

Mekonnen D K，Spielman D J，Fonsah E G，et al. 2015. Innovation systems and technical efficiency in developing-country agriculture[J]. Agricultural Economics，46（5）：689-702.

Mgumia A H，Mattee A Z，Kundi B A T. 2015. Characteristics of agriculture technology and application of an agricultural innovation system in Tanzania[J]. African Journal of Science Technology Innovation & Development，7（2）：73-83.

Moreddu C，Tongeren F V. 2013. Improving agricultural productivity sustainably at global level：the role of agricultural innovation policies[J]. Eurochoices，12（1）：8-14.

Nelson R. 1993. National Innovation Systems：A Comparative Analysis[M]. New York：Oxford University Press.

Niosi J. 2005. National systems of innovations are "x-efficient"（and x-effective）：why some are slow learners[J]. Research Policy，31（2）：291-302.

Nordwig K. 2015. The South African agricultural innovation system-stakeholders，structure and process[J]. Surface Science，644（1）：69-79.

Ortiz O，Orrego R，Pradel W，et al. 2013. Insights into potato innovation systems in Bolivia，Ethiopia，Peru and Uganda[J]. Agricultural Systems，114（1）：73-83.

Poppe K J. 2012. Agricultural knowledge and innovation systems in transition：findings of the SCAR collaborative working group on AKIS[J]. Sourceoecd Science & Information Technology，（3）：31-40.

Porter M E. 1999. The competitive advantage of nations[J]. Harvard Business Review，68（2）：73-93.

Porter M E，Stern S. 1999. The New Challenge to America' s Prosperity：Finding from the Innovation Index[M]. Washington：Council on Competitiveness.

Praetorius B，Martiskainen M，Sauter R，et al. 2010. Technological innovation systems for microgeneration in the UK and Germany — a functional analysis[J]. Technology Analysis & Strategic Management，22（6）：745-764.

Röling N. 1990. The Agricultural Research-technology Transfer Interface：A Knowledge Systems Perspective[M]. Boulder：West View Press.

Rótolo G C，Montico S，Francis C A，et al. 2015. How land allocation and technology innovation affect the sustainability of agriculture in Argentina Pampas：an expanded life cycle analysis[J]. Agricultural Systems，141：79-93.

Samara E，Georgiadis P，Bakouros I. 2012. The impact of innovation policies on the performance of national innovation systems：a system dynamics analysis[J]. Technovation，32（1）：624-638.

Schultz T W. 1964. Transforming Traditional Agriculture [M]. New Haven：Yale University Press.

Schut M，Klerkx L，Rodenburg J，et al. 2015a. RAAIS：rapid appraisal of agricultural innovation systems（part I）. A diagnostic tool for integrated analysis of complex problems and innovation capacity[J]. Agricultural Systems，132（132）：1-11.

Schut M，Rodenburg J，Klerkx L，et al. 2015b. RAAIS：rapid appraisal of agricultural innovation systems（Part II）. Integrated analysis of parasitic weed problems in rice in Tanzania[J]. Agricultural Systems，132（1）：12-24.

Schwab K，World Economic Forum. 2015. The global competitiveness report 2014-2015[EB/OL]. http://59.80.44.98/www3.weforum.org/docs/WEF_GlobalCompetitivenessReport_2014-15.pdf.

Schwab K，World Economic Forum. 2016. The global competitiveness report 2016-2017[EB/OL]. https://www.innovation4.cn/library/r15703.

Sharif N. 2006. Emergence and development of the national innovation systems concept[J]. Research Policy，35（5）：745-766.

Spielman D J，Birner R. 2008. How innovative is your agriculture? Using innovation indicators and benchmarks to strengthen national agricultural innovation systems[R].

Spielman D J，Ekboir J，Davis K，et al. 2008. An innovation systems perspective on strengthening agricultural education and training in Sub-Saharan Africa[J]. Agricultural Systems，98（1）：1-9.

Sunding D，Zilberman D. 2001. The Agricultural Innovation Process：Research and Technology Adoption in a Changing Agricultural Sector[M]. Amsterdam：Elsevier B.V.

Turner J A，Klerkx L，Rijswijk K，et al. 2016. Systemic problems affecting co-innovation in the New Zealand agricultural innovation system：identification of blocking mechanisms and underlying institutional logics[J]. NJAS - Wageningen Journal of Life Sciences，76：99-112.

Ukaejiofo R U. 2013. Technological innovation capacity：impact factors in national agricultural research organisations in Nigeria[J]. Asian Journal of Agriculture and Rural

Development，3（4）：163-168.

Wang Y D，Vanhaverbeke W，Roijakkers N. 2012. Exploring the impact of open innovation on national systems of innovation — a theoretical analysis[J]. Technological Forecasting and Social Change，79：419-428.

Zarkovic M. 1987. The effects of economic growth and technological innovation on the agricultural labor force in India[J]. Studies in Comparative International Development，22（1）：103-120.